国家出版基金项目
NATIONAL PUBLICATION FOUNDATION

石中英 /著

# 知识转型与教育改革

中国教育思想文库

教育科学出版社
·北京·

# 目　　录

# 导　　言　知识与教育

众所周知，知识与教育之间有着内在的关联。一方面，教育是知识筛选、传播、分配、积累和发展的重要途径；另一方面，知识又是教育的重要内容与载体，离开了知识，教育就会成为无米之炊，各种各样的教育目标（如能力、态度、情感、人格等的发展）也就无法达成。因此，深入地理解知识与教育之间的这种内在关联，是深入地理解一个时期社会教育形态的必要前提，同时也是深入地理解各种教育理论派别诸多教育主张的必要基础。

然而，知识与教育之间的这种内在关联却并不是“自然的”或“天然的”，它有着更为深厚的动力基础——实践或社会实践。这就是说，知识与教育之所以得以形成并产生内在关联，完全是源于人类实践的结果和要求。知识和教育之间内在关联的变化也完全是源于人类实践不断深化、不断发展的结果和要求。因此，要深入地、具体地理解知识与教育之间的内在关联，就必须将它放到整个社会历史实践的特殊背景中加以观察和思考，而不能抽象地、孤立地加以分析和讨论。这是我力图在整个知识转型与教育改革关系研究中所贯彻的方法论原则。

## 一、实践与知识

实践的定义多种多样。从广义上说，实践是我们人类认识和改造主观世界与客观世界的所有活动。在这个意义上，实践就是生活，生活就是实践。不仅工人做工、农民种地、科学家从事科研活动可以被称为实践，就是老百姓的娱乐、学生的学习、艺术家的演出等都可以被称为实践。实践的类型可谓是数不胜数。从狭义上说，实践指我们人类“改造”主观世界和客观世界的活动，与认识范畴相对应。在这个意义上，实践只是一种特殊的生活，只是一种应用知识改变活动对象以满足主体（个体与社会）需要的生活。还有一种更狭义的理解，即把实践看成人类改造物质世界甚至是物理世界的活动。在这个意义上，实践主要就是“生产”，“社会实践”只是一种比拟的说法，只是一种隐喻。

一般情况下，这些不同的定义都依赖不同的语境，服务不同的话语目的。因此，它们之间实际上并无对错之分。或者说，它们各有各的长处，各有各的用途，各有各的局限。在下列论述中，我对实践的含义的理解倾向于上述狭义的一种，因为我觉得，只有采用这种意义上的实践概念，才能最清晰地表达我对实践、知识与教育之间关系的看法，才能为我对知识与教育关系的论述提供一个可以批判与反思的概念基础。

作为一种改造主客观世界的活动，实践凸显了人类生活的“主体性”，也构成了人类活动的“类特性”。因为，在与环境的关系上，人类与动物的根本区别之一就在于：人类是通过实践来主动地“改造”环境以满足自己生存和发展的需要的，比较起来，动物一般只能通过本能反应来消极地“适应”环境的变化以满足自己生存和发展的需要。因此，实践既是人类生存和发展的条件，也是人类生存和发展的确证。如果说人类有什么本性的话，那么它一定既不是什么高深莫测的“神性”，也不是什么与生俱来的“自然性”或形而上的“理性”，而是其在社会历史活动中形成的“实践性”。正是通过实践，我们人类生存的空间越来越大，生存的质量越来越高，生存的方式越来越丰富多彩。与此同时，我们对自己以及自己与环境的关系的理解越来越深刻，对自己的未来也越来越有把握，越来越有信心。可以说，实践是推动人类文明由低级到高级、由简单到复杂、由封闭到开放，不断进化、不断提升的根本动力。

人类实践的类型千差万别，但不同类型的实践之间也有一些共同的和基本的特征，主要包括以下几点。

第一，所有的人类实践都是目的性实践，都是由活动目的所指引和支配的。正如马克思（K. H. Marx）所指出的那样，人类实践的结果在一开始的时候就以观念的形式存在于主体的意识之中，为主体所提出、接受或理解。没有目的，就没有人类的实践。盲目的实践从严格的逻辑意义上说是不存在的。实践的目的性所要回答的是实践主体的动机问题或价值期待问题，即“为什么”（why）要实践。只有对这个问题进行了深入的思考，只有对自己的答案予以了充分的辩护，主体的实践才是“自觉的”而非“自发的”，是“主动的”而非“被动的”，是“成熟的”而非“幼稚的”。

第二，所有的人类实践都是对象性实践，都是要改变某种形式的主客观事物或其存在状态。如果说人类不存在无目的的实践的话，那么人类同样不存在无对象的实践。对象就像目的一样，在一开始的时候就被主体意识到。对对象的认识与理解成为主体提出和实现活动目的的一个前提条件。实践的对象性所要解决的是改造“什么”（what）的问题，或用什么东西来满足主体一定形式的生存与发展需要的问题。

第三，所有的人类实践都是制度性实践，都是在一定的社会制度下并遵循一定的社会制度来进行的。实践的目的、对象与方法都深受社会制度的制约。从逻辑上说，孤立的、个体的实践是存在的，但是在实际生活中是极少数的、极偶然的。在绝大多数情况下，人们都是根据一定的制度结成一定的组织从事实践活动，每个人承担自己所属群体总体实践任务中的一小部分。因此，实践的制度性所要回答的问题是“谁”（who）在实践的问题，即实践主体及其存在形式的问题。不了解这一点，也就不能正确地看待个体在人类社会实践中的作用及其限度。

第四，所有的人类实践都是技术性实践，都需要一定的专门的技术。无论是改造主观世界还是客观世界，无论实践的范围是大还是小，主体要想有效地达到自己的目的，就必须掌握一定形式的专门技术，懂得一些实践活动的基本规则，并能将这些东西具体化到自己生动的实践过程中去。否则，实践的目的也只能是“水中月”“镜中花”，实践主体也只会陷入纸上谈兵的困境。实践的技术性所要强调的是主体必须懂得“如何”（how）开展实践活动。

第五，所有的人类实践都是文化性实践，都是在一定的文化背景中进行的。这主要是因为筹划和实施实践活动的主体是“文化人”，是在一定民族、地域、宗教、语言、价值观念等文化背景中成长起来并带有深深的文化印记的人。从来没有脱离一定的文化模式和文化传统而存在的人，因此也从来没有脱离一定的文化模式和文化传统而开展的实践活动。实践的目的、实践的手段、实践的组织方式等无不受文化的巨大影响。从这个方面说，主体只有理解了自己所从事的实践活动的文化背景，才能有效地开展实践活动。实践的文化性所要突出的是实践的“场所”（where）在实践过程中所具有的不可忽视的意义。

第六，所有的人类实践都是历史性实践，都是在历史上已有实践成果的基础上并为着解决历史上的实践所未能解决的问题展开的。可以说，今日实践是对昨日实践的继续、扩展和深化，明日实践又是对今日实践的反思、批判和超越。任何一种具体的社会实践都是此类社会实践历史长河中的一朵浪花。因此，实践主体应该知道自己是在一种什么样的“时间”（when）从事实践活动，应该学习历史上同类实践活动的经验，审时度势，运筹帷幄，推陈出新。

缘于实践的上述几项特征，人类要想合理、有效地开展实践活动，就必须具备相关的知识，如与目的辩护有关的形而上学和哲学知识，特别是哲学中的价值理论（know-why）；与实践对象有关的事实性知识（know-what）；与实践主体及其组织形式有关的社会学、心理学、政治学、管理学等知识（know-who）；与实践技术有关的技术性和规则性知识（know-how）；与实践地点和时间有关的文化知识（know-where）、历史知识（know-when）；等等。缺乏这些知识，任何一项实践活动都不可能得以展开或不可能取得令人满意的效果。因此，可以说，人类的实践是以知识为基础的，实践就是知识参与下的实践，实践的程度和范围是受着人类知识状况制约的。人类的实践之所以能与动物的活动相区别，原因之一也就在于人类拥有丰富的、系统的、完整的符号化的知识，而动物却没有知识，或者说动物最多也只有短暂的、感性的、零散的、镶嵌于行为之中的知识。几千年来，人类实践活动的日益深化和拓展与人类知识的不断进步密不可分。

今天，站在21世纪的门庭里，人类实践活动的这种知识需求更加强烈。在经历了一个漫长的"农业社会"和比较短暂的"工业社会"之后，人类正在步入另一个新的时代——"知识社会"，一个各方面都日益依赖知识和知识创新的社会。关于这个社会的名称，有多种多样的称谓，如"信息社会"[托夫勒（A. Toffler）、奈斯比特（J. Naisbitt）]、"后工业社会"[贝尔（D. Bell）]、"晚期资本主义社会"[哈贝马斯（J. Habermas）]等，但是最恰当最准确的称谓可能还是"知识社会"，因为20世纪60年代以来人类社会的发展已经最清楚地表明：社会的进步已经从对"能源"、"资源"和"资本"的依赖转移到对"知识"的依赖，"知识"已经或正在代替"能源"、"资源"和"资本"成为社会进步新的杠杆。"知识经济"初露端倪。"知识工业"特别是"高新技术产业"已经成为"朝阳产业"，传统产业形式的改造和重组也越来越依赖于高新技术的发明与应用。对新知识的分享、控制和争夺也正在成为国际政治斗争最核心的任务之一，愈演愈烈的国际人才争夺战背后实际上就是对知识创新能力以及潜在的新知识的争夺。劳动者的素质而不是劳动者的数量日益成为决定一个国家发展潜力和综合国力的关键要素。教育的普及、教育质量的提高，特别是教育在培养青少年一代知识创新素质和能力方面的效果，正成为国际社会最为关注的问题。教育事业也因此被推向了政治活动的前台，成为政治领域的重要问题。

事实正如里贝斯（B. Ribes）所说：

> "信息就是知识，知识就是力量。"这句格言在今天比在以往任何时候都具有力量，……它事实上已经变成真理。……那些缺乏知识的人眼睁睁地看着自己的命运掌握在别人的手里，由别人根据自己的利益来任意摆布。无论是对于缺乏知识的个人还是对于缺乏知识的社会团体来说都是这样。上亿的人由于缺乏获得知识的机

会而或明或暗地从属于压迫性的统治形式。( The UNESCO Press, 1981 )[9]

未来的情形会怎么样？这不仅取决于他们在政治、经济等领域的斗争是否会获得胜利，也取决于他们在知识领域的斗争是否会获得胜利。知识领域的依附关系是构成未来政治或经济领域的新型依附关系的基础，这一点直到今天才为人们所清晰地认识到。

## 二、知识与教育

实践呼唤着知识，知识呼唤着教育，教育通过对知识的筛选、传播、分配、积累和发展为实践服务，推动实践的发展，并由此使实践产生更多、更高、更复杂的知识需求。这就是实践、知识和教育之间的辩证法。正是借助于这三者之间辩证关系的历史发展，个体的发展、社会的进步乃至人类的文明才能从一个台阶迈上另一个更高的台阶。

知识呼唤着教育。从个体角度来看，只有借助教育，个体才能获得系统的知识，才能理解和崇尚知识的价值，才能不断地从无知到有知，不断地丰富自己所掌握的知识内容，更新自己的知识结构，提高自己获取、鉴赏、反思和应用知识的能力，从而满足自己在实践过程中的知识需求，提高自己的实践水平和在劳动力市场上的竞争力。因此，教育消费和教育投资成为当代社会中个体与家庭消费和投资结构中的主要项目。从社会角度来说，要提高整个社会的知识水平和知识创新能力，首先必须不断地提高普及教育的年限和质量，使越来越多的人民掌握越来越多的知识，提高他们每个人的知识素养。其次必须改革传统教育的模式，保护人们探究新知识的热情，提高他们从事知识创新工作的积极性、主动性和创造性。只有这样，才能为大量知识创新人才的涌现，特别是一些著名的科学家、思想家、艺术家、工程师等的涌现打下深厚的基础。在提高一个国家知识竞争力方面，为了解决燃眉之急，重点扶持一些学科和学科带头人是必要的，对于发展中国家尤其必要。但是，实事求是地说，仅做到这点是不够的，而且是远远不够的。一方面，一个社会所需要的新知识是多方面、多层次的，因此一个社会所需要的创新人才也是多方面、多层次的，仅有成百上千的人从事知识创新工作是不能满足知识社会对新知识的大量需求的。知识社会最理想的状态是人人具有知识创新的意识和能力，只有这样人人才能从事创造性的劳动。另一方面，杰出的知识创新人才的出现也没有什么固定的章程可循。一个人过去可能做出过一些贡献，但是他将来未必会做出更大的贡献；一个人以前在科学领域默默无闻，但这并不表明他将来就一定不能取得突出的成就。在科学史上，这种“江郎才尽”和“大器晚成”的例子比比皆是。因此，就一个国家的知识创新而言，根本重要之处不在于为某些人提供优越的科研条件，而在于通过教育提高每个人的知识创新意识和能力，通过社会建立一套完善的知识创新制度，为所有的知识创新工作提供条件，使每个人都有机会为社会知识的发展做出贡献。

知识呼唤着教育，知识的状况也制约着教育。非常清楚的一点是，尽管教育在一定意义上参与了人类总体知识生产的活动，构成了人类总体知识生产的一个必要条件，可是教育机构在严格意义上并不是知识的生产机构，人类新知识的生产绝大多数时候都是在教育机构之外完成的。在主要的方面，教育只是从一定的价值立场和价值需要出发，对人类已经获得的知识进行筛选、传播和分配，从而促进人类知识的积累和发展，促进青少年个体认识能力和实践能力的提高。因此，人类已经取得的认识成果与已经达到的知识状况就是教育活动的大前提，制约着教育过程中知识的筛选、传播与分配，制约着教育活动的目的、课程、教师角色和师生关系等关键要素。例如，在没有科学知识的时代，不会有科学教育；在人类知识增长缓慢的时代，不会有知识创新的任务。在教育理论中，不同的知识观也非常明显地产生着不同的教育观、课程观、教学观、学习观等等。知识观的冲突是造成诸多教育理论之间存在分歧的原因之一。例如，以赫尔巴特（J. F. Herbart）为代表的“传统教育”思想与以杜威（J. Dewey）为代表的“进步教育”思想之间的冲突就有着深刻的认识论根源，前者以理性主义的知识观作为自己教育理论的基础，后者则以实用主义或工具主义的知识观代替了理性主义的知识观，在知识观发生巨大变革的前提下，提出了不同于“传统教育”的新主张。因此，不理解一个时代人类已经达到的知识状况，就不能很好地理解那个时代教育活动的方方面面；分析一个时代教育所面临的问题，也必然要分析那个时代所面临的知识问题。

这一点过去不太为人们所注意。在以往的教育理论中，教育学家们主要是从社会状况（主要是政治和经济状况）来考察一个时代的教育状况，这也是非常有道理的，因为其有助于把握教育的社会性质。但是，这种研究的视角忽略了一个重要的问题，即，一个时代社会政治和经济所提出的教育要求也是通过对教育过程中知识的重新筛选、传播和分配来实现的，或者说，对教育提出的新的政治与经济要求，实质上就体现为新的知识要求。例如，当奉行新教伦理的西方资产阶级在社会经济和政治领域取得统治地位以后，他们就要求教育独立于宗教，要求重新对教育中的课程内容进行筛选，删除一些空疏无用和旨在维护封建等级制度的知识，新增一些有助于资本主义发展的科学技术知识，以及相关的政治知识、历史知识、哲学知识等。在知识的传播和分配方面，资产阶级一方面提出了普及教育的要求，允许广大的劳动者掌握一定的技术知识，另一方面又普遍地实施“双轨制”，垄断学术性知识和用于管理劳动者的其他类型的知识。就是在今天，资产阶级也仍然为自己的子弟预留着一部分“知识特权”（收费昂贵但学术水平很高的私立中学和大学）。因此，从知识与教育之间的关系的角度更能真切地透视社会政治、经济与教育之间的复杂关系，揭开不同的政治势力、经济势力控制教育以至于在教育问题上进行激烈斗争的真相。

可见，知识与教育的关系远比我们以往所认为的要复杂得多、重要得多。然而，今天在我国的教育改革中，这种关系在相当程度上却没有能够引起教育理论工作者和教育实践工作者的充分注意。在一些似乎非常激进的教育改革者那里，这种关系似乎还被削弱了。他们认为，在这个知识激增的时代，最重要的不是让学生掌握“知识”，而是发展学生的“素质”和“能力”，简单地将“知识”与“素质”、“能力”对立起来。有的人甚至还提出，应该将过去“以知识为中心的教学”转变为“以能力为中心的教学”。在“学生负担过重”的问题面前，教材或教学所包含的知识数量与难度在近些年都有不同程度的减少和降低，学生的课余时间增加了，学生的智力负担降低了。可以说，在当前我国的教育改革中，“自然主义”和“形式教育”的思想倾向占据了支配地位，“儿童中心”和“能力训练”成为指导许多教育教学改革模式的主要原则。其结果是：知识的掌握被弱化了，知识与整个教育的关系更是没有能够得到认真的探讨。这对于我们整个教育改革事业是非常不利的。因为，如上所说，21 世纪的实践并不是不要知识，恰恰相反，而是提出了更加强烈、更加全面的知识需求。过去教育的弊端不能完全归为对掌握知识的强调，今天的教育改革也不应当弱化知识与教育的关系，而是应重新思考知识与教育的关系，重新思考什么知识最有教育价值，如何教授和学习知识才有价值，怎样才能培养学生的知识创新意识和能力，如何通过知识的分配来实现社会的目的，如何处理西方知识和我国本土知识的关系，等等。总之，在当代社会实践发生巨大变革的背景下，认真、深入地思考知识与教育的关系，是教育哲学的一项重要任务。正如谢夫勒（I. Scheffler）所说：

> 知识的发展与传播是教育的根本任务，然而对知识及其理由的分析却属于哲学的认识论部分或知识理论部分。一种成熟的教育哲学不但要研究一般意义上的认识论问题，而且要努力从教育任务和目的的视角来看待这些问题。（Scheffler，1965）[1]

# 第一章　知识、知识型与知识转型

讨论知识转型与教育改革的关系，首先得讨论一些基本的概念，例如“知识”、“知识型”和“知识转型”。这三个概念中，“知识”概念为人们所熟悉，“知识型”和“知识转型”概念对于教育学界来说基本上是新的概念，但它们也不是没有理智的源泉和经验的基础。讨论这些概念的目的不是给出几个标准的定义，更不是揭示这些概念的“逻辑真理”，而是说明这些概念的各种用法、本研究对其的理解、其思想来源以及与之相关的一些认识论意义，为后面各章的研究提供一个概念框架，同时也供有兴趣的读者进行深入的研究和讨论。

## 一、知　识

在日常生活中，包括在日常教育生活中，人们谈论各种各样的知识，学习各种各样的知识，教授各种各样的知识。但是，对于“什么是知识”这个问题，并不是每个人都能给出一个明确的答案。事实上，这也是一个比较难回答的问题，主要原因包括以下几点。第一，在日常生活中，“知识”概念的外延非常宽泛，其包括了各种各样性质、类型、范围、层次及陈述方式都不同的认识结果，因此其内涵也很难确定。在一般情况下，人们都是在比较模糊的状态或某一特定状态下使用这个词的，例如，“鲁迅的知识很丰富”“送孩子到学校学习科学文化知识”等。人们很少去思考和回答

“什么是知识”这样听起来颇有些形而上味道的问题。第二，在逻辑上，“什么是知识”这个问题与“什么不是知识”这个问题联系在一起，实际上就是与“知识标准”联系在一起。这就引发了另外一些问题，例如，鉴别一种陈述是不是知识的标准是什么？这个标准又是谁来确定以及如何确定的？人们在实际的判断过程中是如何使用这种标准的？像这些问题就更不是一般人感兴趣和“愿意”思考的问题了。但是，我在后面的分析中将会表明，尽管人们可能对这些问题没有兴趣，但是如何回答这些问题却并不是与人们没有直接或间接的“利害关系”的。第三，在日常生活中，“知识”概念与“真理”“信仰”等概念之间有着复杂的关系。人们获得了某种知识，往往就将其当成真理，并对它的真理性和可操作性产生一种信仰。因此，对知识本身进行理性的思考并不是一件很容易的事情。总之，“什么是知识”这个问题不仅在教育学中是一个难题，就是在哲学中也是一个难题。①

然而，我们必须回答这个问题，哪怕是仅仅给出一个暂时的、不成熟的、有待于进一步修正的答案。因为，在教育学中，如果我们不能回答“什么是知识”，那么我们自然就不能回答“什么是有教育价值的知识”，就不能对人类已有的知识财富进行筛选和组织从而形成课程知识，甚至就不能正确地看待知识与教学的关系。在哲学中，如果不能回答“什么是知识”，那么所有认识论的问题，如知识的起源、知识的发展、知识的价值等，就失去了意义或逻辑依据。而且，这些问题也是与教育问题密切相关的。所以，有的教育哲学家就把“什么是知识”的问题看作教育哲学中首要的认识论或知识理论问题。可是，回答该问题尽管如此必要，但一般而言，教育哲学家们由于学术背景的限制却很难对这个问题给出一个明确的、

① 难题之难其实还与提问的方式大有关系。“什么是知识”这种问法本身省略了语境，提问者不是期望一个具体的人带着自己的成见来回答这个问题，而是期望一个具体的人一下子能够超越任何语言、文化背景的限制，直接切中“知识”的唯一“本质”。谁听到这样的问题都不免会胆怯，因为我们的理智清楚地告诉我们，我们说不中那个唯一的本质。或者说，我们的理智确切地知道，我们没有把握说中那个唯一的本质。在大学的课堂里，对于这样的问题，学生们经常给出的反应是沉默。但是，如果将问法稍稍地改变一下，情形就大不相同了。“你对知识是怎样理解的？”我想谁都可以理直气壮地回答这个问题。但是，我们的现代文化已经习惯于问“什么是……”，要改变问题的问法是有些困难的。

有说服力的答案，他们所能做的主要是帮助读者或听众更好地理解这个问题，促使他们自己认识到这个问题的意义并结合自己的工作进行独立的思考①。

在西方哲学史上，哲学家们对于“什么是知识”有着各种各样的回答。柏拉图（Plato）将“知识”和“意见”相区分，认为知识是人类理性认识的结果，是人类对于事物本质的反映和表述，不同于人类感性认识所产生的“意见”。对此，罗素（B. A. W. Russell）（1979）[163] 明确地说：

> 大多数现代人都相信经验知识依赖或源于感觉，然而柏拉图和某些其他派别的哲学家却持有完全不同的看法。他们认为从感觉中根本不能产生可以称得上是“知识”的东西，真正的知识与概念有关。根据这种观点，“2+2=4”是真正的知识，而像“雪是白的”这种陈述充满了歧义和不确定性，不会在哲学的真理王国中有任何位置。

可以说，在柏拉图那里，知识就是真理，就是“理性的作品”，所有的感觉经验都不能构成真正的知识。在他看来，真正的知识和真理只有一种：数学知识和数学真理。

柏拉图的这种观点在西方哲学史上为一些哲学家所赞同，尽管他们处于不同的时代和文化背景之中，有着不同形式的表述。笛卡尔（R. Descartes）作为西方现代哲学的奠基人之一，在知识问题上和柏拉图一样对感觉经验的可靠性持怀疑的态度。柏拉图说，“雪是白的”是非常模糊的；笛卡尔则说，“我感觉我穿着睡衣坐在火炉边”是值得怀疑的，因为有时这只是“我”做梦梦到的场景，真实的情况是“我”赤身裸体躺在床上。

---

① 美国哲学家谢夫勒在其《知识的条件：认识论与教育导论》一书的前言中说：“我希望读者自己参与到对知识性质和条件的哲学反思中来，自己寻找解决问题的办法，并对它们的教育意义做出自己的评价。”参见：SCHEFFLER I, 1965. Conditions of knowledge: an introduction to epistemology and education[M]. Glenview: Scott, Foresman & Company: preface.

不过，比起柏拉图来，笛卡尔的怀疑主义更加彻底，因为，在笛卡尔那里，不仅像上述那样的感觉经验是值得怀疑的，就是像柏拉图认为是真正知识的数学知识也是值得怀疑的。唯一不能怀疑的东西是“我”作为一个“思想者”的存在，用笛卡尔的话说就是“我思故我在”。在笛卡尔看来，这是一切知识的前提，也是一切知识最牢固的基础。他举“蜂蜡”的例子来说明外界事物的知识是如何从“我思”中产生的。蜂蜡有很多感觉特性，如吃起来是甜的，闻起来有花的香味，看上去有某种颜色、一定的大小和形状，摸起来还有一定的硬度和温度，等等。但是，当把这块蜂蜡靠近火的时候，这些属性就都改变了，尽管蜂蜡还在。笛卡尔就此得出结论说，人们所感觉到的东西不是真正的蜂蜡。真正的蜂蜡是由广延性、柔韧性等性质构成的，而这些性质不是由感官获得的，而是由思想获得的。在笛卡尔看来，由感官获得的知识是混乱的，是人与动物共同具有的；只有由思想获得的知识才是清晰可靠的，是人类所独有的。

在笛卡尔之后，斯宾诺莎（B. de Spinoza）、莱布尼茨（G. W. Leibniz）及康德（I. Kant）等也都强调知识构成中的逻辑成分及理性在知识形成过程中的作用。斯宾诺莎认为，宇宙各个部分之间的联系是逻辑的联系，因此，对这种宇宙中存在的联系进行探索唯一合适的方法就是几何学的方法。世界和人类生活的全部本质都可以通过几何学的方法从自明的公理中有逻辑地推导出来。他强调，在人类认识事物的过程中，感情的参与只会导致知识的混乱，只有纯粹的理性才能获得笛卡尔所说的清晰、明确的知识。莱布尼茨在知识问题上继承了笛卡尔和斯宾诺莎的主张，只是将自己的论证建立在新的本体论——“单子”（monad）论——基础上。莱布尼茨认为，宇宙及人的身体都是由一个个的单子所组成。每一个单子都是不同的，也是不可分割的单位。这些单子之间没有任何的联系，有的只是彼此之间所谓的“预定和谐”（pre-established harmony），就像两个存放在不同地方的钟表碰巧指向的时间一致。在所有的单子中，有一个单子处于统治地位，即人的心灵。只有人的心灵才能认识单子之间的“预定和谐”，产生出清晰、明确的观念。作为现代数理逻辑的创始人，莱布尼茨非常强调逻辑在知识获得过程中的重要性。他认为凭借逻辑，人在形而上学和道德领域就可以像在数学领域内一样进行推理。康德在知识论问题上深受休谟（D. Hume）怀疑论的影响，致力于回答纯粹自然科学（知识）如何可能的问题。与笛卡尔、斯宾诺莎、莱布尼茨等比较起来，康德没有否认感觉经验在知识构成中的作用。他认为我们所有的知识都不能超越经验，但是他同时认为，这些经验只提供了知识的材料，它们是否构成可靠的知识依赖于一些不是从经验中归纳出来的“先验范畴”和“分析判断”。

在西方哲学史上，与上述理性主义的知识概念并肩而立的就是经验主义的知识概念。从总体上说，经验主义的知识概念反对任何先验的观点和范畴，认为人类所有的知识都来源于感觉经验，都是对外部世界各种联系的反映。这种经验主义的知识概念在培根（F. Bacon）和洛克（J. Locke）那里得到了最集中的阐述。作为现代实验科学的鼻祖，培根在考察了当时人类的知识状况后义正辞严地指出：

> 人类知识的状况既不繁荣也没有取得明显的进步。因此，必须为人类的理解开辟一条新路。这条路与过去任何一条所知的道路都完全不同。为了人类的思想能够揭示万事万物的本质，必须提供其他的帮助，必须提供恰当的属于人类思想的权威。(Bacon，1960)[7]

这条新路就是经验科学的道路，这种帮助就是新的归纳法和实验法提供的帮助，这种属于人类的思想权威就是科学知识和科学方法的权威。为了获得这种新的、更加可靠的知识，培根吁请人们抛弃长期以来控制人类思想的四种“假象”——“部落假象”（idols of the tribe)、“洞穴假象”（idols of the cave)、“市场假象”（idols of the marketplace）与“剧场假象”（idols of the theater)。部落假象有其人性的基础，其使人们误以为人类的观念是衡量事物的标准，从而将自己的观念与事物的本质掺和到一起，以致歪曲了事物的本质；洞穴假象是个人的幻象，此时个体倾向于对自己的观念信以为真；市场假象与社会交往中词语的使用有关，词语支配和控制了人的理解，并将人置于空洞的争论之中；剧场假象则源于各种各样的哲学教条和错误陈述，源于人对这些东西的盲目崇拜。培根认为，这些假象的存在使得人们的观念没有做到完全反映外界事物的本质，因而都是虚妄的、扭曲的和错误的。他认为，只有遵循自然，清除假象，才能获得真正的知识；真正的知识就是对外界事物的忠实的反映，观察和实验是获得这些知识最可靠的途径。在培根这些论述的基础上，洛克更是鲜明地提出，人的心灵如同一张白纸，没有任何先验的观念。所有的观念都是通过感觉得来，感觉是人们获得知识的唯一通道。知识就是对两个观念之间的“一致性”、“相似性”或“因果性”的认识。洛克认为，人类认识事物的过程是从对个别现象的感知到经由归纳的途径逐渐获得对一般原理的认识。

显而易见，经验主义和理性主义在知识的概念以及相关问题上有许多的不同之处，甚至是截然相反。但是它们之间也有许多的共同之处，如都将“知识”概念与“真正的知识”或“真理”联系在一起，与“谬误”“偏见”“假象”等区分开来；都将自己的理论建立在对认识主体与认识客体的区分上，只不过各自所强调的侧重点不同；都有一种非历史的认识论倾向，认识主体一旦获得了知识，那么这种知识就是一种终极的、不需要再接受质疑的知识，知识本身被看成非历史的产品。正是由于这些更为深层的相似，波普尔（K. Popper）（1963）[4] 非常直率地说，“它们之间的差异远远小于它们之间的共同之处”。

经验主义和理性主义的知识概念在西方哲学史上存在和对峙了较长的时间，但到了 19 世纪末和 20 世纪初，新的知识概念出现了，即实用主义的知识概念。实用主义的知识概念是在美国人民的历史生活中逐渐形成的。这种知识概念既不再将知识与主体的理性联系在一起（如理性主义），也不再将知识与客体的属性联系在一起（如经验主义），而是将知识看成一种行动的“工具”，因此也被称为工具主义的知识概念。詹姆士（W. James）和杜威对此做了最明确的阐述。作为一个心理学家，詹姆士坚决否认“意识”的存在，从而否认先验主体的存在以及对主客体的区分。他用来取代“意识”这种神秘东西的是“纯粹的经验”（pure experience），是转瞬即逝的

"生活之流"。一种给定的未加区分的纯粹经验在某种情况下是"认识者"，在另一种情况下就成了"认识的对象"。詹姆士认为，"知道"（knowing）就是两部分纯粹经验之间的特殊联结。这样一来，人们在知识的构成中就根本不能区分出先验的形式和经验的内容，它们都生动地融合在一起，融入生活的经验之流中。作为一种检验知识的标准，詹姆士（1979）[104]认为，"'它是有用的，因为它是真的；'或者说：'它是真的，因为它是有用的。'这两句话的意思是一样的"。

这就是说，知识的标准既不是主观的理性形式，也不是客观的感觉经验，而是能够产生令人满意的行为结果。

杜威进一步将詹姆士的思想理论化、明确化。他对传统的"真理"概念进行了非常激烈的批判，认为这种将"真理"（真正的知识）看成静止的、终极的、完美的和永恒的知识的看法是完全错误的。在他看来，所有的知识都是暂时的和不断进化的，知识本身是有机体和环境之间相互作用的中介，是有机体为了适应环境刺激而进行探究的结果。如果一种知识是有效的或者说它是真正的知识，那么它一定能够提高有机体探索和适应环境的能力，否则就是无效的、错误的知识。他说：

> 如果观念、意义、概念、学说和体系，对于一定环境的主动的改造，或对于某种特殊的困苦和纷扰的排除确是一种工具般的东西，它们的效能和价值就全系于这个工作的成功与否。如果它们成功了，它们就是可靠、健全、有效、好的、真的。（杜威，1958）[84]

这就是实用主义或工具主义的知识观和知识标准观，是真正的"美国式"知识概念。布尔斯廷（D. J. Boorstin）曾自信地说："在美国的种种发明中，对世界影响最大的莫过于关于知识的新概念。"（布尔斯廷，1993）[170]他把这种知识概念称为"博物学"的知识概念，以区别于欧洲哲学史上"贵族式"的知识概念。他的意思是说，美国哲学家的知识概念是在旷野里实践的，而不是在贵族的沙龙里辩论的，带有明显的"实践性"和"能动性"

特征。正是这种知识概念将美国文化从大量的形而上学和教条主义中解放出来，使美国人将眼光转向周围世界的变化，对新的问题有一种高度的敏感性。

20 世纪对知识概念的看法更是林林总总、丰富多彩，充满了争论。总的来说，哲学家们或者是对经验主义、理性主义或实用主义的知识概念进行修正，或者是从根本上抛弃了经验主义、理性主义甚至是实用主义的知识概念，从另外一些新的角度认识知识。分析哲学家们如罗素、维特根斯坦（L. Wittgenstein）（早期）等则修正了经验主义的知识概念，反对理性主义的知识概念，并进一步把一个知识或命题分解为一些更小的可检验的“原子命题”，认为其意义或真理性在于其与经验、证据的“符合”或“一致”。但是，这种见解在 20 世纪的知识理论中并没有产生太大的影响，如果说有的话，那么就是为新的知识观念的提出树立了靶子。我们在后面有关知识性质的部分将会详细分析 20 世纪所发生的知识观念上的变革及其教育学意义。这里我们只想指出，20 世纪的哲学家尼采（F. W. Nietzsche）、海德格尔（M. Heidegger）、罗蒂（R. Rorty），知识社会学家曼海姆（K. Mannheim）、舍勒（M. Scheler），科学哲学家波普尔、费耶阿本德（P. Feyerabend），以及主张“后现代”的思想家福柯（M. Foucault）、德里达（J. Derrida）、利奥塔（J. F. Lyotard）等都从不同的角度反对理性主义和经验主义的知识概念，说明这些知识概念的贡献与局限，力图在新的认识论和社会政治背景中揭示人类知识（包括科学知识）的社会性质、历史性质、意识形态性质、权力性质等。例如，尼采猛烈批评德国文化中的理性主义知识传统，他经常使用“发育不全的逻辑”“有缺陷的逻辑”“苍白的概念”“冷酷的理性”等称谓来嘲讽理性主义。曼海姆则提出了“社会学决定的知识”（sociologically determined knowledge）这个概念，反对知识概念中的个人主义、绝对主义、实证主义和欧洲中心主义。关于知识的标准，他明确提出，不能在哲学或认识论的范围内寻找它，必须“到别处去寻找”，即到社会中去寻找。福柯则从知识与话语、知识与权力的关系入手，对知识的概念做了全新的表述，如“知识是由话语实践按照一定的规则所构成的一组要素”；“知识是一个人能够在话语实践中谈论的东西”；“知识是主体采取一定的立场谈论其话语实践中所要研究的客体的一种空间”；“存在科学之外的知识，但是不存在没有特殊话语实践的知识”。(Foucault，1972)[182-183] 在福柯这里，知识已经不是一种静止的东西，而是一种运动的东西；已经不是一种符号化的陈述，而是一系列的标准、测验、机构和行为方式；已经不是一种理性沉思的结果，而是一系列社会权力关系运作的结果。

上面的历史回溯足以说明，知识的概念问题远不只是涉及给知识下一个简单的定义问题，它关涉其他复杂而重要的认识论问题，如起源问题、标准问题、性质问题甚至发展问题等。而且，从西方哲学史上来看，西方从古至今在知识概念问题上不是没有共识，但是也不是没有分歧。甚至可以说，真正的共识是很少的，分歧倒是大量存在的，后者不仅存在于不同的哲学流派之间，而且也存在于同一个哲学流派之间。由此可见，“什么是知识”这个问题也是一个开放性的问题，不可能一劳永逸地得到解决。如果我们跳出各种具体观点的分歧，从纯粹逻辑的观点看，历史上人们对知识的概念或对“知识是什么”这个问题的回答一般会涉及以下几种关系。

第一，知识与认识者的关系。认识者在获得知识的过程中究竟是以个体身份出现还是以社会身份出现？其究竟是积极主动的还是消极被动的？认识者在获得知识的过程中，究竟是理性在起主导作用还是感性在起主导作用？其究竟是如何处理知识陈述与自己的知识信念之间的关系的？

第二，知识与认识对象的关系。知识是不是对外部世界的镜式“反映”？真正的知识是不是与外部世界相符合？确立一种知识真理地位的经验证据是不是充分的？认识的对象是不是在认识者认识它之前就客观存在了？

第三，知识作为一种陈述本身的逻辑问题。知识有没有统一的或标准的陈述形式？如果有的话，是什么？如果没有的话，又是因为什么？概念和命题仅仅是一种逻辑的构造还是一种历史文化的产物？不同领域知识的概念和命题又有什么不同的特征？如何为一种知识的陈述形式辩护？

第四，知识与社会的关系问题。知识是价值中立的吗？科学研究活动是一种纯粹的理智活动吗？知识与利益、权力、意识形态、性别等是什么关系？社会生活中知识的生产、传播、分配又是怎样受到社会因素制约的？

可见，知识概念的意义存在于一系列不同维度的概念之间的关系中，这些概念之间的关系都是相互关联的。在没有澄清这些概念之间的关系及其关联之前，不可能对知识概念的意义有一个很好的理解。而要澄清这些概念之间的关系及其关联，不仅要涉及认识论的问题，还要涉及价值论的问题；不仅要涉及逻辑学的问题，还要涉及社会学的问题；不仅要涉及合理性的问题，还要涉及合法性的问题。这就是"什么是知识"这个问题的全部复杂性所在。可以说，知识的概念问题只是许多其他知识问题的一个"结"。要想解开这个"结"，就必须认识到构成这个结的"结法"。这个"结法"就是"知识型"。

## 二、知识型与知识转型

简而言之，"知识型"（form of knowledge）就是由对上述与知识概念有关的四组问题具有逻辑一致性的回答所构成的具有结构特征的知识形态。因此，也可以将其看作"知识的模型"（model of knowledge）或"知识的范式"（paradigm of knowledge）。作为知识的模型或范式，知识型是一个时期所有知识生产、辩护、传播与应用的标准。如果人类的一种认识经验符合那个时代知识型的要求，要么它就能够获得"知识"的殊荣和权力，并被允许以"知识"的名义进行传播和应用；反之，其则会被排斥在知识王国之外。从另外一个方面说，知识型是某个时期所有知识分子都共同分享的知识问题、范畴、性质、结构、方法、制度及信念的整体。在一般情况下，对某种知识型的接纳、理解与掌握是一个人成长为"知识分子"或被知识分子群体接纳的前提。反过来说，一个时代的知识分子群体之所以能够有共同的社会意识和身份，也是因为他们共同分享了某种知识型。而且，这种知识型并不局限于知识分子群体之中，它还会通过教育等途径为更多的人所接纳。

知识型和“知识观”（view or standpoint of knowledge）很接近，甚至也可以将知识型理解为知识观。但是，要这样来理解的话，那么知识观就不应是狭义的对“知识性质”的看法，而应是广义的包括了从上述四个主要关系维度出发对知识问题的看法。不过，即使是将知识型理解为广义的知识观，还不足以把握知识型的全部内涵。因为如上所说，知识型不仅仅是一种观念，它还包括其他一些东西——问题、结构、方法、制度、信念等。这就是说，知识型不仅是一种解释性的概念，它同时也是描述性的概念，是对一个时代知识状况最一般的描述。

需要注意的是，知识型不等于知识的类型（type of knowledge）。众所周知，人类的知识不是杂乱无章的，而是可以划分为许多的类型，如孔德（A. Comte）所划分的“宗教知识”“形而上学知识”“实证知识”，罗素所划分的“事物的知识”“人的知识”，舍勒所划分的“拯救的知识”“文化的知识”“实践的知识”等。又比如现在的学校学科课程一般所采用的知识分类：物理学、化学、生物学、政治学、经济学、教育学、心理学等。这些不同的知识类型之间虽然存在着这样或那样的区别，但是它们之所以都被称作“知识”，都被看作知识大家族中的一员，是因为它们至少都符合划分者头脑中一定的“知识型”。比较起来，知识型更侧重于对不同类型的知识之间的一致性的认识和把握，而知识的类型则侧重于在一定的一致性基础上对不同类型的知识的差异性进行认识和把握。从当代认知心理学的角度来看，知识型是知识类型的上位概念，知识类型是知识型的下位概念。一定的知识类型的划分总是以一定的知识型为思想前提的。

知识型概念的提出，有其经验的与理论的基础。从经验方面来说，在日常的教育和学术生活中，我们经常能发现学生或学术界同行对知识的含义、知识的性质、知识的价值、知识的发现等问题都有着相同或相近的看法或信念，例如，“知识是人类认识的结晶，是认识主体对客观对象的正确反映”“知识就是力量”“知识是客观的”“学生的主要任务是学习知识”“知识是通过一定的语言符号和逻辑形式进行表述的经验系统”等。这些相同或相近的看法或信念通过直接的或间接的途径（如与之相适应的教育教学制度、学术制度和规范等）规范着、约束着同时也支持着他们的学习、教育和研究行为，使这些行为也具有某种程度上的一致性。

从理论方面来说，知识型的概念主要是来自库恩（T. S. Kuhn）的“范式”（paradigm）概念和福柯的“知识型”（episteme）概念。

“范式”概念是科学哲学家库恩在研究科学革命的结构时提出的一个重要“概念”，现在已经在各个知识领域得到广泛的应用。在库恩那里，“一方面，范式代表着某一科学共同体的成员所共同分享的信念、价值、技术以及诸如此类东西的集合；另一方面，范式又是指集合中的一种特殊要素——作为模型或范例的具体解决问题的方法”。（Kuhn，1962）[175]

库恩认为，历史上的科学革命不是一种渐进的累积过程，即简单地提出新的科学知识或修正原有科学结论，而是一种结构性的、整个科学研究的“范式转换”（shift of paradigm）过程：旧的范式持续陷入了严重的危机，不能很好地解释和解决科学研究中一连串新事实和新问题；科学家们开始丧失对原有范式的信任，考虑其他的选择；原有范式强加于科学工作的限制在各个具体研究领域里被突破，新的范式开始形成；科学家们在比较的基础上，彻底地抛弃原有的范式，接纳新的更有解释力的新范式，如新的问题、新的理论、新的方法、新的研究范例等。这种新的范式不是对原有范式的精确化或扩展，相反，它是在一个新的基础之上对某一领域的“重构”（reconstruction），改变了这一领域研究的基本理论、方法与模式，甚至改变了这一领域的专业设置和教育。

库恩的范式概念主要是被运用于科学研究领域，而且从其所举的例子来看，还主要是自然科学领域。但是，这种“范式”及范式转换的思想具有更为广泛的认识论意义。在我们看来，不仅在科学或自然科学领域内存在着这种范式，就是在整个人类的知识领域也存在着这种范式；不仅人们的科学概念、科学行为、科学制度受某种范式的影响，就是整个人类的知识观念、知识行为和知识制度也深受某种范式的制约。因此，我们提出知识型概念，并将其阐释为“知识范式”。但是，我们之所以没有直接用“知识范式”这个概念，是因为我们所理解的知识型在构成要素上比库恩的范式所包含的要素——信念、价值、技术、范例——更为广泛。可以说，知识型概念是对范式概念的扩展。

福柯的“知识型”概念是本书中所提出的“知识型”概念的另一个思想源泉。在福柯看来，

> 知识型可以被看作类似于世界观一类的东西。它是整个科学史的一部分，对于所有的知识领域都是共同的。它为每一个知识领域提供同样的规则、原理、理性发展的阶段。知识型是那一个时期的人都无法逃脱的思想结构——由一些无名的手所书写的“一整套法律”。我们认为，事实上有了知识型，在某一个特定的历史时期，统合话语实践的一整套关系就会产生认识论的形象、科学、可能的形式化的系统（Foucault，1972）[191]。

在福柯这里，知识型并不是某一具体的知识类型或理智类型。它超越各种不同学科和不同思想形式之间的界限，构成了各种不同学科和思想类型的背景，“对于所有的知识领域都是共同的”。福柯还明确地指出了这种知识型的若干特征，例如，它不受任何学科的限制，开辟了无穷无尽的领域；它并不是寂静不动的东西，一经出现或诞生就消除后来所有其他的可能性，实际上，它处于不断的变化和扩张之中；等等。我理解，福柯这里所说的知识型就是他在《知识考古学》中所提出来的知识的“不连续性”、“知识与权力”的关系、“知识与话语实践”的关系等。正是这些关系的实现使得“认识论”“科学”“权力”“话语”得以可能，从而构成任何一个历史时期人们都“无法逃脱的思想结构”。这种知识型的概念使福柯对知识问题的考察从纯粹认识论的视角转换到历史的、社会的和政治的视角，发现了传统哲学家所没有发现的知识问题，在20世纪后半叶的知识界产生了巨大影响。

福柯的这一知识型概念给予我们的启发在于，无论是哲学的认识论、科学或任何其他系统化、形式化的知识体系或话语实践，都存在于一个复

杂的权力网络之中，它们既是这个权力网络发挥作用的结果，同时也是这个权力网络发挥作用的一种媒介。因此，不了解知识与这一权力网络之间的复杂关系，就不能真正了解知识的生产、辩护、传播与应用。用福柯自己的话说，知识型就是知识王国的“政体”（regime），因此，不了解这种“政体”，就不能认识生活于这一政体下的每一位“公民”。

本书所提出的知识型概念一方面继承了福柯知识型概念的上述思想，另一方面又希望能够超越他的理解，考察更加广泛的某一历史时期的知识状况。从上述所提出的四组问题来看，福柯的知识型可以被纳入对知识与社会关系的考察中来。而对这一问题的考察与对前面三组问题的考察是密不可分、相互关联的。所以，本书中的知识型概念也是对福柯知识型概念的一种扩展。

从日常经验、库恩和福柯对“范式”及“知识型”概念的阐述以及本书对知识型的论述中可以看出，知识型作为一定历史时期知识生产、辩护、传播和应用的框架具有下列基本特征。

第一，规范性。知识型作为知识的“范式”或“政体”，在知识的生产、辩护方面起到一种规范的作用，它不但提出知识生产的标准、程序、方法，而且提出知识辩护的方法。实际上，任何知识的生产、辩护都是依赖于一定的知识型的，不参照一定的知识型，我们就不能判断一个陈述究竟是不是知识。

第二，共同性。知识型是一个时代不同知识领域所共同接纳的认识框架，为不同的知识领域所应用和遵守，具有一种高度的同一性和排他性。在通常情况下，一个时代只有一种为人们所广泛接纳的知识型，但是在一些特殊的历史时期，会出现与原来的知识型不同的新的知识型，会出现一部分人如哲学家首先质疑旧的知识型而阐释、选择、信奉、倡导新的知识型，从而产生新旧知识型的冲突和知识分子群体内部分裂的现象。这种知识型的危机就标志着一个时代进入一个“知识转型”时期。

第三，历史性。随着人类实践和认识活动的不断深化，人类的知识也是不断进化的。今天人类所取得的知识成就要比以往人类所取得的知识成就大得多、多得多。人类知识的进化不仅表现为知识数量上的增加，更主要地表现为知识形态的变化。类似于库恩将科学革命看成科学范式的转变，人类的知识进化也可以说是人类知识型的转换。我们甚至可以说，没有知识型的转换，就没有人类知识的进化。不同的历史时期有不同的知识型，没有哪一种知识型是永恒的。研究知识型的历史发展是认识人类知识史、思想史或科学史的一个重要途径。

第四，先验性。这里所说的先验性是针对个体而言的，而非针对人类而言的。对于一定社会中的个体而言，一定的知识型在他出生之前就客观地存在着，如果不发生危机，这种知识型会影响其一生的认识和实践活动。个体从日常语言的学习、学校教育、实际工作等各个方面来知晓和理解这种知识型。理解了某种知识型，就等于拿到了进入某一社会体系的钥匙。

第五，文化性。人类文化的起源和发展是多线索的，不同地域的人的生存环境及其所遭遇的问题自然也是不同的。即使在人类交往日益频繁的今天，这种社会文化环境及其问题的多样性仍然客观存在。因此，在过去和未来相当长的历史时期内，为了满足这种多样性生存和发展要求而产生的知识体系以及知识型也是多样化的。上面所说的知识型的规范性、共同性和历史性都是在一定的文化背景中发生的。在不同的文化背景中，知识型的这些特征会有不同的表现形式。当一种知识型试图突破文化的屏障进入另一种文化中时，毫无疑问会碰到原有知识型的抵制和反抗。注意到知识型的文化性，有助于我们更好地认识知识传播中的许多问题，特别是有助于我们抛弃在此问题上的西方中心主义，反对西方知识的霸权①。

知识型概念的提出，使我们对"什么是知识"的问题有更好的理解。关于这个问题，并没有也不可能有一个确定不变和普遍有效的答案，因为

① 曼海姆曾从知识社会学角度对此做过深刻的批评。他说："极端的实证主义认为，人类知识的进化都必须被看成现代西方文化进化中一个小的阶段。这一观点必须被彻底抛弃。在知识社会学的帮助下，人们必须认识到，欧洲和亚洲从非常不同的方向完成了人类获得知识的任务。欧洲是从物质到精神，亚洲是从精神到物质。所以，这两种知识进化的阶段是根本不同的。"参见：MANNHEIM K, 1952. Essays on the sociology of knowledge [M]. London: Routledge: 17.

对这个问题的回答取决于回答者站在一个什么样的文化背景中，取决于回答者根据什么样的知识型来回答。历史上持有不同知识型的人回答不同，不同文化模式中持有不同知识型的人的回答也会不同。今天对这个问题的回答就当然地取决于今天的人们处于一种什么样的文化背景和知识形态之中。这就涉及上面提到的“知识转型”概念。

“知识转型”（transformation of knowledge）①，顾名思义就是知识型的转变，就是知识“范式”、知识“形态”或知识“政体”的转变或被颠覆，就是原有的知识型出现了危机，新的知识型逐渐出现和替代原有知识型的过程。从内容上说，知识转型不仅包括知识观念的转变，而且包括知识制度、知识组织、知识信念以及知识分子角色等各个方面的转变。知识转型一开始可能出现在个别知识领域和知识理论的个别领域（如科学领域、哲学领域或知识的性质领域），其后来就会慢慢地扩张到整个知识领域和知识理论的所有领域。知识转型首先是对旧的知识型的解构，因此毫无疑问具有破坏性，其破坏了人们已经接纳和习惯了的知识生活的基础和方式；但是，知识转型同时也是对新的知识型的建构，其为人们提供了新的知识基础和知识生活方式，因此其同时又具有建设性。

知识转型时期的到来有一些明显的征候，如有人提出了新的知识概念或知识标准；知识分子内部开始围绕“知识”标准问题进行一些争论，伴随着这种争论，出现了越来越多的“异端”知识分子；提出了新的知识和证明知识的方法和程序；出现了新的表述知识和传播知识的方式；出现了一些新的知识分类标准；一部分知识分子的角色发生转变，知识分子获得权威的方式也开始发生变化；原有的知识信念遭到怀疑；等等。在这些征候中，最主要的是对原有的知识性质或标准进行批评，并提出新的知识性质或知识标准。其他的征候都是与此密切相关的。知识转型期的知识界出

① 利奥塔曾使用过这个词，并注意到知识转型对“公共权力”（public power）和“市民制度”（civil institution）的影响。不过他所注意的主要是知识性质的转变，而非全部知识型的转变。参见：LYOTARD J F, 1984. The postmodern condition: a report on knowledge [M]. Manchester: Manchester University Press: 5.

现一些混乱，就如同一种新的社会制度诞生前会因为原有权力体系的失效和新的权力体系尚未建立起来而出现社会秩序混乱的现象一样。等到新的知识型已经完全代替旧的知识型，并为人们所接受时，这种知识王国中的混乱现象也自然会消失，人们的知识生活又归于平静：有人忙于生产知识，有人忙于传播知识，有人忙于消费知识，有人忙于控制知识，一切都是那么井然有序，一派和平盛世的景象。

知识转型不是一个自然的和自发的过程，而是一个历史的和社会的过程，需要有一定的社会动力的推动或社会条件的支持。就人类已经发生的几次重大知识转型（将在第二章中详细分析）而言，这些社会动力或社会条件主要包括两方面。

第一，知识分子内部对知识性质或标准问题的不懈追问与反思。应该承认，知识转型首先是在知识分子内部发生的，知识转型时期的混乱现象也首先出现在知识分子内部。这是因为，知识的性质或标准问题是一个历时性的问题，对它们的追问永远没有终止的时候。任何答案都不是完美的，知识分子永远面对着来自自己和社会的对自己所生产的知识是否具有真理性的质疑。一个社会越是尊重知识、越是依赖知识，就越会经常不断地提出这种质疑。这就会使“以知识为业”的知识分子的生活永远处于一种不稳定的状态。尽管知识分子会通过信仰的途径来使自己皈依于某种知识型而暂时搁置那些令人头疼的质疑，但是，他们的理智非常清楚地知道，某种知识型只能暂时地使他们所生产的知识合法化，暂时地使他们免于受到攻击，而不能为他们提供永远的“庇护”。所以，作为一个热爱知识的人和一个有社会责任感的人，知识分子必须在源源不断地生产具体知识的同时，对一般知识的性质或标准问题进行不懈的追问，否则，就不能够为自己生产的知识的真理性寻找到更加可靠的依据。正是这种一代又一代知识分子对知识概念或标准问题的不懈追问，使得人们能够不断地修正甚至从根本上抛弃原有的知识型，为新的知识型的出现和建立创造条件。

但是，由于知识型是一种知识的“政体”甚至是知识的“意识形态”，一种知识型一旦形成，就对知识分子具有相当的约束作用，会极力地限制和压抑个别知识分子对其知识性质或标准的质疑，更不用说会对新的知识性质或标准持一种宽容的态度了。因此，那些敢于对原有知识性质或标准进行质疑并提出新的知识性质或标准的人实际上要冒很大的风险，要在不同程度上承担“异端”的罪名，甚至要为此做出牺牲。这种事情在人类认识的历史上是屡见不鲜的，任何一个知识分子在这个问题上都能够真切地感受到来自自己所属知识分子群体的无形压力。所以，知识的转型绝不是一蹴而就的事情，往往要经过一个比较漫长的斗争时期，其情形就像 18 世纪的法国大革命一样：革命—反革命—再革命，直到最后的成功。

第二，社会的政治、经济或文化结构发生大的变动。不难理解，一个时期的知识形态和社会形态之间有着高度的相关性。一方面，社会的政治、经济和文化生活等都是以一定的知识形态为基础的，另一方面，它们反过来又支持和维护一定的知识形态。例如，一个政治、经济和文化生活都受到宗教或其他神秘力量控制的社会，必然会将知识看成上帝智慧的显现或启示，将知识的标准交给神职人员加以掌握，成立以神职人员为中心的知识研究和传播机构，向社会的政治、经济活动以及家庭和公共生活提供它们所需要的知识。担任神职的知识分子一方面从社会那里获得了进行知识生产的权利，另一方面也承担着维护这种知识观念和知识标准的义务。

舍勒在阐述科学成为一种“优越的”知识形式的原因时说，这并不是科学知识本身有什么优越之处，而是崇拜物质利益、寻求对外部世界进行超强控制的资本主义社会将其擢升为一种“优越的”知识形式。因此，被人视为知识典范的自然科学不仅受到资产阶级意识形态的控制，它本身就是资产阶级意识形态之一，是资产阶级统治合法化的依据之一。而在一个追求其他价值，特别是追求精神价值的社会中，处于优越地位的就会是其他的知识形式。

福柯在谈到对当代知识观念产生重大影响的知识 / 权力关系的发现时，就明确地将其归结为 1968 年遍及欧美的社会革命。在知识分子“左派”的领导下，这场社会革命不同于以前任何一场社会革命之处在于：它是以日常斗争为基础的，是从日常生活中的问题出发的，而不是在一种社会乌托邦和意识形态的支配下进行的。正是在这种基于日常生活的斗争中，人们首次发现了社会权力系统的运作机制——知识/权力关系，发现了每一个人，不管他多么微不足道，都不是像原来所想象的那样处于无权或权力之外以及权力的边缘状态。恰恰相反，每一个人都处于各种各样权力关系的中心，都在通过知识理解着权力、运用着权力、赋予着权力。因此，不得不重新反思原有的知识概念，以及知识与社会的关系、知识与个体的关系、知识的自由主义理想。在福柯看来，正是这种日常政治和文化斗争为知识性质的新认识提供了动力、土壤和条件。实际上，我们也可以将作为知识分子的福柯本人及其思想看成这场社会革命的产物。

因此，对原有知识型的质疑在很大程度上就是对它所支持的社会形态的质疑，就不仅是一种认识行为，而且是一种社会行为。这种质疑可能先于社会的政治、经济或文化革命而出现，但是，如果其没有得到社会政治、经济或文化革命的支持，那么它最后是不可能颠覆旧的知识型而建立新的知识型的。在这种意义上，完全可以将知识转型看作更大范围的“社会转型”（transformation of society）的一个组成部分、一个先决条件或一个最后的结果。

## 三、知识转型与社会转型

社会转型就是社会形态的转换，从大的方面说，包括社会政治形态、社会经济形态和社会文化形态的转换。社会政治形态的转换主要体现在政体形式的转换上，如从奴隶制转向封建制，从封建制转向资本主义制度，等等。社会经济形态的转换主要体现在生产力和生产方式的转换上，如从手工业生产转向机器大工业生产，从农业经济转向工业经济，从工业经济转向知识经济，等等。社会文化形态的转换主要体现在社会价值观念及建立于其上的生活方式的转换，如从重视精神价值到重视物质价值，从重视群体生活到重视个体生活，从文化中心主义、文化沙文主义转向文化相对主义和多元文化主义，等等。一般来说，一个社会的政治转型、经济转型和文化转型是相继进行、相互影响的，使整个社会呈现出一种总体转型的态势。但是，在一些特殊情况下，社会也会单独出现某一方面或两方面的转型，而另外的方面基本上没有发生大的转变。但是，这种单方面的社会转型往往会碰到很大的阻力，破坏整个社会生态系统，最后要不就是进一步地促进其他方面的社会转型，要不就是半途而废，在某种程度上返回原先的状态。

关于社会转型国内学术界已经有不少理论和实践研究。有很多人干脆把我们现在的社会发展阶段称为“社会转型期”，并从社会转型的视角来捕捉、观察和分析一些社会现象与问题。这些对于人们理解社会转型特别是中国社会的转型有重要意义。这里所关注的是社会转型与知识转型的关系。这恐怕是一个有关社会转型的新问题。对于这个问题，这里不可能予以充分展开，只能围绕着“知识转型”做一些简要的论述，更深入的研究有待将来。

前面已经说过，一个时期的知识形态和社会形态之间有着高度的相关性。在某种意义上，完全可以将知识转型看作更大范围内社会转型的一个组成部分、一个先决条件或一个最后结果。这实际上已经从两个方面阐明了我关于知识转型与社会转型关系的观点。但是，为什么说它们之间有着高度的相关性？这在逻辑上如何可能？而且，说知识转型是社会转型的一个组成部分和一个最后结果也比较容易理解，但是说知识转型是社会转型的一个“先决条件”是不是有所夸张？这里确实需要再花一些笔墨。

在导言中，我曾分析了“知识”与“实践”的关系，指出实践是以知识为基础的，人类的实践就是知识参与下的实践，人类实践的程度和范围是受着人类知识状况制约的。如果这些能够成立的话，那么，同样可以说，(1) 社会是以知识为基础建构起来的，(2) 人们的社会生活就是知识参与下的生活，(3) 人们的社会身份实际上是由人们所掌握的知识体系赋予的。让我们来分别论述这三个观点。

俗话说，“独木不成林”。无论如何，社会既不是个体，也不是由一个个彼此之间丝毫不发生联系的个体聚积而成，不是人们经常所讽刺的“装满了马铃薯的麻袋”。社会在最基本的意义上是人与人之间的“关系”以及产生、维持和实现这种关系的一系列的社会“机构”、“制度”和“活动”。然而，如何定义社会生活中人与人之间的关系？如何建立相应的社会机构、制定相应的制度以及开展丰富多彩的社会活动？所有这些恐怕都得通过一定的知识体系来完成。人与人之间的关系不是一种自然的关系或两个客体之间的关系，而是一种主体间的关系。这种关系的性质在于它是通过关系双方的主观解释与接纳以后才能够建立起来的，否则就构不成一种休戚相关的社会关系。而主体的解释和接纳又总是以一定的知识为基础的。我们以最基本的“夫妻关系”为例。夫妻关系不是生理意义上的两个男女之间的关系，而是一种在一定的婚姻制度下所结成的社会关系。这种关系之所以能够得到夫妻双方的确认与尊重，关键就在于夫妻双方都懂得和认可这个社会（不管其是多么的“原始”）的婚姻制度，接纳这个社会与婚姻有关的知识体系，如相关的法律、制度、责任和义务等。而一个社会婚姻制度的建立以及相应活动的展开又是以“好的婚姻”观念为基础的。无论是中国还是外国，结婚仪式上那些烦琐的礼节也旨在暗示或说明什么是“好的婚姻”。夫妻关系如此，亲子关系、朋友关系、师生关系、同事关系等复杂的社会关系莫不如此。婚姻制度和婚姻生活是这样，教育制度、政治制度、经济制度及其活动等也莫不是这样。从这个角度来说，知识体系决定着建立于其上的社会关系、机构、制度和活动。比较而言，一个社会如果把人性看成是本善的，就像孟子和卢梭（Jean-Jacques Rousseau）那样，那么人与人之间就应该充满了真诚、友爱、信任和期待，社会就应该建立一套机构、制度并组织一系列的活动来宣传、弘扬人们的善性，防止他们染上恶习。反过来，一个社会如果把人性看成是本恶的，像荀子、基督教及霍布斯那样，那么，人与人之间的关系就充满了猜忌、戒备、阴谋和欺诈，社会就应该建立一系列严格的惩戒制度、机构并进行公开的惩罚活动。总之，不论是茹毛饮血的原始社会，还是声光电化的现代社会，社会的建构总是以知识为基础的。知识不仅为一种社会形态的建构提供智力的工具，同时也为这种社会形态的建构指示方向和进行辩护。没有了知识的根基，整个社会的大厦就会坍塌，人类将重新回到动物时代[①]。

人们的社会生活是丰富多彩的，从个体的角度来说，包括学习、工作、锻炼、交往、娱乐、思考等多种内容；从社会的角度来说，有教育、生产、医疗、行政管理、商业、科研、军事、工程等多种内容。一个人之所以能够顺利地从事这些活动，或者说之所以有可能顺利地从事这些活动，是因为其具备了相应的知识基础。一个人没有相应的知识基础，如何去学习、工作、锻炼、交往、娱乐与思考？社会没有相应的知识体系，如何有教育、生产、医疗、行政管理、商业、科研、工程等不同行业的差别？一个人不掌握相应的知识体系，如何能够从事相关的工作？因此，如果说，社会空间是以知识为基础的，那么人们的社会生活自然也是知识参与下的生活。没有教育的知识（不管是理论化的教育知识或是民俗性的教育知识），一个人就不能成为教育者，或准确地说，就不能成为一个合格的教育者乃至优秀的教育者；没有生产的知识（不管是来自经验还是来自培训），一个人就不能成为一个合格的生产者、劳动能手；没有娱乐的知识，一个人就不会唱歌跳舞、吟诗作画。所以，一个知识贫乏的人，就不会有丰富的生活；一个知识狭隘的人，就不会有健全的生活。在这个意义上，正如莎士比亚所说，“无知是上帝的诅咒，知识是我们飞向天堂的翅膀”。

与社会职业的知识基础一致，人的社会身份也是由不同的知识体系所赋予的。人在出生的时候都是大同小异的，出生在贵族之家未必天资聪慧，出声在贫寒之家也未必资质愚钝。在国外旅行，看见许多不同肤色的孩子在一起玩耍，心中就产生无限的感慨。他们之间亲密无间、相知相悦的样子说明，他们幼小的心灵中哪里存在什么阶级、种族、阶层、性别的偏

① 波普尔说过类似的话。他为了说明“世界 3”——由书籍、图书馆、计算机内存以及诸如此类的东西构成的世界——的价值，曾经做过两个思想实验：第一个实验是，假设我们所有的机器和工具都被毁坏，我们所有主观知识也都被毁坏，但是由书籍、图书馆等构成的“世界 3”得以幸存，那么，经过许多痛苦之后，我们的世界会重现生机；第二个实验是，假设我们所有的机器和工具都被毁坏，我们的主观知识和客观知识（即“世界 3”）也一同被毁坏，那么，文明在几千年内将不再出现。在波普尔看来，正是“世界 3”——我们通常意义上说的知识世界或许比我们通常意义上所拥有的知识世界要丰富一些——构成了我们人类文明的骨架和希望。参见：POPPER K, 1963. Conjectures and refutations [M]. London: Routledge: 108.

见、歧视甚至仇恨。但是，当这些出身于不同社会地位、阶级、种族以及具有不同性别的孩子慢慢长大以后，他们所受的正规的或非正规的教育以及个人的生活经验就会慢慢地使他们知道彼此之间的不同，知道自己的社会身份，知道如何根据自己的社会身份而采取行动。因此，对于一个人而言，他的社会身份不仅是一种外在的标志（肤色、性别、地位、爵位、服饰等），更是一整套的知识体系。生理的、社会的乃至命运的力量可以在一个人出生时就赋予他一种身份，但是，使他真正具备这种社会身份的，的确是他在后天所掌握的知识体系。在我们这个社会里，女人是柔弱的，这是因为在我们的电影、小说、故事、历史等文化体系中，女人都是柔弱的；但在某些原始部落里，女人却是强壮的，这是因为他们祖祖辈辈所讲述的女人都是强壮的。男人 / 女人、黑人 / 白人、贵族 / 平民，这些身份的区别与对立都是由特定的知识体系所塑造的。正是出于这个原因，在人类教育史上的绝大部分时间里，不同阶级、阶层、种族、性别的人总是受到不同的教育，接受不同的知识。我们通常所说的教育的阶级性、等级性、宗教性以及种族歧视、性别歧视等都是借助于知识的不同分配而实现的。

因此可以说，社会关系、机构、制度和活动的合理性是以其知识基础的合理性为前提的。一旦这种知识基础的合理性丧失，那么随之而来的就是社会各方面合理性的丧失，就是原有社会关系、机构、制度的混乱，就意味着原有社会秩序的崩溃以及新的社会秩序的诞生。正是在这个意义上，我们说，知识转型——而不是简单的知识数量的增加——是社会转型的前提条件，知识转型必然会产生重要的社会影响。

在这里，我们特别关注知识转型与教育[①]改革的关系。作为一种社会机构，教育在人类文明的进化和发展中起着不言而喻的重要作用。在当代社会，教育已经成为促进社会发展和个体发展，解决贫困、环境、种族冲

① 众所周知，“教育”（education）一词的含义非常广泛，类型也是多种多样。本研究中主要讨论的是“学校教育”（schooling）或正规教育（formal education）、制度化教育（institutional education）与知识转型之间的关系。不过，知识转型对教育的影响绝不限于这种意义上的教育，应该说它对整个社会教育系统都会产生重要的影响。

突等各种社会问题的希望。教育之所以被赋予如此重任，是因为人们比以往任何时候都清晰地认识到，社会的、个体的种种问题都与已往知识的状况有关，这些问题的解决都有赖于新知识的输入，以改变以往的知识状况，而教育恰恰可以在其中起到不可代替的中介作用。然而，大量的经验表明，不是所有的教育或任何一种教育都能满足社会和个体发展的知识要求，有的教育不仅不能满足这种要求，反而会使已经严重的社会和个体问题更加严重。因此，教育必须改革，教育改革已经成为席卷全球的社会改革运动的一个重要组成部分。

与社会其他方面的改革实践一样，教育改革受着各种复杂因素的影响，如政治因素、经济因素、文化因素等。其中，知识因素就是一个非常重要的因素，其既与其他因素联系在一起，又可以单独发挥作用。教育改革必须回答以下问题：社会和个体新的发展需要满足何种新的知识要求？什么样的知识才最有教育价值？如何获得这些知识才有教育意义？教师和学生在探索这些知识的活动中应该扮演什么样的角色？又有什么认识论方面的依据？应该根据新的知识要求发展什么样新的教学模式，特别是教学评价模式？所有这些问题的回答都与社会已有的知识状况分不开，进而都与那一时代的知识型分不开。因此，知识转型所带来的必然是社会知识状况的根本变化，必然会对教育改革产生深刻的影响。这应该引起所有教育改革者的注意。

知识转型对教育改革的影响除了对上述教育实践活动方面的直接影响以外，还通过对教育理论的影响间接影响教育实践活动。不难理解，教育实践与其他社会实践一样，是一种有着理论参与和理论指导的实践。没有教育理论知识，在一定意义上就没有成熟的教育实践。因此，教育理论的状况毫无疑问会影响到教育实践的状况。这就是教育改革之所以重视教育理论、呼唤教育理论的原因。但是，教育理论研究作为人类知识生产的一个部门或一个领域，又是以一个时代的知识型为前提的。教育理论知识和教育理论研究活动只有符合那一时代的知识标准和建立于其上的知识生产和辩护制度，才能够作为一种“真正的知识”被知识界和教育实际工作者所接受。否则，教育理论的价值就很难得到实现。尽管在学术界有很多的学者认为教育理论不是一种真正的理论，教育理论研究不是一种真正的理论研究活动，甚至认为将教育理论作为一种“理论”只是一种“尊称”，但是教育理论也总是利用那个时代的知识型为自己的合理性与合法性进行辩护的。在这种情况下，知识的转型必然地会使原有教育理论的自我辩护失去效果，进而使其不得不根据新的知识型确定自己的知识性质、发展方式、表述方式、辩护方式等，在新的知识型下展开新的理论活动。与此同时，原有教育实践的理论基础也就被动摇了，其不得不寻找新的理论基础，不得不在新的理论基础上开展新的实践或进行教育改革。

此外，知识转型对教育改革的影响还通过对社会转型的影响来进行，这种影响比起前两种途径来说更加间接，但或许也更加深刻。原因在于，教育是存在于一定的社会关系之中的，教育与社会的关系以及教育内部的关系都深受这种社会关系的影响和制约。例如，在封建制国家，教育机构要想成为一种独立的法人实体，在教育内部要想建立平等而民主的师生关系是根本不可能的，这是封建制国家的人身依附关系对教育控制和影响的结果。而一定的社会关系又是以一定形态的知识为基础的。与知识转型相伴随的必然是知识标准、知识结构、知识与社会的关系以及知识分子角色等的转变，继而必然动摇建立于其上的整个社会关系，如政治关系、经济关系、文化关系等，从而对教育的外部关系与内部关系产生影响，推动教育改革不断深化。

知识转型推动教育改革，其构成了教育改革的一个深刻动力和社会背景。然而，反过来说，教育改革对于知识转型也有着不可忽视的作用。如前所述，知识转型不是一蹴而就的事情，从旧的知识型发生危机到新的知识型的建立，中间要经历一个复杂甚至漫长的时期，不可避免地充满了矛盾、斗争、挫折、失败。在支持知识转型，使新的知识型为人们所广泛认同和接纳的诸多社会因素中，教育是一种重要的因素，发挥着自己独特的作用。第一，教育可以使对旧的知识型的质疑普遍化或泛化。对旧的知识型的质疑是知识转型的起始环节，其最早可能只是由个别人或某一个小的知识共同体在自己的知识活动中提出来的。毫无疑问，他们的质疑非常重要，但还不足以使整个知识型发生危机。只有当这种质疑为越来越多的人所了解、思考、接纳并在各自的知识领域提出来的时候，才能引发一场真正的知识革命。在这种对旧的知识型的质疑普遍化或泛化的过程中，教育扮演着积极的角色，其可以凭借自己独特的知识传播方式迅速将这种质疑传递给同代人和下一代人，从而在最短的时间内完成这种普遍化或泛化的任务。第二，教育可以将新旧知识型之间的分歧和冲突以一种非常简洁的形式纳入课程内容中，这有利于学生在最短的时间内了解新旧知识型之间的分歧和冲突之所在，促进他们寻找新的解决办法，尽量完善和修正新的知识型。第三，教育可以在新的知识型确立以后，在整个社会中对其加以推广，从而清除旧的知识型在社会生活各个方面的影响。教育活动过程中教师的权威、追求新奇的青少年、具有仪式性质的教育和教学活动等都非常有利于新的知识型的推广和强化。教育工作的经验也说明，一种新的知识观念最容易在学校教师和学生中间首先得到认同和接纳。第四，学校特别是高等学校可以培养出新型的知识分子。知识分子在整个知识转型中起着一种中流砥柱的作用。新的知识型的诞生和新的知识分子的诞生差不多是同时的。学校作为传播知识、培养知识分子的地方，一旦认同和接纳了新的知识型，就可以培养出大量新型的知识分子。他们在促进社会知识转型的最终完成以及在新的知识型指导下促进社会知识追求新的进步方面，必然会做出巨大的贡献。

总之，追问“什么是知识”，只有在一定的知识型中才有可能得到一个暂时的回答，在不同的知识型中则会有不同的回答；知识型作为一种“知识模型”、“知识范式”或“知识政体”不是永恒不变的，在复杂的内外因素的作用下，会在某一历史时期出现明显的知识转型现象；知识转型是社会知识发展的关键阶段，会改变整个社会的知识状况；知识转型与社会转型，知识转型与教育转型或教育改革都是相互作用、相互促进、互为条件的，它们共同推动人类社会的发展、进步和繁荣。

# 第二章　人类历史上的三次知识转型

关于人类知识转型历史的研究，无论在哲学领域还是在社会学领域，至今都很少受人关注。现代以前的认识论，无论是西方的认识论还是中国的认识论，主要关注知识的真理性问题，即认识主体如何切中认识客体并获得确实、可靠的知识，而不关注知识形态的历史发展与转变问题。20 世纪的认识论在很大程度上让位于或转变为科学哲学和知识社会学，它们主要关注科学发展的一般内在逻辑及其与社会各种要素之间的关系，这些对于认识知识转型是很重要的，但还不是直接地从历史角度来分析一般意义上的知识转型问题。例如，波普尔建立了“知识进化”的一般模式（Popper，1963）[287]，但没有能够就知识型的历史转变进行论述。事实上，从波普尔的知识进化模式中，我们所能看到的只是人类知识数量的增加，而不是人类知识形态的转变。库恩建立了一个分析科学革命的框架（Kuhn，1962）[23−85]，但是他的研究只局限于科学知识特别是自然科学知识的范式转换，没有能够就更为广泛的人类知识的范式转换问题提出意见，更没有能够分析科学革命与人类知识转型之间的密切关系。曼海姆和舍勒非常深刻地论述了思想或知识的社会建构问题，并且就知识分类提出了新的观点，但是他们同样未能就知识形态的历史性转变发表自己的看法。至于一般的哲学教科书或知识理论著作，主要关注不同认识论或知识理论流派的纵向比较，或受分析哲学的影响，致力于对知识条件进行分析，也很少从历史的角度来观察人类知识形态的转换。这样导致的结果就是，在人们的观念中，好像自古以来人类知识的发展就是数量上的增加，就是新知叠旧知，就是不断地剔除错误观念获得正确知识的过程。这是一种有待质疑和批判的观念。

不过，在西方思想史上，也并非没有人对知识型的转换予以关注，或者说没有人提供这方面的思想资源。生活在 18 世纪、19 世纪的社会学家孔德及 20 世纪的思想家福柯和利奥塔就是其中较为突出的几位。孔德从实证主义的立场出发，提出了人类理智发展的三个阶段，也是人类每一种知识都必须经历的三个阶段，即“神学阶段”、“形而上学阶段”与“科学阶段”，或者叫作“虚构阶段”、“抽象阶段”与“实证阶段”。孔德的具体解释如下：

> 在第一个阶段，超自然的观念将少量彼此孤立的观察“捆绑”在一起，以便构成“科学”。换句话说，观察到的事实通过虚构的方法，即通过先验的方法得到了解释。这是所有知识在其“童年时期”都必须经历的一个阶段。尽管有着许许多多的不足或缺陷，可是这是那个时期唯一可能的将事实联系起来的方式。……这种状态是未来进步不可或缺的一个条件。
>
> 第二个阶段只是作为从第一阶段转换到第三阶段的一个过渡。它有一种混合的性质，既不是通过超自然的观念来将事实联系起来，也没有完全成为自然的。简而言之，这种观念是一种拟人化的抽象。
>
> 第三个阶段的知识的状态是所有知识最后都毫无疑问要达到的状态。前两种状态已经开始逐步地为之做准备。在这个阶段，事实是由完全实证的一般观念或规律连接起来的。这些观念和规律是由纯粹的事实所产生或加以证实的。它们自身通常就是简单的事实，然后在一般意义上被提升到原理的水平。（Fletcher，1974）[134-135]

孔德认为，就当时的人类知识状况而言，天文学、物理学、化学、生理学已经达到了实证科学的阶段，政治学已经越过了前两个阶段，正处于第三个阶段的入口。社会学还没有达到第三个阶段，但是必定会达到第三个阶段。研究道德现象的知识恐怕是所有知识中最后达到也最难以达到实证科学阶段的。孔德解释说，哪一种知识体系首先达到第三个阶段与它们所研究现象的复杂程度有关。那些研究比较简单的自然现象的知识首先达到第三个阶段，而像政治学、社会学、伦理学等研究社会和人这种涉及比较复杂的现象的知识就只能是最后达到第三个阶段。总之，在孔德看来，所有知识最后的归属都是第三个阶段，只不过是时间早晚的问题。

孔德的观点是非常清晰的。人类理智的这三个历史阶段之间的关键区别在于解释事实的方式不同。第一个阶段诉诸主观的臆测，第二个阶段诉诸形而上学的抽象，第三个阶段诉诸观察和实证。可以说，这三种不同的解释事实的方式也就是三种不同的获取知识的方式，同时也是三种不同的评价知识真理性的标准。因此，我们完全可以将孔德的这三个阶段看成他所提出的人类知识的三种历史形态或范型，将从第一个阶段到第三个阶段的依次转换看成孔德所提出的人类知识的转型。难能可贵的是，孔德不仅通过有关人类理智发展或知识进化的三个阶段理论鲜明地解释了人类知识形态的历史变化，而且试图分析这种历史性变化与社会变革的关系，特别是与社会政治和经济变革的关系。他认为，在所有的知识在本质上都是建立在猜想和形而上学的推理的基础上的时期，精神领域内的社会统治自然就落入某种神学的手中，因为神学家是当时唯一的思想家。建立于其上的就是受某种宗教影响的封建社会。而一旦整个的知识领域开始以观察和实证为基础，精神领域内事务的管理自然也会落入科学或实证科学的手中，新的社会体系即现代科学的工业社会也就开始形成。可以说，孔德在18世纪初就已经非常敏感地意识到知识转型与社会变革之间的内在关联。

不过，令人遗憾的是，在孔德提出上述观点之后的150年间，西方思想界似乎并没有人再关注知识转型问题。就是对于孔德的上述思想，人们似乎也并没有给予过多的关注，至多只是将其当作批判孔德是实证主义者的反面材料。这种状况直到20世纪60年代才稍稍得以改变。改变这种状况的就是后现代思想家福柯和利奥塔。正如我们在上一章所指出的，福柯曾注意到知识型及其在认识和实践过程中影响力的存在。更有意义的是，福柯还注意到一些知识形式如医学知识形式发展过程中“不连续性”（discontinuity）问题的存在。这种不连续性发展的结果“不仅仅是一些新的发现，还是全新的话语系统和知识形式”（Gordon，1980）[112]。福柯明确指出：

> 这不是一种内容上的变化（拒绝旧的错误或发现新的真理），也不是一种理论形式上的变化（更新某种范式或修正某一系统）。这是一个什么东西支配陈述的问题以及它们相互支配的问题，以便构造出一系列的命题。这些命题既可以作为科学而为人们所接受，又可以根据科学的程序加以证实或证伪。（Gordon，1980）[112]

福柯把这个问题称作“政体的问题”或“科学陈述的政治学的问题”，实际上，其也就是我们所说的知识型和知识转型的问题。通过对这个问题的探讨，福柯致力于弄清楚，为什么在某段时期某一知识进化序列中，会有“突然的起跳”和“进化的加速”，会与人们已经接受的平静的、连续的进化形象相矛盾乃至相冲突。通过对医学、精神病等领域某些知识进化过程中不连续性问题的研究，福柯提出了著名的知识 / 权力、知识 / 话语理论，将知识“政体”的变化与社会的权力和话语实践联系在一起，并由此提出了“被压迫知识”（subjugated knowledge）的概念以及“被压迫知识的反抗”等重要问题。但是，福柯的不足之处在于，他一方面只将视野局限于“现代”，未能对古代知识型的转换进行描述和分析，另一方面只将分析的对象局限于某些知识序列，致力于从某些知识序列的研究中悟出一般的结论，未能够就人类知识总体形态的转换提出自己的看法。或许这与福柯从根本上抛弃了总体性话语或总体性陈述有关。在福柯看来，总体性话语或总体性陈述以及它们的代言人——“普遍性知识分子”（universal intellectuals）——具有一种欺骗或专制的倾向，因为其剥夺了具体的、琐碎的、低级的知识的合法性。但是，在我们看来，任何具体的研究都不能代替总体性话语或总体性陈述。甚至可以说，缺乏一定程度上的总体性话语或总体性陈述，就不可能有任何具体事实的解释和陈述。这就如同格式塔的认识论原理：尽管没有对个别或局部的认识就不会有对整体或总体的认识，但反过来说，如果没有对整体或总体的认识（哪怕完全是虚幻的），也就不会有对个别或局部的认识。这两者处于一种生动的认识论循环之中。事实上，如果我们去除了总体性话语或总体性陈述的专制成分，不再将其看成一种宏大的、终极的历史规律或普遍规律，而只是将其看作舍勒和韦伯（M. Weber）所说的暂时的"理想类型"或一种有待批判、修正或发展的理论框架，那么总体性话语或总体性陈述还是具有积极的认识论意义的，还是可以作为认识历史、解释历史的有效工具。

与福柯类似，利奥塔对人类知识转型的分析也主要局限于现代社会。不过，与福柯不同的是，他似乎不再局限于部分知识，而是试图阐明总体意义上当代人类知识形态的转变。利奥塔说：

> 当社会进入众所周知的后工业时代，文化进入众所周知的后现代时期，知识的状况也被改变了。这种转变至少从本世纪 50 年代就开始了。（Lyotard，1984）[3]

利奥塔用"后现代知识"来概括这种新的知识状况，用"现代知识"来概括发生转变之前的知识状况，用从"现代知识"到"后现代知识"的转变来说明 20 世纪 50 年代以来所发生的知识转型的性质。在利奥塔看来，这种知识形态的转变实质上是对"现代知识"或"科学知识"合法性危机的一种回应。

利奥塔认为，知识合法性问题的实质就是处理科学话语的"立法者"被授权来决定某一陈述能否被科学共同体接受为科学话语的问题，也就是谁根据什么来决定某一陈述配享"科学"之名的问题。只有解决了这个问题，科学知识才能产生，才能得到辩护。利奥塔认为，17 世纪以来，科学知识的合法化一直是通过"宏大叙事"（grand narrative），例如精神"辩证法”（思辨叙事）、理性主体或劳动主体的“解放”（解放叙事）等来完成的。这就是说，一种陈述之所以被接纳为科学知识，其标准是符合精神“辩证法”（证实或证明的程序）或能够促使人的理性和社会生活从专制状态中“解放”出来。科学家们往往被授权执行前一种标准，政治家们则掌握着后一种标准。因此，利奥塔指出，现代科学的合法化实际上是一种“双重合法化”（double legitimization）的过程。因此，科学的合法化问题与立法者的合法化问题密不可分，决定什么是真理的权力与决定什么是公正的权力密不可分，知识与权力密不可分，它们都只不过是一个问题的两面。但是，当以计算机的普遍使用和信息网络化为特征的后工业社会来临时，宏大叙事（思辨叙事和解放叙事）失去了其合理性和可靠性，在认识论和社会政治生活中都遭到了否定与抛弃，科学知识也再次面临严重的合法性危机或生存危机。这种危机预示着新的知识型的萌芽。

利奥塔指出了这种新的知识型的若干特征：知识被翻译为信息的数量，知识体系中那些不能被翻译为信息的东西最终都将被抛弃；知识的合法化将通过“谬误推理”（paralogy）来进行；知识的异质性将得到尊重和宽容；知识供应者与知识使用者之间的关系以及他们与知识之间的关系正在倾向于采用商品生产者和商品使用者以及他们与商品之间的关系，知识完成了自己的“商品化”；每一个人都处于知识网络的一个环节上，都可以像以往的专家那样行使自己的知识权力，接受知识、消费知识、转述知识、生产知识；大学的“自主性”丧失，大学教授的身份也将被改变；等等。

孔德对整个人类文明历程中理智发展阶段的分期，以及福柯和利奥塔各自从不同角度对现当代知识转型问题的阐述，都为我们对知识形态历史变迁的论述提供了宝贵的思想资源和很好的思想启迪。以他们的论述为基础，我们将人类的知识型划分为四个大的发展时期或发展阶段，从古到今依次为：“原始知识型”“古代知识型”“现代知识型”“后现代知识型”，或“神话知识型”“形而上学知识型”“科学知识型”“文化知识型”。下面分别分析四种知识型的特征、形成以及三次知识转型的动力与结果。

## 一、原始知识型

原始知识型是原始社会的知识型，是人类最早的一种知识形态。老实说，对于这种知识形态，就如同对于整个原始社会一样，我们很难找到直接的或充分的证据来加以分析。我们所能做的就是从文明时代以来所记录的有关原始社会的社会结构和人们的行为方式的资料中来间接地推断其情形。19 世纪以来人类学家对一些现代原始部落的考察也为我们的论述提供了一些事实依据。事实材料的不足将由理性的逻辑构造来加以弥补，其结论将等待进一步考古发现的矫正。

不难理解，原始人是有知识的，尽管他们所拥有的知识与我们今天所拥有的知识不能同日而语。从类型上看，原始人几乎有着我们今天所拥有的一切类型的知识，如自然的知识、社会的知识、自我的知识等。当然，用我们现代人的眼光来看，他们所拥有的知识是非常简单、非常粗略的，也是非常不可靠的。但是，在漫长的原始社会，那就是他们所有的精神财富。

我们无法推断人类社会中产生的第一种知识是什么，但我们可以肯定，人类的知识最早都是在人类的实际生活中产生的，是作为一种艰苦条件下生存斗争的副产品而出现的。这种副产品不同于人类从其祖先那里继承下来的具有本能性质的行为倾向。一旦人们“意识”到这种不同于自己身体但又不脱离自己身体的“副产品”时，那第一种知识就开始作为维持生存的智力工具而被投入到生存斗争中去，从而将连动物也具有的生存斗争改造为只有人类才有的“实践活动”。从此以后，人类的实践和知识从一开始便进入了一种生动的历史循环状态——实践生产知识，知识深化着实践。

不管原始人拥有的第一种知识是什么，也不管原始人后来有着多少种知识，有一点可以肯定，原始人的知识在性质上不被解释为“经验的”，而是被解释为“神秘的”，被认为是由一些来自宇宙或自然的神秘力量所赐予的。有证据表明，在许多部落仪式中，当人们试图对某一种现象寻求解释时，他们往往不是诉诸自己以往的“经验”，而是诉诸神秘的启示。或者说，其内容是以往的经验，然而其却被认为是神秘的力量。正是依赖于与某种神秘力量的联系，普通的经验才被提升为“启示”。这种神秘的力量可能来自宇宙、山川、河流中栖息的任何一种神灵，也可能来自部落自己所创造的“图腾”。我们今天无法想象原始人怀着怎样虔诚的心情寻找这种神秘力量的启示和对待这种启示，恐怕用“战战兢兢”来形容也不过分。这种神秘力量的启示在原始人的生活中扮演了“法律”的角色，它提供了原始人一切行为的“法律”基础，使原始人的行为合法化，同时也使原始人的行为和整个原始部落神秘化。

这种来自神秘力量的启示恐怕就是原始社会唯一合法的知识。显然，在获得这种知识的过程中，人不是认识的主体，其只不过是神秘启示得以显现和陈述的工具，始终处于一种被动的和从属的地位。这种神秘启示也不是对“认识客体”的“反映”，实际上，人们所要寻求解释的对象本身也被看成神秘力量的“作品”。神秘启示当然不是“反映”了自己的作品，最多只是为人们“打开”了自己的作品，或者说向人们展示了自己的作品，泄露了“天机”。从这种神秘启示的陈述形式上说，它一方面要显现一些神秘的“迹象”，另一方面要通过一些能够比别人更好地感知启示的人——“巫”——的转述。“巫”在神秘启示的陈述中起着决定性的作用。在一定意义上，可以将这种能够识别神秘迹象的巫看作原始社会的“知识分子”，自然，他们也把持了原始社会的知识和精神生活的权力。就这种神秘启示的传播而言，它主要是通过两条途径：一是“仪式”，二是“神话”。比较起来，仪式是即时性的，神话则是历史性的。在仪式上，巫向所有参加仪式的人转述神秘启示；通过神话，许多神秘启示中所披露的知识在一定程度上从其具体仪式情景中分离出来，以一种比较简化的方式传诸后世。可以认为，神话就是原始社会“无字的教科书”，是原始社会中唯一得到保存的神秘启示。从这个角度而言，我们又将原始知识型称为“神话知识型”。现代人们所发现的具有“史前时代百科全书”之称的各民族史诗，其主体部分或本体部分就是神话。而且，所有史诗的讲述中充满了对神秘力量的敬畏。缺乏这种神话，整部史诗中所包含的各种各样的知识，不管是起源的知识、生产的知识、战争的知识、生活的知识等就会成为无稽之谈，失去其合法性。

波普尔曾经说，古希腊历史学家赫西奥德（Hesiod）在撰写自己的史学著作时，为了表明自己所记叙的东西非常“可靠”，经常会说自己的知识是来自奥林匹斯山上的神——缪斯——的启示。波普尔还因此将这种现象称为“知识的神圣起源”（the divine sources of knowledge）（Popper，1963）[9]。此外，苏格拉底在法庭上申辩时，也以神的名义发誓，说自己的申辩是实事求是的。这些恐怕都是原始社会神话知识型的遗风，都在一定程度上说明神在肯定一种陈述是否为真方面是最高权威。但是，我们更愿意将这种现象看成是说明了知识的“神秘性”或“神话性”，而非“神圣性”，因为只有前者才与原始社会中人的精神状态有关，而后者则多与中世纪时人的精神状态有关。这也是我们将原始社会知识型称为“神话知识型”而不称为“神圣知识型”或孔德的“神学知识型”的缘故。“神学”包含着神话和对神话的解释，但是它已经失去了神话作为一种口头流传的知识形式所具有的隐喻性、情景性和生动性，而成为借助于逻辑证明的“教条”和“教义”体系。神学知识尽管其内容仍然是神的启示，但是其形式已经是形而上学的思辨而非生动的故事叙述。所以，我们所说的原始社会的神话型知识并不包括西方社会中世纪的“神学”，后者实际上已经属于一个新的知识型——古代知识型或形而上学知识型。这一点，我们在后面会做详细分析。

不能否认，原始人在漫长的岁月里积累了大量的生产和生活经验，这些经验比神秘的启示更能促进原始社会的发展。但是，用今天的话说，这些生产和生活的经验却不配享有“知识”的名誉。用福柯的话说，这些经验是“被压迫的知识”或“被剥夺资格的知识”，因此是不能在原始社会中传播的。当时人们如果想使自己的某种生产和生活经验成为指导部落生活的原则，就必须说明或证明它与这个部落所崇拜的神秘力量有联系。这一过程恐怕就是原始社会的知识合法化的过程。但是，能够通过这种检验的经验少之又少，因此，能够利用仪式和神话形式传播开来的经验也是少之又少。而且，与神秘启示比较起来，人们甚至意识不到它们的重要性。人们对它们的传播只是在个别的、局部的生产和生活过程中通过口耳相传的方式自发地进行。可想而知，这对于生产和生活经验的积累是非常不利的，有的时候可能会导致一些宝贵的生产和生活经验失传而下一代人又不得不从头摸索。经验的进步是极其缓慢的，在一些特殊的情况下甚至会出现停滞和倒退的现象。原始社会生产力低下可想而知，原始社会发展缓慢也可想而知。

然而，原始知识型或神话知识型在原始社会中也发挥着重要的作用。一个重要的作用就是它提供了一种解释世界的模式，使得人们能够对风雨雷电、生老病死、冬去春来、吉凶祸福等自然、社会和人文现象进行解释。这对于原始人的生存是非常重要的。当原始人揖别动物祖先以后，威胁他们的不仅有物质生活资料的贫乏，还有精神生活的困惑。这种困惑根源于人类意识的出现和对整个外部及内部世界的“无知”。这种无知既让原始人心中产生了一种强烈的求知冲动，又让其产生了一种因为无法解释而产生的恐惧。原始知识型恰恰建立在这种冲动和恐惧的基础上，给人类提供了一种解释世界的方法。完美自然是谈不上的，但是人类由此却迈开了应用理智探索世界的步伐。没有这第一步，就不会有人类认识的进步，而没有人类认识的进步，就不会有人类文明的发展，就没有我们这些今天能够坐在计算机面前从事知识工作的人。其次，神话知识型通过制造一些神秘的启示而将原始人凝聚在一起，构成了一个个真正意义上的原始“社会”。众所周知，社会不等于个体的叠加，社会之为社会是因为其中的人超越了人与人之间的血缘联系。社会必须在血缘关系之外提供新的联系纽带，并使之被人们所认同。原始神话就可以做到这一点。分享共同神话的人彼此之间可以引以为同类，会产生相互的信任和接纳。相反，讲述不同神话的部落则容易产生怀疑、敌视乃至战争。也许，人类最早的战争不是为领地、食物、财产、资源、权力欲望等而战，而是为各自的神灵而战，就像古希腊神话所讲述的那样。不管怎样，神话知识型产生了原始社会一切社会制度、机构和活动的知识基础。

## 二、古代知识型与第一次知识转型

古代知识型是在原始知识型基础上发展起来的一种新的知识型，是对原始知识型的解构和否定，因为其主要知识形态是形而上学知识，所以又被称为“形而上学知识型”。古代知识型是与整个古代社会（包括奴隶制和封建制社会）相适应的，为人类古代文明的发展提供了重要的认识论基础。从时间上来说，古代知识型大概从原始社会末期开始萌芽，在整个奴隶制社会中得以形成，在封建社会中得以完善、发展，同时也逐渐地遭到质疑和批评，以至于最终出现危机，为现代知识型或科学知识型所取代。

如前章所述，每一次的知识转型都有两个方面的原因，一是知识分子内部对知识性质或标准问题的不懈质疑与反思，二是社会政治、经济或文化结构发生大的变动。原始知识型的危机及其最终被否定和代替也可以从这两个方面来分析。

就前一个方面的原因而言，巫作为原始的知识分子，他们自己非常清楚“神迹”、“神启”和“神话”的实质。他们可以欺骗别人却不能欺骗自己：他们与神灵的交会只不过是与自己的内心世界对话，他们的解释只不过是自己信以为真的解释，他们所编撰的神话只不过是采用了类比、想象、隐喻、拟人等各种各样的手法，只不过是在想象中对部落历史的重新整理。在这种知识型指导下生产的所有知识自然都是含混不清、充满歧义、缺乏确定性的，往往是因人、因时、因事和因地而异。这种生产知识的方式在今天一些“女巫”（witch，西方）与“巫婆”（中国）以及一切其他相关类型的人那里仍然可以见到。这种将知识归于不能把握的神秘力量的启示本身及其叙事性表达方式与人类追求对世界万事万物进行清晰性、同一性、确定性解释的本能冲动相矛盾。事实上，巫本身乃至所有人对于这种解释都是不满意的，或者说是将信将疑的，总是一有机会就在私下里寻求更清晰、更可靠和更确定的解释。这种原始的怀疑论不断地动摇着原始神话知识型的正统地位。

在社会政治和经济结构方面，原始社会末期，随着生产经验的积累和随之而来的生产力的提高，人们获得了越来越多的生活资料，除了能够满足自己的享用以外还有了剩余。这些剩余的生活资料通常为部落首领所占有，从而形成了私有制，进而在部落或氏族内部形成了阶级对立和阶级剥削、压迫与奴役。但是，这种新出现的阶级剥削、压迫与奴役相信在原始神话中是不曾得到神的启示的。在原始神话中（在今天发现的史诗中也可以见到），神所启示的是所有氏族成员有着同样的权利、义务和财富。因此，私有制和阶级剥削、压迫与奴役的出现在一开始是“非法的”。要想使这种制度和行为永远“合法化”，新兴的统治阶级必须改造或干脆抛弃原始神话，选择或建立另外一套知识体系。

在部落或氏族之间，伴随私有制社会出现的就是大规模的战争。此时战争的目的与原始社会战争的目的已经有了一些性质上的不同，主要是为了掠夺人口和财产，而不是为了部落的神灵。或者说，神灵此时已经不再是战争的根源，而只是服务于战争的工具。这种原始社会末期大规模战争的结果要么是出现了“部落兼并”，要么是出现了“部落联盟”。无论是部落兼并还是部落联盟，都面临着重新组织部落社会生活的任务，因为部落兼并或部落联盟的一个文化后果就是打破了原有神话知识的封闭状态，使新的部落或部落联盟内存在多种叙事神话以及相应的知识。这对于新的部落或部落联盟的巩固是非常不利的，那些外来的神话随时都有可能成为反抗新的部落或解散新的部落联盟的导火线。在这种情况下，新的部落或部落联盟的领导人就希望能够将自己的神和神话立为“正统”，而将其他的神和神话视作“异端”。实际上，他们也就是希望能有一种新的知识型出现，剥夺其他多种多样神话知识的合法性。

总之，神话知识型内在的合理性和外在的社会价值在原始社会后期都遭到了怀疑。原始知识分子和新兴统治阶级都希望建立一种新的知识型，并从中发展出一套新的知识体系。这种新的知识型首先应该抛弃作为神话知识型基础的“泛灵论”或“万物有灵论”（也即“多神论”），建立起“一神论”或本体论。其次，要克服神话知识的情景性、隐喻性、叙事性，获得一种更加明晰、更加确定也更加可靠的知识。而这两个方面的工作都有赖于形而上学的思考，只有形而上学才能建立起人们所需要的“一神论”或更加明晰、更加确定和更加可靠的知识。

需要指出的是，这里所说的“形而上学”不是我们今天所说的与“辩证法”相对而言的一种片面的、静止的和僵化的思维模式，而是指对万事万物的本源所进行的一种形而上学的思考及其结果，因此也可以称为本体论思考（ontological thinking）和本体论知识（ontological knowledge）。本体论思考与原始的神话思考之间的关键差别在于：第一，本体论思考是依赖于逻辑的，而神话思考是依赖于隐喻的；第二，依赖于逻辑的本体论思考是抽象的，而依赖于隐喻的神话思考是具体的；第三，本体论思考致力于对事物的本源或存在的依据进行思考，思考它是什么，它如何产生万物，神话思考基本上不追问（神秘力量）本源的存在状态，而只是把它作为一种故事得以展开的前提。

这种形而上学的思考，在人类的许多文明形态中都可以找到直接的证据。在古希腊，曾出现过一些“新”的知识分子——哲学家。他们一天到晚观察天象、苦思冥想，思考世界的起源与万事万物存在的依据。他们得出了五花八门的结论：世界的起源或是“火”，或是“气”，或是“原子”，或是“数”，如此等等。他们详细地阐释这世界如何从火、气、原子、数等中间产生，又最后归于它们。在中国古代，也曾出现同样的一些哲学家，如老子和孔子等。在中国古代的夏商时期，神话或天命思想还是非常受欢迎的。然而，到了西周时期，这种神话或天命思想就比较少见了，其被一种符号化的知识体系——易或易经所代替。易或易经通过一些简单的概念或符号建立了解释世界万事万物的基本框架，从而使对世界的解释从依赖于神开始转换到依赖于人，这恐怕是我国古代认识论的一大进步。到了老子和孔子生活的时期，神话或天命思想观进一步衰落。老子从自然的方面来理解“天”，孔子则根本“不语怪、力、乱、神”。他们提出了新的世界本体——“道”与“仁”。这两者都不是具体的事物但又都具有衍生万物或化育万物的属性，是万事万物的根本或始基。显然，如果没有形而上学的兴趣并经过形而上学的沉思，他们是不可能从日常生活中发现这些范畴的。

他们得出的结论与西方哲学家不同，但是他们得出结论的方式与西方哲学家却是非常相像的，只不过两者的表述方式不同。古希腊的哲学家注重逻辑的推理，而中国的先哲们则注重用非常质朴简短的语言来表述自己的思想。无论如何，形而上学的思考改变了人们理解世界的方式，改变了知识生产的方式，最终搁置和摧毁了原始神话知识型的正统地位。

但是，知识型作为一种知识的“意识形态”或“政体”，一旦建立起来以后，都有一种维护自身存在的要求。在它还没有丧失全部合理性与社会基础之前，它是不会不发挥自己知识的“法官”的作用的。它会和旧的社会政治力量联合起来将新的知识型宣布为非法知识，将新型的知识分子宣布为“异端”。在西方思想史上，第一个这样的“异端”不是别人，正是古希腊的哲学家苏格拉底。苏格拉底生活的时代尽管如上所述出现了一些哲学家，但是那个时代神话知识在人们的日常生活中还占有非常重要的地位，以至于社会政体的合法性在很大程度上还都依赖于神谕。其他的哲学家尽管已经开始在神话知识之外探讨世界的本源，但是他们似乎并不直接和神话知识以及建立在其上的社会习俗和制度相冲突。他们基本上只是沉醉于自己的哲学思考之中，对当时社会生活的影响无足轻重。苏格拉底则不同。他走出了自我的哲学思考，将自我的思考带到了集市、路边等每一处公共场所。他不仅自己思考什么是“真正的知识”，而且还教别人思考什么是真正的知识。他著名的“产婆术”使那些本来以为自己很有知识的人最后发现自己所拥有的知识原来是那样模糊，那样充满歧义。而他们的这些知识主要就是来源于神话以及在神话基础上发展起来的戏剧。苏格拉底的活动摧毁了古希腊人原有的知识信念，动摇了古希腊社会制度的知识基础，必然引起守旧势力的警觉和恐慌，最后苏格拉底被人告发，锒铛入狱，接受法律的审判。苏格拉底的罪名主要是“不信神”“颠倒黑白”“腐化青年”。对于强加在自己头上的这些罪名，70 多岁的苏格拉底在法庭上进行辩护时说：

那些整日无所事事的富家子弟，自己主动聚到我的身边。他们爱看我考问别人的样子，自己回去以后也时常模仿我去考问别人和自己。他们很快就发现，有许多自以为自己知道一些东西的人事实上却知之甚少，甚至是一无所知。这样一来，那些被他们考问的人就心有怨气，不是怨他们自己，而是怨我。他们说，是讨厌的苏格拉底将年轻人教坏了，苏格拉底是卑鄙的教唆犯！如果有人问他们：那么，苏格拉底究竟干了哪些坏事或教给年轻人哪些坏东西了呢？他们根本不知道答案，也什么都说不出来。但是，为了不让自己陷入尴尬的境地，他们就重复那套老掉牙的用来反对所有哲学家的话，说我教授一些玄而又玄的东西，说我不信神，说我颠倒黑白。所有这一切都是因为他们不愿意承认我揭示出了他们在知识掌握方面的伪装——这是千真万确的事。他们人多势众、巧舌如簧，不断地在你们（指法官）面前强词夺理，对我进行恶意的毁谤。（Hare，Russell，1963）[65]

苏格拉底的辩护毫无疑问是精彩的，原告在他面前经常哑口无言。但是，他的辩护是无效的。他不知道他的真理观与古希腊人的真理观是不同的，他不知道他探索真理的方式也从根本上动摇了整个古希腊社会的知识基础和社会基础，使一切都变得可疑。他只知道教人们探索真理，但他不知道自己同时将另一种“真理”宣布为“谬误”。他只知道自己什么也没有教给年轻人，但是他不知道自己把怀疑精神和对确定性的追求教给了年轻人。对于古希腊人来说，这就是他最大的罪过，也是他不可饶恕的罪过。不仅是几个告发者恨他，还有许多人也恨他。所以苏格拉底自己最后不知道自己的敌人究竟是谁，他意识到自己是在“和影子作战”。实际上，他的敌人就是整个传统知识型以及建立于其上的古希腊社会。苏格拉底之死是原始社会神话知识型和古代社会形而上学知识型相互冲突的结果。他的死是他为新的形而上学知识型的确立而献身，如同后来布鲁诺为科学知识型的确立而献身。

然而，新的知识型总是优于旧的知识型。苏格拉底的牺牲并没有吓倒其他哲学家继续进行形而上学的探索。他的学生柏拉图以及柏拉图的学生亚里士多德就沿着苏格拉底开辟的知识之路走下去。柏拉图提出了著名的“理念论”与“现象世界”和“理念世界”的划分。在柏拉图看来，我们所经验的世界是变动不居的现象世界，是一个“虚假的”世界。我们的感官从这个世界中所获得的印象都是模糊的、有歧义的和不可靠的。柏拉图认为，在现象世界之外，还有一个永恒的、寂静不动的世界，即“理念世界”。现象世界只是理念世界的“影子”或“摹本”。理念世界是由无数的理念或概念构成的。只有这些理念或概念才真正地反映了事物的本质，因此才是真正的知识。学习就是回忆这些我们降生之前曾经拥有却在降生之时遗忘了的理念或概念。亚里士多德提出了著名的“三段论”（syllogism），并将其作为获取可靠知识的唯一方法。三段论的实质就是将知识的可靠性与获得知识过程的逻辑性结合在一起。真正的知识，越来越脱离神秘的启示，而转向概念、逻辑和思辨。但是，柏拉图和亚里士多德对形而上学知识型的推进在古希腊时期还只是学者个人的观点和信念，还没有成为一种控制整个社会知识生产与传播的知识“政体”，还没有与政治、文化等社会势力结合在一起。

公元4世纪以后，这种情况开始改变。主要原因是基督教被一些国家定为国教，古希腊世界的多神教时代正式结束。而基督教要与原始神话相区别，要确立自己的正统地位，就必须为自己寻找逻辑的支持，必须从理论上阐释自己的教义。于是许多神学家应运而生。对于这些神学家而言，没有什么比形而上学更好的了。形而上学不但可以帮助他们进行有关“上帝存在”的本体论证明，而且可以帮助他们演绎出庞大的、绝对的神学知识体系。形而上学与精神权力结合在一起，成为神学知识的源泉和合法性的依据。其他所有的知识，不管是来自习俗，还是来自经验，都必须经过形而上学的证明，都必须与神学知识相一致。形而上学，成为当时最时髦的生产知识和对知识进行辩护的方式。著名的“唯名论”与“唯实论”的争论均是在形而上学的范围内并采用形而上学的方式进行的。不仅如此，形而上学还激起了人们无限的知识冲动和理智热情。此外，随着罗马帝国的解体，大批希腊学者或精通希腊哲学的东方学者流散到欧洲各地，从而将形而上学知识的信念广泛传播开来，形成了欧洲历史上长时期的形而上学研究之风。到了11世纪，不仅神学的研究落入了形而上学研究的窠臼，自然研究、历史研究也同样落入了形而上学的窠臼。形而上学知识型完全成熟。

在中国，形而上学知识体系的发展与西方有很大不同，形而上学在整个古代社会中也从来没能成为真正的知识标准。尽管在老子和孔子的论述中可以见到“道”（高级的、根本的、形而上的知识）与“艺”（低级的、具体的、经验的知识）的区别，但老子和孔子之后，思想家们似乎很少关注这种差别，而主要关注自己的知识如何能够经世致用。他们大都用对社会和历史的沉思代替了对自然和宇宙本体的沉思，醉心于历史的与道德的知识，而非形而上学的知识。这种状况在宋明时期稍有改观。宋明理学家开始努力建构形而上学的知识体系，提出了“理本体”（程颐、程颢、朱熹）、“心本体”（陆九渊、王阳明）、“气本体”（张载）等不同主张，致力于从这些本体范畴出发应用一些中介范畴建构整个精神世界。但是，明清之际的实学家却未能继续他们的知识道路，转而批判他们的研究空疏无用，重新将经世致用作为学者的首要任务和判断知识真理性的首要标准。形而上学知识在中国古代社会的发育不良或发育不全，一方面使得中国传统知识系统缺乏一种逻辑的性格和寻根究底的精神，另一方面，也使得中国传统的知识生活免于一种绝对知识的束缚，从而可以不断地推陈出新，促进知识的进步。后者可能正是造成中国古代知识成就在17世纪之前大大高于西方的原因。

作为一种知识型，形而上学认为，世界是从某一特殊的本源派生出来的，真正的知识是揭示了世界“本体”的知识。而世界的本体是存在于感觉世界之外的，因此获得这种知识的主要途径不是感觉，而是逻辑。真正的知识也一定是由概念和逻辑所构成的命题。凡是不能用这种方式来表达的人类经验都不是真正的知识。真正的知识是抽象的、绝对的、终极的知识，它一旦被获得，就永远有效。在获得这种知识的过程中，个体不是被动的，而是主动的，但是不应掺杂进自身的情感和经验。而且，并不是每个人都能获得这样的知识，只有那些受过严格训练的人才能获得这些知识。比较起这些知识来，普通大众的日常经验是没有价值的，也是不配为图书馆所收藏、为学校所传播的。既然知识是世界本体的显现，因此知识自然是“价值中立”的，是普遍有效的，是整个人类的精神财富，不属于哪一个人或哪一个集团。学者们唯一听从的只是真理的召唤。

对于神学家或基督徒来说，他们改造了形而上学的知识观，以便为自己的宗教利益服务。他们认为，上帝就是那唯一的本源。上帝创造了世界，因此上帝是全知全能的。宇宙中只能有一个上帝，那就是耶和华神，其他的“上帝”都是“魔鬼”。圣经作为记录和显现上帝言行的文本，是唯一可靠的知识来源和绝对可靠的知识标准。神学是对这种源泉和标准的阐释，就其性质而言，是一种形而上学的知识[①]。凡是不相信这种知识体系的都是“异教徒”，受了魔鬼的蛊惑。概念和逻辑既是上帝存在的证明，也是人们理解上帝的途径。对上帝的信仰要依赖于理性来完成，理性是信仰的工具。圣经中的知识构成了一切社会制度的基础，也是一切社会活动的合法性依据。

人类历史上第一次知识转型产生了很多重要的知识成果和社会影响。它提出了新的知识概念，指出了新的发现知识的道路，并产生了新型的知识分子。它将人在认识中的角色从被动者转变为主动者，突出了理性在认识中的重要作用。在古希腊，哲学家们甚至提出，人是衡量万物的尺度，既是万物存在的尺度，也是万物不存在的尺度。这极大地激发了人们在获得知识方面的信心和热情，毫无疑问推动了古代知识的发展。它催生了许多专门研究知识的社会机构的诞生，如柏拉图的、亚里士多德的以及其他许多人的“学园”（Academy）和后来成立的各种各样的图书馆。它形成了学者们在知识问题上进行讨论和辩论的形式［如组织研讨会（seminar）］

---

① 因此，孔德有时候将他的“神学阶段”和“形而上学阶段”作为一个阶段来加以分析。不过，他认为神学是虚构的而形而上学是抽象的、值得怀疑的。实际上，神学也是抽象的，抽象到甚至只有少数人才能读得懂。

与风气，这在原始知识型或神话知识型中是根本不可能的事情。比起神秘的启示来说，它还允许有更多的经验接受形而上学的检验，从而有机会成为人类知识家族中的一员，扩大了人类知识的范围。特别重要的是，它被宗教神学所利用，或者说，与宗教神学融合在一起，使得宗教神学知识在整个中世纪享有绝对真理的美名，占据知识的统治地位，成为一种霸权的知识，不仅控制着整个社会的精神生活，而且也控制着整个社会的世俗生活。建立在这种霸权知识基础上的“教权”被看成整个欧洲的权力，高于作为国家权力的“王权”。社会的各项制度和活动只有得到宗教神学知识的支持才能成为合法的制度和活动。在形而上学的支持下，中世纪的宗教文化和社会生活形成了一种“绝对的”、“专横的”和“神圣的”性格。对“异教徒”的不宽容与迫害，对“异教国家”的入侵是那一时期文化和政治斗争的主题。

## 三、现代知识型与第二次知识转型

古代知识型或形而上学知识型尽管在促进人类文化的发展方面做出了自己的贡献，但是它本身也存在着很大的缺陷。一方面，对本体的狂热追求使得知识分子对现实生活的一切经验熟视无睹，最终使本体论发展为玄学，具有一种近乎神话知识的神秘味道。在神学知识中，信仰更是经常代替理性，成为一种知识具有真理性的证明。另一方面，形而上学知识的绝对性和终极性，也阻碍了人们对已经获得的知识的怀疑和修正，使得大量的知识成为不容置疑的教条，思辨之风和引经据典之风盛行。这些都毫无疑问地阻碍了人类知识特别是那些与人类生活福祉有密切关系的实用知识的进步。可以说，古代知识型或形而上学知识型在将人们从神秘力量的束缚中解放出来的同时，又使人们陷入纯粹思辨和权威崇拜的恶习之中。

古代知识型或形而上学知识型的这一根本缺陷随着 11—12 世纪东方阿拉伯世界实用知识的传入而更加明显。这些东方的实用知识不是以概念和逻辑为基础，而是以经验观察为基础，是一种在形而上学知识型中找不到地位的完全不同的知识类型。刚一开始的时候，它们的传入只是满足西方人的好奇心或技术要求，并未能引起形而上学者和神学家的警觉。相反，许多人还是这些知识积极的提倡者。据孔德记述，当时还有一些著名的僧侣甚至是教皇在阿拉伯教授的指导下学习这些实用的知识。不仅如此，在教皇和国王的支持下，在意大利、法国、英国等地还建立起了许多的自然史博物馆、天文台和解剖室。(Fletcher，1974)[81] 这些新型知识机构的建立，对于促进西方经验知识的发展起到了重要的作用。12 世纪，在著名的沙特尔修道院出现了用观察法研究自然现象的沙特尔学派[①]。13 世纪，培根开始了对物理现象的观察和研究。15 世纪至 16 世纪，冒险家在这些实用知识的帮助下，开始了全球的探险活动，发现了“好望角”和北美大陆。这些探险活动同时具有今天科学考察的意义。探险家们每行一程、每到一处，都要对天文、地理等自然现象进行详细的观察、记录、分类和分析，以便为探险活动提供最准确的知识。他们通过自己的实践第一次大规模地验证了自然知识的有效性，同时发现了建立在形而上学和神学基础上的自然知识的荒谬性。但是，尽管如此，11—16 世纪，实用的自然知识都是在形而上学和神学知识体系之外发展起来的，没有合法的知识资格。从事这些知识研究的人，也没有合法的学者地位。当时如果有谁指望用这种知识来找工作或在中世纪的大学或神学机构中谋取职位，那简直就是白日做梦。不仅如此，从 15 世纪甚至更早一些时候开始，教会就注意到了这种新型知识可能对宗教和神学在精神领域的绝对统治造成破坏性的影响，从而开始限制各种修道院进行这类研究活动，开始从神学的角度批判这种新型知识的合理性。事情已经到了这样一种地步：这种来自观察的自然知识要想获得进一步的发展，要想获得真正知识的地位，就必须动摇和摧毁形而上学的知识型，必须打破神学知识的权威，必须重新确立知识标准，重新确定知识方向，重新阐明知识分子的责任与义务。

---

① 沙特尔学派诞生于 12 世纪的法国沙特尔修道院，主要代表人物是圣伯纳德（Saint Bernard）。该学派的精神即人们后来所说的理性精神——勤于观察、乐于思考、注重证据、反对权威等。沙特尔学派对后来欧洲文艺复兴时期的许多思想家如蒙田（M. de Montaigne）等都有重要影响。

实现上述任务的道路是漫长而曲折的，大概经历了近400年的时间，从16世纪初开始直到19世纪中叶。孔德认为，16世纪出现了“一系列突然的、没有预料到的爆炸”（Fletcher，1974）[84]。就宗教领域来说，出现了路德（M. Luther）领导的宗教改革运动，矛头直指教皇权威、神学权威和盲目信仰，提出“因信称义”原则，主张个人可以不经过教会直接面对上帝，充分肯定了个人在精神生活包括认识生活中的自主性。在思想领域，针对形而上学知识和神学知识的怀疑主义盛行，许多早期人文主义者如伊拉斯谟（D. Erasmus）、蒙田等对形而上学和神学给人带来的愚昧进行辛辣的讽刺。1510年，伊拉斯谟写出了著名的《愚人颂》，否认上帝全知全能，揭露僧侣们渴望的是金钱，指出教会和神学正是造成人们愚昧的根源。与此同时，蒙田则重新发掘了亚里士多德“遵循自然”的思想，指出所有的形而上学和神学知识都是虚妄和无用的，人们要想获得真知，就必须“以自然为师”。在政治领域，封建政权内部及其和教皇之间的权力斗争也非常激烈，并且出现了欧洲历史上大规模的农民起义，动摇了皇权和王权。在经济领域，14世纪初在地中海沿岸出现的资本主义生产方式的萌芽已经遍布欧洲各地，成为一种不同于封建庄园主经济的新型经济形态。资产阶级在社会政治和经济生活中的势力越来越大，开始提出推翻封建制度、摆脱教会控制的要求。因此，16世纪各个领域的斗争为17—18世纪现代意义上自然科学的发展以及新的科学知识型的最终确立提供了条件。

17世纪被誉为是欧洲历史上“科学的世纪”，因为在这一世纪不仅出现了几位现代科学巨人，如牛顿（I. Newton）、哥白尼（N. Kopernik）、伽利略（G. Galilei）等，以及他们所取得的对于整个现代科学具有决定性意义的成就；而且还因为这一世纪出现了培根、洛克、笛卡尔、斯宾诺莎、莱布尼茨等现代经验主义和理性主义认识论的代表人物，他们站在各自的立场上从哲学的高度总结了自11世纪以来所出现的经验知识的性质，深刻批判了形而上学知识型的绝对性、终极性和抽象性，明确阐述了与形而上学和神学知识观不同的新的知识观——科学知识观，为科学事业的未来发展提供了认识论层面的指导。因此，如果说，在知识观念问题上，16世纪还只是一个对形而上学和神学知识观进行怀疑的世纪的话，那么17世纪则是一个真正解构和建构的世纪。

孔德在评价哥白尼天文学理论在认识论层面产生的影响时说：

> 即使是最聪慧的头脑也难以估计其真正的价值，难以估计其所带来的观念转变在神学体系迅速解体中所产生的巨大作用。它的影响是如此巨大，以至于单凭它就足以推翻整个神学体系。（Fletcher，1974）[86]

正是由于意识到自己的理论对于整个古代的形而上学和神学知识体系的巨大破坏作用，所以哥白尼生前未敢将自己的发现公之于众。正是由于教会意识到了这种新知识的巨大破坏作用，所以教会几次传讯伽利略，迫使他承认自己的理论是错误的。也正是由于害怕这种理论的传播对于整个基督教世界合理性基础的破坏，所以宗教裁判所才决定处死不改变自己科学信仰的布鲁诺。但是，这一切专制与暴力行径对于古代形而上学知识型和神学知识合法性的最后瓦解来说都无济于事。

18世纪对于哲学家们来说是一个“理性的世纪”；对于政治家来说，是“资产阶级革命的世纪”；对于经济学家来说，则是一个“工业革命的世纪”；对于新的科学知识型来说，则是一个基本确立和不断扩展的世纪。这些都是相互联系、相互促进的。众所周知，反对形而上学和宗教神学知识及其理论的认识论革命最早是围绕着自然科学进行的，但到了18世纪，这种新的知识观不断扩展，不仅在天文学、物理学、化学以及生理学等自然科学中代替形而上学和神学知识观占据了统治地位，而且也开始走出自然科学领域，在社会的政治、经济等领域发挥作用。法国的启蒙思想家要求冲破历史和习俗的成见，要求将社会制度和一切传统的东西拿到理性的法庭上进行审判。卢梭从其性善论和自然哲学出发，提出了“自由”“平等”“博爱”等观念，认为一个理想的社会制度应该是建立在这些观念基础上的社会制度，而不是建立在形而上学、宗教神学和荒诞不经的习俗观念基础上的社会。这就意味着要将形而上学和宗教神学的知识体系从社会生活中驱逐出去，代之以理性的观念。由此观之，1789 年的法国资产阶级大革命不仅是法国国内阶级斗争的结果，在一定意义上也是资产阶级运用新的知识型来摧毁旧社会建立新社会的实验，是新的知识型与新的政治力量的第一次“联姻”。这一点，是 17 世纪的英国资产阶级革命所未能做到的，也没有条件做到的。这也许是英国资产阶级革命具有很大程度的“妥协”性质，没有法国资产阶级革命彻底的原因之一。在经济领域，18 世纪开始于英国的工业革命则直接是现代自然科学知识和技术发展的结果，这也恐怕是人类的知识第一次在经济领域显示出巨大作用。到 18 世纪末，科学知识型已经基本上在知识界和社会其他领域确立起来。

19 世纪更是现代科学知识型高歌猛进的世纪。从 19 世纪初到 19 世纪末，社会学、政治学、历史学、经济学、人类学、心理学、教育学等一大批知识领域先后采用自然科学研究范式，建立了基本的科学研究方法论。科学知识型几乎已经在人类所有知识领域牢固地建立起自己的主导地位，并最后将残余的形而上学完全驱逐出境。与此同时，自然科学的研究也取得了巨大的成就，细胞学说、生物进化论、能量守恒定律、电磁学说等现代科学成就层出不穷，科学理论开始转化为新的生产技术和生产力。人类探索自然的能力有了突飞猛进的提高，人类对自然的控制和改造能力也空前提高。恩格斯（F. Engels）在 19 世纪中叶总结这段历史时曾满怀激情地指出，科学的进步已经超过了 17 世纪之前人类所有知识的总和。随着科学的进步，人们的思想观念和整个社会的精神状况发生了根本的变化。无论是一般的百姓还是社会的统治者，都认为只有科学知识才是真正的知识，只有科学知识才能够告诉他们真理，因此也只有科学知识才能给他们带来福音。在社会的日常生活中，形成了一种尊重科学、探索科学和应用科学的风气。社会改革的各项政策也都要求建立在科学知识的基础上。西方社会已经真正进入一个科学时代，孔德在 19 世纪初所期望的“科学的政体”（scientific polity）也已经真正地建立起来。

经过 400 多年的斗争和发展，科学知识型到 19 世纪末已经完全成熟，代替了形而上学和神学，控制着人们整个精神生活。与古代知识型或形而上学知识型比较起来，现代科学知识型的主要内涵是：

（1）真正的知识既不是思辨的知识，也不是神学的知识，而是实证的知识，是既得到观察和实验证实又得到严格的逻辑证明的知识。用爱因斯坦（A. Einstein）的话说，“外在的证实”（即经验的证实）和“内在的完备”（即理论之间的逻辑一致性）是科学理论得以成立的两个基本条件。

（2）真正的知识不是主观臆测或主观思辨的知识，而是与认识对象的本质相一致或相符合的知识，是认识主体对认识对象的本质属性进行“反映”的结果。知识的本体基础不再是一些抽象的范畴或神，而是事物的“本质”（essence）。认识者在认识过程中的作用就像一面“镜子”，反映或揭示事物的本质。为了反映或揭示事物的本质，认识者在认识活动中，应该排除所有个人的成见和“假象”，应该将自己这面“镜子”磨光。

（3）这种知识是客观的、普遍的和可靠的知识。说它是客观的，是因为这种知识是事物客观本质的反映，不是认识者主观思辨的产物；说它是普遍的，是因为事物的本质是唯一不变的，因此对这种本质的客观反映也是唯一不变的。它一旦被获得就具有普遍性的意义；说它是可靠的，是因为这种知识是经过了严格的证明或证实的。总之，只有这种知识才是具有真理性的知识。

（4）观察和实验是科学活动的起点，是获得一切可靠知识的唯一方法，也是判断一种陈述是不是科学知识的唯一方法。理论假设和逻辑推理是获得这种知识的必要条件。有关知识问题的争论或者可以归结为对观察和实验方法的争论，或者可以归结为对数据处理的争论，或者可以归结为对假设或推理过程的争论。

（5）知识的陈述是借助于一些特殊的概念、符号、范畴和命题来进行的，数学和逻辑学被公认为最基础的科学语言。如果一种陈述既非数学的又非逻辑的，那么它就不是科学的，至少不是成熟的科学。因此，一个人要想从事科学活动，就必须掌握这套特殊的语言。科学语言从日常语言中分离出来，日益发展成一种具有人工性质的语言。

（6）“知识就是力量”，无知就是无能，愚昧是一切社会疾病之本。知识的价值是绝对的、普遍的、无条件的。掌握了知识就等于掌握了控制自然、改造社会和自我的力量。

（7）由于知识是客观的、普遍的、不受个人因素所左右，因此也是价值中立（value-neutral）或价值无涉（value-free）的，超越任何意识形态、文化、地域或性别的限制。科学无国界，科学被看成全人类的共同财富。科学知识或有“科学”之名的知识在全世界毫无障碍地传播，获得了世界意义上的“豁免权”。20 世纪，苏联科学家曾经提出“苏联物理学”“苏联经济学”，但是却被国际科学界看成意识形态斗争的产物，当成笑话。

（8）科学家和研究人员取代了形而上学者和神学家，成为新的知识精英，成为工业社会的宠儿。科学院、大学里的研究机构取代了神学院和形而上学者的书斋，成为生产知识的主要场所。学校教学、科学杂志、科学会议、科学展览、科学讲座等开始成为传播科学知识的主要途径。

尽管这种现代的科学知识型在个别方面与古代的形而上学知识型有某些相似之处，如保留了知识的客观性（含义不同）信念等，但是在根本上，这种新的知识型对于形而上学的知识型而言是一场真正的“革命”、一次彻底的“颠覆”、一种不折不扣的“转型”。它对于有关知识概念的四组问题做了如上所述的全新回答。它一方面彻底摧毁了古代知识王国的秩序，另一方面又建立了一个现代知识王国的新秩序。在古代形而上学知识王国中原来处于霸权地位的知识在现代科学知识型面前则被剥夺了知识的合法地位，至少被“流放”在知识王国最偏远的地区。相反，原来处于被压迫地位的经验知识在被改造以后却获得了最高的地位，成为所有知识的典范。这种情形真如同 18 世纪法国大革命中封建王权的废除和人民主权的建立。

需要注意和认真研究的是，上述第二次的知识转型主要发生在西方国家。对于中国以及其他非西方国家而言，情况有很大不同。就中国而言，如前所述，中国历史上知识界确实有一些形而上学的思考和知识，但是这些形而上学的思考和知识从来没有能够获得像西方国家那样的知识权力。

它们没有能够和世俗的政权结合起来，排除其他的思考方式和知识体系。在中国两千多年的古代文明中，人们判断知识的标准主要不是形而上学的标准，而是历史的标准。一种知识是不是可信，关键在于历史上有没有出处，是不是出自圣贤之口或源于历史经验。所以，作为一个中国古代社会的文人，博古通今、融会贯通是非常重要的，其重要性恐怕就相当于西方知识分子掌握科学方法和语言。因为，只有做到博古通今、融会贯通、旁征博引，一个人才能使自己的观点为他人所信服和接纳，也才能将其从个人的意见转变为社会的知识，才能在社会中广泛传播。这样一来，在古代知识界，就多一些历史的考据，少一些形而上学的论争。所以，中国古代知识界也少有西方古代知识界那种绝对的、霸道的和压抑的学术气氛，每一种知识都可以找到自己发展的空间。古代经验科学或自然科学的发展及其所取得的巨大成就与此有关。不过，另一方面，由于中国古代过于尊崇历史知识和道德知识（这两者经常就是一回事），因此，自然科学的发展始终缺乏一种社会的、特别是政治的动力和支持，停留在一种知识体制外个体自发研究的水平上。明清之际，受第一次“西学东渐”的影响，开始有一些自然科学的研究受到封建政府的支持。但是，封建政府并没有意识到这种研究对于整个社会发展特别是知识发展的意义，只是将其作为一种“奇技淫巧”，一如当初形而上学者和神学家对于从阿拉伯世界所传入的科学知识的态度一样。

这种观念的改变是19世纪后半叶鸦片战争以及西方列强和日本一系列对华侵略战争的结果。西方和日本的坚船利炮终于使得晚清政府和许多知识分子意识到中国传统知识总体结构上的缺陷，意识到学习西方现代科学知识的必要性和重要性。刚开始时，限于传统知识标准的束缚，许多人还是将传统的文化知识作为“道”，将西方的科学技术作为“技”或“艺”来看待，认为后者可以辅助前者，但不能代替前者。但是不久人们就意识到，这两者之间的关系根本不是这么回事。对西方科学技术（“西艺”与“西政”）的学习必然动摇传统知识的正统地位，动摇封建政府的合法性。于是在知识分子及封建政府内部便出现了“夏夷之辩”和“中学”与“西学”

之争。争论的结果之一是出现了张之洞等人的“中体西用”学说，实际上其仍然想在传统的知识架构内解决问题。

19 世纪末 20 世纪初，随着一些早期留学生的派出和回归，18、19 世纪发展起来的大量西方科学知识开始被系统地介绍到国内，出现了 20 世纪中国第一次大规模的译介浪潮。当时翻译过来的不仅有各个具体学科的教科书和著作，还有洛克、笛卡尔、卢梭、孔德、斯宾塞（H. Spencer）等人的哲学著作。这使得中国知识分子对西方的知识体系及其原理有了更深入的了解，对西方近代文明的发展及其强盛的原因有了更清楚的认识。在 20 世纪初的“中学”与“西学”的关系上，人们越来越倾向于西方科学知识。1912 年中华民国的成立使得西方科学知识在中国第一次找到了政治上的盟友，因为开创中华民国的许多人都是长期在国外生活、学习西方科学技术知识的人。1919 年著名的新文化运动更是鲜明地提出了“民主”“科学”的口号，提出要用新的知识来改造旧的文化、建设新的文化。科学知识型开始得到了越来越多的知识界精英的认同。但是，这个过程也是非常复杂的，始终伴随着“科学”与“玄学”、“全盘西化派”与“东方文化派”的论争。1949 年以后，特别是 20 世纪 80 年代以后，国家大力发展科学技术事业，建立了我国自己独立的科学研究和教学体系，取得了令人瞩目的科学成就，为我国的社会主义现代化建设事业做出了重大的贡献，使全国人民看到并切身体会到了科学的力量。可以说，到 20 世纪末，科学知识型在中国人的精神生活中所占据的主导地位已经比较稳固，“按科学规律办事”已经成为现代中国人的口头禅。比较之下，经过“五四运动”“全盘西化”“文化大革命”等运动，传统的知识体系已经逐渐瓦解，或是被吸收到科学知识体系之中。在各级各类教育的教科书中，除了一些研究中国传统文化的个别学科如历史学、中国传统哲学等以外，传统知识明显只是被作为西方科学知识体系的注脚。这一点在大学各科教材中是非常明显的。

西方的科学知识型传入中国以后，也发生了一些微妙的然而却是非常重要的变化。在西方，科学不仅是一套现成的知识体系，更是一种探索性的活动。因此，人们对科学的理解非常强调科学的方法、科学的态度和科学的精神。但是，在中国，人们对科学的认识却局限于科学的结论和科学的价值上。无论什么知识，只要说是“科学”，那么人们立刻就会想到它的真理性、无可怀疑性和其在实践活动中的有效性。一些本来未必是“科学的”东西人们也冠之以“科学”的名誉，以便可以招摇过市、逃避质疑。在中小学乃至在大学的科学教育中，教育者们注重的是学生对已有科学概念、命题、公理、事实、方法等的接受和理解，而不太注重培养学生的科学兴趣，创造条件让他们主动地进行科学实验、讨论、分析、论证等。这些变化一方面可能与我们从国外引入科学知识体系有关，没有理解科学知识体系在西方知识史上的发展过程，错将科学当成一些现成的研究结论；另一方面可能与我国传统文化中的知识态度有关，比较尊重知识权威。当然，更有可能是与科学知识型自身的缺陷有关，它将自己所生产的知识看成客观的、普遍的和可靠的，从而也是不需要再怀疑的知识，造成了人们对科学知识的盲目信任乃至迷信，造成了科学主义（scientism）①的泛滥。

20 世纪的科学技术事业更是突飞猛进，取得了许多重大的科学成就，如相对论、量子论、基因论、信息论等。人类在物质科学领域内的研究已经达到基本粒子水平，在生命科学领域已经达到分子水平，在思维科学、宇宙科学、海洋科学、材料科学、能源科学等方面也都取得了重大突破。计算机科学的兴起更是彻底地改变了知识生产、流通、储存、教学等方式，彻底地改变了整个生产和生活的技术基础。科学技术对一个国家政治、经济和文化事业的发展和改革已经具有明显的战略意义。国民受教育水平、科学家的数量、科学家与技术人员的比例以及科学创新能力已经成为衡量世界各国综合国力的一个重要指标。科学技术在生产中的应用更是达到空前的水平，无论是传统产业还是新型产业都把科学技术和科学管理作为提高自己生产率、市场占有率和竞争力以及规模发展的前提条件。在生物工程、电子信息、新能源、新材料等一些高新技术的支持下，高新技

① 哈贝马斯解释说：“‘科学主义’意味着科学对自身的信念：我们不能再将科学看成一种可能的知识形式，我们必须用科学来定义知识。”参见：HABERMAS J, 1978. Knowledge and human interests [M]. [S. l.]: Heinemann Educational Books Ltd.: 4.

术产业正在替代传统的钢铁业、制造业等成为一个国家国民经济的支柱性产业。知识的资本化过程已然开始，发明专利参与股份制的计算方法也已经被提出。所有这些是在科学知识型的指导下取得的，其反过来又进一步证明了科学知识型的优越性。“专家治国”“科学管理”“科学生活”等口号表明，科学知识型不仅深刻地影响着人们的认识领域，而且扩展到人们社会生活的各个领域，深刻地影响着大到国家决策小到个人的衣食住行。20世纪末，源于阿拉伯世界、兴盛于西方的科学知识型已经牢牢地统治了全人类的精神生活。

然而，一切进步都是有代价的。科学知识型将人们的精神生活从形而上学和宗教神学的桎梏下解放出来，促进了人类知识和文明的进步，但是它同时又将人们陷于科学知识型的牢狱之中，给社会带来了深刻的精神危机和社会危机。就精神危机而言，它按照知识的证实程度和逻辑一致性程度来判断其价值，将传统的神学知识、形而上学知识、历史知识、道德知识等人文知识都看作不完善的知识，并因而排斥生产这些知识的知识分子，动员政府和工业界只给这些领域的研究拨付可怜的科研经费，极大地影响了这些领域的知识进步。由于缺乏这种看起来“不科学”或“不够科学”的知识进步，社会的知识结构失去了平衡：一方面，科学技术知识飞速增长，几乎达到了所谓“知识爆炸”的程度；另一方面，人文知识包括一部分具有人文性质的社会知识，因缺乏科研条件和在科学知识型动员之下所产生的社会偏见而增长得极其缓慢。如果说知识就是力量，那么自然科学知识的进步确实极大地增强了人类控制外部物质世界的力量，但是人文知识和具有人文性质的社会知识的缺乏使得人们在认识和控制自我与社会方面明显乏力，在社会财富空前增加的同时感到生活意义的丧失和价值的迷惘。就社会危机而言，科学知识的进步改变了人类的生活条件，使得人们找到了对付贫穷、疾病与愚昧的最好办法。但是，随着科学技术的进步以及由此带来的人类欲望无止境的膨胀，自然环境与人们社会的和谐状态已经遭到了严重的破坏，人口成倍增加，空气、水及土壤等遭到了几千年来前所未有的破坏，大量的生物不断灭绝，因为环境问题而引发的各种灾难层出不穷。在科学技术的支持下，一场现代战争的破坏性程度要超过历史上所有战争破坏性程度的总和。不论是“冷战”时期还是“冷战”结束以后，人们都一样生活在核战争的阴影之下。个别发达国家凭借本国以高科技为基础的军事实力，更是动不动就对别国的主权和人民进行“空中打击”，将战争给人民生命财产所造成的损失解释为“最低限度的损失”，丝毫没有道歉、赔偿和忏悔之意。这就是人类生产科学技术的目的吗？在一定意义上，科学技术进步的同时正在失去对自身的控制，将人类的命运带向不可知的未来。

## 四、第三次知识转型与后现代知识型

对科学知识型的质疑并非始自今日。众所周知，早在科学知识型开始形成的 18 世纪，法国著名启蒙思想家卢梭就曾对科学的进步能否促进道德的进步问题做出了否定性的回答。在 19 世纪下半叶，当科学知识型正从自然科学领域向其他知识领域进军的时候，德国思想家狄尔泰（W. Dilthey）提出了“精神科学”（Geisteswissenschaften[①]）的概念，从历史理性批判入手，探讨精神科学的方法论，标举精神科学的独立性，以便阻止自然科学的研究范式向广泛的历史、宗教、文学、哲学等学科领域的扩张。对科学知识型本身的质疑伴随着 20 世纪自然科学的革命性发展不断展开，在 20 世纪下半叶达到高潮。这些质疑就时间顺序而言，主要出自三个领域：知识社会学、科学哲学以及哲学。

知识社会学领域对科学知识型进行质疑的主要代表人物是舍勒和曼海姆。作为“知识社会学之父”，舍勒认为，知识社会学的主要目的就是阐

---

① “Geisteswissenschaften”一词无论在中文还是在英文中都没有统一的译法。除了“精神科学”的译法外，有人将其译为“人文科学”（humanities），有人将其译为“人的科学”（sciences of men），有人将其译为“社会科学”（social sciences），还有人将其译为“文化科学”（cultural sciences），等等。究其根源，是因为“Geist”这个词的内涵丰富而复杂，既意味着心灵又意味着精神，既意味着客观的又意味着主观的。

明所有知识的社会本质、所有知识保存及传递的社会本质以及所有知识方法的扩展和进步的社会本质。舍勒认为，对于个体而言，外部世界先于内部世界而被给定；属于我们所共同拥有的外部世界先于个体所认识或拥有的外部世界被给定；属于我们所共同拥有的内部世界也先于我们自己的内在世界被给定。因此，“我们”先于“我”而存在，没有“我们”就没有“我”。“我们”所共同拥有的内部或外部世界是“我”的所有知识、所有思想形成的条件，它们决定了“我”的知识以及对“我”的知识的理解。可见，在舍勒看来，人远非抽象的、纯粹的认识主体，而是具体的、社会的认识主体，如果离开了社会条件，他所有的知识都是不可能的。根据这一认识，舍勒指出，对于社会的统治阶级来说，它一定是要维持传统的知识体系，并竭力证明它们的有效性，因此它不适合知识的研究和发现；它主要的逻辑形式会是“证明的”，而非“发明的”或“发现的”；它一般采用的认识方法一定是“本体论”的和“教条的”，而非“认识论”的或“批判”的；它对于范畴的理解一定是“唯实论的”，而非“唯名论的”；等等。由此观之，所有的知识都是受到认识者所处的社会条件特别是社会阶级和意识形态条件的制约，从来就没有哪一种知识是超越这种社会条件的。经验主义和理性主义所持的科学知识型有关知识的客观、价值中立和普遍有效的观点在舍勒看来自然是站不住脚的。

与舍勒一样，曼海姆指出，如果忽略了社会起源，任何形式的思想都不可能得到充分的理解。尽管只有个体才能思想，除了个体的头脑之外，从来不存在什么团体的心灵能够思想。但是，如果从这里得出结论说，所有的观念和情感都只能源自个体，只能依据个体的生活经验才能得到充分的理解那就错了。

> 比较正确的说法是，他们进一步参与前人的思想过程。他发现自己处于一个继承下来的环境中，处于与这种环境相适应的思想形式中。这种思想形式致力于详细描述继承下来的反应模式或者是提供其他的反应模式，以便使人们能够比较充分地应付环境的变化

所带来的挑战。因此，每个人在双重意义上被不断形成的历史事实所预先决定：一方面是他发现一个早已准备好的环境，另一方面是他发现该环境中有一套准备好的思想模式和行为模式。(Mannheim，1963)[3]

曼海姆认为，正是这种事先由历史和社会环境所准备好的思想模式与行为模式构成了知识的“视角”(perspective)，也就是个体认识者观察客体的方式。一个人处于不同的历史和社会情景，就会获得不同的视角，其会深刻地影响他的思想过程，影响他所产生的知识范畴与形式。他以“自由”这一概念为例，指出在19世纪早期的德国，如果一个人属于传统的保守主义者，那么他说到“自由”一定是指根据其“特权”决定其社会地位的权利；如果一个人属于浪漫的保守主义者，而且是新教徒，那么他就将“自由”理解为“内在自由”，即个体根据自己的个性而生活的权利。曼海姆指出，这种由于个人所处社会历史位置不同而产生的对概念理解的差异是“质的差异”，而非逻辑的差异。这种差异构成了个体思想的条件，这种差异连同产生差异的社会历史状况不仅构成了个体思想的视角，而且深刻地影响了个体在思想过程中提出的问题的类型、方法，表达问题的水平以及在陈述观点时所希望达到的抽象水平等。由此，曼海姆提出了“社会学决定的知识”这个概念，反对科学主义和现象学中客观、普遍的知识观，认为没有任何一种知识体系和价值系统可以被宣称为永远有效，理性、知识、真理都必须被重新定性为与一定的社会历史条件相联系。

如果说，知识社会学主要从知识与社会历史条件的联系出发对科学知识型进行质疑，并主要集中在社会历史知识领域的话，那么，继之而起的科学哲学则主要从自然科学内部对科学知识型进行批判。在这方面比较有代表性的人物就是波普尔和费耶阿本德。

波普尔对科学知识型的批判是全面、深刻而清晰的，正是由于他的批判，20世纪中叶以后人们的科学观念才发生了重要的变化。针对科学知识型宣称知识是客观的、可证实的，波普尔明确提出，所有的知识，不仅是科学知识，在实质上都是“猜测性的知识”，都是我们对于某些问题所给出的暂时的回答，都需要在以后的认识活动中不断地加以修正和反驳。因此，没有一种知识可以被一劳永逸地获得，科学知识型所谓“终极的解释”（ultimate explanation）是根本不存在的。因此，所有的知识也都是不可被证实的，“可证实性”（verifiability）不能作为一种知识可靠性的标准，也不能作为一种知识成为真理的标准。但是，波普尔并非要从科学知识型的绝对性回到神话知识型的相对性中去。他认为，一种知识尽管不能被证实，但是却可以被证伪，这一点是确定无疑的。“可证伪性”（falsifiability）或“可反驳性”（refutability）应该代替“可证实性”，成为检验一种陈述是否具有科学性的标准，也应该成为区分“科学”与“形而上学”的标准。在此基础上，他提出了自己的科学观：

> 科学并不是一个确定的或得到了很好的证实的陈述体系，也不是稳步趋向终极的完成状态的陈述体系。我们的科学也永远不能宣称获得了真理或真理的替代物。
>
> 科学的进步并不是由于时间的流逝而积累了越来越多的感性经验。科学的进步也不是由于我们越来越充分地利用了自己的感官。从那些未经解释的感觉经验中，我们根本不能蒸馏出科学，不管我们多么勤奋地收集它们和对它们进行分类。大胆地提出观念、进行不太合理的猜测和思辨是我们解释自然的方法，也是我们把握自然的原则和途径。我们必须贸然使用它们以获得我们的“战利品”。我们之中那些不愿意冒着被证伪的危险去发表自己观点的人不能参加科学游戏。（Popper，1959）[278-280]

波普尔指出，那些宣称科学知识是客观的、确定的和终极解释的人制造了认识论中的权威主义，或者说用一种新的权威主义——源自观察和理性的权威主义代替了神学的和形而上学的权威主义，在对普通人认识权力的压制方面，这种科学的新权威主义不见得比神学的和形而上学的旧权威主义要好。不仅如此，这种知识观的政治后果在于，从认识论的角度将社会分为两个部分：一是拥有真理或发现真理的能力的高贵部分，一是只能分享真理缺乏发现真理的能力的低贱部分。前者统治后者似乎是天经地义的事情。作为一个认识论上的批判理性主义者和社会政治哲学中的自由主义者，波普尔试图通过解构近代以来形成的科学知识型来将认识的权力从少数知识精英那里解放出来，归还给每一个人。

比起波普尔来，费耶阿本德的观点更为激进。他的研究侧重于对科学方法论的批判。他说：

> 受固定和普遍性支配的科学观念既非真实的也非有益的。说它非真实的，是因为它对于人类的才能以及鼓励发展这种才能的环境持一种过于简单的观点；说它非有益的，是因为它对这种游戏规则的强调虽然提升了我们的专业资格，但却以我们的人性为代价。此外，这种观念对于科学自身也是不利的，因为它忽略了影响科学变革的复杂性及其历史条件。这种观念使得我们的科学不可改造，更加教条：每一种方法论的规则都与宇宙论的假设联系在一起，因此使用这种规则就等于承认其宇宙论的假设是正确的。天真的证伪主义承认自然规律显然是存在的，并没有隐藏在客观的数量下面；经验主义承认感官经验较之于纯粹的思想而言是一面能更好地反映世界的镜子；（理性主义）欣赏辩论，承认理性的技巧比我们未受检验的感情游戏更能产生好的结果。这些假设可能非常受欢迎，甚至可能是真的。然而，人们还是应该不时地检验它们。而检验它们就意味着停止使用与它们相关的方法论，以另外一种不同的方式来从事科学研究，看看会发生什么。……所有的方法论都有它们的缺陷，唯一幸存下来的“规则”就是“怎样都行”！（Feyerabend，1975）[296]

“怎样都行”就是费耶阿本德“无政府主义”知识理论的纲领，其明显地反映出他在科学研究方法论上的多元主义立场。提倡这种知识理论，除了上述的认识论理由外，费耶阿本德还有一个政治学的理由，即其有助于增加人们的认识“自由”，有助于反对各种各样的“科学沙文主义”（the chauvinism of science），为真正的社会民主决策提供知识基础。显然，费耶阿本德已经敏感地觉察到现代科学知识型的不宽容与社会民主决策之间的内在矛盾。原因很简单：任何民主决策都是建立在一定的知识基础之上的，缺乏一定的知识，谁也不知道如何表达自己的意见。而以什么样的知识为基础又是受着认识论或知识理论限制的。如果一个社会只存在一种知识型，所有的知识都受它控制，那么这个社会就不会存在相互竞争的知识，因而也就不会存在真正的社会民主决策。这里隐含着的意思是：在我们这样一个科学的时代，科学垄断了知识的标准，因此，科学实际上是民主决策的基础，科学家实际上支配着绝大多数的社会决策，这就是所谓“专家治国”的秘密。可见，费耶阿本德反对的不仅是科学知识型，而且也是作为任何一种知识型都具有的“政体”和“意识形态”特征。他希望一个时代能够允许多种认识论的存在，允许多种知识型的存在和相互竞争。这就是他提出“无政府主义知识理论”的真正目的。

如果说知识社会学从知识与社会的关系角度出发，科学哲学从科学知识发展的内在逻辑出发对科学知识型进行质疑的话，那么哲学或一般哲学则从更为一般的意义上对科学知识型进行质疑，并不像前两者或局限于社会科学领域或局限于自然科学领域。哲学是要从根本上对科学知识型的基础和观点进行批判。20 世纪除了早期现象学、分析哲学外，几乎所有的哲学都参与了这场对人类知识发展具有重要意义的斗争。在这场斗争中，最突出的要数维特根斯坦、福柯、哈贝马斯和利奥塔。鉴于对福柯和利奥塔的思想在本章一开始已经做过一些介绍，这里主要介绍维特根斯坦和哈贝马斯的观点。

事实上，维特根斯坦的思想前后有根本性的转变。早期的维特根斯坦与罗素等人一起认为，语言与实在的关系，或者词与世界的关系，是一个非常重要的问题。人们要想获得清晰的思想，就必须“清除”语言中所有的意义模糊现象，从经验方面表明那些至关重要的概念和命题究竟是正确还是错误。他们认为，清晰的意义只能建立在一种可以对事实的基本元素或状态进行描述的语言基础上，这些基本元素或状态可以在感官经验里直接辨别。正是通过对命题句子进行逻辑、语言、经验的分析，人们才能够建构它们的基本意义，判断它们是正确还是错误。通过这种分析，他们声称，传统形而上学和认识论中的一些主要问题只不过是语言的误用。早期维特根斯坦和罗素的这些观点实际上是将现代科学知识型所提倡的实证精神和理性精神应用于哲学问题研究中去。

从 20 世纪 30 年代开始，维特根斯坦自己开始从总体上反思上述意义理论和还原分析法。这种反思的结果是形成了这样一种认识：概念、命题和所有其他形式话语的意义可以在它们的“用法”中发现。正是在支配这些概念和命题的“规则”中，在它们应用的“条件”和“标准”中，以及在它们所参与的“公共活动”和“事件”中，人们才能够把握这些概念和命题的意义。这就是说，概念和命题的逻辑形式对于其意义并不是根本的，概念和命题的意义与它们所反映的实在之间也不是相符合的。概念和命题的意义既不可能通过还原的方法也不可能通过感觉经验加以分析和辨别。因此，任何有意义的概念和命题不能被假设为有什么不言而喻的核心或本质意义，因为它们的使用都有一套严格的、必要的和充分的条件。概念的使用标准可能是开放的和重叠的。语言分析已经不再被看成一种还原的练习，而是被看成对语言使用过程中概念间联系的探索，以便发现人们的理解过程和知识话语中的混乱。维特根斯坦后期的这些思想无论是对于经验主义者来说还是对于理性主义者来说都是致命的，因为经验主义相信感觉经验是检验一个概念或命题是否真实的可靠条件，理性主义者认为概念和命题是对实在本质的反映。因此可以说，后期维特根斯坦从日常语言学的角度给予了科学知识型致命的一击。

如同维特根斯坦等许多 20 世纪的哲学家一样，哈贝马斯也在自己非常宽广的学术研究领域中给予了知识理论一个很重要的位置。哈贝马斯知识理论所要表达的核心观点就是“知识”与“利益”（interests）二位一体[①]。这个观点乍一看很像福柯“知识”与“权力”二位一体的观点，但是它们之间还是有不小的差别。哈贝马斯侧重于从历史的角度，重现实证主义的史前阶段，从而系统地分析知识与利益的关系，揭示“知识建构的人类利益”（knowledge-constitutive human interests），反对实证主义的客观主义和绝对主义知识观。哈贝马斯指出，只有承认知识与利益的关系，反对纯粹理论的自我假象，才能开始对科学客观主义的批判。

通过上述知识社会学、科学哲学和哲学家们在 20 世纪对科学知识型的质疑与批判[②]，我们看到，科学知识型确实不是如其自身宣称的那样是尽善尽美的，不是适用于所有学科的，不是价值中立，具有客观性、绝对性、普遍性和确定性的。17 世纪以来形成的科学知识型本身确实有着许多的缺陷，其中最大的缺陷就是其如同历史上曾经出现的神话知识型和形而上学知识型一样，一旦形成以后就染上了偏执的、霸道的、虚荣和贪婪的毛病。它贬低普通大众的日常认识经验，它试图成为所有知识领域的方法论；它建立了新的知识帝国并自己占领最高的位置，它的形象已经与历史上的神话知识型和形而上学知识型毫无二致。为了自己的利益，它利用政府、企业、新闻媒体、教育等手段不断地强化自己的价值形象，将那些有待质疑的观念“灌输”到每一个现代公民的头脑里。从对社会及人们精神生活的控制程度与范围而言，它已经远远超过了神话知识型和形而上学知识型。

---

① 参见：HABERMAS J, 1978. Knowledge and human interests [M]. [S. l.]：Heinemann Educational Books Ltd. 不过，这里需要说明的是，国内有译者将该书的书名译作“知识与兴趣”。我仔细阅读了原著以后觉得这个译法值得商榷。一是因为标题中的“interests”作为“interest”（兴趣、趣味等）的复数形式一般都应译作“利益”。二是因为哈贝马斯在这本书中要完成的核心任务就是批判实证主义将“事实”与“价值”分离及其客观主义的知识理想。所以，阐明“知识与利益”的关系可能比阐明“知识与兴趣”的关系更能表达哈贝马斯的学术旨趣。但是，我这种译法似乎也有不妥之处，因为哈贝马斯在具体分析问题的过程中使用的是单数形式的“interest”。所以，究竟如何翻译才比较准确，请高明的读者自己判断。

② 其实对科学知识型的批判远不止这几个领域的学者，就我所知，人类学家、女性主义者、教育学家、心理学家、文化学家甚至科学家等都对其进行了批判。本研究的其他章节将会涉及这些范围广泛的批判。有关信息参见：HARDING S, 1991. Whose science? whose knowledge? [M]. Buckingham: Open University Press.

它已经将自己"神圣化"，甚至可以说，它已经从社会文化的进步力量变为阻碍社会文化进步的保守力量。今日的科学知识型不仅已经危害到人类对知识的正确理解，危害到人类总体知识的进步，还危害到人类社会的民主化进程和普通大众的切身利益。

对科学知识型的批判不仅来自理性，也来自社会现实。后一种批判主要集中在人类学、女性主义、发展理论等领域。人类学家在从事田野研究时发现，那些原来认为是"原始的"、"野蛮的"和"不文明的"部落、地区或国家原来并不是一个知识领域的不毛之地。他们有着自己独特的知识体系，如农业知识体系、法律知识体系、医药知识体系等。如果不是因为外部特别是来自西方的科学知识的"闯入"，那么他们的知识体系完全可以满足他们自身生存和发展的需要。实际上，他们自己的知识体系就是他们生存和发展历史的产物，和他们的社会历史结构有着密切的内在联系。但是，科学知识的"闯入"以及建立在科学知识基础上的现代化过程，在很大程度上剥夺了他们这种"本土知识"（indigenous knowledge）或"地方性知识"（local knowledge）的合法性。因为，根据科学知识的标准，那些本土知识或地方性知识根本算不上"知识"，最多只是构成知识的材料。其结论就是，用真正的科学知识来代替本土知识或地方性知识。这种思想逻辑已经威胁到人类知识形态的多样性，使人类知识世界向"单一化"或"同质化"方向发展。

女性主义是从女权主义中发展出来的一种多学科研究领域。20 世纪的女权主义最早主要关注政治和社会生活领域的性别歧视问题。但是，随着她们对问题思考得越来越深入，她们发现，历史上政治领域与社会生活领域的性别歧视有着他们的认识论或知识理论根源。女性之所以不能和男性享受一样的社会权利，是因为她们没有同男性一样地分享知识、创造知识，是因为女性天生就被视为理智上的弱者，是因为人类的绝大部分被称为"知识"的领域都是从男性的视角出发的。科学知识型是这样，形而上学知识型和神话知识型也是这样。在一般的知识领域是这样，在女性知识领域更是这样。女性知识都是从男性视角出发得到的知识，毫无疑问地带有男性的趣味和偏见。不幸的是，这种由男性所理解的女性知识正是女性日常生活的基础。女性主义者认为，迄今为止人类绝大部分知识都是“男性中心主义”的，这是男人在历史上和当今社会赢得权利的根本原因。女性主义由此提出了非常激进的问题：“谁之科学？”“谁之知识？”并将这些问题作为深化女性主义斗争的入口。

发展理论是有关社会发展要素、过程、动力或模式的理论。早期的发展理论主要关注如何借鉴发达国家的经验，促进不发达或欠发达地区的社会进步。稍晚一些的发展理论关注到发达国家和不发达及欠发达国家在政治、经济和文化上的“依附关系”。20 世纪 80 年代后，当人们进一步深入理解社会发展的规律时发现，发展是一个内在的过程，而不是一个外在的过程。即，发展更多地依赖于社会内部各种关系的协调和重建，更多地依赖于当地人的创造性智慧，而非依赖于与某些大国或大国集团结成联盟，或依赖于某些外国专家的考察或建议。这就是后来联合国教科文组织所采纳的“内在发展”（endogenous development）观念：

> 发展越来越被看成一个唤醒的过程，一个激发社会大多数成员创造性力量的过程，一个发挥社会大多数成员个体作用的过程，而不是被看成一个由计划者和学者从外部解决问题的过程。（The UNESCO Press，1981）[65]

而要真正做到这些，就必须发展本地的教育和文化事业，必须克服对外来知识的依附，必须重视本地区已有的知识资源并进一步提高本地区的知识生产能力。对外来知识的依赖是造成对外来政治和经济势力依赖的一个主要原因。而要做到这些，首要的一点就是必须反思科学知识型的知识标准，必须打破这种标准，代之以一种新的能够包括本土知识或地方性知识的知识标准。

上述这些对现代科学知识型的普遍质疑或批判已经非常鲜明地揭示了科学知识型的内在缺陷，推动了人类第三次知识转型的到来，指出了新的知识型应该具有的若干特征。综合上述这些批判，本研究大胆提出一种新的能够概括上述各种新的知识要求的知识型——“文化知识型”。由于我们将文化知识型看作“现代的”科学知识型之后的一个知识型，因此又可以采纳利奥塔的概念，称之为“后现代知识型”。就后现代知识型与现代知识型的关系而言，后现代知识型并不会全盘抛弃现代知识型，不像现代知识型全盘抛弃古代知识型一样。后现代知识型不会像现代知识型剥夺形而上学和神学知识的合法性那样剥夺现代科学知识的合法性，但是后现代知识型会重新阐述科学知识的合法性，并将其作为人类的一种知识类型而不是所有知识的典范或标准。不仅如此，后现代知识型还将重新阐述科学知识的性质，提出一种新的更加谦逊、更加开放和更加符合民主社会要求的科学观。但是，后现代知识型又确实不是现代知识型的一个新阶段，不是现代知识型的一种修正。对于现代知识型，后现代知识型是一次真正意义上的“革命”，它从根本上“推翻”了现代科学知识型的架构和信念，力图将一幅新的知识图景展现在人们的面前，并通过知识世界的重构为正在到来的后现代社会或知识社会提供认识论基础。就后现代知识型出现的时间而言，我们不同意利奥塔的观点。他从技术的角度将后现代知识型的出现看作从 20 世纪 60 年代开始的，看作“后工业社会”或“计算机社会”出现的结果。我们认为，后现代知识型的出现或萌芽要比这早一些，应该说从 19 世纪下半叶狄尔泰提出精神科学方法论以及尼采对理性主义进行批判时就开始了，只不过到了 20 世纪下半叶才形成一种风起云涌之势，出现了新的越来越清晰的知识观，并得到了一些社会组织或运动的支持。但是，迄今为止，后现代知识型或文化知识型尚未在社会的知识生活中占据主导地位，尚未得到广大知识分子的普遍认可和接纳，甚至经常受到主流科学界或学术界的歪曲、嘲弄和抵制。一些信仰后现代知识型的知识分子甚至长期被拒绝晋升为“教授”，他们的文章也经常被杂志社认为“不符合学术规范”而拒绝发表。这也从一个小的方面反映出两种知识型之间的斗争。但是，我们相信，后现代知识型或文化知识型完全代替现代知识型或科学知识型只是时间的问题。人们最终会发现，后现代知识型或文化知识型比起现代知识型或科学知识型来说更符合当前和未来社会发展的要求，更能满足所有人的知识需求。

比起现代科学知识型，后现代知识型或文化知识型在知识问题上的基本观点如下。

（1）在一般意义上，知识不仅是文化的要素，而且是文化的产物。在人类历史上，不同的文化形态包含或产生了不同的知识型和不同的知识体系。这些不同的知识型和不同的知识体系在不同文化形态及相应的社会形态的发展中都做出了自己的贡献。人类文化形态的多样性就决定了人类知识形态的多样性，人类知识形态的多样性就意味着多种知识型拥有同等的生存权利，应该得到同等的尊重和认同。没有哪一种知识型是普遍的、绝对的和永恒的，所有知识型的合理性都可以追溯到它们社会历史的起源，知识的转型就如同社会其他方面的转型一样是不可避免的。知识的转型不仅仅具有认识论的意义，不仅仅是改变了知识生产和评价的标准，而且具有极其重要的社会政治、经济及文化意义。

（2）在知识与认识者的关系上，文化知识型认为，没有纯粹的和抽象的认识者，有的只是在具体的社会历史文化环境中生存的认识者。因此，所有的认识者都不能不打上社会历史文化的印记。这种印记存在于认识者认识的全过程之中，是不可剔除的。认识者从问题的提出到问题的分析和解决都不能不受他所处的社会历史文化环境的制约。他可以认识它们、反思它们、理解它们甚至暂时地搁置它们，但是他却不能够彻底地摆脱其束缚。因此，在知识获得过程中，不存在绝对意义上的“自由心灵”，尽管在相反的意义上也不存在绝对意义的“社会决定论”。“普遍的知识分子”消失，“具体的知识分子”走上前台。（Gordon，1980）[129] 认识到这一点，无论是认识者还是分享知识的人都应该随时检验知识逻辑形式背后的社会趣味、利益、权力乃至偏见。在严格的意义上，任何一个认识者都没有权力拒绝这种检验，不能将自己打扮成“真理”的代言人。“谁之真理？”的问题应该提给一些宣称自己的知识陈述为真理性陈述的人。

由于这种社会历史文化的制约，在认识过程中的理性和感性都不再是知识可靠性的源泉，因为认识者的理性和感性都是一定社会历史文化环境的产物。对一种事物的感觉或推理都不是凭空进行的，而是要借助于认识者所处时代的感觉文化或理性文化，而这些都只是整个社会历史文化体系中的一小部分，它们与整个社会历史文化体系中的其他部分密切地联系在一起。这就是说，无论是感觉还是理性，其都不能使自身合法化，都只能依赖于一定的社会历史文化环境。

文化知识型认为，认识者的知识陈述与认识者的信念密不可分，而认识者对什么样的陈述“信以为真”，与一定的知识型和文化形态密不可分。例如，中国人相信中医，而美国人就未必相信。因为一个人如果相信中医，就要相信中医所赖以存在的“阴阳五行学说”，而要相信传统的“阴阳五行学说”，就必须理解中国传统文化中的整体主义与“和”的思想。这些只能在中国文化的背景中才能做到。对于中国人来说，这是极自然的事，有病去看中医也是极自然的事。但是对于一个不理解中国传统文化的美国人来说，事情就非常复杂了。要他相信中医的知识为真并接受中医的治疗是一件非常困难的事。

（3）在知识与认识对象的关系上，知识并不是对认识对象的“镜式”反映。如同认识者不是一面“磨光的镜子”，认识的对象也并不是一种纯粹客观等待被反映的事物，相反，它是由认识者的认识能力、兴趣乃至利益所选择和建构的结果。离开了认识者的认识能力、兴趣或利益，就没有认识对象的显现。知识与认识对象之间不存在“对应关系”，任何知识都只是把握认识对象性质或关系的一种假设，一种具有猜测性质的、有待于进一步修正的假设。任何的知识都应该有经验的证据，但是任何经验的证据都是不充分的。归纳主义与理性主义一样具有不可克服的缺陷。这就提醒人们，所有的知识都是可错的，都是有待于检验和反驳的。在认识领域中，根本不存在对认识对象的终极解释。

（4）就知识的陈述而言，知识的陈述形式并不是唯一的，而是多样的，既有“描述性陈述”（descriptive statement），也有“规范性陈述”（prescriptive statement）和“叙事性陈述”（narrative statement）。不同的知识陈述形式与不同的语言文化联系在一起。任何一种知识陈述形式都不能反对或制止其他的知识陈述形式。概念、范畴、符号、假设、命题、数学语言、观察语言等对于科学知识陈述而言是必要的，但是对于其他类型的知识如“地方性知识”或“缄默知识”（tacit knowledge）的陈述而言并不是必要的。概念、范畴、符号等都是人工的产物，与一定的文化相关联，并不“反映”或“代表”什么事物的本质，它们只是我们认识的工具或策略。为了获得满意的认识，我们会不断地重新选择我们的这些工具或策略，直到我们满意为止。

（5）就知识与社会的关系而言，由于不存在纯粹和抽象的认识者，不存在对认识对象的镜式反映，不存在代表事物本质的概念、范畴或符号，自然也就不存在“纯粹客观”的、“价值中立”与“文化无涉”的知识。与认识者、认识对象和认识过程一样，知识是社会文化建构的结果，而不是纯粹个体理性的或经验的产物。因此，知识与社会的利益、性别、权力、意识形态都有着复杂的关系，其一方面深受它们的影响，另一方面又反过来影响它们。就知识的价值而言，其也不是绝对的和普遍的。知识的生产、传播、分配和消费并不是对所有人都有益的。知识在社会各种机构和人员之间的流通过程实际上是一种社会权力关系得以实现和再生产的过程。

为了便于比较，我们将上述几种知识型的主要特征列在表 1 中。

**表 1　不同知识型的特征**

| | 知识与认识者 | 知识与认识对象 | 知识的陈述 | 知识与社会 |
|---|---|---|---|---|
| 原始知识型（神话知识型） | “巫”是当时的知识分子，享有认识的特权。但是，知识并非认识者的产物，认识者只不过是起“转述”作用。 | 知识并非认识者对认识对象的认识，只是神秘力量的自我“显现”或“打开”。不存在客观的认识对象。 | 神话与仪式是主要的知识陈述形式，具有“神秘性”“情景性”“叙事性”“隐喻性”。 | 为原始社会提供解释世界的模式以及形成原始社会的动力。 |

续表

| | 知识与认识者 | 知识与认识对象 | 知识的陈述 | 知识与社会 |
|---|---|---|---|---|
| 古代知识型（形而上学知识型） | “形而上学家”或“神学家”是当时主要的知识分子，享有认识的特权。知识是认识者理智或信仰的产物。 | 知识由世界本体或神所派生。真正的知识是有关实在本体或神的知识。圣经是中世纪唯一可靠的知识来源。 | 范畴与命题是主要的知识陈述形式，具有客观性、绝对性、终极性或神圣性。 | 知识为古代社会提供解释世界的模式以及形成古代社会的动力。 |
| 现代知识型（科学知识型） | 科学家或研究人员是知识分子，享有认识的特权。认识者“反映”客观事物的本质。观察、实验或推理是获得知识的主要途径。 | 世界是客观的，知识是对客观事物“本质”的揭示。真正的知识是实证的知识，其与客观事物的本质相符合。 | 通过特殊的概念、范畴、符号和命题对知识加以表述。数学语言和观察命题是其基本形式。知识具有客观性、确定性、实证性。 | 知识为现代社会提供解释世界的模式以及形成现代社会的动力。知识是价值中立、文化无涉与非意识形态的。知识是人类的公共财富。 |
| 后现代知识型（文化知识型） | “普遍的知识分子”消失和“具体的知识分子”出现，认识特权被废除。认识者的感觉和理性都是文化的产物，认识者的知识陈述与知识信念密不可分。 | 知识并不是对客观事物本质的揭示。知识是对人们所选择的认识对象的特征及其与其他东西之间的联系的一种猜测、假设或一种暂时的认识策略。所有的证据都是不充分的。 | 存在各种各样的知识陈述形式，它们彼此之间不可代替，具有文化性、相对性和多样性。概念、符号与范畴都是一定文化的产物，不反映事物的本质。 | 知识/实践、知识/权力、知识/性别、知识/利益等之间存在着复杂的关系。没有“价值中立”和“文化无涉”的知识，也没有一种普遍有效的知识。 |

# 第三章　知识转型与教育改革的历史透视

在第一章中，我们阐述了一般意义上知识转型与教育改革的关系：一方面，社会的知识转型迫使学校不得不重新思考什么知识最有教育价值，怎样获得知识才有教育意义，在获得知识的过程中，教师和学生的角色有什么新的变化，以及适合新的知识型要求的教学模式有什么特征等问题；另一方面，学校在社会的知识转型过程中又发挥了不可替代的作用，如促进对旧的知识型的质疑、对新的知识型的接纳，培养新型的知识分子，等等。在第二章中，我们阐述了人类历史上四种主要的知识型——原始知识型或神秘知识型、古代知识型或形而上学知识型、现代知识型或科学知识型以及正在出现的后现代知识型或文化知识型——的特征以及发生在它们之间的三次知识转型的过程、动力和结果。在本章中，我们准备比较详细地阐述历史上的四种知识形态与教育形态的关系，特别是准备从教育学的视角详细阐述历史上三次重大知识转型对不同时期教育改革的影响。由于我们会把主要的焦点放在对知识转型与教育改革之间的关系的分析上，因此不打算也不可能对各个历史时期的教育状况做全面的叙述。有兴趣的读者自己可以做一些深入的或扩大的研究。

## 一、原始知识型与原始教育

关于原始社会的任何描述和分析都带有“猜想”的成分，这是毫无疑问的。对于我们来说，重要的不是不进行猜想，而是如何尽可能地将猜想与有限的证据结合起来，从而形成一个合理的或可以反驳的解释。

关于原始社会的教育，我们的教育学教科书已经有了一些大胆的猜想：原始社会的教育是无阶级的教育；原始社会的教育是与生产劳动及日常生活相结合的教育；原始社会的教育水平极其低下，主要教育方式是言传身教和口耳相传；等等。这些猜想的提出与人们对原始社会的认识是分不开的，如原始社会生产力水平极其低下，为了生存，人们必须进行集体劳动，必须实行原始的共产主义制度，必须共同管理和分享劳动果实，等等。在这些对于猜想原始人教育状况至关重要的原始社会分析中，迄今为止，大多数教育学家在很大程度上忽视了对原始文化或原始知识状况的分析，这不能不说是一个很大的缺憾。没有这种分析，人们就很难回答以下问题：没有阶级歧视的原始教育到底传递的是什么知识？原始社会“教师”和“学生”都是什么样的？原始“教育”或“教学”过程又是如何展开的？言传身教或口耳相传的形式到底是什么？例如，它们就如同我们今天日常生活中的言传身教或口耳相传吗？可见，关于原始教育，人们还是可以从新的角度进一步地加以猜想。

从“教育”一词的广义上说，原始社会的教育一定包括了我们教育学教科书上所说的在日常生产和生活中所进行的教育，就如同我们今天高度发达的教育体系也包括了在日常生产和生活中所进行的教育一样。这种教育形式与人类的生产和生活同在，因此也可以说与人类同在。因为人类存在一天，就要有一天的生活和一天的生产，因此也就有一天的这种教育。实在地说，这种教育的价值是无法估计的，因为谁也说不清到底有多少种生活的观念和生产的技术就是在这种不知不觉的教育形式中传递给下一代的。谁也无法想象，如果这种教育的机制出现问题，那么人们的文明如何能够延续下去。但是，从现代人的观念来看，这种教育的缺陷似乎也是非常明显的：零散、随意、相互矛盾、纯粹个体之间的接触、生活和生产场所的限制等。有证据表明，原始社会的青少年在通过成人仪式之前是被严格禁止参加氏族的重大生产或社会活动的。就是现代社会的一些公共生活场所和生产场所也不是儿童可以自由出入的。因此，只要我们不把原始人的社会想象成类人猿的群体（大家不分年龄和性别，都在一起玩耍和生活），而是将其作为一个真正有组织的社会来看待，那么一系列重要的问题就产生了：原始社会知识的传递是否也是有组织的？如果是的话，谁来组织？如何组织？如果不是的话，如何能从那种日常的言传身教和口耳相传中产生原始社会知识的“积累”和“进步”？而没有知识的积累和进步，原始人又如何能提高自己的生产力和社会生活能力从而得到缓慢的然而对于人类文明的发展来说却是非常有意义的发展？我们因此猜想，原始社会的教育形式至少不止于日常生活和生产经验的言传身教或口耳相传，它可能拥有更重要、更有效的形式。

在我们看来，这种更重要、更有效的教育形式就是“仪式”（ritual）。众所周知，原始社会是一个泛灵论的社会。由于原始人的心力孱弱，无法正确解释寒来暑往、生老病死等一类的自然、社会或人文现象，于是便将万事万物都看成有灵魂的，因此自己的一切行动都应该得到有关灵魂的准许。而要得到这些灵魂的准许，就要举行各种各样的“仪式”。不仅是参与战争、有所收获要举行仪式，就是更小的一些氏族或部落事务的决定如接纳一个本来不属于自己氏族或部落的人也要举行仪式。可以说，仪式是原始社会各种社会生活的核心，甚至可以说，原始人就生活在各种各样的仪式中。仪式的主持者一般不是原始部落的首领，而是一种有着特殊身份的人——“巫”。他们的行为在今天的人们看来是很古怪的，总的来说有两个任务：一是带领所有参加仪式的人与他们所崇拜的神秘力量“交媾”，二是转述神秘力量的“启示”。仪式不仅使原始人不断地理解自己的身份和社会的许多“禁忌”，更重要的是，通过大量的、不断重复的仪式，原始人的行为获得了“合法性”。这是另外一种意义上的合法性，而不是现代真正法律意义上的合法性。但就其实践效果而言，两者则是完全相同的。可以说，仪式是原始社会除了血缘关系以外最强有力的社会纽带，是促使原始社会成员之间彼此认同的根本因素。毫无疑问，仪式对于原始社会成员来说具有普遍的、强烈的教育意义。

不过，上述的仪式一般只是针对成年人的，即针对那些有资格分享原始社会生活财产与权力的人的，而不是针对原始社会的青少年的。对于原始社会的青少年而言，有另外一种仪式——“成人仪式”或“青春期仪式”（pubertal initiation）。这可能是他们人生中第一个仪式，也是他们进入原始社会所迈出的第一步，所经历的第一次来自社会的严峻考验。不少中外的教育史学家都认为，这种仪式可能是后来文明社会制度化教育的起源。

对于今天的人来说，要理解这种仪式，一个前提条件就是搁置我们头脑中存在的“儿童期”（childhood）概念。对于原始人而言，人的一生中是没有“儿童期”的，或者说，他们不把儿童期看成一个有价值的人生阶段，更不会像我们今天这样对儿童期的孩子呵护有加、溺爱娇纵。可以认为，原始人对儿童的养育在多数情况下是出于一种动物的本能。儿童的疾病和死亡对于他们来说也不是什么值得悲痛的事情。柏拉图的“理想国”中，所有的儿童一生下来都要经过严格挑选，那些体格不好的孩子干脆就被扔掉。但是，一旦儿童健康成长到青春期（11—13 岁左右），原始社会就要为他们举行隆重的仪式。参加完仪式或在仪式上经受住考验，他们就获得了进入原始社会的资格，和其他成人一样分享原始社会的财产、权利与义务。

一般来说，青春期仪式包括三个相互联系的阶段：疏离、回归和授权。在疏离阶段，儿童被迫远离他们的出生地或氏族社会，饱尝饥饿、恐惧、黑暗的折磨。过了一定的时间（如一周），那些没有死亡的儿童就被迎回出生地，这就是回归阶段。但是，原始儿童向出生地或自己所属氏族社会的回归根本不像我们今天游子的回归，受到亲人们的热烈欢迎。等待他们的是一系列非常严酷的考验，通常的形式是真正的“鞭笞”。那些曾经陪伴他们一起度过童年的人们举着荆条或其他的东西狠狠地打向儿童光光的脊背，直至将他们的脊背打得皮开肉绽、鲜血淋漓。有的儿童甚至会因此而死亡。只有经受住了这种考验的儿童才能参加盛大的欢迎仪式。欢迎仪式上，儿童一般要做三件事——“观看、模仿和聆听”（Boyd，King，1972）[10]。这就是说，有人会在欢迎仪式上向儿童演示一些事情、规定他们做一些事情和教授他们一些东西。事实上，这三者很可能不是分开的三种活动，而是被统合在一起，是一种活动的三种功能："显示""演示""叙述"。因为，这就是仪式的话语特征或功能，是我们今天任何仪式都仍然在不同程度上保留的仪式特征或功能。反思实际的生活经验，我们知道，任何一种仪式，总是与一种总体的精神（国家精神、奥林匹克精神、职业精神等）相联系，总是对这种精神的显示和叙述，总是要通过一定的仪式性行为来体现或接近。在原始儿童的青春期仪式中，最重要的就是要向儿童显示氏族和部落所信奉的神灵或图腾的精神，就是要告诉儿童与之有关的礼节和禁忌，就是要讲述神灵保佑下的氏族或部落的历史、血亲仇敌、社会规范等。当这种仪式结束以后，成人社会就向参加仪式的儿童"授权"——一块骨头、一根羽毛、一个姓名或任何其他分有神灵或图腾精神的东西。凭借这些东西以及它们所代表的权利与义务，儿童仿佛"一下子"就成长为大人，成长为原始社会的一员。

我们非常肯定地说，青春期仪式是一种有组织的仪式，因为它的举行有一定的时间、地点、程序、对象及其他严格要求，不是任何人随时随地都可以举行的。青春期仪式也是一种有明确目的的仪式，通过一定的考验和程序，为原始社会选拔或补充新鲜的血液。对于儿童来说，青春期仪式是他们获得发展的仪式。尽管他们的肉体遭到了鞭笞，但他们的精神却被唤醒，从纯粹个体的存在走向集体的存在。他们在仪式上第一次与总体的氏族精神相遇，第一次知道了自己的权利和义务，知道了自己所属群体的历史。对于他们来说，总体的精神就是自己个体的精神，总体的禁忌就是自己个体的禁忌。所以，恩格斯说，原始人是只有社会性而没有个性的人类存在，这应该是合理的结论。

在青春期仪式上，儿童所获得的知识有两种：一种是仪式性知识，一种是神秘性知识，前者是为后者服务的。这两种知识，特别是神秘性知识，是原始的儿童无论如何在自己的日常生活中所不能获得的，也是无论如何在自己的日常生活中所不能理解的。这种知识支配着所有的其他的知识，支配着日常生活和生产中的经验，因此是最有价值的知识。一个社会的教育不可能传递那个社会中所有的经验，只能传递对那个社会发展来说最有价值并且在日常生活中不可能获得的经验。因此，我们认为，神秘性知识以及仪式性知识比起我们今天所理解的日常生活和生产经验来，可能更是原始社会的教育内容。青春期仪式上的所有其他阶段和环节都是为着掌握这种知识服务的，或是掌握这种知识的自然后果。没有“疏离”以及由此可能产生的与原有生活模式的中断，儿童就会将以前以自我为中心的经验带到原始社会中去；没有鞭笞，儿童就不会产生极大的恐惧，就不能很好地敬重和接受神秘的力量及其启示；没有掌握那些神秘性知识和仪式性知识，儿童就没有作为一个合格社会成员的资格。

看来，这种青春期仪式不是一种简单的社会活动，而是一种极其复杂的社会活动，是一种从其他众多仪式中分化出来的特殊的社会活动，有着教化、教学、选拔等各种社会功能。因此，这种青春期仪式可能就是原始社会狭义的教育和真正的教育。这种青春期仪式上两代人所传递和学习的知识是神秘性知识以及处于附属地位的仪式性知识，甚至可能会学习一些特殊的可以与神秘力量进行接触的语言。负责青春期仪式的原始知识分子“巫”即原始社会真正的教师。由于教授和学习的是神秘性知识或仪式性知识，因此，原始社会的“教学”以口传身教为主，但这种口传身教与日常生活中的口传身教有实质性的区别，是由一些特殊的语言和姿势所组成的。对于学生而言，无论是观察、模仿还是聆听，都必须始终保持一种虔诚的心情和静默的态度，发表自己的意见以及与“教师”讨论的机会应该是很少的。总之，在原始知识型的支配下，原始社会的教育也与原始社会的其他生活一样充满了神秘的气氛。

这种神秘的气氛也通过英文的、中文的和德文的“教育”一词的词源体现出来[①]。英文的“education”一词源于拉丁文“educare”，其动词形式为“educĕre”。“educĕre”由“e”和“ducĕre”构成，两者分别是“出来”

① 我在《教育学的文化性格》（山西教育出版社 2001 年版）一书第二章的“教育概念的文化分析”部分讨论过这个问题。

与“引导”的意思。整个词的意思就是“引出”。而“引出”就意味着人的内部已经“预先”存在某种有价值的东西，只是不能“自我显现”（self-revealing），教育的作用就是通过一定的途径和手段，使其显现出来。柏拉图在《理想国》中，进一步将“引出”阐述为“从低处引向高处”“从黑暗引向光明”“从虚假引向真实”，将教育的作用诠释为促使“心灵转向”。这些足以表明英文的“education”一词在创制时所具有的神秘意义。

中文的“教育”一词系19世纪末20世纪初从日语转译过来的，因此可算是个现代词汇。中国古代文献中论述教育多用“教”和“学”这两个词，比较起来，又以“学”居多。有意思的是，这两个字的甲骨文写法中都有“爻”（音yáo）的符号，该符号在这两个字的构成中起着一种关键的作用，分别说明着“教”或“学”的内容。对该符号的解释在教育学界有不少分歧，有人以为是“网”或“结网的活动”，有人以为是“杂草”，还有人以为是“鞭打的符号”。我个人认为这些说法过于牵强，或望文生义，或以今释古，值得怀疑。我个人的看法是这个符号代表着“算卦或占卜的活动”，即寻求神秘启示的活动。我的根据是：《周易》中既有“爻象”“爻位”“爻辞”的概念，又有“64卦384爻”的说法，很显然，“爻”就是一种占卜算卦的活动。如果这一点成立的话，那么可以由此推论，无论是“教”还是“学”都示意着一种与占卜、算卦有关的活动，是对这种活动及其知识的教授和学习。实际上，也就是教授与学习如何通过一定的手段获得并解释神秘启示的知识。这在原始社会可能是一种非常重要的技能、本领或职业。

德文中有两个表示教育的词，即“Bildung”“Erziehung”，比较起来，“Bildung”是一个更古老的词。它诞生于中世纪的神秘主义之中，后来获得了沟通自然和宗教、今生和来世、天堂和人间等重要的意义。在黑格尔（G. W. F. Hegel）那里，“Bildung”代表着一种深刻的精神过程。在这个过程中，人获得了“大全”的形式，从个别性上升到普遍性，从相对性上升到绝对性，从历史性走向了现实性。总之，“Bildung”所代表的是一种个体精神的觉醒、转变和上升，代表着个体对自己肉体所赋予的个别性的超越和与总体精神的融合。

因此，原始教育很可能就是这样一种“以巫为师”，以神秘知识教授和学习为途径，以儿童与氏族或部落社会精神联系的建立为手段，以儿童社会生活资格（权利和义务）的赋予为直接目的，以神秘性、情景性和仪式性为主要特征的教育活动。在原始社会的生活和生产过程中，自发的教育是大量存在的，但其可能不是在原始社会占主导地位的教育形式。

## 二、古代知识型与古代教育

如前章所述，在原始社会的后期，由于社会阶级的出现以及神秘知识型本身的缺陷，人们开始对以神秘性知识为范型的原始知识型的合理性与社会价值进行广泛质疑，开始寻找更加确定和可靠的知识——形而上学知识。伴随着形而上学知识的出现并作为一种知识型逐渐代替神秘知识型，上述原始社会的教育形态也必然要发生变化，古代文明社会新的教育形态便产生了。

形而上学知识型代替神秘知识型，首先改变的是知识的概念、标准和认识论路线。在神秘知识型中，知识是神秘的启示，因此也只有神秘的力量才能判断一种观念是不是知识。神秘的力量不仅占有着知识，而且也垄断着知识的标准。人们必须对神秘的力量顶礼膜拜，甚至为它献上“牺牲”，才能获得知识和与知识有关的判断。在这种情况下，人们认识的态度自然是消极的、被动的和无助的。人们的认识权力被普遍剥夺，只有分享神秘启示的义务。形而上学知识型则宣称神秘知识是不可靠的，其认为真正可靠的知识是有关事物本体的知识，因为只有本体才是一切存在的依据和变化的根源。而事物的本体是存在于一切现象背后的东西，认识者必须经过艰苦的思索和不断的反省才能把握它们。这样一来，认识者在认识问题上就不能守株待兔，而要积极地观察和思考，特别是要善于从变化万千的事物表面把握事物的本体。在西方，哲学家们认为只有“logos”（逻格斯）才能取得这种认识；在中国，哲学家们认为只有“思”才能臻达真理的境界。无论如何，形而上学知识型指出，知识不是神秘力量的恩赐，而是认识者艰苦思考的结果。谁要想获得知识，谁就必须进行艰苦的思考。

形而上学知识型代替神秘知识型也改变了知识的价值观念。如果说，神秘知识型将神秘知识当成有价值的知识的话，那么形而上学知识型则将形而上学的知识当成有价值的知识。如果说神秘知识型将仪式性知识作为获得神秘知识的工具性知识的话，那么形而上学知识型则将有关概念、范畴和语言形式的知识当成获得形而上学知识的工具。形而上学知识型认为，神话、习俗、个人的意见等作为我们行动的基础都是不可靠的，甚至是危险的，唯一可靠的知识是形而上学知识。只有形而上学知识才能为我们的行动提供最牢固的认识论基础。因此，原始的哲学家们都有非常相似的政治冲动，都希望使自己的知识发挥它们的政治功效。

伴随着上述转变的就是知识分子角色的转变。原始的知识分子身上有许多神秘的、不可言说的甚至是不可理喻的东西。他们为了保持自己认识的特权，经常用一些奇异的装饰、动作、语言等将自己包裹和隔离起来。这在现代社会的巫术中也可以看到。古代的知识分子则不然，他们既没有自己特殊的装饰，也没有自己特殊的语言。他们用着和大家一样的语言来讨论问题，探求真理。最多，他们只是有一些由于对真理性知识的过度苛求所产生的怪癖。

与上述这些知识转型相适应，古代教育也出现了许多不同于原始教育的新特征。首先是古代学校的出现。这是教育发展史和人类文明发展史上的重大事件。在我们的教育学教科书中，教育学家们正确地指出，古代学校的产生需要一些复杂的社会条件，是以社会生产力发展为基础的。因为只有社会生产力发展到一定阶段，社会物质财富增加到一定程度，才能使一部分人有可能脱离生产劳动而专门从事知识的探究、传播和学习等。我想这应该是正确的。但是，光有这种社会经济的条件恐怕还是不够的，应该还有其知识方面的原因。上面已经指出，原始社会也是有类似于学校的知识传播活动的，即其举行的各种各样的仪式，特别是针对青少年的仪式。

但是，非常明显的是，那些仪式得以存在的知识前提是：需要传播的知识数量非常少，而且更为重要的是，知识的性质是神秘性的，其陈述形式是以叙事为主的。如果需要传播的知识数量非常多，并且知识的性质不是神秘性的而是逻辑性的，不是情景性的而是抽象性的，那么原始社会的仪式就失去了作用。人们就必须创造出一种新的社会机构来代替原始仪式来完成新知识传播的任务。我以为，这是促使古代社会学校产生的一个重要条件和动力。

但是，古代学校不可能在一开始出现的时候就完全地克服原始仪式的神秘性。实际上我们也看到，人类社会的古代学校一般都是建在从事原始宗教活动的地方。而且，早期学校的生活中，具有原始神秘意义的仪式也被保留下来，发挥着重要的教育作用。我国古代第一本教育学著作《学记》中就曾记载了学校开学举行盛大仪式的场面。西方雅典公元前 6 世纪的教育也还以神庙的宣誓活动结束。教育史学家为我们提供了学生们的誓词，从中我们可以明显地感觉到原始青春期仪式的遗风：

> 我将永远不会使我的武器蒙羞；永远不会在战斗中抛下我的战友。我将为神庙而战，为公共的财富而战，不管我是独自一人还是与我的战友在一起。我将不会使我的祖国变得更加弱小，相反，只会使她变得更加强大、更加美好。我将听从长官的指挥，遵守现有的法律和人们将来制定的法律。如果有人想推翻或违背法律，我将使他们的阴谋不能得逞，不管是独自一人还是与我的战友在一起。我将敬重神庙以及我祖先的宗教。请诸神（宙斯、阿瑞斯等）帮助我吧！（Boyd，King，1972）[20-21]

在古代的学校中，有一类学校是典型的以从事形而上学研究为主的学校。这类学校在古希腊如柏拉图的“阿加德米”（Akademeia）、亚里士多德的“吕克昂”（Lyceum），以及伊索克拉底（Isocrates）、芝诺（Zeno）、伊壁鸠鲁（Epicurus）等人所办的一些学校。中国先秦时期诸子所办的一些学校也具有类似性质。这些学校除了以形而上学的研究为共同特征外，还有其他一些共同特征，如学生来源比较复杂，不局限于青少年；师生之间在学校内无明确的界限，经常在一起平等地探讨一些问题；在讨论的许多问题中，基本范畴问题是讨论得最多的问题；一所学校围绕着一个教师形成一个学派，不同的学校或学派之间在一些基本问题上有很大分歧，并经常举行辩论活动；为了探究知识或辩论的需要，学校很注重对语言的训练；学校教师由一些对知识很有研究的人员担任；学校是私立的，靠收取学生一定的学费来维持生存；等等。这类学校与原始的青春期仪式之间没有任何联系，可以说完全是一种新生事物，是当时具有学院性质的教学和研究机构，对于促进古代知识的进步起到了非常重要的作用。这类学校在我国存在很长时间，从先秦时期的私学到后来的书院，前后有 2000 多年的历史；但是在西方，这类学校在公元 4 世纪北方野蛮人入侵以后就迅速消失了，直到 12 世纪西方中世纪大学才出现。不过，中世纪大学中所进行的形而上学的探讨不得不改头换面，成为神学研究的一个组成部分。关于唯名论和唯实论的辩论就是一个典型的例子。表面上或形式上大家都在探讨形而上学问题，实际上大家是在就神学问题进行形而上学的争论。形而上学放弃对本体问题的探讨而成为一种机械、僵化、静态的思维方式大概就是从这个时期开始的。

随着古代知识型的确立和发展，古代教育的另外一个特征就是以传递“形而上学知识”为主。这个特征是对什么知识最有教育价值问题的回答。在古代学校中，特别是在古代那些由哲学家们所创办的私学中，那些具有神秘色彩的知识基本上被排斥在学校教育的大门外，从原始社会的知识之王流落到民间成为新的“民间知识”。当然，一些来自生产和生活中的经验知识也被排斥在学校大门之外。柏拉图在《理想国》中，曾明确提出将艺术家（指那些戏剧家）逐出雅典，主要原因就是这些艺术家所创作的戏剧都充斥着原始神话。孔子在自己的教育中一方面反对言及“怪、力、乱、神”，另一方面也非常明显地排斥生产知识，《论语》中“樊迟请学稼”的故事[①]就是个证明。排斥了这些神秘性和经验性知识，学校教育中传递的主要是一些有关自然、社会和人生的形而上学的知识，即一些抽象的、绝对的知识。需要说明的是，这些知识不仅仅指一些一般的哲学知识，而且也指一些用形而上学方式得到的社会知识、历史知识、自然知识等。一方面，柏拉图有关“现象世界”和“理念世界”的划分、亚里士多德的“四因素说”以及老子的“道可道，非常道；名可名，非常名”等属于形而上学的知识，另一方面，像柏拉图的“正义论”、亚里士多德的“伦理学”、孔子的“仁学”，以及中国古代大量的“名实之辩”“性善性恶之辩”“白马非马之辩”“理欲之辩”“夏夷之辩”等所涉及的广泛知识都属于形而上学的知识，至少可以说人们都是通过形而上学的方法来获得和陈述它们以及对其进行辩护的。

与具有“情景性”“叙事性”“隐喻性”的神学知识不同，形而上学的知识具有“抽象性”“绝对性”“终极性”。到了中世纪以后，神学知识除了具有形而上学知识的特征外，还具有“神圣性”。随着这种知识性质的转变，教学的方式包括教师和学生的角色也自然要发生转变。从学生这方面来说，学习原始的神秘知识主要是诉诸情感和盲目的信仰，主要借助于一些外在的仪式和内在的感悟，学生在学习过程中始终是被动的；而学习古代的形而上学知识则主要是诉诸理智和建立在理性基础上的信仰，必须通过逻辑和辩证法。学生在学习过程中必须学习运用自己的理智，否则其不能理解形而上学知识，更谈不上去发现形而上学知识。在中世纪初期

① 故事的内容是：“樊迟请学稼，子曰：‘吾不如老农。’请学为圃。曰：‘吾不如老圃。’樊迟出。子曰：‘小人哉，樊须也！上好礼，则民莫敢不敬；上好义，则民莫敢不服；上好信，则民莫敢不用情。夫如是，则四方之民襁负其子而至矣，焉用稼？’”（《论语·子路》）这段话曾经被作为孔子鄙视劳动人民的“罪证”，但是从故事本身来看，可能上升不到这个“阶级”高度。孔子的意思是，如果统治者能够接纳和实践“礼”“义”“信”等他所说的那套道德原则，那么就能够达到天下太平、近者悦和远者来的境界，根本不用学习种庄稼、蔬菜等知识技能。我个人的理解是，孔子这里实际上是在阐述当时的时代背景下什么知识最有社会价值，他的答案是伦理或道德知识。因为在他看来，当时正是一个“礼崩乐坏”的时代，威胁社会的不是贫困，而是传统道德体系的崩溃所带来的各种社会危机。樊迟之所以被看成“小人”，是因为他不“问仁”、不“问孝”，而去“问稼”和“问圃”，去问在孔子看来没有价值或比较起来价值不大的知识技能。

的宗教教育中，这种主动运用理智的状况比较少见，教师们更多地强调学生盲目地接受所学的东西，但是在大学里，人们还是比较强调理智在理解信仰中的作用。从教师这方面来说，原始教育中的教师主要将实体“隐喻化”“符号化”“形象化”，由此使之成为具有教育意义的神秘力量。古代教育中的教师则主要将概念“实体化”“逻辑化”“系统化”，并由此对概念之间的关系进行演绎或思辨。在古代教育中，对概念进行定义和分类往往成为教师对学生进行形而上学训练的第一步。让我们通过别人对柏拉图学园教学活动的记述来看一看这类活动是如何进行的：

A：告诉我有关柏拉图和他的学园的一些事情。他们现在正在研究些什么？他们正在检验哪些深刻的理念和伟大的主张？如果你知道的话，看在上帝的面子上，就如实告诉我好了。

B：我了如指掌，非常愿意原原本本地告诉你。在柏拉图的学园里，我看见一群年轻人正在对自然界进行定义和分类，在对动物的习性、树的本性和蔬菜的种类进行研究。他们中间放着一个南瓜，他们正在研究它属于哪一类。

A：那他们决定南瓜属于哪一类了吗？快告诉我！

B：好的。刚一开始，他们全都默不作声地站着，谁也不说话。有人弯着腰看着南瓜，有人低着头进行思考。然后，突然有一个人说:“它是一种圆形的蔬菜。”另外一个人说:“它是草。”第三个人说:“它是树。”一位西西里医生听到这些话，对他们的无聊勃然大怒。

A：我想他们一定会对那位西西里医生感到非常气愤，冲他大喊大叫，把他看作一个讨厌的家伙。

B：年轻人们确实很不高兴，但是柏拉图一点儿也没有受影响。他非常友善地告诉年轻人们从头开始确定南瓜属于哪一类。于是，他们接着下定义。（Field，1976）[38-39]

这段对话显然具有讽刺意味，但是从中也可以看出形而上学教学以及中世纪神学教学注重理智训练的大致风格。比起神秘的原始教育来说，这种教育自然是有所进步的。但是，它往往并不像人们所宣称的那样是在探求真理，而是陷入了语言的陷阱之中。这恐怕是培根后来提出要拒斥“市场假象”以及分析哲学在20世纪兴起的根源。

由于古代形而上学知识和神学知识具有“绝对性”、“终极性”或“神圣性”的特征，因此古代的教学非常注重“服从权威”、“引经据典”和“论辩”。在西方中世纪，亚里士多德和奥古斯丁的论述以及圣经上的言论就是权威，是不可置疑的。理性的作用只限于去论证和阐述这些权威，而不能够质疑这些权威或推翻这些权威。近代哲学家如培根和笛卡尔在阐述新的哲学理念时，要做的第一件事情就是反对形而上学权威甚至神学权威，提倡以“经验”或“理性”为标准来重新检验一切知识。与重视知识权威相关的就是教学和研究过程中的引经据典。在中国古代知识分子中，“言必称圣贤”是司空见惯的现象，私塾先生们一上课总是“子曰”“诗云”。在西方中世纪，“言必称古希腊”也是屡见不鲜。后世学人总是努力表明自己的观点曾经如何如何与先贤圣哲们的观点一致或暗合，以此来加强自己的观点的说服力。所以，中外学者们将大量的时间花在收集、研读和阐发古人的著作上。在西方，古典语言（希腊语与拉丁语）因此长期以来成为唯一的教学和研究语言，也成为西方19世纪之前各级各类教育的主要学科。在中国，尽管不存在根本的语言问题，但是理解古人的语言也必须得懂得一些“句读”以及其他一些文法知识。与“服从权威”“引经据典”相适应，古代的学校，主要是那些具有高等教育性质的学校，还非常注重论辩。因为各自服膺的权威学说不同，各自对权威著作的理解不同，因此观点之间有所差别和存在冲突是正常的。不过，论辩主要不是发生在一个学派内部，而是发生在不同的学派之间。这些学派围绕各自所拥护的学说进行论辩，如“柏拉图主义”与“亚里士多德主义”、“唯名论”与“唯实论”、“儒家思想”与“墨家思想”、“理学”与“心学”等。不同学派之间的论辩构成了古代文化和教育生活中的一大景观，对于促进古代文化和教育事业的发展起到了积极的作用，在一定程度上弥补了古代形而上学知识或神学知识的绝对性、终极性或神圣性给文化发展所造成的消极影响。

人类社会的第一次知识转型除了在上述方面对古代教育产生直接影响，形成古代教育的某些明显特征以外，还通过对古代教育理论的影响来间接地影响到教育实践。原始社会是没有什么教育理论的，有的只是一些有关教育的传说、神话或习俗，如“燧人氏教人取火”之类。随着古代知识分子对神秘性知识的拒斥，他们也开始在自己的教育实践或其他方面知识的论述中关注教育问题，从本体论的角度提出一些教育主张。例如，柏拉图从两个世界以及“理念”与“意见”的划分入手，提出教育就是帮助人们回忆所遗忘的理念的过程。上述他有关教育是促使“心灵转向”的观点究其实质也是要使人们的思想从现象世界转向理念世界，从产生于现象世界的意见转向产生于理念世界的理念。他的其他教育主张如音乐教育、数学教育、辩证法教育等都是建立在这种形而上学假设基础上的。又如中国古代的《中庸》开篇便说“天命之谓性，率性之谓道，修道之谓教”，从而将对教育的认识与对人的本性以及宇宙的根本规律的认识结合起来，提出了一系列的教育原则和方法。这种从本体论的角度认识教育的做法在近代教育科学产生以前一直是教育理论建构的基本模式。思想家们在理论上将教育问题与世界的本体问题、人性问题等结合在一起思考，从而扩大了教育思考的眼界。在他们的有关教育著作中，我们感受到的不仅是教育的方法、技术等具体的知识，更有教育与社会、教育与人生等复杂而深厚的关系。他们的这些思想构成了古代教育哲学思考的主要部分，同时也为古代的教育实践提供了理论指导，第一次使得人类的教育建立在理性的基础上，促进了古代教育的发展和完善。

毫无疑问，古代是人类各个民族教育文化传统形成的时期，不同民族的教育传统可谓是千差万别。而且，古代教育本身是不断变化的，从教育的内容到教育的形式，从教育的理念到教育的行为，都是不断生成、不断完善的。上述有关古代教育的论述主要是从古代形而上学知识论的框架出发所做的一些共性分析。总结上述的分析，我们可以得出结论，即古代形而上学知识型决定了古代教育的基本精神是反对神秘主义、反对相对主义和反对经验主义。反对神秘主义在中国古代教育中是比较彻底的，但在西方中世纪的教育特别是基督教教育中似乎又复活了。反对相对主义、反对经验主义则是中西古代教育都共同具有的，但是它们明显地走向了另一个极端，形成了人们精神生活中“形而上学的恐怖”和“咬文嚼字的恶习”。

## 三、现代知识型与现代教育

16 世纪以来，特别是 17 世纪以来，随着人类社会的变迁，形而上学知识型也越来越暴露其理性缺陷和反动之处，逐渐地被新的更有生命活力的科学知识型代替。与此同时，以形而上学知识型为合法性基础的古典文科知识和神学知识也随之遭到了人们的激烈批判，科学知识或实证知识被看成真正的、可靠的知识，科学的方法被看成获得知识唯一有效的方法。知识界乃至整个社会认识领域的风气发生巨大变化。正如孔德在 1820 年所说：

> 随着科学成为实证的，并因而获得了迅速的进步，……宗教教条逐渐失去了影响力。最终，人们的精神状态发生了巨大的变化。在我们这个时代里，每一个人的观念，从最缺乏教育的人到最渊博的人的观念，几乎都来自实证科学。比较而言，古老的信念只占很小的空间，甚至在这些古老信念还一直保持对其产生强大的影响的阶级中也是如此。（Fletcher，1974）[99]

随着这种知识型的转变，古代教育越来越暴露出其不合理乃至荒谬之处，受到人们的强烈批判。这种出于新的知识信念和理想而对古代教育展开批判的现象大概始于 16 世纪，一直持续到 19 世纪末与现代知识型相符合的“现代教育”完全建立之时，从而形成了近代教育理论发展过程中非常明显的“批判风格”。实际上，这种对古代教育的批判往往是批判者对古代形而上学知识和神学知识的批判的一个必要组成部分。只不过，在不同的人那里，批判的对象、方法有所不同，批判的激烈程度也有差异。

古典人文主义者如伊拉斯谟、梅兰希通（P. Melanchthon）、蒙田等应该是最早对古代教育进行批判的人，对于他们的主要思想，我国教育学界的人都比较熟悉。在他们之中，法国思想家蒙田可以说是一位杰出的代表。在脍炙人口的《论学究》一文里，他对传统知识和教育进行了毫不留情的讽刺和批判。

> 我们经常问人，他真的懂希腊文和拉丁文吗？他能够用它们来写诗和散文吗？真正重要的是，他是否从这些课程的学习中变得更加善良和智慧。这一点被人们忽略了。我们使出吃奶的力气去训练我们的记忆能力，但对我们的理解力和良心却置之不顾。我们的学究们就像整日觅食的鸟儿对自己所找到的食物不做任何品尝就将其放到小鸟的嘴里一样，成天从书本中收集知识，但这些知识从来只是停留在他们的舌尖上，没做任何的咀嚼。比这更糟糕的是，他们以及他们培养出来的小学究，没有从中获得任何营养。这些知识从一代人传给另一代人，仅可以供浅薄的人们炫耀或取乐。（Boyd，King，1972）[222–223]

蒙田认为，真正的知识并不是靠死记硬背记下的知识，而是那些与个人的判断结合在一起的知识，是来自实践的知识。传统形而上学知识的学习不仅没有能够提高人们的判断力反而降低了人们的判断力。为此，他非常欣赏古代波斯人的教育方式，认为波斯人不是通过言辞和规则来教育他们的孩子，而是通过榜样和行动来教育他们的孩子。蒙田非常反对旨在维护知识权威或神学权威的体罚，因为体罚只会使本来高贵的心灵变得迟钝和堕落，真正的好的教育方法应该是激起孩子们学习的愿望，并让孩子们在实践中经风雨见世面。蒙田激烈反对希腊文和拉丁文的学习，指出人们把自己“半生”的时光都浪费在这些僵死的语言上了①。蒙田的这些思想对17世纪以后的一些教育学家如夸美纽斯（J. A. Comenius）、卢梭等都有很大的影响。夸美纽斯尽管是一个宗教徒，但是他强烈地批判中世纪的教育，认为中世纪没有一所完整的学校。卢梭作为18世纪的启蒙思想家，更是对中世纪封建的和宗教的教育充满愤恨，认为都是因为传统社会的恶习损害了人们本来善良的天性。他在著名的教育体小说《爱弥儿》中，甚至反对将爱弥儿送到学校接受教育，主张让他接受大自然的教育，并认为只有这样才能培养他纯正的心灵和高贵的品格。

总的来说，从16世纪到19世纪，人们对传统教育的批判主要集中在以下方面。第一，对传统知识价值的批判。人们认为，传统的知识是传统社会的产物，因此不适合新的社会发展要求。新的社会发展是建立在工业和科学基础之上的，因此最有价值的知识是科学知识，而不是所谓的古典知识或神学知识。在这方面，英国19世纪的社会学家、经济学家和教育学家斯宾塞分析得最为深刻。他强烈地批判了英国传统教育的虚饰无用，鲜明地提出“最有价值的知识是科学知识”的命题，对英国乃至欧洲和美国知识界与教育界产生了巨大的影响。我国明末清初的一些思想家如颜元等也强烈地批判宋明理学的空疏无用，提出经世致用的“实学”主张。当然，这些思想家所说的“实学”从性质上而言还不是西方意义上的“科学”，主要还是孔孟等人的一些治国安邦之学，但也包括了一些与农业和手工业有关的生产技术、天文历法等知识。第二，对传统课程内容和结构的批判。欧洲传统课程在初等教育阶段主要涉及一些教义问答和基本的读写算知识，在中等教育阶段主要涉及“自由七艺”和古典语言，即音乐、天文、几何、算术、文法、修辞、逻辑以及拉丁语、希腊语。在绝大部分文法学校，传

---

① 蒙田非常详细地指出，在传统教育中，一个学生要用4—5年的时间学习词语及其在句子中的变形；用4—5年的时间学习各个知识领域中的特殊词语；再用至少4—5年的时间依据一定的语法规则学习用这些词语写出各种复杂的文体。这可不是耗去了一个人半生的时光吗？而且是人一生中最有价值的时光。对于现代人来说，真是难以想象那时的教育。但是，如果考虑到当时社会的各项工作都依赖于这种语言和知识，那么也就没有什么好奇怪的了。今天的人们不也是花费十几年甚至是二十几年的时光来学习科学知识吗？将来这也许会成为后人的笑柄。

统课程主要就是“自由七艺”中的后三门和两门古典语言课程。在大学，主要就是文法、医学、法学和神学。这些学科的学习占据了学生几乎所有学习时间。随着科学知识的诞生和发展，人们开始批判传统的课程内容和结构，要求将广泛的科学知识纳入学校课程内容和结构中去，减少或取消古典学科和宗教课程的学习，从而引起了近代以来最激烈的有关课程问题的辩论。第三，对传统教育方法的批判。如上所述，以学习形而上学知识和神学知识为主的传统的学习和教育方法主要是死记硬背和体罚，学生学习的积极性和主动性在很大程度上被忽视或压抑，这对于维护形而上学知识和神学知识的权威地位是必要的。文艺复兴以后，特别是17世纪以后，几乎所有的教育学家都批判这些不人道的方法，指出其对于儿童身心发展和社会进步的极大危害性。夸美纽斯作为一名宗教教育理论家，也尖锐地指出，中世纪的学校是儿童理智的“屠宰场”和儿童心灵的“地狱”。他因此提出要用“自然原则”改革传统的学校，以便使传统的学校成为儿童生活的乐园。反对体罚，尊重儿童，根据儿童的身心发展规律进行教育的“自然主义”思想几乎成了这一时期所有人共同的教育哲学。第四，与古代知识型代替原始知识型时的情形很相似，这一时期的教育学家们一方面致力于改造传统的学校，另一方面致力于根据新的知识和教育观建立新的学校。除了上面提到的各种形式的“快乐之家”外，在18世纪的欧洲和美国还出现了专门以传播现代科学知识为主的“多科技术学校”（中学）以及以研究和传播现代科学知识为主的“现代大学”。这些中学和大学得到了政府和企业的大力支持，从而将现代科学知识与国家经济发展和企业效益更紧密地结合在一起，促进了科学知识在广泛的社会领域内赢得权力，驱逐了传统的形而上学知识和神学知识。

尽管如此，无论从制度方面来说还是从课程体系方面来说，现代教育的建立都还是经历了一个相当漫长的过程（至少经历了100年的时间），直到19世纪末才真正建立起来。下面我们以现代科学的发源地——英国——在19世纪围绕课程改革所进行的长达一个世纪的争论为例，说明第二次知识转型与现代教育的建立所走过的艰难曲折的过程。

众所周知，17 世纪的英国不仅出现了牛顿等伟大的科学家，而且出现了培根、洛克等一批经验主义哲学家。这些人不仅对传统形而上学进行了猛烈的批判，而且培根和洛克等人还对传统的教育进行了猛烈的批判。洛克在其教育论述中明确提出要将非常广泛的自然科学课程纳入学校课程体系中，以适应资本主义发展的需要，培养既懂“礼仪”又有“才干”的“绅士”。但是，思想家们的批判是一回事，实践中的教育行为又是另外一回事。17 世纪的英国教育实践依然延续着中世纪以来的风格。这一方面可能与教育实践更多地受到现实社会力量的制约有关，另一方面也与这些批判者的思想立场有关。实际上，这些人的思想是比较矛盾的，主要表现就是，他们在做出重大科学发现或阐述新的认识论的同时，又笃信神学，甚至也为形而上学留出了位置。培根和洛克的“双重真理”（“科学真理”与“形而上学真理”或“神学真理”）的观点是众所周知的。大科学家牛顿也是一个典型的例子。牛顿本人既可以说是一个科学家，又可以说是一个神学家，甚至还可以说是一个形而上学家。以发现物质运动规律闻名的牛顿认为，是上帝创造出了固体形态的、有质量的、可运动的“粒子”，这些粒子组成了物质，因此物质是根据上帝创造它们的目的来进行运动的。上帝是所有物质运动的“第一推动力”。根据这种认识，他这样来解释自己的科学发现与上帝存在的关系：

> 真正的上帝是一个真实的、智慧的和强大的存在……是至高无上和最圆满的存在。他是永恒的和无限的，是全知全能的。上帝的存在是从永恒到永恒，上帝的显现是从无限到无限。他控制着所有能控制的，认识着所有能认识的。……上帝不会因为物体的运动而受到任何损伤；物体的运动也不会与上帝的无处不在相矛盾。所有的人都承认至高无上的上帝存在的必然性。由于这种必然性，他也就永远存在，无处不在。（Saffin，1973）[37]

所以，从 17 世纪到 18 世纪末，尽管英国的科学事业和经验主义认识论都得到了迅速的发展，但那是在不触动神学或形而上学体系与信念的前提下取得的，甚至是在神学和形而上学势力的保护下取得的。科学发展在认识论层面所具有的革命意义没有能够得到明确的阐述。从这一点可以看出 17—18 世纪英国的科学界和哲学界在处理科学与神学或形而上学的关系时的保守性和妥协性。恐怕也正是由于英国的科学界和哲学界自身的保守与妥协，英国尽管是科学发展和经验主义认识论诞生最早的国家，但是英国的科学教育事业却是欧洲乃至北美各国中发展最慢的。实际上，到 18 世纪末，科学课程还并没有正式进入英国学校的课程体系，统治学校课程体系的仍然是古典课程和宗教课程。以著名的“利兹语法学校”（Leeds Grammar School）为例，1551 年，其所设置的课程是“希腊语”和“拉丁语”。1779 年其设置的课程除了希腊语和拉丁语外，也只有写作、记账和法语。到了 1797 年，其开设的课程增加了“现代语言”“代数”“数学”，这也算是对现代社会发展所做出的回应，只是其步伐明显太小了，连一门自然科学的课程也没有。

到了 19 世纪，英国社会就科学课程的设置问题进行了争论。参加争论的不仅有无数的教育者，而且有像达尔文（C. R. Darwin）、开尔文（L. Kelvin）、赫胥黎（T. H. Huxley）、法拉第（M. Faraday）这样著名的科学家，有像卡莱尔（T. Carlyle）、密尔（J. S. Mill）这样著名的思想家，有像边沁（J. Bentham）、斯宾塞这样的哲学家，还有像莫柏莱（G. Moberley）、琼斯（R. Jones）这样著名的传教士与神学家。一般来说，科学家、思想家和哲学家大都主张进行科学教育，神学家和教士大都反对和限制科学教育。但是，那些主张科学教育的人对待古典课程的态度又有所不同，有的人主张保留古典课程，有的人主张取消古典课程，还有的人主张古典课程与科学课程并重。

在反对古典教育主张科学教育方面，赫胥黎的态度是最坚决的。他鲜明地指出：

> 现代文明建立在自然科学之上。如果今天我们自己的国家将科

> 学所赠予我们的礼物弃之不用，那么我们的国家明天在世界上的领导地位就将不复存在。……整个的现代思想都浸泡在科学之中，她告诉这个世界，最高法庭是观察和实验，而不是权威。她教导人们重视证据的价值。她正在创造对于不变的道德和自然规律的坚定信仰。完全服从道德和自然规律是一个理智生物的最高目的。但是，对于所有这些东西，古老的、僵化的教育体系却毫未察觉。（Saffin，1973）[201]

赫胥黎的观点得到许多科学家、哲学家和思想家的赞同，但是反对者如莫柏莱对科学知识颇有微词，其全力地为古典知识辩护。莫柏莱指出，科学知识绝对会渐渐消失，什么也不会留下。古典知识却能给予人们力量。

> 所有的古典知识都会对人们的演说产生影响，都会对人们的写作产生影响，都会对人们的思想产生影响。并且，尽管人们会忘记个别的事实，但是古典知识的教学会给予人们某种力量。……古典知识是以前所有世纪的遗产。通过与哲学、历史等学科的结盟，古典知识能够使人们拥有以前所有世纪遗留下来的智慧。在我看来，一个人如果拥有了这些智慧，并能够不断地发展这些智慧，其就能够获得无限多的知识，就能够在很大程度上将知识应用于对心灵的教化。在自然科学上纵使花费同样的时间和精力，也是无法取得这些效果的。（Saffin，1973）[203]

从双方观点看，赞成削减古典学科、设置科学课程的人认为：第一，古典学科是异教徒提倡的学科，是不道德的和使人堕落的；第二，古典学科没有任何实际的用途；第三，古典学科是在现代科学产生之前出现的，因此不适合当前社会的精神需要；第四，古典学科只被少数人欣赏；第五，科学研究事物而非语词；第六，科学知识在实际生活中有真正的用途，可以促进社会的进步；第七，科学知识更容易有效地传递给青少年；第八，科学课程可以提供真正的理智训练。

与之相反，反对削减古典学科、设置科学课程的人认为：第一，古典学科的学习可以强化人们的记忆力；第二，古典学科可以培养人们对词语的分析和判断能力；第三，古典学科可以培养人们准确使用语言的能力；第四，古典学科将人们与古希腊和古罗马时代伟大的理智成就联系起来，并接受它们的教化；第五，古典学科是具有内在价值的；第六，古典学科知识对于政治家、律师、法官以及所有其他从业者而言都是不可缺少的；第七，古典学科有很长的历史，其价值经历了历史的检验，现代科学则刚刚兴起；第八，科学知识的学习是狭隘的、功利主义的，不利于发展人的高级精神能力；第九，科学知识只能用事实填充人的头脑，却不能发展人的理智和德性；第十，学校的课程表中没有时间留给科学。

双方的意见真可谓针锋相对。从上述观点来看，双方分歧的焦点明显在于古典知识和科学知识哪一种知识最有价值，无论是对于个体发展的价值还是对于社会发展的价值。这个问题不仅是一个理论的问题，更是一个实践的问题。从理论上说，辩论双方各执一词，但从实践上说，19 世纪中叶以后英国社会的发展做出了最后的裁决：“科学！”因为科学不仅可以增强社会的经济实力，也可以满足个体理智层面的好奇心，促进个体理智的发展。但是，尽管人们认识到科学知识的教育价值，实施科学教育确实还面临着其他的一些问题：如科学教师，特别是合格的科学教师严重缺乏；学生和家长长期形成的对于科学知识的偏见以及对学习科学课程就业前景的担忧；科学教育仪器、设备和资金的缺乏；等等。不过，无论如何，经过长时期的辩论，到了 19 世纪 80 年代末，英国教育已经张开双臂拥抱科学，英国的大中小学普遍地开设了科学课程。科学课程渐渐地从 19 世纪初的课外讲座和自由活动变为学校课程体系中的核心课程和必修课程，古典人文学科或者被大量减少课时，或者被整合进科学课程知识体系之中，或者干脆被取消。这是现代教育诞生的一个重要标志。

在 19 世纪的英国以及其他西方国家，除了有长时间存在的有关科学课程与古典课程的辩论外，还有另外一场有关科学课程与宗教课程的辩论。如上所述，17 世纪以后科学的发展尽管对宗教知识的合法性构成了威胁，但并没有动摇宗教知识的权威地位，教育权基本上还是控制在教会手中。19 世纪以后，随着对古典知识的批判，人们也对宗教知识存在于学校课程体系中的合法性问题提出了质疑。这种质疑主要来自两个方面。一是来自政治领域。政治家们逐渐认识到教育对于国家发展的重要性，而且从 18 世纪开始，一些国家先后不同程度地在民众中普及教育，加大了对教育事业的资助和控制力度。19 世纪时，欧洲其他民族国家的公立学校的管理权力基本从教会手中转移到国家手中，国家通过学校灌输自己的意识形态。二是来自宗教领域。16 世纪新教改革以后，教会地位一落千丈，经济实力也大不如从前，因为教会已经不能再巧立名目榨取钱财。19 世纪时，教会已经无法支付日益增加的教育事业费用，教会对学校的实际控制力量也日益削弱。不仅如此，19 世纪时英国的国教和不信仰国教的人之间的冲突非常激烈，冲突的结果就是产生了“信仰差别论”，即承认不同信仰之间差别的合理性和平等性。这样一来，英国学校里进行的以国教为主的宗教教育就受到了质疑，因为它有破坏宗教信仰自由、强行灌输某一种宗教信仰的嫌疑。在这种情况下，不信仰英国国教的家长以及不信仰英国国教的家长都积极要求取消学校里的宗教课程，而这种要求也正好符合国家的利益。在这两种情况下，伴随着古典课程的衰弱，宗教课程在 19 世纪末开始陆续从学校课程表中消失，科学课程开始占据学校课程体系的核心地位。

17 世纪以来，随着科学知识型的建立和其逐渐代替形而上学知识型，教育理论研究也开始从形而上学的思辨阶段转向科学研究阶段。在西方教育学史上，培根可以算作科学教育学的倡议者，赫尔巴特可以算作科学教育学的奠基者，梅伊曼（E. Meumann）和拉伊（W. A. Lay）可以算作科学教育学的实践者。但是，由于他们各自对“科学”概念的理解不同，因此他们各自所追求的科学教育学范式也不同。赫尔巴特可以算作理性主义教育科学的代表人物，梅伊曼和拉伊则又是地道的实证主义教育科学的代表人物，另外，还有以狄尔泰等人为代表的精神科学教育学[①]。无论它们的“科学性”如何，可以说，17 世纪以来教育理论在科学理性的召唤下迅速发展，为教育实践的发展奠定了理论基础。

经过长期的斗争，第二次知识转型与现代社会的政治、经济和文化力量一起，对于现代教育的产生和发展产生了巨大的影响。现代教育的许多特征或为人们所津津乐道的“教育现代性”（modernity of education）在很大程度上就是由现代的科学知识型所塑造的。

第一，科学性。现代教育是科学教育，是传播和发展科学知识的教育。科学课程在学校课程体系中占据着主导的和核心的地位，因为现代知识型认为，只有科学知识才是真正的知识，也是最有教育价值的知识，最能够促进社会和个体的有价值发展。人类的所有知识领域迟早要达到科学知识的境界，而某种知识体系也只有被证明为科学知识体系，才有资格出现在学校的课程表中。甚至反过来说，只要是在学校课程表中出现的知识体系，都被看作科学知识体系。教育评价的内容就是看学生对教师所传授的科学知识与方法的掌握情况，看他们“正确的”科学态度和科学信念的形成情况。这些观念在现代教育领域已经根深蒂固，支配着现代教育者的一言一行。

现代教育的科学性还指现代教育是以教育科学知识为基础的，是受现代教育科学知识指导的。无论是教师和学生个体的教与学的行为还是国家的教育改革政策，都建立在种种教育调查和教育科学理论的基础之上。教育科学和心理学知识一起被看成能够被用来查找、诊断和解决种种教育问题的知识。相比之下，传统的、民间的、个体的和哲学化的教育知识则不受重视。20 世纪 60 年代后，英国、美国和德国的一些分析教育哲学家甚至效仿 20 世纪初的分析哲学家，致力于对教育理论、教育口号、教育政策中的种种形而上学进行“清思”，试图将科学的实证精神与科学的逻辑的严密

---

① 这部分的分析可参见我在《教育学的文化性格》（山西教育出版社 2001 年版）一书第一章中“历史研究”部分的讨论。

性应用于教育科学研究，从而使教育科学成为一种真正的科学知识，以便从根本上解决由教育概念、命题和理论的分歧所带来的教育实践的混乱和无所适从。

第二，世俗性。与现代科学知识的性质及其价值特征一致，现代教育既抛弃了原始教育的神秘性，又抛弃了古代教育的神圣性，成为一种以满足个体和国家世俗性需要——财产、权力、秩序、职业、身份等——为主要目的的教育。“效率”“收益”“平等”“实用”“发展”等词语代替了“心灵”“德性”“仁”“境界”“来生”等，成为表达现代教育理念的基本词语。教育与经济之间的联系越来越密切，也越来越受到个体、企业和国家的关注。一方面，来自家庭、企业和国家的大量资金投向教育，使教育成为在任何社会都非常庞大的消费市场；另一方面，投资者又都怀着迫不及待的心情，期望从自己的投资中获取最大利润。那些容易产生明显经济效益的学院、专业和课程受到了青睐，相反，那些侧重于个体和社会精神需要的学院、专业和课程则受到了前所未有的冷落。实际上，教育不仅完全成为“世俗的”，而且完全成为“功利的”。

第三，普及性。知识就是力量，科学知识就是改变我们个体命运和促进社会进步最强大的力量。而且，科学知识是客观的、价值中立的知识，因此它对于所有人来说都是绝对有益的，它是普遍的、世俗的救赎力量。在这种观念的支配下，先是国家提倡在民众中普及教育，后是人们自己要求接受科学教育，并为争取平等的教育权而进行斗争。普及教育受到了“自上而下”和“自下而上”两股力量的推动，得以迅速发展，成为一种全球性的教育理念和运动。教育不再是少数知识精英和贵胄子弟的特权，而成为人民大众的“空气和面包”。在现代知识型影响下的现代教育的“科学性”“世俗性”“普及性”可以说是现代教育大厦的“三根支柱”，也是一切现代教育改革的三个基本原则和基本方向。现代教育可以说是以科学知识为主要内容，以满足个体和社会的世俗性需要为主要目的，以大众化为主要发展方向，以理性启蒙为主要理念的教育。现代教育的基本精神就是科学主义、功利主义和客观主义。它以科学主义反对古代教育的形而上学和神学，以功利主义反对古代教育的古典主义，以新的客观主义反对古代教育旧的客观主义。

## 四、后现代知识转型与现代教育的危机

显然，人类知识转型的速度越来越快，这也是现代社会变迁速度日益加快的原因。原始知识型存在的时间和原始社会一样漫长，古代知识型在人类文明史上也存在了很长时间，现代的科学知识型刚刚形成和攫取权力，就遭到了猛烈的批评。如前章所述，人们批评它从古代知识型那里继承下来的知识的“客观性”“绝对性”信念，认为是这些导致了新的知识权威和知识霸权，使科学知识免受质疑，同时排斥和压制了地方性知识和个体知识的发展；人们批评它自我标榜的“价值中立”和“文化无涉”，认为这掩盖了科学知识的价值立场和社会偏见，实际上知识与权力、意识形态都是密切联系在一起的；人们批评它所持的“符合论”的知识观，认为根本就不存在独立于认识者和认识背景之外的“客观实在”和纯粹的“镜式”反映，因此，也就根本不存在与客观实在相符合的知识陈述（客观实在不是知识合法性的基础，知识合法性的基础是知识游戏的规则或知识型）；人们批评它所运用的概念和范畴的逻辑性与本质性，认为概念和范畴都是一定文化或生活形式的产物，其意义蕴含在用法之中；人们批评它将认识者看成完全独立的个体，将知识生产看成个体精神活动的一种产物，认为根本就不存在孤立的认识者，有的只是在一定社会历史文化背景中的认识者。总而言之，在近百年的批评中，特别是在 20 世纪 60 年代以来的批评中，人们越来越明白，科学知识型存在着它自身不可克服的缺陷，而且这种缺陷所造成的消极社会影响也正越来越明显。过去人们只认识到科学给人类社会所带来的繁荣，如今人们已认识到科学带给人们的问题和困境，而且许多问题不是像人们所宣称的那样依靠科学知识的进步就可以解决的。而且，科学知识型的缺陷也无法通过对科学知识型的修正来克服，科学知识型正处于危机阶段，另外一种新的知识型，即后现代的文化知识型，正在形成。

作为一种尚在形成过程中的后现代知识型，文化知识型将突出知识概念和知识标准的多样性，接纳费耶阿本德的“无政府主义知识纲领”；将毫不留情地抛弃客观的、绝对的、终极的知识信念，彻底地反对知识霸权；将使那些被科学知识型“压制”或“剥夺”了知识权利的知识——个体知识、地方性知识、缄默知识、本土知识以及那些被认为是“准科学”或“非科学”的知识——哲学知识、历史知识、宗教知识、艺术知识、教育学知识等重新成为“知识共和国”中合法的成员；将接受可检验性和可错性的原则，向每一种批评开放；将鼓励人们检视每一种知识的权力性质和价值趣味；将重新检视知识分子的启蒙理想和社会作用；将重新反思知识与社会发展和个体成长的关系。与以往其他的知识转型一样，这种以后现代知识型的出现为标志的第三次知识转型，既是一种对原有现代知识型的解构，也是一种新的知识型的建构。就其对旧的知识形态的解构来说，后现代知识型的出现必然会引起旧的知识生活和其他社会生活领域中一些话语的转换、合法性的丧失与秩序的混乱；就其对新的知识形态的建构来说，后现代知识型的出现也必然会带来新的学术话语、新的合法化规则与新的社会秩序。

在人类的第三次知识转型的过程中，教育的现代性受到了批判，现代教育的精神和理想受到了质疑，现代教育也因此面临着或陷入了一场日益严重的危机。这场危机的主要表现如下。

第一，教育的人文精神危机。现代教育越来越关注自身所获得的经费，越来越关注自身满足个体和社会世俗性发展的能力，越来越从这种世俗性需要的满足方面来变革自身，从而忽视甚至是放弃了自身传统的人文关怀和人文追求。人文学者、人文课程和人文教师在学校或其他知识领域中的地位相对来说是比较低的。人文知识的教学在很大程度上也失去了人文性，成为一种与考试或求职有关的工具性知识。日益现代化的学校教育情景也日益功利化，整体上失去了陶冶精神的作用。其结果是，现代教育最大限度地满足了个体和社会世俗性发展的要求，但是却导致了个体的人格危机、精神危机、德性危机以及由此产生的严重片面发展和畸形发展，培养了许多有知识、有能力，但在人格、精神和德性上却有很大缺陷的“空心人”“单面人”“不道德的人”。建立在科学知识型基础上的现代教育的这种缺陷，已经在20世纪60年代以后的西方社会产生了消极的教育影响。目前，在西方的学校生活中，暴力、吸毒、生活放纵、精神空虚等问题非常严重，已经威胁到了学生的健康成长，引起了家庭、社会与学校的普遍忧虑。学校所采取的一些措施，如“禁止学生带枪支上学”“禁止学生吸毒”“向学生进行性教育”“帮助少年妈妈抚养孩子”“在学校增加心理医生”等，只能“治标”而不能“治本”。在美国和英国，有不少家庭甚至因此禁止自己的孩子去学校特别是公立学校学习，要求政府允许自己的孩子在家里接受义务教育。但是，现代西方的家庭实际上也远非一块“净土”，学校里让家长担心的东西在互联网上同样存在，孩子在家里通过网络获取这些东西更容易、更快捷。具有讽刺意味的是，在19世纪围绕着古典课程存废和科学课程设置问题的辩论中，古典主义者对科学课程所包含的功利主义及其严重社会后果的预言100年后竟然成为现实。

为了回应现代教育的这种人文危机，教育哲学中的永恒主义流派重新提出古典作品的学习问题。他们的理由和19世纪的古典主义者为自己辩护的理由差不多，只不过加进了许多时代的内容。受到现代科学支持的两次惨绝人寰的世界大战给予永恒主义者更多的勇气和力量。他们认为，现代科学的世界是一个彻底遗忘了人的精神性存在的世界，是一个平面的、单调的、功利的世界，因而也是一个邪恶的和暴虐的世界。科学的教育已经使人们忘记了比物质享受、个人自由、感官刺激更加高尚的人生目标。他们提出要重新进行古典作品的学习，要精选100部像柏拉图的《理想国》那样的古典作品放到学校的课程体系中去。但是，在20世纪中叶“冷战”激烈的时代，他们的建议在引起社会足够的关注前就被人们遗忘了，人们所记得的只是他们的口号：“回到古代”。

存在主义教育哲学家则主张，人的存在先于人的本质，因此人的意义先于人的功能。现代教育不能仅将人当成一个社会工具去训练，而应该将其作为一个真正的人来关怀。他们指出，教育家必须明白，教育的中心是人，是有意识、有价值、有趣味、有尊严、有烦恼、有问题但也有希望的人。他们不仅关心自己未来的职业，还时刻感受着自己的存在处境；他们不仅追求着卓越，而且追求着意义（对于后者的追求，他们从来没有停止过，只不过被我们的社会和教育家们忽略了）。教育过程中的教学关系是一种独特的人与人之间的关系，这种关系的价值远远超越知识传递的价值。教学关系不应是知识传递的工具，相反，知识传递应成为建立教学关系的途径。教师和学生要有意识地建立起这种关系，使得每个人能够通过这种关系显露自己存在的可能性。只有这样，教育者才能理解自己的学生，学生才能理解自己和自己的处境，成为在特定的人类生存条件下“通情达理”的人。教育的价值不仅在于鼓励和帮助年轻人去拼搏、去竞争，而且要引导他们去思考拼搏和竞争对于自己的存在和人类的存在的真正意义。只有这样，他们才能从幼稚走向成熟，才能获得存在的圆满和走向存在的最高境界，才能有勇气面对自我、社会和人类文明的缺陷，真正解决精神危机问题，创造一个更美好的人间乐园。

第二，教育的社会价值危机。在现代教育建立的过程中，人们对它寄予很高的期望，不仅希望它能够促进社会经济的发展，而且希望它能够促进社会的民主化进程和文化进步。但是，100 多年来，人们发现，以传递科学知识为已任的现代教育尽管在满足市场对劳动力的需求方面做出了很大的贡献，但是在社会民主化和文化进步方面未能够做出令人满意的贡献。其原因在于，学校教育所传递的科学知识作为一种客观的、权威的知识本身阻碍了认识的进步，科学知识型也排斥了所有传统的、民间的和个体的知识进入教育系统，从而使得这些知识失去其传播价值和保留价值，面临着失传的危险。这会造成非常严重的后果。失去传统知识、民间知识和个体知识后，人们将被迫把决策所依赖的知识寄托在科学家身上，就像原始社会时人们将获得知识和行为合法性的希望寄托在“巫”身上，以及古代社会时人们将获得知识和行为合法性的希望寄托在形而上学家和神学家身上一样。实际上，尽管人类知识无论从数量上还是从结构上几千年来都有了很大的变化，但是这种知识生活中的严重依附现象却并未发生改变。就个体而言，普通人依附于科学家或知识分子；就国家而言，不发达国家和欠发达国家依附于发达国家。这在当代科学时代更为突出。这种知识生活领域的依附现象从根本上阻碍了真正民主的社会关系和国际关系的建立，因为如此一来，和科学家比起来，个体在整个社会民主化进程中的作用变得微乎其微；和发达国家比起来，不发达国家和欠发达国家在国际事务方面的作用和在科学知识进步方面的贡献也变得微乎其微。科学的发展和科学教育实际上并不能解决社会政治生活中的依附问题以及经济生活中的贫富差距问题，而是进一步扩大了这种差距。近代以来形成的“教育乌托邦”已经破产。

第三，教育机会均等的危机。教育机会均等是普及教育的一个价值预设，也是现代教育的一个努力方向。教育机会均等表现在很多方面，其中一个基本的方面就是使所有适龄的青少年享受到“均等的受教育机会”，这一般可以通过“入学率”“升学率”等指标来衡量。与有着严重的阶级、种族和性别偏见的古代教育比较起来，现代教育提出机会均等，实施义务教育，应该说是一个很大的进步。

不过，教育机会均等以及普及教育建立在这样一个基本假设的基础上，即科学知识是“价值中立”和“文化无涉”的，因而对所有学习者来说都是同样有益的。只有接纳这个假设，教育机会均等以及普及教育的理念才能被人们接受。但是，随着人们对科学知识型的批判，人们发现这个基本假设是不成立的，因为所有知识的生产和传播过程都并不是价值中立的，而是带有严重的社会偏见，受到社会权力、利益、意识形态、性别文化等制约的。尽管所有的知识表面上是个体精神活动的产物，但其实质上是社会建构的结果。因此，学校的课程知识是不是对所有学生都是同样有益的就成了一个非常重要的问题。这就是说，人们对教育机会均等的关注已经从对数量的关注转移到对质量的关注。数量上的教育机会均等比较容易做到，但质量上的教育机会均等却难以做到。人们问道：为什么在历史课本中白人英雄多而黑人英雄少？为什么世界的历史要用公元纪年？为什么课本中的女性总是贤妻良母的形象？为什么许多学科的奠基人都是西方人？

为什么将1640年界定为世界近代史的开端？等等。通过对学校知识选择、组织和传递过程进行社会学分析，人们发现，学校对知识的选择、组织和传递实际上受到了社会主流价值观念的影响，受到了社会政治、经济和文化形态的影响。

因此，人们不能不问以下问题：学校是一个传播真理的机构，还是一个传播偏见的机构？是一个反对偏见和歧视的机构，还是一个使偏见和歧视合理化的机构？是一个意识形态中立的机构，还是一个生产和强化某种意识形态的机构？是一个种族平等的机构，还是一个存在种族偏见的机构？是一个性别平等的机构，还是一个存在性别歧视的机构？这些问题的提出，从根本上摧毁了学校教育机会均等的“神话”。这样一来，人们不得不问，建立在公民税收基础上的学校对于所有纳税人都是有益的吗？学校究竟是“谁之学校”，课程究竟是“谁之课程”？批判教育学家的研究已经揭示出，学校实际上是一个社会“再生产”的机构，它通过对知识进行特殊分配再生产出社会的经济结构、政治结构和文化结构，实际上也就是实现社会现成政治、经济和文化霸权的地方。看似平等的学校实际上是不平等的，看似公正的学校实际上是不公正的。“入学率”“升学率”等指标掩盖了这种事实上的不平等和不公正。在西方资本主义国家，为事实上的教育平等和公正而斗争正在成为人们日常政治斗争的一个组成部分。

第四，教学危机。对于教育者而言，现代教育危机最明显不过地通过教学危机表现出来，教学危机最突出地通过学生的普遍厌学和学业成绩不良表现出来。这两个问题不是哪一个国家的问题，而是一个超越意识形态和文化传统的世界性问题。问题的严重性已经到了这样一个程度：如果不借助于纪律、职业诱惑或其他的外在措施，就几乎没有学生会去努力学习。我国和日本的一些教育学家和教育家认为，后一个问题产生的原因是学生课业负担太重和升学压力过大，但是在英国和美国这种几乎不存在课业负担和升学压力的国家，学生厌学和学业不良的现象也非常突出。看来恐怕还有更为深层的和普遍的原因。这个原因恐怕与课堂教学以及学校生活的整个智力氛围有关。在课堂生活中，学生所学习的知识是已经被选定的，不管学生喜欢与否都得学习。这首先就造成了学生学习上的被动性。教师的教学艺术性首先就体现在其采取各种手段使学生从一个被动的学习者转变为主动的学习者。但是，不仅学生学习的内容是事先确定的，就是课堂上教师所提问题的答案在绝大多数情况下也是事先确定的。学生思考的结果必须符合那事先确定的答案。就是所谓的“发现学习”也并不是真的允许学生有自己的发现，而只是“接受学习”的变种。这种情况在我国的基础教育中尤其普遍。在这样的课堂里，哪有什么知识的好奇、理智的探险和精神的欢乐可言？青少年长年累月地坐在这样的课堂里，不厌学是不可能的。更关键的是，标准化的考试表明，在获取优良学业成绩方面，个人的见解是不重要的，甚至是有害的；唯一重要的和有用的是正确、牢固、熟练地掌握课本知识。而这种课堂教学模式和评价模式的根源不是别的，正是现代科学知识型，是客观的、绝对的和普遍的知识观和知识信念。正是这种知识观和知识信念剥夺了学生个体知识的合法性，否认了学生个体知识的认识价值，使学生的课堂学习行为成为一种纯粹被动的接受活动，导致学生普遍厌学以及学业成绩不良。

除了学生厌学和学业成绩不良外，现代教育还有另外两个方面的危机，一是由于社会知识无限增长和迅速更新所带来的学校课程危机；二是与之相关的教师威信及师生关系危机。众所周知，现代知识的增长是非常迅速的，现代社会职业知识基础的变化也是非常迅速的。面对这种情况，学校课程改革的压力非常大。20 世纪 60 年代，美国为了应付新的科技革命所进行的结构课程改革运动最终没有达到预期的目的。在这种情况下，什么知识最有教育价值以及如何学习这些知识的问题比以往任何时候都尖锐。并且，随着计算机网络技术和互联网通信事业的发展，学生们在课堂外获得大量的知识。这对于学校课程的编制和实施也构成了很大的挑战。哪些知识是学生可以通过其他渠道获得的？哪些知识是有必要在学校里传授的？如果新型的“虚拟学校”和“网络教学”高度发达的话，学校作为一种知识传播的机构还有没有必要存在？如果其确实有必要存在，那么教师和学生之间的关系又是建立在一种何种新的基础上？又采用什么新的模式？

随着学校教育的社会再生产功能被揭示出来，以及其作为传播现代科学知识主要途径的地位遭到动摇，师生关系也日益紧张。人们自然要问：教师的阶级、种族、性别立场是什么？教师会不会将自己的阶级、种族和性别偏见强加于青少年？教师如何对待不同阶级、种族和性别的学生？能够给予他们每一个人同等的关注和相应的帮助吗？来自不同家庭、社会群体和种族的学生对于教师行为的反应又如何解释？师生之间的冲突是否有更深的社会背景？在西方国家，学生经常以教师持有社会偏见为由来起诉教师，教师对于学生的管理权限也因此受到了很大的限制。实际上，很多教师认为在日常工作中多一事不如少一事，师生关系非常淡漠。西方的教师经常表达他们对中国教师的羡慕，因为他们知道中国教师在学校里和社会上所受到的尊重。但是，近些年来，随着中国社会的转型，特别是随着人们价值观念的变化、大众媒体和互联网的出现，中国学校里的师生关系也受到了前所未有的挑战，教师在学科知识方面的捉襟见肘以及教师和学生之间价值观念的冲突也屡见不鲜。建立在科学知识和主流价值观念基础上的教师权威已经开始变低。在新的知识背景下，如何重构作为整个教育基石的师生关系是摆在我国和其他国家的教育家们和教育学家们面前的一个艰巨的任务。

第五，教育科学或教育理论的危机。随着人们对科学知识型的质疑，教育科学或教育理论的性质与价值在教育学史上也第一次受到了系统的质疑。教育科学是一门真正的科学吗？教育理论是一种真正的理论吗？教育科学或教育理论是价值中立或文化无涉的吗？如何检验和评价教育科学或教育理论的进步？教育科学或教育理论对于教育实践来说真的是必不可少的吗？教育活动是一种教育科学指导下的活动还是一种依赖于教育者教育艺术的活动？以上这类质疑的结果是动摇了教育科学或教育理论的科学性和科学理想①。人们越来越清楚地认识到，教育知识在严格意义上不属于一

① 这部分的分析可参见我在《教育学的文化性格》（山西教育出版社 2001 年版）一书导论中“教育学问题”部分的讨论。

种科学知识，教育知识与教育实践之间的关系因此也不同于科学知识与社会实践之间的关系。这种认识也使人们对于现代教育的合理性和合法性问题有了更加清醒的认识。教育实践所需要的不仅仅是一种科学理性，还需要一种历史理性和实践理性；所需要的不仅仅是方法上的有效、内容上的无过错，还需要在目的和价值上的历史辩护和实践辩护。教育的科学理论对于现代教育来说是必要的，但却是不充分的。

由于人类第三次知识转型所产生的现代教育危机不止上述几个方面，而且上述几个方面的危机所产生的影响也不止上述若干领域，它们影响到现代教育的方方面面，从宏观的教育决策到微观的学生管理，从核心的课程改革到边缘的学校资助政策，从对教育价值的重估到对教育理念的质疑。所有这些都说明曾经作为现代教育合法性基础的启蒙理想破灭了，教育者必须寻找和树立新的教育理想。毫无疑问，现代教育正处于关键的“转折点”，这也正是现代教育“危机”的真正含义。现代教育改革必须超越已经形成的现代教育观念，必须在新的社会背景和新的知识形态中再一次认真地、慎重地反思以下问题。

第一，后现代社会发展的知识基础和知识需求是什么？又面临哪些知识问题和知识冲突？知识创新能力为什么在 20 世纪 90 年代后成为一个国家综合国力的重要组成部分？如何全面地理解知识创新？如何反对发达国家新的知识霸权？

第二，后现代社会知识的状况究竟如何？知识的性质有什么变化？知识的增长方式有什么变化？知识的结构有什么变化？有哪些新的知识类型出现？知识的传播又有哪些新的特征？知识分子的角色有什么新的变化？知识与社会的价值关系有什么新的变化？

第三，科学知识是最有教育价值的知识吗？科学知识是学校课程知识可选择和组织的唯一一种知识类型吗？科学知识和人文知识的性质有什么不同？两者性质上的不同又如何影响到科学教育与人文教育的过程？如何处理科学教育与人文教育的关系？如何重构学校的科学教育与人文教育？

第四，学校的课程改革应该建立在怎样的知识理论或认识论基础上？

如何处理科学知识与地方性知识、缄默知识与显性知识、知识传播与知识霸权的关系？

第五，如何建立新的教育教学模式？如何以新的知识型为基础解决学生厌学和普遍的学业成绩不良问题？如何建立新的教育评价标准？如何建立新的课堂管理制度？

第六，如何建立新的师生关系模式？如何改革师范教育，培养适应新的知识形态要求的教师？

第七，如何应对“知识爆炸”和网络时代的挑战？如何重新调整学校的课程结构？

第八，如何转变教育研究观念，并建立新的教育研究方法论？如何建立教育理论与教育实践的实质性联系？教育学者如何认识自己的角色？

第九，如何树立新的符合知识发展、个体幸福和社会进步需要的教育理想？

# 第四章　知识性质的转变与教育改革

本章讨论后现代知识性质的转变与教育改革的关系。首先需要说明的是，这里所分析的知识性质不是某一类具体知识的性质，如神话知识的性质、民俗知识的性质、物理知识的性质或历史知识的性质等，而是指所有知识的一般性质，即所有这些具体知识超越各自认识领域、陈述形式、传播方式等方面的不同而共同分享的性质，是各种不同知识游戏共同遵守的规则。这种一般知识的性质是构成传统意义上认识论或我们所说的知识型中最关键的要素，其他的许多要素都与它有直接或间接的关联。实际上，每当人们陈述和确定了知识的某种一般性质如"客观性"，就可以把这种性质看作知识的一种判断标准，就可以根据这种一般性质来区分人类经验中的"知识"与"非知识"或"准知识"部分，从而也就可以将其作为一个显著特征或必要条件来定义作为知识的经验形式。从哲学史上看，一个时代或某个人对知识性质的看法也是构成一个时代或某个人知识观的主要组成部分。因此，知识性质的转变必然带来一个时代或某个人知识观的转变，从而影响一个时代或某个人整个的知识生活，如知识的生产、陈述、判断、辩护、传播、控制等，影响一个时代或某个人的学习与教育生活。

## 一、知识的性质与教育

在阐述当代知识性质的转变与教育改革的关系之前，我想先说说知识性质与教育活动的一般关系。从一般意义上说，知识性质与教育活动的关系是非常密切的，深刻地影响到教育活动的方方面面。这一点，我们以往的教育理论没有进行很好的阐述。以往的教育理论对教育活动中知识问题的关注主要集中在教学过程中知识的组织问题上，即如何向学生传递给定的知识。在下面我将要说明，即使是教学过程中的知识组织问题也与知识的性质有着密切的关系，受到有关知识性质假设的制约和影响。除此之外，知识性质还制约和影响教育的目的、课程知识的选择、教学过程以及教育学者教育理论的建构等。

首先，知识的性质与教育的目的关系密切，制约和影响着教育的目的。众所周知，教育的目的不外乎两个方面，一是规范和促进个体的发展，二是适应和促进社会的发展。这两个目的不是并列的或互不相干的，而是彼此之间存在着一种辩证的关系。一方面，个体发展的内容和方向受社会政治、经济和文化状况制约；另一方面，社会的稳定和发展又依赖于一定质量和规格的众多个体。从逻辑上说，教育不能直接满足社会的需要，适应和促进社会的发展，其要实现这一目的只能是通过规范和促进个体发展这个途径。因此，有的教育学者又将教育规范和促进个体发展的目的称为教育的“直接目的”、“内在目的”或“本体目的”，而将教育适应和促进社会发展的目的称为教育的“间接目的”、“外在目的”或“工具目的”。而个体的发展主要是由个体的“体质”“智力”“品德”“审美”这些素质的发展以及建立于其上的良好个性的形成所构成的。在这些要素的发展中，“智力”的发展具有关键的意义。因为，无论是学生体质的增强，还是学生良好的品德、审美能力以及个性的形成，都是以一定的智力发展为基础的。没有或忽视学生智力的发展，学生“体质”的增强就会建立在机械训练的基础上，品德的发展就会变成硬性的灌输，审美教育也会简化为技艺的训练，当然也就更谈不上良好的个性了。而智力的发展又不等于具体学科知识的掌握。相较于知识的掌握，智力更是指对知识的记忆、欣赏、理解、判断、批判和创造能力。显然，这些能力的培养与形成都与知识性质的观念有着密切的关系。不同的知识性质观必然导致不同的知识记忆、欣赏、理解、判断、批判和创造行为，从而影响个体身心素质的发展，影响教育社会目的的实现。

其次，知识的性质影响到课程知识的选择。众所周知，学校的教学时间和空间是有限的，在有限的教学时间和空间内不能也不可能传递人类社会所有类型的知识，因此必须根据一定的标准对知识进行选择。这个工作对于整个教育事业的重要性是不言而喻的，可以说，现代教育改革的核心问题之一就是选择什么样的课程知识的问题，其他的许多教育问题都可以通过这个问题表现出来，或者说通过对这个问题的回答体现出来。影响课程知识选择的因素有很多，如政治的因素、经济的因素、文化的因素以及学生个体身心发展特征等。在这些因素中，知识的性质就是一个不可忽视的重要因素。因为知识的性质一方面可以作为一种标准，用以区别“知识”与“非知识”或“准知识”，为课程内容的选择提供一个最低标准，将所有的“非知识”（不同时代的知识型对“非知识”的看法不同）与“准知识”（如日常生活经验）等排斥在课程内容之外；另一方面，知识的性质也可以作为比较各种知识价值大小的标准，从而用它为课程内容选择最有价值的知识。例如，在原始知识型中，“神秘性”是知识的一般属性，因此原始社会中具有正规教育性质的仪式所传递的知识主要就是神秘性知识，最有教育价值的知识也就是神秘性知识，而非日常生产和生活经验。在西方的中世纪，“神圣性”是知识的一般属性，因此中世纪学校中所传递的知识主要就是宗教知识，最有价值的课程也就是宗教课程，其占有绝大部分的教学时间，其他课程都是围绕宗教课程而设置的。因此，知识性质的转变，自然会导致学校课程内容的转变，以及学校课程结构特别是核心课程的转变。

知识的性质影响到教学过程，这一点更为明显。因为，教学过程就是一种建立在知识传递和掌握基础上的发展过程。在一定的时代背景下，师生双方对知识的性质怎么看，很自然地影响到各自的角色，影响到师生的互动，甚至影响到教学评价的模式。例如，如果师生双方都将宗教知识的性质看成“神圣性”和“终极性”，那么在教学过程中，学生的全部任务就是去阅读、记忆、背诵、复习和再现宗教知识，教师的全部任务就是去帮助学生克服阅读、记忆、背诵、复习和再现宗教知识的过程中遇到的困难，甚至采用必要的体罚手段去对付那些偷懒的学生以及有质疑倾向的学生。教师和学生在宗教知识面前不仅没有任何独立思考和判断的机会，而且也没有这样做的必要。教学的评价也是以学生能够准确再现那些宗教知识为主。可能正是因为这样，夸美纽斯才批评中世纪的学校是儿童才智的"屠宰场"，因为在这样的学校里，学生几乎不需要运用除了记忆之外的任何理智能力。可以说，是对宗教知识性质的看法阻碍了西方中世纪教师和学生理智的发展，也阻碍了中世纪整个西方社会的文化发展。16 世纪时路德进行新教改革，对传统上绝对和僵化的神学教条逐条进行大胆质疑，在近代人文主义精神的影响下，提出"因信称义"的新观点，主张个人可以自主面对上帝，理解教义。中世纪宗教教育的方法在新教国家也随之开始逐渐发生变化，教师和学生个人对教义的理解和阐释逐渐代替对宗教教条的机械记忆和服从，成为近代宗教教育的重要形式。

知识性质对教育活动的影响还通过对教育理论的影响得以实现。如前章所述，教育实践是理论指导下的实践，任何一种教育实践都蕴含着理论。教育理论在最基本的意义上就是概念化与系统化的教育知识。如何生产这些知识，如何表述这些知识，如何看待这些知识的性质，如何将这些知识应用到教育实践中去，对于教育理论的研究和发展来说都是非常重要的问题。这些问题作为一个特殊知识领域内的问题必然与教育学者们对知识一般性质的看法有关。因为知识的一般性质与知识的生产、辩护、判断、陈述等都有着密切的关系。不同的知识性质往往伴随着不同的知识生产、辩护、判断、陈述等形式。例如，如果人们将知识的性质看成"神圣性"，那么显然知识的生产只能在圣经或神学教条所能允许的范围内进行，不能够从根本上挑战和推翻圣经和神学教条的已有结论。知识的辩护、判断也只能诉诸圣经和神学教条的权威，而不能诉诸对自然现象的观察和实验。知识的陈述也必须不断地运用圣经和神学的语言，从而不断获得自己的合法性。在古代形而上学的教育理论中，由于教育学家们将教育理论型知识与其他类型的知识一样看成具有形而上学性质的知识，因此教育理论的研究主要通过对概念和范畴的思辨来进行，很少进行实际教育状况的调查和研究。又由于他们将形而上学知识看成具有“绝对性”、“客观性”和“终极性”的知识，因此他们的教育理论也就被看成对绝对的、客观的和终极的教育真理的揭示。如果将这种教育理论应用到教育实践之中，那么不仅会对教育实践产生一种指导作用，而且会对教育实践产生一种“约束”甚至是“压迫”作用，因为这种教育理论作为唯一的教育真理必然排斥其他教育知识的合理性及其对教育实践的指导意义，必然要求教育实践从根本上服从这种所谓“绝对的”、“客观的”和“终极的”教育真理。对知识一般性质的看法必然影响到教育知识的生产、判断、辩护、陈述等，从而间接地影响到教育实践的展开。

## 二、现代知识的性质

在认识论或知识理论领域，关于现代知识的性质有许多表述，如“客观性”(objectivity)、“绝对性”(absoluteness)、“终极性”(ultimatility)、“中立性”(neutrality)、“实证性”(verifiability)、“确定性”(certainty)、“符合性”(conformity)、“普遍性”(universality)、“一致性”(coherency)等。在这些表述中，“客观性”、“普遍性”和“中立性”可能是三个基本的性质，分别从三个不同的侧面勾画了现代知识的形象。大致说来，客观性侧重于阐述现代知识与认识对象及认识主体之间的关系，普遍性侧重于阐述现代知识在不同认识主体之间的关系，中立性则侧重于阐述现代知识与社会价值体系之间的关系。其他的若干特性都与这三个性质有着这样或那样的关联，因此可以将它们放在这三个性质之中来加以理解和分析。不过，在现代知识的这三个基本性质之中，“客观性”又是最基本的特性，其他两个基本性质也都是在客观性基础上建立起来的，或者说是对客观性不同侧面的阐述。因此，我们首先分析现代知识的客观性。

### 1. 客观性

知识的“客观性”尽管很受现代人青睐，但是它并不是一个现代的词汇，这点与人们通常的认识有所不同。实际上，正如我们在第二章中所述，古代知识型早就已经将“客观性”作为形而上学知识的基本性质，神学家们甚至也将“客观性”作为神学知识的基本性质。现代科学知识的“客观性”信念应该说是从古代知识型那里继承下来的。不过，古代知识型和现代知识型对于“客观性”的理解有一些实质性的差别。这种实质性差别的关键在于对“客观事物”（object）的理解，因为无论是古代知识型中的“客观性”，还是现代知识型中的“客观性”，基本都是指属于客观事物的特性。因此，对于客观事物存在状况理解的差别就导致了有实质性意义的对“客观性”理解的差别。这样一来，认识领域中的“客观性”问题与存在领域中的“本体论”问题就有着密切的关系。

在雅斯贝尔斯（K. T. Jaspers）所说的人类文明第一个“轴心时期”，西方和东方同时出现了有别于远古神话思维的本体论思维。在古希腊，哲学家们认为世界由一些最基本的元素所组成，这些基本的元素及其运动生成了整个世界。因此，这些基本的元素——“火”“数”“水”“理念”等——就是世界的本体。在古代中国，思想家们也致力于沉思构成世界的基本元素，提出了“天”“地”“自然”“仁”“理”“气”等范畴。建立在这样的本体论基础上，东西方的思想家们认为，人们只有把握了世界的本体才能获得真正的知识，或者说，只有得到了这种本体的确认，知识才是可靠的。原因在于，世界的本体既是万事万物存在的依据，也是万事万物运动、变化和相互联系的依据，是这个世界的根源。很显然，源自这种本体论的知识，其客观性摆脱了远古时代知识的神秘性、个人性和不确定性，开启了人类知识史上的“祛魅”（disenchantment）进程，将人类认识的路线从远古时代的“内向观察”转向文明时代的“外向观察”。①

---

① 德国思想家卡西尔（E. Cassirer）对于这种认识论路线的转变有着深刻的认识。他指出，正是这种认识论路线的转变，才引起了近代科学的诞生和迅猛发展。但是，他同时指出，这种单纯的“外向观察”同时也将科学事业引向了一条危险的道路，使科学工作遗忘了人本身的存在，导致了现代科学的危机。他的巨大贡献在于，合理地超越了康德对科学知识问题的理性批判，将理性的批判扩大到文化的批判，揭示了科学知识与文化传统之间密切相关。他的这些观点参见：卡西尔，1985. 人论 [M]. 上海：上海译文出版社 .

在西方认识论史上，最先实践这种认识论方向转变的哲学家恐怕就是苏格拉底。苏格拉底坚决地反对知识问题上的相对主义，他的“产婆术”实际上就是要迫使人们认识到自己的知识受到日常生活中的经验、习俗、神话等的影响，包含着内在的矛盾和许多不确定的因素。“苏格拉底式对话”的目的就是使人们意识到并放弃这种不可靠的知识，从而沿着辩证法的道路追求确定的和客观的知识。至于柏拉图，他则系统阐述了知识的客观性理想，将客观的知识界定为“理念”，将其他的知识或经验界定为“意见”。他之所以反对“戏剧”和“神话”，就是因为这些知识是人类情感的产物，而不是人类理智的产物，是对事物表象的认识而不是对事物本质的认识。换句话说，这些知识是主观的、臆测的，而不是客观的、永恒的。

到了中世纪以后，西方哲学理论中的本体论思维方式被用来论证上帝存在的唯一性、永恒性和全知全能。在神学家和教徒那里，上帝取代了各种各样具体的物质本体或抽象的精神本体，成为新的世界本体，成为新的世界存在、变化和运动的依据。这样，对世界万事万物的认识实际上就变成了对上帝存在的认识和体认。其认识论结果是：古代思想家们所开辟的“外向观察”的认识论路线重新被“内向观察”的认识论路线所取代。无论是认识的客体、认识活动以及知识本身都具有一种神圣的意味，仅仅通过观察和理性是不足以把握的，必须在观察和理性之外诉诸信仰，即对上帝存在的信仰。古代哲学家们所提出的“客观性”到了中世纪形而上学家特别是神学家那里就变成了所谓的“大写的客观性”(Objectivity)，即反映上帝的精神和上帝存在的“客观性”。

文艺复兴后，随着对古典文献的重新发现和不断阐述，人们得以越过中世纪“神圣的客观性”，看到另外一种与事物存在本体相联系的客观性，看到古代哲学家们对事物本身所蕴含的知识孜孜不倦的追求。古典人文主义者提出，尽管自然是上帝的作品，但是上帝在创造出自然之后就撒手不管了。自然有着自己的规律，按照自己的规律运动。自然本身开始成为自己存在的依据，成为自己运动和变化的本体。如此一来，为中世纪神学所中断的认识论“祛魅”过程重新开始。15世纪以后大量自然哲学和自然史的研究更加增强了人们的这一信念。特别 15 世纪和 16 世纪的航海大发现以铁的事实证明对自然的认识只能通过对自然的观察来进行，观察的权威高于任何信仰和思辨的权威。到了 17 世纪，随着天文学等领域重大科学发现的问世，自然知识新的客观性理想已经毫无疑义地建立起来。对自然的形而上学沉思或神学信仰已经被对自然的观察所取代。“认识自然”“遵循自然”“观察自然”“服从自然”的自然主义思想是 16 世纪到 17 世纪所有进步思想家们的共同主张和思想框架。“自然”（nature）本身已经成为一种新的本体论和本体论信仰。正如培根所指出的那样：

> 人类作为自然的仆人和解释者，仅当其能够实事求是地进行观察或遵循自然的道路进行思想时，其才能够对自然理解得越来越多。除此而外，人类既不能认识任何事情，也不能做任何事情。（Bacon，1960）[39]

到了 18 世纪，这种祛魅的“自然”概念不仅成为自然科学研究的哲学基础，而且逐渐成为其他知识领域的哲学基础，成为所有认识领域共同探究的存在秘密，成为一种巨大的语义场，成为一种事物自身“本来面貌”的代名词。“社会的自然”“人性的自然”“法律的自然”“历史的自然”① 等概念的提出，说明由自然科学开始的“祛魅”过程已经扩散到其他知识领域，由自然科学所提出的知识客观性理想也已经逐渐地为其他知识领域的人所接纳，由古代哲学家所提出的“本体客观性”和由中世纪神学家改造而成的“神学客观性”逐渐让位于由近代自然科学家和认识论者所提出的“自然客观性”或现代意义上的“客观性”。客体的概念也从“本体”“神”转变为“自然”或“事物本身”，对“客体”的认识也就从对“本体”“神

---

① 这些概念可以等同于“社会的本质”“人性的本质”“法律的本质”“历史的本质”等。在国外的自然主义思想中，“自然”与“本质”对应的是同一个词——“nature”，因此，对“自然”的追求就是对“本质”的追求。这就形成了近代以来支配认识论领域的“本质主义”（essentialism）的知识观和认识论路线，它也是现代科学知识型的一个重要特征。

性”的认识转变为对“自然”或“事物”本身的认识。这使得人们既摆脱了形而上学概念思辨的束缚，又摆脱了神学教条的束缚，极大地解放了人们的认识能力，从而使得人们在短时间内取得了一个又一个巨大的知识成就，为近代以来人类知识的不断进步开辟了道路。

不过，建立在现代自然科学基础上的“客观性”是一个非常复杂的概念，其基本含义应是与“事物本身”的属性及事物与事物之间的本来关系“相符合”。用我们所熟悉的哲学语言说，大致是知识或真正的知识应该是“正确地反映了事物的本质属性或事物与事物之间的本质联系”。那些没有达到这种“符合性”标准的认识结果就不能被称为“知识”，最多只能被称为“不完善的知识”。“知识”与“无知”、“知识”与“谬误”之间的区别也就在这里。“无知”是指某种认识根本没有反映某种事物或事物之间的联系，“谬误”则是指对某种事物或事物之间的联系的反映是错误的，因为反映的结果不是与事物或事物之间的本来联系相符合，而是一种主观臆造的产物。因此，这种“符合性”应该是知识“客观性”的基本含义，是判断一种经验陈述是否为“客观知识”的一个基本标准。

但是，认识主体如何才能确保这种认识的客观性？或者说，认识主体要获得这种客观性知识，需要具备哪些条件或资格？在西方哲学史上，不同的认识论有不同的回答。经验主义者认为，要正确地反映事物的本来面目或事物之间的本来联系，认识主体就必须按照事物本来的样子来认识事物。上面所引述的培根的一段话最鲜明不过地反映了经验主义的立场：人类如果要正确地认识自然，就必须先“尊重自然”和“服从自然”，做“自然的仆人”。这种经验主义的观点是要反对古代形而上学在认识问题上的“妄自尊大”和“妄自揣度”，是要摒弃那种从概念思辨和逻辑演绎中来认识自然的传统方法，提倡一种新的观察和实验的方法。培根对“四种假象”——“种族假象”“洞穴假象”“市场假象”“剧场假象”——进行批判的根本目的，也就是要人们克服这些源自人类族群、个体本性、语言的社会和历史传统的偏见，以便人们能够不受任何“先见”的影响，直接接触自然、观察自然和理解自然。他认为，正是由于人类的心灵容易受上述四种假象的影响，所以人类的心灵是块没有“磨光的镜子”，因此不能正确地反映自然事物及其相互之间的联系。其结论自然是：如果人类想正确地认识自然的本来面目，获得客观知识，就必须去除假象，必须将自己这块“镜子”磨光。

理性主义者在反对古代形而上学认识论上与经验主义有着相同的立场，但是在如何获得客观性知识方面有着与经验主义者大相径庭的看法。理性主义者如笛卡尔、康德等人对于古代哲学家们有关知识问题的辩论给予了高度的关注，并接受了他们的一些基本观点，认为主体单凭感觉经验是不可能获得客观知识的，因为人类感官无论如何是不完美的，有着这样或那样的缺陷，导致人们对外界事物的感觉印象容易受到各种外在和内在条件的制约甚至是欺骗。因此，知识客观性的主体条件不可能是人的感觉经验，而应是人的理性。感觉经验只能提供知识的材料，理性才能提供知识的形式。如果没有理性的参与，人们的感觉经验往往是混乱的、模糊的和不清晰的，不可能被组织成客观的知识体系。但是，理性主义者不能正确地揭示理性的起源，因此他们通常都将理性看成“先验的”或“自足的”，甚至将理性看成人的“本性”。这样一来，理性主义者在知识的客观性的论述上也是不彻底的，最后止于某种形而上学的假设或信仰。

19 世纪兴起的实证主义是经验主义的新形式，它就像后来的批判理性主义一样，对于经验主义和理性主义各自的贡献和局限都做了一定程度的反思。可以说，实证主义试图站在经验主义的立场上借鉴某些理性主义的观点，而批判理性主义则试图站在理性主义的立场上借鉴某些经验主义的智慧。这两者之间的根本不同在于，实证主义在很大程度上继承和维护了客观性知识的理念，而批判理性主义则基本上放弃了客观性知识的理念。19 世纪中叶以后，正是在实证主义的大力推动下，现代知识型所提出的知识客观性理念始成为所有知识领域中的一种信念，成为衡量一种经验陈述的知识含量以及社会价值的标准。

除了上述所说的“符合性”以外，知识的客观性还包括了其他一些内涵。布朗希尔（R. J. Brownhill）对此做了比较全面的概括。第一，这种知识必须指称某种独立于我们自身的“实体”。第二，这种知识是可检验的。没有这种可检验性（testability），就没有任何的客观性。第三，这种知识不必局限于感觉，但必植根于感觉，感觉为经验提供证据（proof）。第四，这种知识必须自圆其说，就像一幅“地图”必须有其自身的独立状态和体系。第五，这种知识具有一种“非人格性”（impersonality）和“公共可传达性”（public communicability），以至于无论我们身处何时何地都能准确地理解它们。（Brownhill，1983）[11-13]

布朗希尔所说的这些内涵中，第一条是指“符合性”，第二条是指“可检验性”。其中，第二条是经验主义和实证主义用来反对形而上学的主要武器，因为很多形而上学的教条只是诉诸概念的思辨，缺乏任何可判断的经验内容，所以在经验意义上是不可检验的。第三条是指“可证实性”，是对“可检验性”的进一步说明。所谓的“可检验性”不是指可以被逻辑检验，主要是指可以被在自然条件下或实验条件下所获得的经验“证据”检验，即被一些基本的观察事实检验。第四条是指客观的知识陈述彼此之间的“一致性”。因为事物的本质是唯一的，因此在一定条件下对事物的正确认识也只能有一种正确的陈述。客观的知识陈述彼此之间应有一种逻辑上的自洽性，而不应相互矛盾。第五条则提出客观知识的“非人格性”和“公共可传达性”，实际上也就是提出了“普遍性”。真正客观的知识是不因时间、地点和人物的变换而变化的。由此可以看出，知识的客观性不是由一条规则如“符合性”所保障的，而是由许多条相互联系的规则所保障的。

自19世纪中叶以来，上述知识客观性的内涵广泛传播，渗透到社会知识生活的各个方面。确保知识客观性的一系列规则也被越来越多的人所信奉，支配着绝大多数所谓文化人的知识生活，如科学研究、科学辩论、学术论文或著作的评审、学术职称的晋升、教学以及课程知识的选择等。随着体现客观性理想的科学知识在社会生活特别是社会经济生活中的作用日益明显和增大，人们对这种知识的客观性产生了一种内在的、逃脱理性批判的信仰。对这种知识客观性的广泛信仰和追求，便产生了知识问题上的“客观主义”（objectivism）。客观主义的认识论路线反对在知识问题上的“主观主义”（subjectivism）、“相对主义”（relativism）和“非理性主义”（irrationalism），要求人们在获得知识的过程中摒弃所有个人的主张、意见、偏见、经验、情感、常识等，从而确保获得客观的、实证的、精确的和确定的知识。在客观主义的面前，所有传统的知识、地方性知识、个体知识及不能明确用语言来加以表述的知识都不是真正的知识，因而也都不是很有价值。

2. 普遍性

现代知识的“普遍性”特征对于我们每一个人来说都并不陌生。我们经常说或经常听人说，“科学无国界”“真理是放之四海而皆准的”。这些话语所强调的就是客观知识的普遍性。“科学知识”、“客观知识”与“真理”在这里实际上是一个意思。在教育学界，也有不少人认为，教育学如果要成为真正的科学，教育理论如果要成为真正的理论，那么它的知识也要具有普遍性。这个观点曾经在20世纪80年代的教育学“民族性”与“科学性”的辩论中被提出来。在实际的教育教学过程中，课程知识的普遍性观念为教师和学生普遍接受。大家都认为，课程知识是一种具有普遍性的知识，我们这么看，外国人也会这么看。在教育教学过程中，教师经常以“不以人们的意志（应该包括社会意志和个体意志）为转移的普遍规律”这样的叙述来强化这种知识普遍性的观念。实际上，在现代人的心目中，一种知识只有是具有普遍性的知识，才可能称得上是“科学的”知识或真正的知识。普遍性不仅是知识的一种“美德”，而且也成为判断知识正确与否的一个标准。有的人甚至因此将“普遍性”作为一件美丽的外衣来包装自己的知识或观点。

从基本内涵上说，现代知识的普遍性是指：一种知识陈述，如果它是客观的，那么它同时就是超越各种社会和个体条件限制的，是可以得到普遍证实和接纳的。简言之，普遍性是指“普遍的可证实性”（universal verifiability）以及建立于其上的“普遍的可接纳性”（universal acceptability）。例如，“2+2=4”或“北京是中国的首都”就是普遍性的知识陈述，因为它们并非随着一个人意识形态、价值观念、生活方式以及性别、种族等的改变而改变。与“普遍的可证实性”及“普遍的可接纳性”相关，现代知识的普遍性还指生产与辩护知识的标准是能够得到普遍认同和尊重的，因为没有这种得到普遍认同和尊重的知识标准，即普遍的知识标准（universal standard of knowledge），知识陈述本身的普遍可证实性和可接纳性就不可能得到保证。因此，这种共同的、普遍的知识标准应该可以被看作一种知识陈述获得普遍性的前提条件。

然而，从知识形态的历史来看，在原始知识型中，根本不存在什么普遍的知识标准。不同的原始部落关于知识的标准有着不同的神秘解释。在古代知识型中，形而上学家试图找到一个共同的标准，但是他们的标准只是得到他们学派内部的承认，不同的学派之间关于什么是真正的知识并没有统一的看法。这种在知识标准上的形而上学分歧从来没有得到过真正的解决。神学家试图将宗教或神学知识看成普遍的标准，并为此发动对“异教徒”（有着不同信仰和知识体系的人）的迫害。但是，宗教的权力也从来没有能够使得某种宗教或神学成为普遍的知识标准。只是到了近代科学兴起以后，特别是在孔德实证主义的推动下，人们才逐渐地将科学知识看成唯一可靠的知识，将科学知识的标准——“客观性”——看成普遍的知识标准。现代知识的“客观性”与“普遍性”之间的逻辑关系是：普遍的知识一定是超越各种社会因素和个体因素的知识，而这种超越了社会性和个体性的知识也就是客观的知识。这是因为，客观的知识所追求的是与事物本身或事物之间本来关系的“相符合”，因此严格限制和排斥社会因素与个体因素的介入，从而能够不断提高知识的“普遍性”水平。知识的客观性与普遍性之间是正相关的。

与客观性一样，现代知识的普遍性有一个从自然科学向社会科学和人文科学扩展的过程。最初，人们认为反映了自然规律的自然知识是普遍的，不受社会或个人偏好影响。例如，张三在甲地得出的科学发现李四在相距千里的乙地同样可以得出来。后来，随着自然科学知识巨大的社会价值的实现，人们也希望社会研究和人文研究的知识达到普遍性的水平。用孔德的话说，所有的知识领域最后都会达到客观性和普遍性的实证知识水平，只不过有的早一点，有的晚一点。在 19 世纪中后期，西方社会各个知识领域都出现了一种类似 17 世纪力学和天文学的实证化倾向，各个知识领域的科学家都将发现客观的和普遍的知识作为自己严肃的责任和崇高的使命。达尔文的生物进化论以及随后斯宾塞的社会进化论的提出，则更是为这种知识普遍性的信念提供了理论基础。人们相信，不仅生物和社会是按照一个固定的秩序进化的，所有的生物种类和社会形态都可以在各自的进化链条中找到自己的位置，知识也是按照一个固定的秩序进化的，所有的知识形态也都可以在这个秩序中找到自己的位置。这样，每一个进化阶段的知识标准对于所有人类的知识形态来说都应是普遍的，而非局限于某种特殊的知识形态之中。在某一时空点上的知识形态或许还达不到知识进化的最新阶段，但是它迟早会达到这一阶段，因此，最新的知识标准仍然可以应用于它，仍然是普遍的。

提出现代知识具有普遍性有着非常重要的认识论意义。它第一次为不同文化背景中的人提供了解决不同文化传统中的知识相互冲突的问题的方法，尽管这个方法在今天看来未必是最好的。不难理解，人类的知识形态是多样的，因此也经常发生冲突。在远古社会和古代社会，这种知识之间的冲突就非常明显。那个时候，大家都将自己的知识体系看成最完美的，将别人的知识体系看成不完美的甚至是邪恶的。由于知识与本体论信仰或宗教信仰有关，因此谁也不会在冲突中让步。解决知识冲突的唯一方式就是战争或辩论。但是，无论是战争还是辩论，其对于实质意义上的问题解决都无济于事。战争只会使双方更加笃信自己的知识体系，咬文嚼字的辩论往往将真正的知识问题掩盖起来，将知识差异和冲突的解决化约为辩论技巧的高低。所以，可以说在近代以前，人类没有能够找到一个解决大量知识冲突的有效办法。现代科学知识型的兴起，使得人们的知识生活在很大程度上摆脱了传统和意识形态等方面的缠绕，使得有着不同传统和语言形式的知识体系能够在客观性的标准上进行比较，从而为知识冲突的解决提供一个有效的方法，大大有利于不同知识体系之间的交流和对话，有利于人类总体知识的进步。

提出现代知识具有普遍性也有利于形成一个巨大的知识共同体，因为其有利于让共同体的成员之间分享同样的知识标准和信念，采用同样的认识方法和陈述形式，根据同样的证据对知识进行同样的合理性辩护。他们将自己的研究成果在国际学术刊物上发表，接受国际同行们的检验。他们举办各种国际性的学术会议，对某一知识领域的理论、方法和技术进行积极的交流和研讨，并就一些关键的问题组织一些国际性的科研合作。这种巨大的跨越国界的知识共同体的形成，一方面有利于现代客观性知识标准的传播和维护，有利于现代知识型的确立；另一方面对于减少知识冲突、促进知识交流、推进知识进步、培养科学人才都起到了非常重要的作用。

对现代知识普遍性的信仰和追求促进了现代知识生活中的“普遍主义”（universalism）的形成。它宣称，任何一种知识只有得到了普遍的证实和接纳，才会是真实的和客观的，才会是有效的与合理的，从而也才是真正有价值的。普遍主义要反对的是各种各样的地方性知识或本土知识。这些知识都是在各个民族历史发展过程中形成的，一般很少得到过普遍的证实或接纳，往往只是为某一地区或某一民族的人们所信奉和使用。因此，根据普遍主义的观点，这种知识就不是真实的和客观的知识，在人类知识进化的过程中也是应该被超越或被淘汰的知识。这种知识的普遍主义与知识生活的“西方中心主义”有着密切的联系，因为这种客观的知识标准以及普遍的知识理想都是由西方人阐述的，是与西方近代工业社会和资本主义的形成密不可分的。将客观的知识标准宣称为“普遍的”，就等于将西方的知识宣称为普遍的；赋予普遍的知识以一种在全球传播的特权，就等于赋予西方知识在全球传播的特权；用普遍性的标准来衡量其他非西方的知识传统和知识体系，就等于将它们纳入西方的知识传统和体系中去。这就产生了一种极大的危险，即威胁到人类知识形态乃至文化形态的多样性。这种危险性现在已经为越来越多的知识分子包括西方知识分子所感受到。

**3. 中立性**

现代知识的客观性必然导致现代知识的“中立性”，或者说，现代知识的普遍性必然以现代知识的中立性为前提。从内涵上说，现代知识的中立性也称“价值中立”或“文化无涉”，即知识是纯粹经验的和理智的产物，只与认识对象的客观属性和认识主体的认识能力有关，而不与认识主体的性别、种族及其所持的意识形态等有关。这并不是否认不同认识主体的身份与种种利益之间的差别，而是说这些差别在知识生产的过程中是不予考虑而且应该予以搁置的。正像现象学家胡塞尔所说的那样，要获得真正客观的知识，就必须搁置或“悬置”认识主体所有的观念，直接面向“事物本身”。

从逻辑上说，现代知识的中立性之所以可能，是建立在下列一些假设的基础上的。

第一，现代知识是对客观事物或“实在”的正确反映，而客观事物是不以人的意志、趣味和利益为转移的，因此，作为对客观事物正确反映的现代知识也应是不以人的意志、趣味和利益为转移的。实在的“自主性”（autonomy）和“非人格性”（impersonality）是知识的中立性的前提条件之一。

第二，现代知识是以人的感觉经验为基础，以人的理性原则为形式的。无论是人的感觉经验还是人的理性原则，都是独立于一定的社会结构或文化传统的，是“纯粹的”和“共同的”，因此，建基于其上的现代知识也是“纯粹的”和“共同的”，是独立于一定的社会结构或文化传统的。如果说认识主体生产出来的知识不具有“中立性”，那么不是实在或人们感官及理性的错误，而是其他一些因素渗入或有意识支配认识过程的结果。

第三，现代知识是得到了普遍的经验证实或逻辑证明的，这些普遍证实的证据或逻辑规则都是超越个体和社会的，与社会和个体的存在状况无关，因而是普遍的。建立在普遍性证据和逻辑规则基础上的知识因而也是价值中立的，是可以为不同的个体所掌握和应用的。

第四，现代知识的陈述使用的是一种数学化的、可观察的、可归约的语句，所涉及的一些概念、符号、数字、关系等也都是价值中立的，可以为任何一个人所掌握和理解，因此摆脱了培根所说的由各种各样语言游戏所设置的陷阱，具有一种广泛的可传播性，保证现代知识在传播的过程中不会产生“不可译”或“译不准”的问题。

现代知识的中立性产生了“为知识而知识”的“知识分子”和“为知识而知识”的认识论路线。和古代知识相比，现代知识在社会各种生产和生活中的作用日益重大，然而，现代知识分子越来越缺少古代知识分子那种“经世致用”的欲望，越来越缺乏基于自我立场的反思，多沉浸于对知识本身的嗜好之中。他们之所以会这样，是因为他们相信自己所生产的知识是全人类的共同财富，是有益于人类长远利益和普遍利益的。正是怀着这种崇高的热望，他们经常不知疲倦地忘我工作，像居里夫妇、马克思那样，将自己的整个身心都献给了科学事业，纵然自己一贫如洗也在所不惜。鉴于他们的这种工作精神和知识理想，人们把他们当作真理的代言人，当作超越了各种复杂的党派、团体和个人利益的“社会良心”的代表。他们自己在相当程度上也视自己为没有国籍的“世界公民”，就像 18 世纪启蒙时期的思想家们一样。福柯后来将这种知识分子意识和角色称为“普遍的知识分子”（universal intellectual）。他们依赖于知识的中立性，想成为人类全体利益的代言人。这种意识和努力无论是在 19 世纪还是在 20 世纪，无论是在经验主义盛行的英语国家还是在理性主义盛行的欧洲大陆，都是随处可见的。

现代知识的中立性以及普遍的知识分子的出现，深刻地影响了现代知识的传播过程，并产生了不容忽视的社会政治、经济和文化后果。后面的研究要专门来分析这个问题。这里所要指出的是，正是这种源自认识论和道德上的理由，使得现代知识也就是科学知识被看成全人类的新福音，被允许在全球范围内毫无障碍地传播，以期解决不同地区、民族所碰到的不同问题。这样，在世界范围内就形成了一种不均衡的知识生产与消费、集中与分配现象：一方面，发达国家培养和吸收了世界上大部分有知识创新能力的人才，控制着知识的生产与分配；另一方面，发展中国家或不发达国家大量人才外流，在许多方面只能依靠消费发达国家所提供的有限知识来保证本国的社会发展和进行社会重建。这种状况很像全球不均衡的资本形势：一方面，发达国家出于种种原因占有了全球的绝大部分资本，控制着全球资本的流动和配置；另一方面，发展中国家和不发达国家的社会经济建设和改革急需大量的投资。尽管发展中国家和不发达国家在消费源自发达国家的新知识时并不像获得发达国家贷款和投资时那样面临许多苛刻的政治和经济条件，但是，由于不断地消费源自发达国家的新知识而形成的与发达国家之间的依附关系和政治、经济领域内的依附关系是一样的。这种知识领域内的依附关系一方面进一步强化了发展中国家、不发达国家与发达国家之间的政治和经济依附关系，另一方面也极大地损害了发展中国家、不发达国家自己的知识利益，进一步强化了现代知识的客观主义、普遍主义和西方中心主义，加快了前两者本土知识体系的瓦解过程。

## 三、后现代知识的性质

从现代知识性质向后现代知识性质转变是从现代科学知识型向后现代文化知识型转变的一个重要组成部分。这种转变与对现代知识性质特别是上述现代知识基本性质的批判是分不开的，可以说是直接建立在对现代知识性质的批判基础上的。就其批判的目的而言，当然包括对现代知识基本性质的否定，但不仅仅是对现代知识基本性质的否定，除此之外还包括对知识性质的新阐述，因此不仅不会导致一些人所担心的“虚无主义”或知识的退步，相反只会促进人类更好地认识与理解知识世界和知识生活，从而使人类能够更好地、更理性地进行知识生产、传播与消费。

概括起来，从现代知识性质向后现代知识性质转变主要体现在以下三个方面。

### 1. 从客观性到文化性

这一转变说明，现代知识型所宣称的知识的客观性是不可能实现的，它所需要的那些条件是不能成立的。知识的性质不可避免地受到其所在的文化传统和文化模式的制约，与一定文化体系中的价值观念、生活方式、语言符号乃至人生信仰都不可分割，因而就其本性而言是“文化的”而非“客观的”，是“文化涉入”的而非“文化无涉”的，是有一定的“文化限域”的而非“跨文化的”或“超文化的”。

20 世纪对现代知识客观性的批判是从多个知识领域进行的，这里无法对其一一进行叙述和分析。我们这里主要关注的是：上述知识客观性的内涵或条件如何不能成立？人们如何通过对这些内涵或条件的批判而解构知识的客观性信念？这些内涵或条件又是如何与一定的文化有着内在关联？

如上所述，现代知识的客观性信念依赖于独立于认识主体的客观事物或“实体”的存在。正是这种不因人的主观意志而转移的客观事物或实体假设最终支持着现代知识的客观性信念。因此，后现代对知识客观性的批判首先集中于对作为认识对象的客观事物或实体假设的批判。然而，这个批判是困难的，因为稍不留心就会陷入古代本体论的论争中去，就会陷入唯心主义的泥坑中去。因此，批判者不在独立于人的主观意志的客观事物或实体是否存在这个问题上多花时间，他们要追问的是：“认识对象”是否独立于人的主观意志之外？其是否是“独立的”“自主的”“自在的”？

对于客观主义者来说，这是一个致命的问题。因为，显而易见，认识对象无论是作为一个事物、一种关系还是一个问题都不是“独立的”“自主的”“自在的”，它们与认识者的兴趣、利益、知识背景、价值观念、生活环境等都有着密不可分的关系。可以肯定地说，不是认识的对象“激发”了认识主体的认识兴趣，引发了认识主体的认识行为，恰恰相反，是认识主体的认识兴趣以及其他许多与认识行为有关的条件“选择”了认识的对象，“制造”了认识的对象，使认识的对象从无知的、寂静的、遥远的世界中“凸显”出来，成为完整的、现实的认识过程中的一个要素。缺乏主体的认识兴趣以及其他许多与认识行为有关的条件，就不会有任何认识的对象，认识行为就会陷入一种“无的放矢”的境地。

然而，认识主体的认识兴趣又是从哪里来的呢？例如，本研究表明研究者对知识转型与教育改革的关系非常感兴趣，此刻其他一些教育研究者可能对课程结构的变革非常感兴趣。又例如，在自然科学界，有的人可能对基因突变的原因感兴趣，有的人可能对全球大气的变化与生态灾难的分布感兴趣，如此等等。显然，这些认识兴趣不等于童年时期漫无边际的“好奇”，它们包含着对某种问题和知识历史的理解，包含着对某种问题解决后的结果的价值期待，甚至包括认识主体对自己社会责任的体认。因此，虽然认识活动是个体的活动，但是激发这种个体活动的要素却不是个体的、即时的和稍纵即逝的，而是社会的、历史的和深远的。可能正是因为看到了这一点，恩格斯精辟地指出，社会一旦有技术上的需要，则这种需要会比 10 所大学更能把科学向前推进。社会在知识和技术上的需要或社会变革所提出的知识和技术问题是产生认识主体认识兴趣，“制造”认识主体认识对象的主要因素。这就是说，认识对象是由社会因素所建构的，而不是脱离认识主体的“独立的”“自主的”“自在的”东西。而这种社会因素归根结底就是社会的价值需要，或更准确地说是建立在一定社会政治、经济和文化发展状况基础上的对“有价值的”知识的需要。毫无疑问，一个认识者或一个以知识为业的人，不管他最后所生产的知识是否能够满足一定社会的价值需要，他在生产知识的时候一定都是怀着这种价值实现的愿望或理想的。

如果认识的对象是由社会的价值需要所“建构”的，而不是由外部世界本身所“给定”的，那么现代知识的客观性理想所追求的对认识对象的“反映”就结果而言就不可能是纯粹的“实体”属性，就过程而言也就不可能是对纯粹实体的纯粹“复写”和“描述”。在现代科学认识所指向的对象之中不可避免地“掺杂”着人类文化的因素，如已有的理论传统、认识者的价值期待与形而上学的信念等。只有在这样的文化因素的背景中，认识主体才能“发现”或“找到”自己感兴趣的问题。换句话说，认识主体从认识对象那里“看”到的不仅有认识对象的“客观属性”，还包括了由认识主体所处的文化境域所决定的“社会属性”。这就是说，任何一种认识活动，都不是纯粹“外在的”“反映过程”，而是非常复杂的“内在的”“理解过程”——对相关认识成就的理解、对新的问题和新的知识价值的理解、对新的认识所能够达到的程度的理解、对种种方法与技术局限性的理解等。忽视了这种内在的理解，就不可能有任何外在观察的出现，更谈不上生产有价值的知识。所以，客观主义者用以确保知识客观性的“实在”基石是不存在的，至少说是不牢固的。代替它的是一种与人类文化已有成果或状态相联系的，并由其所“选择”和“制造”的认识对象。

随着这种独立于认识者的“实在”假设被证伪，客观知识的其他属性就都失去了保证。“符合性”首当其冲。因为，如果不存在独立的“实在”，那么就根本谈不上知识陈述“符合”实在。人们平常所说的“符合性”究竟是怎么回事呢？在科学特别是自然科学的认识活动中，人们似乎确实感觉到有许多的知识陈述与外部世界的存在状况是“相符合”的。一个似乎不容否认的事实就是：在给定的条件下，某些事物或现象之间的因果联系就会不断出现，就可以被重复观察到。这不是证明了某种知识陈述与客观事物之间本有的联系是相符合的吗？其实，这是人们的一种“错觉”，是一种科学认识活动给予科学界之外的人的一种错觉，或者说是科学界之外的人由于对科学认识活动所知不多而产生的一种错觉。真实的情况是：第一，从来没有一种科学知识的陈述能够百分之百地就某一给定的条件与预期出现的结果之间做出精确的预测，也从来没有哪一种科学实验能够拒绝或排斥任何的“反常”。那些宣称自己获得了这种“符合性”的结论的人，都是在“悬置”一定的反常现象时才得出这个结论的。如果不“悬置”这些反常的现象，就得不出任何一个科学的结论，更谈不上得出与实在“相符合”的结论。① 通常的情况是，科学的实验、原理或公式只是说明了在给定的条件下会出现什么现象，而不说明那些被悬置的问题。或者说，科学家们说明了那些悬而未决的问题，但是当科学知识在社会中传播时，这些问题却被忽略不计。因此，可以说，是知识之外的因素推出了这种“相符合”的结论，而不是知识发现的过程本身推出了这种“相符合”的结论。第二，

---

① 波兰尼（K. Polanyi）指出，在发现海王星之前，天文学家们就注意到了行星运动的摄动现象(时间大约是 1786 年)，该现象不能用行星之间相互作用的规律加以解释。但是，为了不触动牛顿的万有引力定律，大多数天文学家将这种摄动现象作为反常现象搁置起来，希望将来能够在不伤及牛顿的万有引力定律的情况下对其进行解释。其实，不仅是牛顿的万有引力定律，就是人们所熟悉的其他许多科学定律如达尔文的生物进化规律、爱因斯坦的相对论等都搁置了一些反常或不能解释的现象（包括自然的或理论的）。这一点往往为科学史专家和科学教育所忽略。

判断一种知识陈述与客观实在是否相符合时所运用的逻辑方法主要是归纳的方法。但是正如休谟和波普尔所指出的那样，归纳的方法有着自身无法克服的缺陷，即我们永远不能用已经出现的某种现象或现象间的联系来推论或代表那些没有出现的现象或现象间的联系。人们经常举的例子就是：不能因为迄今为止所观察到的天鹅都是白色的，就得出“所有的天鹅都是白色的”结论。这种全称命题永远不能建立在个别观察事实的积累上。正如玻恩（M. Born）所说：“归纳允许我们从大量的观察中得出一般的结论，……但是日常生活并没有提供这种归纳有效性的标准。为了自己的应用，科学提出了自己的模式或行业规则。”（Born，1943）[7] 作为一位伟大的物理学家，玻恩更愿意将归纳看成一个形而上学的原则，看成“一个信念的问题”。在玻恩论述的基础上，波普尔一针见血地指出：

> 归纳，即以大量观察为基础，既不是一种心理学的事实，也不是一种日常生活的事实，更不是一种科学活动的程序，而是一种神话。（Popper，1963）[53]

即使人们不将归纳本身看成一种“神话”，也可以将通过归纳获得的与事实相符合的知识看成一种“神话”、一种“期待”或者一种主观的“愿望”。不管这种主观的愿望是多么强烈，其动机是多么高尚，它们永远都不能实现。这就从根本上颠覆了源于经验主义的符合论知识观，说明了人们平常所认为的“符合”不是与认识对象的客观性质相符合，而是与一定的文化中已经存在的认识规则或知识“游戏规则”相符合。实际上，一种认识活动什么时候结束并不取决于它对认识对象客观属性的反映程度，而是取决于它有没有获得符合现有知识“游戏规则”的新知识。一种新的知识陈述什么时候可以发表更不是取决于认识对象，而是取决于整个知识共同体的“游戏规则”。这种知识“游戏规则”对知识生产和传播的支持或限制作用也就是库恩所谓的“科学范式”的作用。没有这种知识“游戏规则”或“科学范式”，任何人都不能获得“符合”认识对象的知识。认识不到或不能理解这种知识“游戏规则”或“科学范式”，一个人就没有资格和能力从事知识生产。

随着独立于认识者的认识对象的“实在性”被证伪及建基于其上的知识“符合性错觉”被揭示出来，与知识客观性有关的“可证实性”也成了问题。“可证实性”与知识的辩护有关，指一种知识陈述可以通过观察或实验的途径加以证实。经验主义者原来是用这个标准来反对形而上学知识的，因为建立于思辨基础上的形而上学知识很多是“非经验”的，既不能被证明为“真”也不能被证明为“假”。这种知识在17世纪以后逐渐被看成空洞的、无用的知识。“可证实性”因此就被经验主义者包括实证主义者用来作为区分科学与形而上学的一条根本原则，希望通过这条原则来反对和摒弃形而上学。应该说，“可证实性”在帮助科学与形而上学划界的问题上确实是一条有效的原则，但并不充分，原因在于“可证实性”本身存在着巨大的缺陷。不难理解，一种知识陈述的证实依赖于通过观察和实验所获得的“证据”。习惯上，经验主义者总是将这种“证据”看成没有任何问题的，对于某种知识陈述来说是充分有效的。但是，实际情况却并非如此。事实上，和认识对象一样，用来证明认识结果的“证据”也是被“制造”出来的，而不是客观实在“给定”的。存在于一定文化之中的生产“证据”的规则决定着人们获得“证据”的类型和形式，决定着证据发挥作用的方式。费耶阿本德说：

> 正是由于证据的这种历史–心理性格，它不仅描述了事件的客观状态，而且表达了与这种事件状态相关的某种主观的、神话的及被长期遗忘的观点，这就迫使我们重新审视方法论。它表明，不经任何进一步的努力，让证据来直接判断我们的理论是极其轻率的。……将实验结果和观察结果视为理所当然之物，将证据强加于理论之上，就意味着不经任何进一步的检验就接受观察结果和实验结果的意识形态。（Feyerabend，1975）[67]

费耶阿本德由此认为，如果理论与证据之间不一致，可能并不像人们所通常认为的那样是理论错了，而是因为证据被这种科学的意识形态“污染”了。因此，一切宣称的证实都是值得怀疑的。波普尔从另外一个方面指出，如果我们在证实知识陈述之前要先证实证据，那么我们就得有另外一种“证据”——“证据的证据”(proof of proof)，并对证据进行证明。这样一来，我们就会陷入无限的“退步”。这种现象说明，我们永远不能获得完全可靠、没有任何疑问的证据，因此我们永远不能宣称一种知识陈述被“证实”了。所以，“可证实性”不可能成为科学知识的特征。事实上，从古到今，也确实没有一条科学理论被完全证实了。为了代替这种“可证实性”，波普尔提出了另外一种知识属性——“可证伪性”(falsifiability)。波普尔认为，尽管在经验的意义上任何一种理论都不能被“证实”，但是其可以被“证伪”。他认为，任何一种理论都不是证实的结果，而是猜测的结果。科学观察和实验的功能也不是去证实一种理论，而是去证伪一种理论或修正一种理论。科学知识的进步就是通过猜测及通过对这种猜测的批判性检验实现的。简言之，知识的本性就是“猜测”，其中“混杂着我们的错误、我们的偏见、我们的梦想、我们的希望”(Popper，1963)[30]。

如果说，在自然科学中，认识对象的“实在性”、认识结果与认识对象的“符合性”，以及知识陈述的“可证实性”都成了问题，那么在社会科学和人文科学中这些问题就更加严重。事实上，现代科学知识型自建立以来，就一直想将上述的知识性质强加于社会科学和人文科学研究，试图发现隐藏在社会现象和人文现象背后的“社会规律”与“人性规律”，但是始终未能成功。原因就在于构成社会现象和人文现象的不是寂静不动的物质，而是活生生的人及其活动。因此，正如狄尔泰、曼海姆、伽达默尔等人所指出的那样，如果不理解社会的结构和人的主观世界，单凭外在的观察是不可能获得社会知识和人文知识的。在社会知识和人文知识领域，价值、趣味、社会地位、意识形态等主观的和文化的因素更是大量地渗透到人的认识过程中去，是人的认识活动得以顺利进行的必要条件。

这种必要条件用曼海姆的话说，就构成了认识的“视角”（perspective）。曼海姆认为，视角意味着“人们观察客体的方式”，它不仅决定着思想的形式，还决定着思想的实质性内容。缺乏这种视角，一个人就缺乏认识和分析事物的能力。曼海姆进一步指出，这种视角与认识者所处的社会位置密切相关，实际上是后者决定着前者。一个人处于不同的社会位置，不仅会对同样的事物、事件或概念有不同的看法，甚至会谈论不同的事物、事件，使用不同的概念。而且，一个人“提出问题的方法、表达问题的水平、希望达到的抽象或具体的水平，都同样受到社会存在的制约”（Mannheim，1963）[250]。正是由于看到了这种社会存在对思想的制约，曼海姆严肃地指出，每一个阶级、团体对世界都有自己的解释，都努力使自己的解释被普遍接受。因此，理论论争在一般意义上可以被看成权力之争的插曲。当社会权力被一种阶级所控制的时候，这种阶级所代表的解释世界的模式就处于支配地位，任何反对的声音都不被允许。但是，任何权力的独裁迟早要结束。当它结束的时候，对世界不同的解释模式和不同的理论就开始公平竞争。这就是曼海姆知识社会学的要点，他要用它来反对实证主义和现象学的“绝对主义”“客观主义”的知识观，提倡一种“历史主义”（historicism）、“视角主义”（perspectivism）和“相对主义”的知识观。①

所以，无论是在自然知识领域还是在社会知识和人文知识领域，现代知识型所要求的“实体性”“符合性”“可证实性”以及相应的“一致性”“非人格性”“公共可传达性”都是不能成立的。在认识活动之前，先有认识主体的存在；在认识主体存在之前，先有赋予认识活动以视角和最终合法性的社会存在。从来不存在脱离社会历史和现实的认识主体，因此

① 曼海姆指出，“历史主义”的要点是，没有任何一件人类文化产品能够在永恒的范式中被分析和理解。“历史主义”意味着完全的“相对主义”。关于“相对主义”，曼海姆提醒人们不必害怕，他指出“相对主义”的实质在于强调发现“绝对真理”的困难，而“绝对主义”和“客观主义”则完全忽视了这一点，后者大声地宣布“自身的真理性”，以期获得绝对的、不可动摇的思想权力。参见：MANNHEIM K, 1952. Essays on the sociology of knowledge [M]. London: Routledge: 136−137.

也从来不存在脱离社会历史和现实的认识活动、认识产品和对认识产品的辩护。权力、价值、利益、意识形态、理论传统、个人对概念和范畴体系的偏好等文化因素都深刻地影响着它们。因此，后现代知识型认为，“文化性”而非“客观性”才是所有知识的基本属性。“客观性”本身也是近代文化的产物，与近代文化的其他要素有着密切的联系。因此，没有哪一种人类知识的客观性是绝对的、纯粹的、不需要接受进一步质疑的，所有的知识都应该向未来的批判性检验开放；同时，没有哪一个时代的人不需要对前人所获得的种种知识进行新的审视、修正或抛弃，并发展出适合自己这个时代所需要的新知识。认识到这些，人们就能更好地对待那些宣称自己“客观”的知识，反对认识问题上形形色色的权威主义①；就能更好地认识那些被客观性剥夺了资格的知识，更好地理解自己当下的知识生活。

**2．从普遍性到境域性**

如上所述，现代知识的普遍性是建立在“普遍的可证实性”与“普遍的可接纳性”两个概念基础上的。就这两个概念之间的关系而言，“普遍的可接纳性”实际上又是建立在“普遍的可证实性”基础上的，后者是前者的一个心理结果。然而，“普遍的可证实性”又是建立在“可证实性”基础上的，是“可证实性”概念在空间上的一个扩展。所以，随着上述对“可证实性”的反驳，“普遍的可证实性”以及建立于其上的“普遍的可接纳性”和一般意义上的知识的“普遍性”都成了问题。后现代知识型认为，代替这种“普遍性”的是“境域性”（contextuality），即，任何知识都是存在于一定的时间、空间、理论范式、价值体系、语言符号等文化因素之中的；任何知识的意义也不仅是由其本身的陈述来表达的，更是由其所处的整个

① 无论在西方还是在中国，这种认识论上的权威主义在历史上都长期存在，极大地阻碍了知识的进步。随着“客观性”信念的崩溃，认识论中权威主义也失去了其根本的依据。根据波普尔的观点，所有知识，不管它们出自怎样伟大的心灵，都只是一种“猜测”，都需要加以进一步“检验”和“反驳”。也许上帝知道最后的秘密，但是上帝却并未开口，也从未开口。因此，在认识的过程和知识的领域中，人们应该以一种宽容的态度来对待所有的观点，这不但是学者的一种“美德”，而且是促进人类知识进步的“条件”。人们应该彻底地批判各种各样的“学阀”和“学霸”，应该时刻反省自己对于不同见解的态度，这对于教育尤其具有重要的意义。

意义系统来表达的。离开了特定的境域，既不存在任何知识，也不存在任何的认识主体和认识行为。

对知识普遍性的解构和对知识境域性的强调与知识社会学、科学哲学和解释学的发展密不可分，也与在知识问题上对“西方中心主义”的批判密不可分。如上所述，知识社会学通过对实证主义和现象学绝对客观知识的批判而主张相对主义、历史主义与视角主义，这就包含着丰富的“境域性”的思想。科学哲学强调所有的观察都蕴含着理论和所有的科学活动都受制于某一时期的“科学范式”，也说明了认识活动对于已有理论传统的依赖性，这不仅是指认识活动依赖于已有的理论观点，还是指认识活动依赖于已有的概念、范畴体系、研究方法、思维方式。解释学更是一反经验主义的立场，宣称个体的主观经验在认识活动中不仅是不需要剔除的，而且是不可缺少的。正是个体的主观经验构成了个体提出问题、观察问题和分析问题的“视界”，也正是个体的主观经验将以往人们所认为是抽象的、纯粹的真理引入历史领域，成为历史的真理。解释学的历史真理不同于实证主义的客观真理的地方在于：它并不终结所有的知识，相反，它主张所有的知识向历史开放，认为只有在历史过程中人们才能获得知识的合法性。个体的认识过程也根本不是以纯粹个体反映外部世界的形式进行的，而是以个体“视界”和历史“视界”不断融合的形式进行的。无视界的认识和无视界的知识都是不存在的。

随着对知识境域性的揭示，人们开始了对知识问题上“西方中心主义”的批判。这种批判又反过来进一步揭示了人类知识的境域性特征，使人们第一次有可能以一种公正的眼光来看待人类知识的多样性。知识问题上的“西方中心主义”是一个非常复杂的、由许多历史的与现实的因素所导致的并有着各种表现形式的一种知识态度和信念。它认为，近代以来西方所出现的科学知识才是真正的知识，非西方的知识都不是真正的知识。在政治领域中，政治家们由此将西方社会看成“文明的社会”，而将非西方社会看成“不文明的”或“未开化的”甚至是“野蛮的”社会，将西方文化对本土文化的入侵过程看成一种帮助本土社会“文明化”的过程。这种过程在很长时间内被认为在道德上和政治上是无可非议的，这种过程本身也曾经被西方学者和本土学者作为人类社会或本土社会“总体现代化”过程的一部分。但是，随着知识客观性和普遍性的解构，随着人类学家和哲学家对西方之外的知识体系的认识越来越全面，人们发现，原来认为没有任何争议的“文明化”过程，实际上是用一种知识标准反对另一种知识标准，用一种知识体系颠覆另一种知识体系的过程。它导致的不是本土知识的发展，而是本土知识合法性被解构及其在社会生活中逐渐被遗忘。这确实是一个惊人的发现，它真正地揭示了以客观性、普遍性为基础的知识霸权主义的严重危害性。费耶阿本德将这种知识的普遍性传播过程称为“科学沙文主义”，他提出用“无政府主义的知识理论”来反对这种“科学沙文主义”。在费耶阿本德看来，一个在知识问题上的“无政府主义者”所积极反对的就是“普遍标准”“普遍规律”“普遍观念”［例如“真理”（大写的）、“理性”（大写的）、“正义”（大写的）、“爱”（大写的）］以及它们所导致的理智霸权行为。费耶阿本德对于这种行为的危害性进行了深刻的批判：

> 现代科学的兴起伴随着西方侵略者对非西方部落的镇压。这些非西方部落不仅在肉体上遭到镇压，其还失去了自己理智上的独立性。……这些部落中最聪明的成员得到了额外的奖赏：他们被引导到西方理性主义及其顶峰——西方科学之路上。……在大多数情况下，（本土知识）传统未经任何辩论就消失了，人们在肉体上和精神上都只能成为（西方的）奴隶。（Feyerabend，1975）[299]

在这种情况下，一个社会的传统知识只保留在那些没有接受现代教育的偏僻地区。在那些现代化的地方，支配人们生产和生活的实际上是现代西方知识。这样一来，在许多非西方社会中，实际上形成了一座“知识金字塔”，处于最下层是“本土知识”或“传统知识”（如传统的医学知识、法学知识、农学知识、社会学知识、教育学知识等），它们既得不到社会的重视，也得不到正规教育系统的传播。在绝大部分情况下，它们处于自生自灭的状态。在“知识金字塔”的顶端，端坐着的是“西方知识”或曰“科学知识”，它们既是知识王国的“统治者”，也是知识王国的“立法者”“执法者”“最大受益者”。人们对这种知识以及生产这种知识的人的恭敬程度几乎到了顶礼膜拜的地步。处于“本土知识”和“科学知识”之间的是各种不同级别的兼有科学性、本土性这两种性质的知识，它们是用西方所谓的科学方法来对本土问题进行研究所获得的知识。根据运用科学方法的严格程度及其与西方科学知识的接近程度从上往下分层排列，不同层次的知识所获得的尊重程度也从上往下分层递减。这种以西方知识体系为核心的“知识专制”现象严重地威胁到人类文化的多样性，威胁到人类的生存。正如雅各布（F. Jacob）所说：

> 文化多样性使得人类能够更好地适应不同的生活环境，更好地利用世界的资源。然而，就在这个领域，我们现在正受到单调和乏味的威胁。人类社会的信念、习俗及制度的种类每天都在减少。在工业文明模式的影响下，人们或者从肉体上被消灭，或者从精神上被改变。许多文化正在消失。如果我们不想生活在由某种单一的技术、语言和生活方式所构成的世界中，即不想生活在一个令人厌倦的世界中，那么我们就必须警觉起来。（Jacob，1982）[67]

20 世纪 80 年代以来，这个问题开始引起许多发展中国家和不发达国家的高度关注，也引起了联合国教科文组织的关注。联合国教科文组织曾经专门组织会议讨论非西方国家特别是以前的西方殖民地国家的教育体系如何接纳和发展“本土知识”的问题，讨论“本土知识”与“本土发展”之间关系的问题。负责这些讨论的蒂斯代尔（G. R. Teasdale）非常深刻地描述了这种行动的政治性质：

> 对于一些本土人民来说，……有关什么是合法的“本土性”观

> 念的斗争是他们为生存而进行斗争的一部分，是他们文化的、种族的、领土斗争的一部分。本土人民，即使他们占人口的绝大多数，他们也时常接受殖民地时代大学的遗产以及大学中殖民主义的教学和研究实践。所有这些都被（他们）视为重要的“知识控制”，代表着通向精英阶层的入口。（Teasdale，Rhea，2000）[4]

随着这种曾经被剥夺了知识资格的“本土知识”对于“西方知识”的反抗，人们也越来越能认识到“本土知识”的价值及“本土知识”与“西方知识”的互补性，越来越能认识到“本土知识”对于“西方知识”的价值，越来越能接受“知识多样性”和“境域性”的观念，从而在日益频繁的国际知识交流和传播过程中，也越来越能注意倾听来自不同国家、地区和文化传统的声音，在许多问题的研究上避免“知识霸权”或“科学沙文主义”的出现。

联合国教科文组织（2017）[22]在《反思教育：向“全球共同利益”的理念转变？》报告中明确提出，人类未来的教育“必须探索主流知识模式之外的其他各种知识体系。必须承认和妥善安置其他知识体系，而不是将其贬至劣势地位。……假如我们愿意放弃固有观念，敞开心扉，接受对于现实的各种不同解释，丰富多彩、异彩纷呈的世界观将丰富我们所有人的世界。”

**3．从中立性到价值性**

如上所述，现代知识的“中立性”是现代知识“客观性”的一个侧面。随着现代知识的“客观性”被解构及其被“文化性”所代替，现代知识的“中立性”神话也终于被打破，暴露出其本来的文化性和价值性。

首先，如上所述，现代知识的“中立性”所要求的作为认识对象的实在的“自主性”和“非人格性”是不成立的。认识对象是主体和社会所建构的，自然反映主体和社会的价值趣味与文化偏好。其次，现代知识的“中立性”所要求的“纯粹的”感觉经验或理性形式也是不成立的，不仅所有的感觉都接受着理论的指导，而且“理性”与“文化”之间也存在着非常密切的关系。正如罗蒂所指出的那样，不存在一种“大写的”、超越所有文化界限的“理性”。有“西方人的理性”，也有“东方人的理性”；有“发达社会中的理性”，也有“不发达社会中的理性”。那种认为只有一种理性——西方近代以来形成的理性——的观点是滑稽可笑的，是对于理性多样性的无知，这种无知也是西方人对非西方社会无知的根源。黑格尔对中国人缺乏理性的讽刺正好可以作为一个反例说明黑格尔对理性与文化关系的无知。再次，现代知识“中立性”所要求的“普遍性的证实”也是一种假象，一方面不仅没有任何一种知识经过了所谓“普遍性的”证实，而且也不可能有任何一种知识经过了普遍性的“证实”。“可证实性”或“符合性”本身就是一种愿望而非一种事实。最后，现代知识的中立性所要求的一种“数学化的”“可观察的”“可归约的”语句，以及“价值中立”的概念、符号、数字、关系等只能适用于一些有限的知识领域，不能适用于所有知识领域。并且，就是在这种有限的知识领域中，可以使用的陈述语言也并非只有这样一种选择。实际上，正如一些诺贝尔奖获得者所说，就是在自然科学中，文学的语言对于表述科学实验结果，理解科学实验的过程和意义也并非完全无用，在有些时候甚至可能还是唯一合适的语言。换句话说，精确的语言并不是科学语言的全部，语言的精确性当然也并不是科学语言的特权。在社会科学和人文科学中，追求“数学化的”“可观察的”“可归约的”“价值中立的”语言不但毫无意义，而且根本不可能。正如知识社会学家们所指出的那样，在社会思想领域，语言不但是思想工具，而且其本身就是思想的形式。处于不同的社会位置的人往往使用不同的语言形式，同样的概念或范畴在不同社会位置的人那里往往蕴含着不同的意义。

后现代知识的“价值性”说明，所有的知识生产都是受着社会的价值需要指引的，价值的要求已经代替求知的渴望成为后现代知识生产的原动力。正如利奥塔所指出的，20 世纪 60 年代以后，支持科学家和研究人员的研究行为的已经不再是 18 世纪的启蒙理想，而是国家和企业的知识与技术需求。科学家或知识分子已经不再是或主要不是出于对知识的兴趣或为人类的利益而从事研究，而是为市场的知识购买需求而从事研究。他说：

> 古老的原则认为，知识的获得与心灵的教化或者个体的教化分不开。这条原则今天已经过时了，而且将来会更加陈旧。知识供应者与知识使用者之间的关系，以及他们与所供应和所使用的知识之间的关系，现在正在倾向于采用而且会越来越倾向于采用商品生产者和商品消费者之间的关系，以及他们已经采用的与所生产和所消费的商品之间的关系形式，即价值形式。人们为了销售知识而去生产知识或将要去生产知识，人们为了在新的生产中稳定价格而去消费知识或将要去消费知识。在这两种情况下，人们的目的都是交换。知识本身不再是目的。（Lyotard，1984）[4-5]

这种状况在一些大型或巨大型的研究中更是明显。这些研究需要投入的人力、物力、财力一般非常惊人，因此也根本不是科学家个人能够决定的。这种研究已经从科学家个人行为和某一个科学共同体的行为变成一种政府行为或企业行为。国家或大型企业是整个研究计划的制订者、投资者和研究成果最后的享用者。科学家在整个研究过程中，不过是政府或大型企业雇来用于从事自己所需要的知识生产的“工人”。一旦整个研究结束，“工人”生产出了投资者所需要的知识产品，“工人”也就被解雇了，不得不转而寻找其他的“雇主”。启蒙时期所确立的知识分子的形象改变了，坚持“思想自由”和“学术自由”的“学者”消失了。

不但所有的知识都是受着价值引导的，而且所有知识本身也体现着一定的价值要求。这一点对于社会知识和人文知识来说最明显不过了，因为在社会知识和人文知识领域中根本就不存在纯粹的事实，有的只是由价值建构的事实；也根本不存在纯粹的观察，有的只是在一定价值立场指引下的观察；亦根本不存在价值中立的陈述语言，有的只是在一定历史文化中形成的独特的概念和范畴。因此，社会知识和人文知识总是包含着一定的价值要求，孔德和韦伯所要求的“价值中立”是根本做不到的。实际上，对于社会科学家和人文科学家来说，与其宣称“价值中立”，不如在陈述知识的时候陈述自己的文化立场特别是价值立场，以便他人能够对自己的研究有更深刻的理解。这恐怕就是当前一些从事社会问题和人文问题研究的学者在发表文章时说明自己的出身、种族、性别等文化身份的原因。研究自然知识特别是自然科学知识的科学家，当然不必如此。但是，这并不是说对自然知识特别是自然科学知识本身不存在价值的要求。实际上，就是在自然知识那里，知识与价值也是不可分离的，只不过两者发生联系的方式要更为间接和隐蔽一些。自然知识大都属于赖尔（G. Ryle）所说的“事实性知识”（knowledge that），不同于另外一类具有策略性的“方法性知识”（knowledge how）。但是，正如布鲁迪（H. Broudy）所指出的那样，这两者实际上也是不可分的。一方面，所有的“事实性知识”均以一定的“方法性知识”为前提；另一方面，所有的事实性知识总是“包含”着或“暗示”着一定的方法性知识，即“包含”着或“暗示”着一定的行为要求。正是这后一个方面的联系凸现了自然知识的价值意义。例如，哥白尼的“日心说”不仅仅是一种事实的描述，而且“包含”着或“暗示”着下列价值要求：“‘地心说’是错误的，要放弃‘地心说’”；“建立在‘地心说’基础上的所有经验都是错误的，要抛弃这些经验”；“建立在‘地心说’基础上的宗教学说是可疑的，要质疑它们”；等等。如果考虑到当代社会自然科学的发展日益受制于社会政治、经济、军事的技术要求，那么自然科学知识的价值意味就更加明显了。可以说，当代人们所谓的高新技术，如新材料、新能源、电子技术、航空航天技术等的发展在很大程度上都要归于“冷战”前后发达国家政治的、经济的和军事的技术要求，也都直接地服务于这种技术要求。

后现代知识的价值性还特别体现在所有的知识在传播过程中都是受权力因素制约的，都是社会总体权力实践的一部分。越来越清楚的是，社会的权力实践不仅仅体现为“肉体控制”，还体现为“知识控制”。“知识控制”不仅仅体现在形形色色的检查制度上，还体现在对知识标准的控制上。控制了知识的标准就控制了异质性知识的生产和传播，而控制了异质性知识的生产和传播，就将出现异端行为或反抗行为的可能性降到最低。近代以来大量非西方的“本土知识”之所以受到压抑，被禁止传播，主要的原因就是它们不符合“客观性”的知识标准，更深层的原因是西方殖民者要通过这种知识标准的控制来达到对殖民地社会进行政治控制的目的。当代在许多非西方国家所发生的“本土知识的反抗”主要也就是通过反抗“客观性”知识标准以重新使自己的本土知识“合法化”，重新赢得对其进行传播的权力。而赢得了传播的权力就等于赢得了传统的精神资源，就等于赢得了彻底反抗西方殖民主义统治最锋利的武器，就等于获得了本土人民的自尊、自信和自主发展的可能。也只有这样，他们才能真正走出殖民地时代。总之，人们越来越清楚地认识到，“知识”与“权力”是不可分割的，知识离不开权力，权力也离不开知识。不存在什么“普遍的知识分子”，存在的只是“具体的知识分子”（specific intellectual）。这种知识分子不再以对真理的渴望和占有自居，不再将自己所生产的知识看作人类公共的财富。福柯指出，这些知识分子

> 明确地意识到他们的工作或生活条件（家庭、医院、避难所、实验室、大学等）对自己产生的影响，不再以“全体”、“楷模”和“永远正确”的方式工作。这一点毫无疑问给予了他们更加直接和具体的斗争意识。并且，他们在这儿所碰到的问题都是具体的、特殊的问题。（Gordon，1980）[129]

以上介绍的从现代知识性质到后现代知识性质的转变具有非常重要的认识论意义。首先一点也是最重要的一点就是，其有助于彻底地清除知识问题上的“权威主义”。自原始社会以来，这种知识问题上的权威主义就一直统治着人们的知识生活。现代科学知识型尽管反对形而上学知识型的权威主义，但是并没有彻底地抛弃权威主义，只不过是用感性和理性的权威代替了亚里士多德和圣经的权威。这种知识问题上的权威主义明显地激

起了人们对真理的“狂热”①和“迷信”。这种“狂热”和“迷信”一方面不利于知识的进步，另一方面，其一旦与霸权政治的需要结合起来，就会成为政治统治和压迫的工具。后现代知识对现代知识基本性质的解构有助于从根本上破解这种知识问题上的狂热和迷信，使人们以一种更加“理智的”“清醒的”“谦逊的”态度来看待任何知识，动摇霸权政治的认识论基础。其次，后现代知识性质的转变有助于彻底地清除知识问题上的“科学主义”和“西方中心主义”，使许多“被压抑的知识”和“被剥夺资格的知识”重新合法化，重新受到人们的重视，重新在社会生活和个体生活中发挥它们应有的作用。“知识多样性”开始作为“文化多样性”的一个组成部分为人们所认识，并反过来加强着文化的多样性。再次，随着后现代知识性质对“权威主义”的解构和对“科学主义”“西方中心主义”的批判，普通人的知识身份得以改变，他们不仅被视为单纯的知识消费者，还被视为知识的传播者、解释者和生产者。实际上，随着现代知识“客观性”“普遍性”“中立性”的解构，每一个普通人都已经成为整个社会的、历史的知识链条或知识网络中的一个环节，都有权力、有可能对任何知识进行质疑和修正。人民群众在社会生活中的知识权力开始得到尊重和运用，从而极大地解放了社会的知识创新能力，改变了整个社会的知识生产方式和传播方式。长期以来建立在“客观的”“绝对的”知识基础上的人类“知识帝国”终于有可能被推翻，一个新的、各种知识合法共存，以及各种知识主体合法共存的“知识共和国”正在诞生。

## 四、后现代知识性质的转变与教育改革

如上所述，知识的性质与教育活动有着密切的关系。知识性质的转变必然会动摇原有教育的知识基础，引发建基于其上的原有教育观念、制度

---

① 波普尔深刻地指出，培根和笛卡尔的认识论既促进了科学的进步，也带来了许多“灾难性的后果”。它们几乎是所有真理狂热和权威主义的基础，它们甚至具有“宗教的性质”。

和活动的危机，从而推动一定时期的教育改革。从现代知识性质向后现代知识性质的转变也同样引起了“现代教育”的危机，呼唤着“现代教育”的变革。这种危机和变革是多方面的，这里我们主要从教育目的、课程知识的选择、教学过程的组织以及教育学研究四个方面进行分析。

**1. 教育目的**

从教育思想史来看，关于现代教育目的有多种多样的表述，如夸美纽斯的“为来生做准备”洛克的“培养绅士”、裴斯泰洛齐（J. H. Pestalozzi）的“促进儿童发展”、凯兴斯泰纳（G. Kerschensteiner）的“进行职业训练”、斯宾塞的“为美好生活做准备”等等。从个体发展和国家发展的实际需要来看，接受或实行现代教育被认为有助于增加个体的就业机会和提升其市场竞争力，有助于国家经济、政治和文化的发展，等等。正是基于这些理由，“普及义务教育”的理念才迅速成为全社会的共识。这些源自不同文化背景、不同历史时期乃至不同知识领域的教育目的表述，共同的、核心的一点就是：通过“现代教育”使青少年成为适应“现代社会”发展的人。而帮助他们适应“现代社会”的发展，首要的一点就是要帮助他们掌握“现代的”科学知识。在上述各位教育家的教育著作中，几乎每一个人都主张学校应该向青少年传递范围广泛的现代科学知识。在19世纪以来古典知识与科学知识教育价值的辩论中，政府和绝大部分民众也几乎总是站在现代科学知识的一边。可以说，19世纪中叶以来，在教育理论界内外，人们已经形成了这样一种认识：现代科学知识是“客观的”“普遍的”“价值中立”的知识。这些知识是对客观事物的“反映”，与客观事物的实际状况相符合，对所有的人和所有的社会都是有百利而无一害的，是最有教育价值的知识。因此，无论是个体还是国家，一旦掌握了这种现代科学知识，就等于掌握了控制客观事物并运用它满足自己世俗需要的能力，就等于提高了自己在劳动力市场或国际政治、经济和文化舞台上的竞争力。在这种认识的指导下，科学知识在促进个体发展和社会发展方面的价值毫无疑问被看成满足个体和社会不同需要的纯粹工具。记忆、理解、掌握和应用这些知识也就顺理成章地成为实现各种现代教育目的的重要手段和重要标志。

但是，随着20世纪人们对现代知识客观性以及建基于其上的其他性质的批判和解构，这种教育目的变得有问题。如果现代科学知识不是“客观的”“普遍的”“价值中立的”，那么这些知识能否成为纯粹满足个体和社会发展需要的工具？在教育过程中要求学生不经质疑地记忆、理解、掌握和应用这些知识，是否导致了“偏见”的产生并依靠教育的力量使这种“偏见”合法化？以这种知识的记忆、理解、掌握和应用为标志的青少年“个体发展”过程，是否是一个“迫使”青少年不断地“遗忘”自己的本土知识体系和整个本土文化的过程？以这种知识的广泛传播为基础的“国家发展”的过程，是否还同时隐含着使国家隶属于一个不断扩张的现代资本主义世界的过程？就教育关系而言，这种以传递“客观的”“普遍的”“价值中立”的知识为主要任务的现代教育是不是造成师生关系冷漠及学校与生活、教育与历史脱离的原因？是不是造成青少年“片面发展”、“社会功利化”和国际政治领域中“新霸权主义”的根源？如果是这样的话，那么现代教育的目的——促进学生个体和国家发展就是一个值得严肃思考的问题，而不是一个无可争辩的“理想”。人们不得不问：现代教育所要求的学生个体和国家发展究竟是什么意义上的“发展”？又要以牺牲哪些有价值的东西为“代价”？这种教育所追求的发展目标对于“个体的生命”和“文化的生命”究竟意味着什么？对于整个“人类的生命”又意味着什么？

从后现代知识的性质来看，后现代教育目的应该着重追求的“发展”理想应如下所述。

第一，在个人发展方面，着重追求以知识的鉴赏力、判断力与批判力为标志的“内在发展”，而非以追求知识的记忆、理解、掌握与应用为标志的“外在发展”。这是因为，既然所有的知识都具有“文化性”“境域性”“价值性”，既然所有的知识在传播过程中都具有权力实践的性质，那么学习所有知识时都不能毫无批判性，否则就可能受到种种知识霸权的控制，从而失去认识和行动的独立性和自主性，在思想上和行为上陷入一种被奴役的境地。在知识网络化的今天，面对多如牛毛的知识、信息和强大的宣传力量，个体就更加需要形成起码的知识鉴赏力和判断力，能够识别许多知识传播的权力诉求，从而能够保持理智、清醒和自主的生活。不仅如此，知识的鉴赏力、判断力和批判力与知识的创造力也密不可分。在今天这样一个知识社会，决定一个人社会发展潜力大小的往往不是他所掌握知识的多少，而是他创造知识潜力的大小。一个人只有能够不断地创造新的知识，才能够不断地适应新的工作要求，应付各种由于环境的变化而给自己的工作所带来的挑战。而一个人知识创造潜力的大小与他的知识鉴赏力、判断力和批判力的大小是密不可分的。可以说，后者是前者的必要前提。不难理解的是，一个头脑中装满了各种不可置疑的观念的人是很难有什么创造力可言的。

第二，在社会或国家发展方面，后现代教育应该着重树立和传播以“本土知识”或“地方性知识”为基础的“本土发展”或“内在发展”的理念。从性质上说，这种“本土发展”或“内在发展”并不是拒绝所有外部发展经验和模式的封闭式发展，而是一种旨在强调本土人民对于自己的发展方向、发展道路有着高度的自决权和自决能力。因此，这种发展理念也可以说就是根据本土的历史与现实情况采取“独立自主的”发展模式。对于发展中国家和不发达国家来说，采取这种发展模式就意味着在发展问题上要努力挣脱殖民地时代以来对西方发达国家的“依附性”。这是因为，第二次世界大战后，殖民地和半殖民地国家的发展历史或现代化的历史已经表明，人民不能被发展，他们只能自己发展自己，只能通过自己的所作所为，通过独立自主地做出决定，通过增进对自己正在做的事情以及为什么做这些事情的理解，通过增加知识和提升能力，通过全部参与生活于其中的社区生活而获得发展。否则，“发展”只能意味着本土社会的解体，只能意味着本土社会的“重新殖民化”。而要真正实现“本土发展”，真正使人民有自决的意识和能力，教育体系一方面必须使“客观性”“普遍性”“价值中立”的知识重新“文化化”“境域化”“价值化”，提高本土人民对于这些知识的批判意识和能力，从而更好地利用它们解决自己的问题；另一方面，其必须重新认识和发掘“本土知识”或“地方性知识”，因为这些知识是本土人民长期以来生产和生活斗争的智慧结晶，是解决本土社会问题最好的智力工具，也是提高本土社会团结力、凝聚力最好的精神资源。

此外，在知识发展方面，后现代教育应该着重于知识的“多样性”（multiplicity）、“异质性”（heterogeneity）的发展，帮助青少年用一种多样性的眼光来看待所有类型的知识，不再将某一种类型的知识看成“正统的”，而将其他的知识类型看成“准知识”或“非知识”，彻底放弃人类历史上用某种知识标准统一所有知识领域的古老的理想。后现代知识型用“文化性”代替“客观性”，实际上就是主张知识标准和形态的多样性，主张各种不同类型知识之间的公平竞争和相互对话。只有这样，才能解决长期以来存在的“知识冲突”问题，或者说，才能找到解决知识冲突的有效办法，并进一步为解决由于知识冲突而引起的“文化冲突”（包括性别冲突、种族冲突、主流文化与亚文化的冲突等）、“政治冲突”乃至“军事冲突”创造条件。

**2. 课程知识的选择**

“什么知识最有教育价值”是教育改革的一个核心问题。这个问题与另外一个问题（“什么知识最有价值”）是密不可分的。对后一个问题的回答构成了回答前一个问题的前提，因为学校教育所传递的知识一定是有价值的知识。众所周知，现代教育对这两个问题的回答是一样的：“科学知识。”现代教育之所以做出这样的回答或选择，大概有两方面的理由：一方面是“认识论”的理由，即科学知识被看成“客观的”“普遍的”“中立的”知识，是真正的知识，是对客观世界的客观反映；另一方面是“经济学”的理由，即科学知识是实用的知识，是能够给人们带来实际的经济、政治或其他方面利益的知识。从教育史上看，这两个理由既是西方国家19世纪古典课程与科学课程论争过程中主张科学课程者的主要论据，也是19世纪末20世纪初非西方国家如中国和日本在教育现代化起步阶段就“本土课程”（如“中学”）与“科学课程”（如“西学”）的关系进行辩论时主张科学课程者的主要论据。19世纪末以后，以科学课程为核心的现代课程体系很快在世界各国的教育体系中占据了统治地位。

但是，随着人们对科学知识“客观性”“普遍性”“中立性”的质疑和解构，这种以科学课程为核心的课程体系也就出现了危机。这些危机主要体现在：对于人类的生活而言，科学知识是不是最有价值的知识？对于人们的教育生活而言，科学知识是不是最有教育价值的知识？对于学生个体的发展而言，科学知识是不是最有发展价值的知识？以科学知识的记忆、理解、掌握和应用为主要目标的课程是否阻碍了学生求知欲和创造力的发展？以科学课程为核心的课程体系是否排斥了丰富的本土知识进入教育生活？科学课程是否形成了一种普遍的知识和文化霸权？科学课程是否只有工具价值而没有本体价值？科学课程是否造成了弥漫在整个学校教育中的功利主义倾向？如此等等。这些危机中的大部分还没有为发展中国家和不发达国家的教育界所感受到，因为这些国家的人民还在希望通过大力地普及科学知识、发展科学事业解决日益严重的经济问题以及与之相关的其他问题。但是，这些危机在发达国家的科学教育中已经明显地体现了出来。非常有意思的是，继 19 世纪人们关于古典课程和科学课程的辩论之后，20 世纪末人们又重新开始就“科学课程”和“人文课程”（历史、宗教、艺术、哲学、语言等）在学校课程体系中的关系进行辩论。不过，与 19 世纪的那次辩论不同，这次辩论不是要提倡科学课程，而是要重新反思科学课程；不是要废除人文课程，而是要加强和改善人文课程。

从后现代知识的性质来看，后现代课程建设应该追求的目标如下所述。

第一，改革科学课程。改革在“客观的”“普遍的”“中立的”知识观支配下的科学课程，实事求是地在科学课程中反映人们对科学活动和科学知识性质的新认识，例如，“科学是一种意识形态支配下的活动”“科学是一种社会建制”“科学是一种文化活动”“科学革命是科学范式的转换”“科学知识实质上是一系列的假设或猜测”等，从而使青少年从小树立起一种正确的科学观和科学方法论，克服“客观主义”“科学主义”“权威主义”“西方中心主义”等对他们思想的影响。与此相关，科学课程的目标也要超越对具体科学知识、方法和技术的掌握，达到对科学哲学、科学史、科学与社会及人类关系广泛、全面和深刻的理解。科学课程内容的编排要走出原来狭隘的分科课程模式，采用一种内容更加丰富的“大科学课程”

模式。这种“大科学课程”主要不是说内容如何多或对某些科学课程加以简单地综合，而是说从社会、历史、哲学等角度对科学知识内容重新进行编排。在这种重新编排的科学课程内容中，学生们不仅可以学习到科学方面的概念、命题、公式、定理等在原来分科科学课程中能够学到的东西，还可以学习到科学史、科学社会学、科学哲学、科学伦理学等方面的内容；不但可以学习到目前为止最好的一些科学方面的概念、命题、公式、定理，而且可以接触到曾经和正在挑战这些科学方面的概念、命题、公式和定理的知识。

第二，开发本土课程。随着现代科学知识型“客观性”标准被证伪和后现代文化知识型“文化性”标准的提出，“本土知识”或“地方性知识”作为一种知识的类型获得了合法的席位。随着对本土知识与本土发展关系的深入揭示，本土知识的社会价值也非常明显地显现出来。因此，选择、保存、传递和发展本土知识就成为后现代教育的一个重要使命，本土课程开发和建设也就因此成为后现代课程改革的一项重要内容。从 20 世纪 80 年代后一些原来殖民地国家积累的经验来看，这种本土课程开发的目标包括：使本土人民意识到他们自己完整、系统、历史悠久但却被长期压抑和剥夺资格的本土知识体系；展现本土知识在本土社会历史发展中的巨大贡献，重新唤起本土人民对于本土知识体系的价值意识；通过对本土知识的传播，加强本土社会青少年对本土文化的认同感；改造源自西方的自然科学、社会科学以及人文科学课程，使它们本土化，剔除它们当中对于本土社会稳定和可持续发展不利的东西。在这些课程目标的指导下，本土课程的开发和建设不仅在基础教育阶段进行，而且在高等教育阶段进行；不仅在中小学进行，而且在师范院校进行。这种本土课程的开发和建设对于殖民地国家人民建立独立自主、与本土社会发展需要相一致的教育体系来说是至关重要的，对于大规模地提高教育质量起到了积极的作用，就是对于中国的课程改革来说，也有着积极的意义。

第三，加强人文课程。自 19 世纪以来，无论是西方国家还是中国，在现代科学知识型的支配下，人文知识的进步是极其缓慢的，这与科学知识的迅猛发展根本不成比例。人们一般意义上所说的“知识爆炸”现象在人文知识领域内则观察不到。这一方面是因为人文知识的增长有自己的特征，另一方面是因为科学知识型对于人文知识的歧视和压抑，将人文知识看成不是严格意义上的“客观的”知识，不是有实际用途的知识。随之出现的就是学校课程体系中人文课程的衰落：人文课程的课时数越来越少，人文课程不再是学校的核心课程，教授人文课程的教师的地位越来越低，学生对人文课程越来越不感兴趣，人文课程的研究也缺乏足够的经费。在这种情况下，学校教育的人文氛围也越来越差，功利主义的要求支配着现代学校的每一项活动。现代学校在满足社会和个体的世俗性物质需要的同时，越来越忽视对整个社会以及对个体的德性教化、情感陶冶与性格训练，越来越忽视青少年一代正确的人生观、世界观和幸福观的培养。可以说，现代教育的许多问题都与这种人文课程的衰落有关，现代社会的许多问题也与这种人文知识的缺乏和人文精神的式微有关。

随着科学知识“客观性”神话被打破，人们终于认识到，人文知识并不是“次一级”的知识或“不成熟的知识”，而是一种有着不同的认识对象、认识方式、表达方式以及人生与社会价值的知识。人文知识所关注的不是对外在世界的控制和征服，而是对内在世界的理解和塑造。缺乏这种内在的理解和塑造力量，人对外在世界的控制和征服就会出现种种的病态，就会导致个体和社会的“片面发展”和“畸形发展”，就会威胁到个体和社会的可持续发展，最终给个体和整个人类带来灾难性的后果。面对着当代不可遏制的功利主义及其使人类陷入的困境，思想家们开始重新审视现代社会的理想和个体生活的意义，开始大声疾呼人文精神的弘扬和完整人格的培育，“回归古代”“回到中世纪”的呼声不绝于耳。在这种背景下，教育学家们开始重新审视人文课程的价值，就人文课程的建设提出许多积极的建议。这些建议包括：向社会和政府解释人文课程对于社会发展和个体发展的意义；大幅度增加人文课程的研究经费；将人文课程的改革作为继20世纪60年代后科学课程改革的又一核心议题；提高人文课程教师的薪水，吸引和招聘高水平的人文课程教师；将人文课程作为学校的核心课程之一；改革人文课程内容，使其更具有时代气息；等等。毫无疑问，这些建议对于我国面向21世纪的课程改革具有借鉴意义。

3. **教学过程**

从一定意义上说，教学过程就是组织学生学习课程知识以实现课程目标的过程，教学改革的主要任务就是重新设计和组织课程知识的学习以达到新的课程目标。而如何组织或重新设计课程知识的学习与对课程知识性质的认识是不可分的。在现代科学知识型的支配下，教师和学生都自觉不自觉地将课程知识看成“客观的”“普遍的”“中立的”知识，看成对客观世界的客观反映。因此，学生掌握这些知识本身就被看成找到了认识客观世界的“捷径”或“高速公路”，教师的主要任务就是帮助学生理解和掌握这种“客观的”“普遍的”“中立的”课程知识。这可以说是人们对现代教学过程的两个基本假设。建立在这两个假设的基础上，现代教学形成了它的若干基本特征：教学的核心任务或基本任务是正确、有效地传递和掌握课程知识，其他的教学任务如发展智力、培养能力、进行思想品德教育等都被看成建立在课程知识的传递和掌握基础之上，甚至被归结为对某种知识的掌握和应用；教学的基本形式是班级授课制，这主要源于机器大工业生产形式的启发，源于对知识传递“效率”的追求①；教学的基本原则包括“循序渐进原则”“直观性原则”“巩固性原则”“理论知识起主导作用的原则”等，这些原则的核心是确保课程知识被有效传递和牢固掌握；教学的方法包括“讲述法”“演示法”“讨论法”“实验法”② 等，无论是哪一种方

---

① 素有“班级授课制之父”之称的夸美纽斯在《大教学论》里对这一点做过非常明确的阐述。这种对“效率”的追求本身忽视了个体对于知识的独特理解，忽视了这种独特理解的价值，甚至可以说，忽视了这种独特理解的必要性。因为如果知识是“客观的”“普遍的”“中立的”，那么实际上就不存在什么个体独特理解的可能与权力。个体需要做的唯一一件事情就是去原原本本地掌握这些知识，而不是对它们进行独特的理解。

② 无论是讨论还是实验，问题和结论都是事先确定的，甚至连过程或程序都是事先确定的。实际上，这两种教学方法大多数时候没有体现“讨论”“实验”原本的含义，无论是教师还是学生都很少从中感受到进行理智探索的欢乐。事实上，在许多大学的课堂里，讨论问题时学生连嘴都懒得张一下，大多数学生都低着头生怕教师叫到自己的名字。这是多么乏味、多么令人悲哀的教学！

法，最终的目的都是帮助学生更好地理解与掌握课程知识；师生关系的基本性质就是知识的传递者与学习者之间的关系，师生之间的交往在很大程度上也是以对知识的理解和掌握为核心的；教学评价的主要标准是对课程知识的记忆、理解、判断、综合及简单应用，学生对课程知识掌握得越全面、越牢固、越准确，在考试中也就越容易得高分。

这些现代教学的特征及其危害正如当代著名教育学家弗莱雷（P. Freire）所指出的那样：

> 教育因此成为某种储蓄的活动，学生是保管者，教师就是储蓄者。教师发出公报，进行储蓄，学生耐心地接受、记忆和重复。师生之间缺乏交流。这就是“银行式”的教育概念。在这种教育概念的支配下，学生活动被允许的范围至多只是接受、归档和存储教师所存放的东西。事实上，他们仅有对他们所存储的东西进行积累和分类的机会。……结果是，学生们越努力地存储教师委托给他们的“存款”，他们的批判意识就越得不到发展，这种批判意识只能产生于他们作为世界的改造者对改造世界活动的参与之中；他们越全面地接受教师强加给他们的角色，他们就越倾向于单纯地适应这个世界，适应他们头脑中所存储的破碎的世界观，就好像一切都是从来如此，并将永远如此。（Freire，1970）[53-54]

随着对现代知识的“客观性”“普遍性”“中立性”的批判与解构，上述的现代教学模式不可避免地失去了其合法性依据，出现了上一章我们所说的“教学危机”。非常显然的是，如果课程知识不是“客观的”“普遍的”“中立的”，而是文化建构的、价值涉入的和具有境域性的，那么对这些知识无批判的记忆、理解、掌握和简单应用不就是在传递着某种文化的、价值的或西方的“偏见”吗？所有的教学原则、教学方法、教学评价手段不都是要学生放弃或干脆剥夺学生的“批判意识”吗？缺乏了批判的意识和能力，所有的知识在学生的头脑中不就成了“无活力的知识”了吗？不就仅仅具有炫耀的价值而没有真正的思想价值了吗？进一步而言，建立在这种教学基础上的社会也就不可能具有普遍的知识创新意识和能力，就会在知识领域内永远地依附于知识权威，依附于发达国家。

随着从现代知识性质向后现代知识性质的转换，后现代教学改革的方向应该是：第一，在教学基本任务或基本目标方面，应该通过课程知识的传递培养学生的质疑意识、批判意识和探究意识，从而使他们从小懂得知识是永远在进步的，没有哪一种知识是不需要质疑和发展的，新的观点、新的方法、新的技术永远是值得尊重和赞赏的。知识创新所需要的各种基本素质与能力正是在这种对所谓“客观的”“普遍的”“中立的”知识的质疑、批判基础上培养起来的。第二，在教学组织形式上，应该进一步改革班级授课制，在条件具备的情况下，实行“小班教学”“分组教学”“合作教学”，以便使教学过程有更多的讨论、质疑、实验和辩论时间，更加接近于真正的知识发现活动。在教学原则方面，应该制订旨在激发、保护、鼓励和引导学生进行质疑问难、大胆探索的新原则。第三，在教学方法方面，应该坚决反对各种形式的灌输法，大力提倡真正意义上的讨论法、实验法、实践法等，增强课堂教学的问题意识，充分利用学生的“个体知识”（所谓的“直接经验”）和“地方性知识”，使教学过程变成在教师领导下的以问题为核心的师生共同探索知识及其意义的过程。第四，在教学评价方面，应该从注重课程知识的记忆、理解、掌握、综合和简单应用转移到注重学生对课程知识的独特理解、阐释、质疑、批判和应用上来。比起以前的要求来说，这是一个更高的要求，但也绝不是高不可攀的要求。实际上，从小学一年级开始，学生就对所有的课程知识有着自己独到的理解。只是由于教学评价一直不承认这种独到的理解，所以学生慢慢地就忽视了自己的这种理解的巨大价值，慢慢地习惯于按照教材上的标准答案来回答问题了，尽管他们自己有时并不满意这种答案。应该相信，随着课堂教学模式的改革，学生在教学评价中是能够达到这一要求的。

**4. 教育学研究**

教育学或教育理论研究作为人类的一个知识领域深受人类知识型有关

知识性质观点的影响。当现代科学知识型在各个知识领域占据霸权地位以后，教育学研究也步履蹒跚地走上了“科学化”的道路。从教育学史来看，17 世纪以后教育学的“科学化”实际上主要有两条不同的道路：一条是理性主义的道路，一条是经验主义或实证主义的道路①。理性主义认为，教育学的科学化必须以“明确的”“真实的”“独立的”概念为基础，只有这种“明确的”“真实的”“独立的”教育学概念才能构成“统一的”“唯一的”“完整的”教育科学。而经验主义或实证主义则认为，教育学要想科学化就必须走上实证科学的道路，抛弃传统的注重概念思辨的“哲学教育学”，集中研究教育事实及事实之间的联系，提倡定量的和描述的研究方法，从而获得真实、可靠和有用的教育知识。无论是哪一种意义上的教育学，受现代知识型的影响和制约，教育学家们都倾向于将自己的教育知识看成“客观的”“普遍的”“中立的”知识，看成在某种意义上对“教育真理”或“教育规律”的追求和揭示。但是，遗憾的是，沿着这两条道路，300 年来，教育学家们不仅没有获得一条客观的“教育真理”，而且也没有发现一条公认的“教育规律”。由此，知识界和教育实践领域对教育学或教育理论的批评不绝于耳。其情形正如穆尔（T. W. Moore）所说：

> 一般来说，从事实际工作的教师们对教育理论很少有兴趣。他们常常把它看成一门与自己志趣不同的师范学院的学科。如果在自己的工作中碰到了教育理论，他们就把它看成那些距自己每日的工作环境十分遥远，且总是提出一些与实践经验相冲突的建议的“专家”在自己身上所抱的某种希望。……除了教师对教育理论缺乏兴趣外，近几年来，人们对教育理论的学术完整性还持保留态度。……人们认为，教育理论并不是真正的理论；“教育理论”这个词应该用来指对教育实践产生影响的心理学和社会学的那部分，除

① 参见《教育学的文化性格》（山西教育出版社 2001 年版）第一章中“历史研究”的第一和第二部分。

此以外的任何其他用法都是用词不当。（Moore，1974）[1-2]

作为对种种“批评”和“攻击”的反应，20世纪中叶以后，教育学家们开始了痛定思痛的反思。在英国，教育学家们开始对教育理论进行辩论，致力于分析教育理论的结构、性质、标准、作用等。在德国，元教育学家开始对教育知识进行哲学分析，提出“教育哲学”“实践教育学”“教育科学”这三大教育知识类型，试图将人们对教育理论的批评和原来的教育理论的缺陷归因为没有区分不同的知识类型。而且，他们大力提倡对“教育事实”进行科学的研究，试图通过这种真正意义上的“科学研究”来挽回整个教育学的名声。在我国，元教育学问题也在20世纪80年代后期成为教育学界的一个热门话题，有人致力于教育学逻辑起点的研究，有人致力于教育理论的分类，有人致力于教育学合法性的研究，还有人致力于教育知识社会学的分析。但是，无论是在英国、德国还是在中国的教育学界，在这种针对教育学受到的“批评”和“攻击”所做出的学术回应中，绝大部分人还是没有能够摆脱传统的“教育科学”理想，即“客观的”“普遍的”“中立的”教育学理想。教育学仍然迷失在“科学化”的道路上，仍然面对人们种种的责难，在一波又一波范围广泛的教育改革中未能发挥积极的作用。

从后现代知识的性质来看，教育学根本就不是一类“客观的”“普遍的”“中立的”的知识体系，也根本不可能具有“客观性”“普遍性”“中立性”。这是因为：作为教育学研究对象的教育问题根本就不是一类客观的问题，而是一类具有时代性、价值性乃至个性的问题；教育概念也不是一类客观的、非历史的、价值中立的观察和陈述语言，而是一种表达性的、历史性的和规范性的概念，具有内在的价值规定；从事教育学研究活动的主体也不是纯粹理智的存在，而是日常生活中的主体，是完整的、历史的、社会的、文化的、独特的存在；教育学研究的思维方式也不是纯粹逻辑的或归纳的思维方式，其中包含着大量的隐喻思维，因此与教育学者所处的文化传统有着密切的联系；教育理论知识也不是唯一的教育知识形态，除此之外，还有大量教育民俗知识或民间的教育知识，它们也在发挥作用。实际上，教育实践对教育理论进行拒斥后所留下的知识真空就是由教育民俗知识来填补的，从而使教育实践能够一代代延续下去。总之，从后现代知识的性质来看，教育学具有这样的特点：

> 教育学在本质上不是一类以价值中立、文化无涉为前提，以事实发现和知识积累为目的，以严密的逻辑体系为依托的科学活动，而是一类以价值建构和意义阐释为目的的价值科学或文化科学。……在教育学活动的每个环节都渗透着价值，体现着价值，追求着价值，从而与更为宽广深厚的文化背景相联系。（石中英，2001）[188-189]

因此，教育学研究必须放弃客观主义的教育知识观和教育认识路线，必须意识到自己的研究与自己所处的社会文化立场及意识形态之间的密切关系，必须敏锐地把握新的社会文化需要和意识形态斗争的形势，必须以一种“理性的”和“对话”的态度来处理自己与教育实践工作者包括教育决策者之间的关系，必须以一种包容的心态接纳不同的教育观点，彼此之间开展真诚的学术交流和对话，必须对来自国外的教育思想和主张进行价值层面和意识形态层面的批判，正确地理解它们所谓的“世界意义”。只有这样，教育学才能得到真正的发展，才能赢得其他知识领域的尊重，才能在社会教育改革中正确地、有效地发挥作用，真正地提高教育实践的理论自觉和理论水平，使教育实践不仅成为一种价值指导的实践，而且成为一种价值反思和价值建构的实践。

# 第五章　知识增长方式的转变与教育改革

如前所述，随着知识经济和知识社会的来临，知识特别是新知识在社会生产和生活中的重要性日益增加，已经成为制约当代社会发展的关键因素之一。在国际上，一个国家人民的平均受教育年限和知识创新能力也已经成为衡量一个国家综合国力的两个重要指标。因此，大力提高人民的平均受教育程度及知识创新能力就成为当代许多国家的重要战略任务，也是它们进行 21 世纪教育改革的重要内容。

在我国，20 世纪末以来，在政府、科学界和企业界的推动下，以提高学生的“创新意识”“创新素质”“创新能力”[①]为核心的基础教育和高等教育改革正在蓬勃开展，对各级各类学校的课程建设、教学组织形式、教学方法、教学评价、教师素质等都提出了许多新的要求。整个社会特别是教育界日益认识到，“教育”或“好的教育”不仅要教给学生以往的知识，更要培养他们利用一切便利的条件“获得”甚至“创造”新知识的意识、素质和能力。这种意识、素质和能力是当代社会发展新特征对当代和未来人才素质所提出的新要求。在这种背景下，回答下列问题就具有非常重要的理论和实践意义：什么是“知识创新”？人类知识创新的历史是怎样的？当代的知识创新与历史上的知识创新相比有哪些新的特征？个体如何才能进

① 这三者可以说是“三位一体”：“创新意识”侧重于态度方面，“创新素质”侧重于心理条件方面，“创新能力”则侧重于实际行为表现方面。实际上，可以将“创新意识”和“创新能力”都归到“创新素质”之中。

行知识创新？教育能够为这种知识创新人才的培养做些什么样的准备？要培养具有知识创新意识、素质和能力的人才，现行教育制度的方方面面应该进行哪些必要的改革？改革的依据又是什么？如此等等。缺乏对这些问题系统的、深入的分析，21世纪以“创新教育”为主题的教育改革就不可能获得充分的理论支持，从而也就很难达到预期的目的。

在我们看来，“知识创新”的过程简而言之就是获得新知识的过程，一部人类知识创新的历史实际上也就是人类知识的增长史。因此，上面一组问题也可以转换成另一组与“知识增长”有关的问题：人类是如何获得新知的？人类的知识是如何增长的？当代的知识增长有哪些新的特征？个体如何能够为人类知识的增长做贡献？教育怎样才能培养个体生产新知识的意识、素质和能力？现行的教育体制要进行怎样的改革才能适应培养和提高个体生产新知识的意识、素质和能力的要求？如此等等。进行这种转换的必要性在于其可以使我们获得更多的思想资料，因为在思想史上，直接论述“知识创新”的文献并不多见，而论述“知识增长”的文献则相对来说要多得多。如此一来，进行这种转换也有助于研究者和读者理解“知识创新”问题的“历史性”，而不要把它简单地看作当下的一个新问题，从而有助于我们对问题有更加深刻的理解。此外，进行这种转换的另外一个意义还在于，可以从心理上帮助人们祛除在古代和现代知识型中长期形成和积淀下来的对于“知识创新”的敬畏心理，将知识创新看成普通的知识增长过程，就像是“经济增长”“人口增长”等一样，每一个人既可以分享这种增长所带来的好处，也可以为这种增长做出贡献。这就是说，“知识创新”不是针对那些知识界的精英而言的，它也并不是那些知识界的精英才有资格关注的话题，而是针对所有人而言的，是所有人——不管是政治家、商人还是教师、医生和父母——都需要关注的问题。

从理论上说，对知识增长与教育关系问题的研究应该是许多教育研究领域（如“教育政策研究”“课程和教学研究”“教育评价研究”“学生发展研究”等）的一个重要组成部分，特别应该是“教育哲学”或“教育认识论”研究的一个重要组成部分。但是目力所及，到目前为止，我国以及英语国家的教育学界无论是在教育政策、课程与教学、教育评价和学生发展研究中，还是在教育哲学或教育认识论研究中，对这个问题的研究在有关“知识与教育”研究中比较起来可以说是相对不足的。这些领域中有关“知识与教育”的研究主要集中在对“知识性质”“知识价值”“知识分类”及相关教育问题的研究上，而没有能够很好地关注到知识增长问题及其与教育实践的关系。原因可能有以下几点：第一，以往现代国家和社会的发展观念或理论尽管认识到知识特别是新知识在国家和社会发展中的重要性，但是还只是将它们当成一种“依附性的”和“辅助性的”力量，这种力量在发挥作用时被看成依附于资本、资源、能源、土地、人口乃至意识形态等其他社会要素，而没有被视为一种“独立的”“主导性的”力量。因此，现代国家虽然提出了发展科学事业和普及教育（知识）的任务，但没有提出促进知识创新或培养知识创新人才的任务，从而使上述问题的研究缺乏必要的社会基础或动力。第二，知识的增长问题既不是以往的哲学认识论或知识理论的核心问题，也不是以往的心理学的核心问题。从哲学领域来说，无论是 17 世纪和 18 世纪的经验主义与理性主义，还是 19 世纪和 20 世纪上半叶的实证主义、现象学、存在主义、实用主义和分析哲学，它们主要论述的知识问题是知识性质或标准问题，尽管这些问题与知识的增长问题有密切关系，但毕竟不是知识的增长问题本身。实证主义虽然提出了人类知识进化的三个阶段，但是并没有就人类知识发展的实际过程进行明确和充分的阐述，似乎人类的知识从“神学阶段”到“形而上学阶段”和“科学阶段”完全是一种不可抗拒的“命运”[①]。就心理学领域而言，17 世纪至 20 世纪中叶之前的心理学流派，无论是联想心理学、意动心理学、理性主义心理学，还是机能主义心理学、格式塔心理学、行为主义心理学和精

① 孔德有关人类知识进化的许多论述充满了这种“命运”意味，比如他说：“科学和工业**注定**要代替神学和战争”“文明的前进**召唤**着我们去代替一个建立在精神权力与世俗权利联合基础上的社会体系”“从人类理智的**本性**来看，每一种知识的发展都**必定**要经过三个不同的理论阶段：神学的或虚构的阶段，形而上学的或抽象的阶段，最后是科学的或实证的阶段。”参见：FLETCHER R, 1974. The crisis of industrial civilization: the early essays of Auguste Comte [M]. London: Heinemann Educational Books Ltd.: 79, 134. 上述引文中的黑体字是我本人标注的，以期引起读者注意。

神分析学说，尽管也分别对个体意识的内容、形式、机能或结构等与个体知识增长有关的问题进行了一些分析，但是没有将个体知识的增长或发展作为一个主要的问题加以研究。作为教育学的两个重要的基础性学科，近代以来哲学和心理学对知识增长问题的忽视必然影响到教育学对该问题的关注和研究。第三，以往教育理论中对知识增长与教育关系研究的不足可能还与以往的教育观念有关。以往的教育观念认为，教育主要是传递和掌握客观知识的过程，个体和社会的发展依赖于这种客观知识的传递和掌握，也就是依赖于以往所建立起来的、经过了充分证明和证实的那些知识。在这种教育观念的支配下，教育学家们对知识与教育关系问题的研究主要是从知识的传递和掌握方面考虑，而不是从知识的增长方面考虑。经常地，他们或者是将知识的增长看成在教育过程之外所发生的事情，或者是将知识的增长看成在知识传递和掌握基础上演变的一种自然结果。

值得高兴的是，20 世纪 60 年代特别是 90 年代以来，无论是国家和社会的发展模式，还是哲学与心理学的研究，或是教育观念本身，都发生了一些重要的转变，从而为知识增长和教育关系问题的研究提供了必要的基础、动力或条件。就知识领域来说，科学哲学已经在这些方面进行了大量的研究，知识增长以及知识增长方式的转换问题已经成为科学哲学研究的一个核心问题。认知心理学特别是建构主义心理学出色地揭示或阐述了个体知识增长的心理机制。知识社会学与科学社会学的发展也对知识包括科学知识增长的社会条件进行了深入的分析。可以说，20 世纪 60 年代以来人类社会知识增长方式的转换已经构成了现代知识型向后现代知识型转换的一个重要组成部分，从而为重新审视当代教育改革提供了重要的理论源泉。

## 一、现代知识[①]的增长方式

作为“现代人”，我们对于知识是如何增长的这一问题都或多或少地有

① 鉴于“现代”一词在中文语境中向未来的无限延伸性，有必要再次阐明的是，本书（转下页）

一些“现代的”常识，如“知识的增长是由各个领域的知识分子或科学家推动的”，“知识的增长是人们不断观察和实验的结果”，“知识的增长是知识分子和科学家在一个个领域辛苦劳动的结果，在科学的道路上没有平坦的大道”，等等。这些“现代的”常识实际上是现代知识型的产物，也是与之相关的现代教育的产物。它们从一些侧面反映了几个世纪以来“现代人”对知识增长方式的观点或看法，在很大程度上影响着芸芸众生的知识生活。

由于“现代知识”和“古代知识”的性质或标准不同，因此现代知识的增长方式与古代知识的增长方式也有所不同。人们对现代知识增长方式的认识与对古代知识增长方式的批判在一开始是分不开的。或者可以说，人们对现代知识增长方式的阐述正是建立在对古代知识增长方式的批判的基础上的。

就西方认识论史而言，这种对古代知识的可靠性及其增长方式的大规模批判大概始于16世纪。16世纪因此可以称得上是西方认识论历史上“怀疑的时代”。正如对笛卡尔的思想非常有研究的考伊雷（A. Koyré）所说：“它攻击一切事情，它破坏一切事情，并且几乎一切事情都被瓦解了：欧洲政治、宗教和精神的统一性、科学及信仰的确定性、亚里士多德及圣经的权威、教会的声望与国家的荣耀。”（Anscombe，Geach，1966）[Ⅷ]但是，这种怀疑和瓦解并没有导致一种虚无主义，因为，在瓦解旧的知识及其增长方式的同时，思想家们就提出了它们的“替代品”——现代知识及其增长方式。鉴于对16世纪以后的西方思想家们有关现代知识性质的论述在前几章里已经有了比较充分的介绍，这里就不再赘述。这里要指出的是，思想家们对现代知识性质的论述与他们有关知识增长方式的观点之间有着一种

---

（接上页）中所说的“现代知识”不是一个仅具有时间意义的概念，更是一个具有质的规定性的概念。一方面，“现代知识”在性质上区别于“古代知识”，另一方面，“现代知识”在性质上也区别于“后现代知识”。就时态而言，“现代知识”均处于一种完成时态，指文艺复兴结束后特别是17世纪以后直至20世纪60年代这一段时间里人类的知识状况和知识观念，因此，其不包括20世纪60年代之后人类的知识状况和知识观念。对于后者，我们用另外一个词——“后现代知识”——称呼它们，有时为了叙述的方便和表达的需要，也使用“当代知识”一词。但是，这并不是说在这个“后现代”社会，人们的思想观念特别是知识观都完成了从“现代”向“后现代”的转变。历史的经验告诉我们，这会是一个比较漫长的过程。若这个过程完成了，则标志着真正的后现代社会的成熟。

必然的逻辑联系，因为他们所论述的知识增长是新的具有客观性、普遍性和价值中立性的知识的增长，而不是传统的形而上学和神学知识的增长。

培根非常关注人类知识的进步，他对于当时人类知识“既不繁荣也没有取得明显进步”的状况深为痛惜，对于以往人类用于获得知识的方法深为不满。他立志为人类科学知识的进步开辟一条新路。他指出：

> 迄今为止科学领域所取得的发现在很大程度上只不过是一些平庸的观念，很少深入到事物表象的下面。为了探究自然内部的和深层的东西，有必要运用更加明确的和更加审慎的方式从事物中获取观念与公理。理智的方法也更为有效和明确。
>
> 接受和发现真理的道路有两条，而且只有两条。一条是不顾感觉和个别，直接到最一般的公理，然后再从这些被认为是坚不可摧的真理出发对一些中间道理进行判断和发现。这种方法现在很流行。另一条是从感觉和个别中引申出真理，通过连续的和不间断的上升过程最后达到最一般的公理。这是一条真正的道路，但却是未经考验的道路。（Bacon，1960）[42-43]

显然，这是两条完全不同的“道路”，培根所选择和欣赏的是后面一条道路，也就是建立在观察基础上的“归纳”。而要踏上这条道路，人们必须：第一，抛弃“种族假象”“洞穴假象”“市场假象”“剧场假象”（具体内涵可参见第一章中的相关解释）。这些假象实际上就是那些来自感觉和个别的、未经经验证实的观念。在培根看来，抛弃这些假象是获得真正的知识，促进科学进步的必要前提。第二，在抛弃这些假象之后，人们就应该“遵循自然”和“观察自然”，以便积累大量的感觉经验，从中总结归纳出一般性的结论。在培根之后，“观察”就成为人获取知识最基本的方法。“观察、观察、再观察”也就成为科学活动的基本原则。第三，自然或事物本身是知识最可靠的基础，因此有关知识的分歧不是通过用语词进行辩论的方法来加以解决的，而是通过进一步的观察和实验来加以解决的。那些最符合客观事物实际状况的知识就是最可靠的或真正的知识。

作为一个经验主义者，洛克在有关人类知识进步的问题上和培根有共同的见解，但是也有不同的思考。洛克和培根一样都非常反对传统的知识观念和获得知识的方法。他甚至比培根更加彻底，完全否认“内在观念”或“天赋观念”的存在及其认识论意义，提倡从外界事物中获得知识或知识的原料。洛克指出，在一些人的思想中有一种根深蒂固的观点，认为在人类的理解力中存在着某种“内在的原理”（innate principles）（Locke，1974a）[9]，某种原初的观念或性格。它们就好像是贴在人们的心灵上似的，是人们的心灵一开始就具有并随之来到这个世界中的。他认为，这完全是错误的。真实的情况是，人类的心灵就像一张白纸或一块“白板”，上面根本就不存在什么“内在的原理”或“天赋的观念”。心灵中所有的观念都源自外部世界的感觉经验。而知识“只是对我们观念之间的联系、一致、不一致或矛盾的理解。除此而外，它什么也不是。它只存在于这种观念之间的联系、一致、不一致或矛盾的理解之中。哪儿存在这种理解，哪儿就存在着知识；若哪儿不存在这种理解，尽管我们可以想象、猜测和信仰，但我们总是缺乏知识。”（Locke，1974b）[133]

洛克认为，人类有三种理解观念之间的关系以获得知识的途径：一是“直觉”（intuition），二是“推理”（reasoning），三是“感觉”（sensation）。所谓直觉的途径就是指人的心灵不经过任何的中间阶段和中间观念，立即认识到两个观念之间联系的性质，从而获得“直觉的知识”（intuitive knowledge）。直觉的知识既不需要证明，也不需要检验，它是心灵通过直觉直接认识到的真理，就像眼睛自然能够看见光亮一样。在洛克看来，这种直觉的知识是人类心灵中所能发现的“最清晰、最确定的知识”。所谓推理的途径是指当两个或多个观念之间的关系比较复杂，不能被直接辨认出来，必须借助于其他的观念即“证据”才能逐步理解它们，其结果便构成了“证实的知识”（demonstrative knowledge）。由于这种知识的产生依赖于其他观念的“参与”，不是心灵直接认识到的，因此就不像直觉的知识那样清晰和确定。但是，只要在知识产生的每一步都有直觉知识的参与，知识的清晰性和确定性也是能够得到保证的。所谓感觉的途径就是指人的心灵对感官当下实际感觉到的具体事物性质的认识，其不同于前两种途径下心灵对观念之间关系的认识。通过这种途径，人获得了“感觉的知识”(sensitive knowledge)。如果这种感觉的知识能够得到直觉的保证，那么它们也是清晰的、确定的。显然，在这三种认识途径中，洛克将直觉的途径看成最基本的途径；在这三种知识中，洛克将直觉的知识看成最可靠的知识，是其他两类知识可靠性的保障。非常清楚的是，洛克在批判“内在的原理”或“天赋的观念”的同时，也用“直觉的知识”代替了由“内在的原理”或“天赋的观念”所构成的“原理”(Maxims①)，使其成为人类知识进步的稳固基础。他说：

> 如果有人愿意去想一想的话，(我猜想)他就会发现，现实知识最伟大的进步和确定性，也即人们在所有这些科学中所能达到的成就，既不是由于这些原理的影响，也不是源于人们一开始所确定的两三个一般性公理，而是根植于其所使用的清晰、明确、完整的观念。这些观念之间有着相等和不等的关系，它们中间的一些非常清晰，以至于能够形成一种直觉的知识。在没有原理帮助的情况下，人凭借这种直觉的知识，就可以发现其他的知识。(Locke, 1974b)[236]

在上述认识的基础上，洛克提出了促进人类知识增长的两种方式：第一，要努力去获得并保存有关事物的观念，因为这种来自外部世界的观念是知识的原料，没有它们就没有知识。它们的准确和丰富程度与知识的准确和丰富程度密切相关。第二，要发现和保持那些即刻可以确定的观念，因为它们可以帮助我们认识其他不能立即加以比较的观念之间的异同，从

① 这是洛克本人的书写方式（指首字母大写）。我想，他一方面是想用这种书写方式反映当时诸多“原理”在知识发现中的绝对权威地位，另一方面也是想表达他自己的不满和与之决裂的态度。洛克对这种所谓“原理”的批判和嘲讽在他的《人类理解论》中随处可见。

而获得大量的知识。洛克认为，人的心灵应该经常在这些方面接受训练。在我们看来，第一种方式是地道的经验主义的，只不过理由或目的与培根等人的不同。第二种方式则倾向于理性主义，具有在心理学上明显的“官能训练”的意蕴，从而使洛克在知识和知识增长问题上区别于纯粹的经验主义者。

与培根和洛克一样，笛卡尔作为一个新时代的哲学家，非常关注人类知识增长问题，他用自己的亲身经历强烈批评传统知识的可靠性以及发现知识的方式。他说：

> 我从小就接受了文学教育。人们告诉我，通过文学教育，一个人就能获得其一生中所有有用的、清晰的和可靠的知识。因此，我特别急切地想掌握它们。但是，当我学完了所有的课程，……我完全改变了自己的想法，因为我发现自己被多如牛毛的疑惑与错误所困扰。对我来说，我从自己辛勤的工作中所获得的唯一好处就是发现自己很无知。要知道，我所在的学校是当时欧洲最有名的学校之一。我曾以为那里一定充满了博学之士，有全世界最博学的人。我学习了别人所学习的所有东西，……我甚至仔细阅读了我所能弄到的所有书籍，对那些最有趣和最深奥的研究进行了思考。（Anscombe，Geach，1966）[9]

对于刻苦学习的笛卡尔来说，这真是一个莫大的不幸；对于当时欧洲的知识界来说，这也真是一个莫大的讽刺。笛卡尔认为，造成这种状况的原因是人们没有找到正确的认识方向。他打了个形象的比方：如果找到了正确的方向，即使是那些走得非常缓慢的人也会取得很大的进步；而如果偏离了正确的方向，就是那些急驰如飞的人也不会有什么大的进步。为了找到这种正确的方向，笛卡尔不得不将自己曾经接受的观念“从头到尾”怀疑了一遍，然后提出了一系列旨在获得真正的知识和促进知识进步的“规则”与“方法”。这些规则与方法总的来说包括六点要求。第一，如果没有明确的证据证明某种东西为真，就永远不要接受它为真。这就是知识进步的第一个条件，其目的是使知识的获得成为一种纯粹理性的过程，避免“权威”“迷信”“猜测”“意志”等的干扰。第二，有而且只有两种确定的获得知识的方式，一种是“直觉”[①]，另一种是“演绎”，除此之外其他任何方式都不应被接受，因为它们会将人的理智引向错误的方向。所谓直觉的方式是指清晰的、高度集中的精神关注，其结果是得到“非常清晰”“非常简单”“自明的”（self-evident）以至于“不可质疑”的知识。所谓演绎的方式是指从任何已知的、确定的东西出发，经过“连续的”和“不间断的”思想运动，得出必然的结论。两者比较起来，直觉的方式是一种更基础、更可靠的方式。第三，人的认识活动要先从简单的、可以通过直觉加以确证的问题开始，然后一步步上升到比较复杂的问题。另一方面，对于那些比较复杂和模糊的命题，可以一步步地将其简化为一些简单的命题，然后从对最简单的命题的检验出发，再一步步地检验所有其他的命题[②]。第四，为了最后获得知识，必须详细地检查所有与研究有关的观点，用一种系统的方式将所有的观点都有序地排列在一个表格中，以便对它们逐个进行检验。第五，应该将所有注意力转向那些最小的、最简单的观念，长时间地沉思它们，直到习惯于通过明显的和清晰的直觉注视它们与把握它们。第六，必须用他人已经解决的每一个问题来对个体的心灵加以不间断的训练，必须使之习惯于质疑和检验我们所获得的哪怕是最琐碎的人类认识经验。

培根、洛克和笛卡尔的这些论述成为现代知识发展或科学发展的认识论基础，极大地规范了 17 世纪以来西方社会的知识乃至全人类的知识，促使其进步。总结他们的这些论述，我们可以发现现代知识增长的若干基本方式。

---

① 笛卡尔提醒人们，他本人所说的“直觉”不同于人们日常所理解的“直觉”，它不是人们的感官经验变幻无常的确证，也不是容易被人误解的想象和判断。他所说的直觉是一种“精神的直觉”，是一种“理性之光”。显然，这种直觉与洛克对直觉的解释也有一定的差异。

② 令人惊讶的是，笛卡尔的这一思想与 20 世纪逻辑原子主义的思想如此接近，非常明显和准确地表达了逻辑原子主义的基本思想。

第一，就知识与认识对象的关系而言，人类知识的增长是人类不断“反映”“揭示”“把握”认识对象本质的过程，是人类不断获得对认识对象可靠的、清晰的和明确的认识的过程，因而也是人类不断发现世界的“秘密”的过程。在上述过程中，尽管错误是不可避免的，但是错误是必须要加以排除，也是可以加以排除的。这样一来，知识的增长就是一种具有“确定性”“符合性”“一致性”的不断“积累”知识的过程。汉姆林（D. W. Hamlyn）将这种知识的增长模式称为“建筑模式”①。

第二，就知识与认识主体的关系而言，人类知识的增长包含着对主体的严格要求，如要祛除“假象”，要进行反复的、不间断的理智训练，要质疑和检验自己曾经获得的所有观念，等等。这就是说，为了发现真正的知识，为了知识的进步，个体必须将自己的“愿望”“猜测”“意志”“观念”“好恶”等容易导致谬误的非理性因素都从认识的过程中驱逐出去，从而使自己成为一个“纯粹的”认识主体——“观察主体”或“理性主体”，以便获得有关认识对象真正的实在性、客观性和确定性②。知识的增长被看成个体纯粹运用理性的过程，是个体“纯净”、“透明”、没受任何“污染”的心灵状态的产物。

第三，对于个体而言，要想从事知识生产，要想真正地成为一个纯粹的认识主体，就必须要经历一个漫长的“准备阶段”或“训练阶段”，这是经验主义者和理性主义者的共同要求，尽管在两者的视角中准备的内容或训练的方式有所不同。经验主义者注重的是对于“观察”“实验”“数据处理”“归纳法”等一类的训练，而理性主义者注重的是对于“理性直

① 汉姆林指出，现代人认为，人类的知识大厦就是一栋建筑，层层叠加；增加了知识储备的人就是在现有的知识大厦的基础上又加盖了一层；知识的增长就像建筑物的增高，仅仅是通过叠加的方法来实现的。参见：HAMLYN D W, 1970. The theory of knowledge [M]. London: The Macmillan Press Ltd.: 11.

② 正如考伊雷在解读笛卡尔的规则和方法时所说：“我们必须抛弃我们所有的观念，否认我们自己所有的意见，使我们自己从盲目接受的所有传统中解放出来，……只有如此，我们才有希望重新获得本来的纯粹的理性，才能够达到真理的确定性。”他为此感叹道：“天哪！这真是一条通向真理的不易之路。”参见：ANSCOMBE E, GEACH P, 1966. Descartes philosophical writings [M]. London: Thomas Nelson and Sons Ltd.: xx.

观”“演绎”“证明”“反驳”等一类的训练。对于一般人而言，由于缺乏这种专门的训练，因此也就不能够发现或提供真正的知识。由此，知识的生产或科学事业成为一种有着严格行业规定和“排他性”的“现代专业”。这便是说，知识的增长或科学的进步是在各个专业或各个学科领域内完成的，是一种专业不断分化的过程。笛卡尔非常形象地描述了一棵人类“知识之树”：其根部是“形而上学”或“哲学”，其主干是“物理学”，其他的学科则都是从主干分出的枝干甚至枝条。人类知识越发展，这棵“知识之树”也就越枝叶繁茂。

第四，人类知识的增长或进步需要一个“稳固的基础”，对这个基础的寻求被看成哲学认识论的主要任务。尽管笛卡尔提出了著名的“普遍怀疑”，但是他说：

> 我不是模仿怀疑主义者。怀疑主义者只是为了怀疑而怀疑，而我的整个目的是寻求确定性，是为了拨去松软的泥沙，找到坚硬的岩石或黏土。（Anscombe，Geach，1966）[28]

近代以来，不同的哲学家或哲学流派对这个基础的看法不同。经验主义者认为是“自然”或“经验”，理性主义者认为是“（理性）直觉”或“先验的范畴”。无论如何，知识大厦需要建立在一个坚固的、无须置疑和普遍接纳的基础之上，因为无论是经验的知识或是理性的知识，其真理性都是需要证实或证明的，而用于证实或证明的知识或方法本身也是需要证实或证明的。这样一来，就会导致怀疑主义者所批判的不断“退步”和恶性循环。只有找到那些本身不需要被证实或证明，或者说本身是“自明的”知识或方法才能遏制这种无限“退步”和恶性循环，从而使人类知识大厦的建立成为可能。

第五，人类知识的增长源于“个体的”认识过程。社会文化的因素被看成这种认识过程中的“干扰”因素，是导致“无知”或“谬误”的根源。知识被看成独立于社会的个体精神活动的产品，是个体的天赋、智慧、责任以及辛勤劳动的结晶。知识的增长是一种不受任何社会文化影响的个体过程，新的知识总是与一个个伟大的名字分不开的。

这些恐怕就是现代知识增长的基本方式或基本观念。上述有关知识增长的一些“现代”常识都是源于这些观念，都是对这些观念通俗和形象化的表述。在这些观念的影响下，科学史或人类知识进步的历史被叙述为不断地剔除错误、获得真理、解开世界秘密的过程；科学家或知识分子的形象也被塑造成不食人间烟火的“为知识而知识”“为真理而献身”的“理性人”；科学家或知识分子的成长也越来越依赖于专业或学科的训练；“学术自由”和“教学自由”也因此成为科研机构和大学的“特权”。

## 二、后现代知识的增长方式

众所周知，自 17 世纪以来，西方科学事业飞速进步，极大地推动了人类总体知识的增长。对这一点，马克思和恩格斯都曾给予过高度的评价。与这种知识的飞速进步相联系，现代工业和现代经济也得到了迅速发展，极大地改善了人类的生存环境和生存状况。在这种情况下，由培根、洛克、笛卡尔等所建立的现代认识论特别是知识增长的观念也广泛传播，深刻地影响和支配着整个人类的知识生活。

但是，20 世纪以来，特别是 20 世纪中叶以来，随着人们对科学活动性质包括科学知识性质的认识越来越清晰，人们开始了对上述现代知识增长方式的批判，并试图在批判的基础上重新认识人类知识的性质及其增长方式。不过，后现代对现代知识增长方式的批判在一定程度上不同于现代对古代知识增长方式的批判。如前所述，现代对古代知识增长方式的批判基本上是否定性的，而后现代对现代知识增长方式的批判则不完全是否定性的，这主要体现在后现代并不否认现代以来人类所取得的知识进步，而只是要重新解释这种进步的性质或原因，重新认识和阐述人类知识进步的方式。

与对古代知识性质的批判一样，对现代知识增长方式的反思和批判也是从多个角度进行的：有的人从一般哲学的角度，有的人从科学哲学的角度，有的人从知识社会学的角度，等等。在参与这场批判的人中，舍勒、波普尔、波兰尼、库恩和费耶阿本德应该说是最有代表性的人物，他们对现代知识增长方式的批判最为有力，对新的可以称为后现代知识增长方式的阐述也最为系统。下面就以上述几种现代知识增长方式或观念为线索，看看他们是如何对其进行批判，又是如何提出自己新观点的。

第一，现代知识的增长是不是一个积累的过程？

对于这个问题，波普尔和库恩在详细地研究了科学史的基础上都给予了否定的答复。波普尔认为，由于人们根本就不能获得完全证实或证明的知识，所有的知识都是一种“暂时的”理论，都是一种对现有问题的“猜测性解释”，因此也都是有待于进一步检验和反驳的，或者说是向进一步的检验和反驳开放的。所以，根本就不存在建立在确定性基础上的知识积累。在他看来，人类知识的增长实际上是经由“猜想”和“反驳”的途径而不断地从“老问题”发展为“新问题”的过程。这就是“科学发现的逻辑”，也是人类一般知识发现的逻辑。他说：

> 知识的进步，特别是我们的科学知识的进步，是通过未合理化的（及未能合理化的）预期，通过猜测，通过解决问题的暂时办法，通过猜想来进行的。这些猜想受到批判支配，即受到反驳支配，其中包括了严格的批判性检验。这些猜想有可能通过这些检验而幸存下来，但是它们永远不能被证实：它们既不能被视为确定的真理，也不能被视为“可能的真理”（在可能性的微积分意义上）。（Popper，1959）[Ⅶ]

波普尔将自己的这种观点称为知识增长的达尔文主义，他说：

> 我们的知识增长是一种类似于达尔文所说的“自然选择”的过程及其结果，即对假设的自然选择：无论在什么时候，我们的知识

> 都是由那些在生存斗争中显示了自己的合适性（比较而言）的假说构成，激烈的斗争淘汰了那些不合适的假说。（Popper，1972）[261]

波普尔认为，这种知识增长的达尔文主义观点不仅适用于“科学知识”，而且适用于“前科学的知识”，甚至还适用于“动物的知识”，一句话，其适用于所有的知识。他形象地说，从变形虫到爱因斯坦，知识增长过程都是一样的。为了形象地说明自己的观点，波普尔用公式“$P_1$—TT—EE—$P_2$”描述人类知识的增长过程。公式中“$P_1$”指作为科学研究起点的问题（problem），“TT”指为了解决这个问题所提出来的“假定的”或“暂时的”理论（tentative theory），“EE”指人们对这种假定的或暂时的理论进行的“检验”和“反驳”从而消除错误的过程（error-elimination），“$P_2$”则是指科学研究所产生的新问题，也是新的科学研究的起点。由于在实际科学研究过程中人们对每一个问题提出的猜测性理论不止一种，因此，为了更加准确地反映这种科学知识进化方向的多样性，波普尔又将上述公式发展成为下列比较复杂的公式（Popper，1972）[287]：

$$
P_1 \begin{cases} \nearrow TT_a - EE_a - P_{2a} \\ \rightarrow TT_b - EE_b - P_{2b} \\ \quad \vdots \qquad\quad \vdots \qquad\quad \vdots \\ \searrow TT_n - EE_n - P_{2n} \end{cases}
$$

公式中从“*a*”到“*n*”序列的无穷变化说明对某一个科学问题从各个侧面提出科学假设的可能性，从而也说明了科学知识乃至所有人类知识的增长只是提出无穷多的假设然后对其进行批判性检验和反驳并产生无穷多新问题的过程。这个过程是一个无止境的过程，因此知识的增长并不趋向于一种完成的状态，也非趋向于对世界秘密无限可能的揭示和确定性知识的积累，而只是人们对新的假设或理论“潜在满意度”的增加。

尽管库恩不完全同意波普尔有关知识或科学知识增长的观点，但是他也同样反对现代科学知识积累式的增长观。他非常鲜明地批评了那种旨在描述现代科学“积累式增长”的科学史观：

> 如果科学被看成现代文本中所收集到的事实、理论与方法的集合，那么科学家就是那些努力对这一特殊集合贡献一个又一个要素的人。他们或者成功，或者不成功。科学发现也就成为一种零碎的过程，成为一种将单一或综合的要素不断增加到已有科学技术与知识储备之中的过程。科学史既成为列举这种连续增加过程的一门学科，又成为记录阻碍这种连续增加过程的障碍的学科。这样，研究科学发展的历史学家似乎就有两种主要的任务：一方面，他必须决定什么人在什么意义上及时地发现了当时科学的事实、规律和理论；另一方面，他必须描述和解释错误、神话和迷信的积累，（因为）它们阻碍了现代科学文本的构成要素以更快的速度增加。许多研究都曾指向这一目的，今天仍有一些研究将这种目的奉为圭臬。（Kuhn，1962）[1-2]

在库恩看来，知识特别是科学知识的增长过程并不是一个逐渐淘汰旧的知识而增加新的知识的连续过程，而是一种整个科学知识“范式”经由危机阶段而彻底转变的过程。在这个过程中，旧的范式部分有可能全都被新的范式所取代。这种转换类似于心理学中“格式塔”的转换，其结果不是对个别要素的重新认识，而是一种整个视角、整个认识框架的转换，甚至是整个认识活动形而上学基础的转换。这种转换所带来的不仅是理论本身的不同，而且是提出问题以及思考问题方式的不同，是整个知识信念的不同。库恩认为，促成这种转变最重要的就是不符合常规科学传统的“反例”的出现。这种“反例”一开始或者不受重视，或者遭到排斥。但是，一旦这种反例频繁出现，科学家就会关注它们，从而产生一种对原有范式的“危机意识”，并开始考虑其他的可以代替原有范式的新范式。从内容上说，这种促成科学发展的反例既可能是一些新的范畴，也可能是一些新的方法、信念或实验。因此，对于科学的发展或科学知识的增长，一条重要的规则就是对反例的宽容和尊重，而不是对它们的压制和排斥。与此同时，敢于和善于从另一种完全不同的角度来思考问题也因此成为科学家的一项重要素质。

比较起来，波普尔的知识增长理论比较微观，适用于更为广泛的知识领域；库恩的知识理论比较宏观，主要适用于科学知识或自然知识领域。但是，无论是波普尔比较微观的“猜测—反驳”模式，还是库恩比较宏观的“范式革命”模式，都以大量科学史实为基础，从根本上否认了人类知识增长的“积累模式”或“建筑模式”，使得人们对人类知识的增长有了新的认识。

第二，现代知识的增长是不是一种理性的过程？

如上所述，现代哲学家们认为人类知识是认识主体纯粹的理性活动的产物，因此人类知识的进步也是人类理性发展的结果。对于这种观点，长期以来无人怀疑，其导致了几百年来人们将“知识传播”与“理性启蒙”等同起来。但是，随着后现代知识型对现代知识基本性质的批判，知识增长的理性特征也越来越受到人们的怀疑，人们对个体精神世界参与认识过程的丰富性和全面性的认识也越来越清晰，为了发现知识而进行的理性训练也正在暴露出其根本的缺陷。

英国著名的物理化学家波兰尼对此提出了尖锐的批评。他指出，近代以来人们将知识的产生看成个体纯粹运用理性的过程是非常可笑的。在知识的产生过程中，个体非理性的因素（形而上学信念、激情、缄默的知识、主观判断等）是根本不能缺席的。缺少了它们，就不可能有任何科学发现。他和爱因斯坦一样，强烈反对实证主义的知识观，反对只注重狭隘的科学方法训练的科学教育，强调科学美感、激情在科学发现中的巨大作用。波兰尼指出，事实的海洋是无限广阔的，但是对于科学家来说，只有一小部分的事实具有科学的价值。在评估哪些事实具有科学价值或具有较大科学价值的问题上，“科学的激情可以起到向导的作用”（Polanyi，1958）[135]。他明确指出：

没有科学的激情的指导，任何研究过程都将不可避免地陷入琐

> 碎之中，成为一些平庸的研究。我们对实在的洞察促使我们产生科学的美感，后者向我们指出哪些问题是合理的、有研究价值的问题。( Polanyi，1958 )[135]

他将科学的激情和科学的美感的这种功能明确定义为“启发功能”(the heuristic function) 和“选择功能”(the selective function)。因此，科学的激情不仅仅是一种科学发现心理上的副产品，它还具有一种逻辑功能，是进行科学研究时不可缺少的条件和要素。

在这方面，波普尔与波兰尼有着相似的观点。波普尔曾引用爱因斯坦的话明确地说：

> 我的观点是：每一个发现背后都包含了“非理性的要素”，或用柏格森的话说，包含了“创造性的直觉”。同样，爱因斯坦在谈到“寻找那些具有高度普遍性的规律，……通过纯粹的逻辑演绎就能从中获得世界的图画”时说，“没有什么逻辑的道路可以通向这些规律。它们只能通过建立在某种对于经验客体理智之爱基础上的直觉来达到”。( Popper，1959 )[32]

不仅如此，波普尔还指出，现代哲学家们所要求的纯粹理性直观和经验观察根本就不存在，因为它们动辄落入“理论之网”中。在波普尔看来，任何一种旨在发现知识的观察和实验都是蕴含着理论的，都是由理论指导的。个体不借助于自已原先所掌握的理论（不管它们是多么地不可靠），就不可能确定任何一个科学问题，不可能从事任何一项科学的观察和实验，也不可能解释任何一项经由观察和实验得来的资料。因此，经验主义者要求人们在观察和实验的过程中拒绝所有已经接受的理论不仅是不可能的，而且根本上是荒唐的。如果真的做到了这些，那么结果就不是促进了知识的发展，而是阻碍了知识的发展。他说：

> 知识不可能从无——白板——开始，也不可能从观察开始。知识的发展主要存在于对早先知识的修正之中。尽管我们有时通过偶然的观察获得了进步，但是进步的意义通常却有赖于其修正我们以往理论的能力。（Popper，1963）[28]

与波兰尼和波普尔稍微有些不同，费耶阿本德从其无政府主义的多元方法论出发，反对科学主义对理性的偏执，认为非理性在科学进步的过程中也很重要，是科学进步不可缺少的条件。他说：

> 就科学而言，理性不都是普遍的，非理性不能被排除在外。科学发展的这个特征强烈地支持了无政府主义的认识论。但是，科学并不是神圣的。要获得一般意义上连续的和正确的世界观，由科学所强加的限制（这种限制有许多，尽管要说出来并不容易）并不是必不可少的。建构世界观有多种方式：神话、神学教条、形而上学。非常清楚的是，科学与这种非科学成果之间的相互交流而不是科学本身将成为无政府主义越来越大的需求。因此，无政府主义不但是可能的，而且对于科学的内在进步和我们总体文化的发展也是必要的。……理性曾经被用于使人类失去生机，限制人自由和快乐地发展。它现在已经随风而去。（Feyerabend，1975）[180]

需要注意的是，波兰尼等人批评科学发现的理性化过程或知识进步的理性化理想，并不是要使人类的知识生活重新回到古代人凭借主观猜测、个人好恶乃至纯粹的信仰过知识生活的状态之中，而是要提醒人们理性化的局限及其在解释人类知识特别是科学知识进步方面的不完整性，提醒人们纯粹的观察主体和理性主体是不可能存在的。他们也不是要纵容个人的非理性因素在知识生活中为所欲为，事实上，无论是波兰尼、波普尔还是费耶阿本德，他们都强调对这种非理性因素的自觉注意和反思，强调对这种非理性参与下所产生的知识要不断进行检验和反驳，强调让各种知识形态相互竞争。他们这些论述的认识论意义在于揭示了人类在认识生活中内心世界的完整性，从而有助于克服近代以来认识活动中理性与非理性、科学知识与非科学知识的分裂。

第三，现代知识的增长是不是一种不断分化的过程？

在我国的教育学界和哲学界，有一种比较普遍的观点，即人类知识的增长是沿着一条“原始的综合—近代的分化—新的更高程度上的综合”或简称“综合—分化—再综合”的道路前进的。这种观点大致反映了人类知识增长过程中的结构性变化，也是对上述问题比较概括的回答。但是，这只是20世纪中叶以后的认识。在20世纪中叶之前，特别是在20世纪之前，知识的分化被认为是促进知识进步的必要条件之一。从培根、笛卡尔到斯宾塞、赫胥黎，绝大部分的科学家和哲学家都认为人类的知识是沿着这条道路前进的。建立在这种学科不断分化基础上的科学教育和科学训练使科学从业人员的视野不断地变窄，以至于在不同的学科之间形成了明显的屏障。这种屏障特别明显地竖立在人文科学和自然科学之间，以至于有人说，这两类科学家之间根本就“无话可说”。20世纪以后，人们对这种不断分化的知识发展方式不断进行批判，重新阐述了知识或学科综合在人类知识增长特别是在当代知识增长中的作用。

波普尔尖锐地批评了近代以来知识专门化的倾向。他说：

> 毫无疑问，当代科学太专业化、太职业化了，这使得科学显得有些不近人情。但是，不幸的是，当代历史学或心理学也是如此，几乎跟自然科学一模一样。（Popper，1972）[185]

波普尔将“进化之树”与知识的“增长之树”进行了比较。波普尔认为，“进化之树”是从共同的根部开始，然后分化出越来越多的枝条。它就像一棵“家族树”，共同的根基是由一个单细胞所组成。分枝代表着后来的发展，许多分枝后来又分化出许多更加专门的形式，以解决一些特殊的困难和问题。但是，将这种“进化之树”与知识的“增长之树”加以比较，就可以发现知识的“增长之树”有很多不同的东西。波普尔认为，“应用知识”（applied knowledge）的增长可能是越来越分化，以便解决越来越具体的技术问题，但是“纯粹的知识”的增长则很不相同，“它几乎总是沿着与这种专业化和不断分化相反的方向生长”（Popper，1972）[262]。这就是说，纯粹知识的增长有一种“一体化”和“综合化”的倾向。波普尔认为，这种倾向不是20世纪以后才有的，实际上它从牛顿时代就开始了。波普尔明确指出，纯粹知识的增长是一种“综合性的增长”。

尽管如此，可以说，在17世纪至19世纪末的西方知识发展中，分化仍然是主要的趋势。这种趋势直到20世纪以后才逐渐转变，波普尔所说的综合性的增长在20世纪以后才日趋明显。20世纪上半叶，西方社会乃至整个人类社会所取得的知识进步尽管有不少仍然带有明显的学科特征，但是不同学科之间知识的综合已经比较明显；20世纪中叶以后，不同层次、不同性质、不同类型学科之间的各种形式的综合逐渐成为学科知识进步的重要条件甚至是必要条件。在这种情况下，出现了一大批我们现在所知道的“新兴学科”“边缘学科”“交叉学科”“横断学科”“大学科”等。

造成这种知识增长方式转变的原因大概是当代知识的生产越来越超出个人兴趣的范围，成为一种受社会知识或技术利益驱动的认识活动，其目的在于解决社会所提出的紧迫问题或长远问题，如环境问题、粮食问题、健康问题、能源问题、军备问题等。而这些实际的社会问题的解决所需要的知识不可能是哪一门学科就能提供的，必须动员多学科或跨学科的专家来共同研究，从而形成了一种跨越学科界限的更大范围的知识共同体。这种大规模跨学科的研究实际上从一个侧面证明了近代以来人们所恪守的学科界限是“虚拟的”，而不是不可逾越的。更重要的是，在这种跨学科的研究中，人们发现了许多在单一学科中不可能发现或提出的问题、方法、技术和理论，这在客观上刺激了人们进一步从学科综合的角度来考虑一些原来在单一学科知识框架内没有能够得到解决或没有能够得到很好解决的问题，跨学科的综合性研究逐渐成为促进知识进步的基本方式。科学从业人员的培养与训练也已经从单一学科理论的掌握和单一学科方法的训练转向相关学科理论的掌握和相关学科方法的训练。由具有不同学科知识背景的人员组成的研究小组也成为最基本的科学研究形式和最有创造性的研究组织。人类知识的生长点由此从学科内部转移到学科之间，知识分子的学科身份也越来越模糊，人们已经很难用传统的学科定义来界定很多知识分子或科学家的知识身份。

第四，现代知识的增长是否具有稳固的基础？

对现代知识增长的稳固基础的依赖和追求导致了知识进化过程中的“基础主义”。培根、牛顿、洛克、笛卡尔、斯宾诺莎、拉普拉斯（Pierre-Simon Laplace）、莱布尼茨乃至康德和黑格尔等许多哲学家和科学家都是这种“基础主义者”。在一定程度上，知识增长问题层面的基础主义与知识性质问题层面的“客观主义”和“绝对主义”也是不可分的。凡是持有客观的和绝对的知识观念的人，就同时是一个基础主义者。另外，基础主义也与积累式增长观念密切相关，甚至可以说，对知识增长稳固基础的寻求就是为了保障知识能够摆脱各种怀疑主义的攻击从而获得持续的、稳定的积累式增长。

基础主义有着经验主义和理性主义两种不同的形态：对于经验主义者来说，实体的“自然”或纯粹的“经验”成为知识增长的坚实基础，建立在“经验”基础上的“可检验性”特别是“可证实性”提供了一个达到这种基础的手段；对于理性主义者来说，“（理性）直觉”或“先验范畴”为知识增长提供了牢固的基础，回答了知识的增长如何可能的问题。因此，对基础主义的批判或反驳就涉及两个问题：一是是否存在作为检验知识最终证据的实体“自然”或纯粹“经验”，二是“（理性）直觉”或“先验范畴”是否可靠。

奎因（W. V. O. Quine）对这两个问题的回答都是否定的。他一方面认为不存在笛卡尔所谓的“（理性）直觉”及康德所谓的“先验范畴”，另一方面又认为不存在什么未受“污染”的“经验”证据。在奎因看来，所谓的“（理性）直觉”是与“（感性）直觉”一样变幻莫测、充满矛盾的；所谓的“先验范畴”（如“时间”和“空间”）也不具有确定的和唯一的意义；所谓的“经验”证据也只不过是人们所希望看到和在现有条件下能够看到的东西。因此，奎因认为，基础主义是根本站不住脚的，基础主义只表达了人们的一种愿望，没有反映人类知识增长的事实。其实，除奎因之外，尼采、卡西尔、罗蒂等人都对这种纯粹的“（理性）直觉”与“先验范畴”进行了根本的批判，曼海姆、舍勒、波兰尼、波普尔、费耶阿本德等人也都对“经验”证据的可靠性进行过根本的否定。在他们看来，基础主义所希望的知识增长的稳固基础是根本不存在的，在追求知识的道路上，人们永远别指望像盖房子那样将地基打牢了再往上盖，人类知识的大厦缺少一个稳固的地基，“错误”和“革命”会不断地出现在知识发展的历史中。正如波普尔所说：

> 科学没有任何稳固的基础可以依赖。高高耸立的科学理论大厦似乎立于沼泽地上。它就像用木桩支起的一栋建筑，木桩的下端深深地插在泥土之中，但却碰不到任何“自然的”或“给定的”基础。如果我们不再将木桩插得更深，那并不是因为我们已经建立了牢固的基础。当我们觉得木桩已经可以稳固地支撑大厦的时候，至少觉得眼下可以支撑大厦的时候，我们就会坦然地停下来。（Popper，1959）[111]

他的这段话可以说是对前面笛卡尔那段话最绝妙的反驳。但是，如果人类知识的增长没有一个稳固的基础，那么它如何能够不断增长呢？这不是有重新陷入怀疑主义和不可知论的危险吗？波普尔认为，“乐观主义”（基础主义）的认识论与“悲观主义”（怀疑主义）的认识论都是错误的。在获得知识的问题上，人们既不应该太乐观，也不应该太悲观。尽管我们不能获得绝对的知识基础，但是人类知识还是可以进步的，这是“批判性检验”的结果。波普尔所说的“批判性检验”与一般意义上人们所说的各种各样的“检验”有所不同，它不是为了“证实”或“证明”某种知识，因为这种“证实”或“证明”在波普尔看来是根本不可能的事情。批判性检验的目的是知道如何发现和消除错误。波普尔将知识的增长看成批判性检验的结果，意思就是说，我们永远不能获得对事物客观的和绝对的知识，因此我们永远会犯错误，永远不能避免犯错误，重要的是要懂得如何发现和消除错误，要相信人们能够从自己的错误中学习。

第五，现代知识的增长是不是个体化的过程？

舍勒和曼海姆对于将知识看成个体的脑力劳动结果非常反感，他们认为这样一来就掩盖了社会因素在知识增长中的重要作用。他们从知识社会学的立场出发，认为不但知识是具有社会性的，而且知识的增长也是受社会因素制约的。舍勒在分析了宗教知识、形而上学知识和科学知识的起源与发展后指出，人类对于科学知识的追求其实早在古代就开始了，但是之所以等到现代才能结出硕果，完全不是因为人类理性本身，而是因为社会的需要和限制。在古代社会，人们需要的不是自然的权威而是宗教的和形而上学的权威，因此宗教知识和形而上学知识能够得到社会其他组织的支持并得到很大的发展。但是，到了现代社会，随着工业的发展和新兴资产阶级的出现，人们需要科学知识来提高对自然的控制力，满足人们不断膨胀的物质欲望，反对对自然的形而上学思考，因此促成了以自然科学为核心的科学进步。没有这些社会因素的变化，就不可能有科学事业的发展。因此，社会的因素并不是知识生产过程中的“干扰”因素，恰恰相反，它们在知识的生产过程中扮演了一个积极的和重要的角色。

库恩在谈到科学史的研究时也指出，将科学的发现看成科学家个体的脑力劳动结果无助于理解科学发现的真实过程。事实上，无论是科学家所研究的问题、所使用的范畴还是他们所采用的方法、所具有的信念，都源于他们与同时代其他科学家所共同分享的科学“范式”。因此，不进行这种旨在发现某一位科学家与其同时代其他人之间的关系的“横向研究”，仅仅对其所做出的科学发现与前人相关理论之间的关系进行“纵向研究”，根本不能正确地、完整地理解科学发展的过程。这也正如科学社会学家巴伯（B. Barber）所指出的，“科学成果——科学的发明与发现——怎样是一种具有基本的社会特征的过程的产物”（巴伯，1991）[3]，从社会的角度来研究科学，能更好地理解科学（巴伯，1991）[4]。不过，他所说的社会因素已经远远地超出了库恩所说的为许多科学家共同分享的科学“范式”，包括了政治权威、职业体系、文化价值和理想等等。

当代科学发展的状况也说明，如果一个人离开了他所属的知识共同体，完全沉湎于自己的苦思冥想之中；如果他对于自己所生活于其中的社会中的技术、价值或组织等方面的问题一无所知或毫不关心，那么他即使是从事哲学这种似乎完全属于个人理智爱好的研究，也很难取得创造性的知识成就，更不用说从事社会科学、自然科学的研究了。跨学科的交流和对话已经成为获得新知识、促进知识增长的重要条件。

不仅如此，知识界与其他社会各界之间的界限也正在被打破，因为，在知识领域正如在其他任何领域一样，“消费”决定着“生产”，知识分子能否拿到“顾客”的“订单”（基金或赞助），成为制约知识生产和知识增长的一个重要因素。这就要求知识分子不仅善于从事自己本领域的研究，而且要求他们善于捕捉最有社会价值的问题，善于写出很好的研究报告以便说服各种基金委员会或赞助者向自己的研究小组提供资金。因为没有这种资金的支持，凭借个人的财力，谁也无法完成越来越复杂的研究项目。这就要求知识分子必须学会与各种各样的社会利益集团打交道，必须学习如何与他们讨价还价和达成协议，同时也必须学会协调自己与同伴们的关系，从而形成能够满足“顾客”需要的研究力量。可以说，在当代知识增长的过程中，强调个人成为“科学独行侠”的观念已经完全过时了，个人在投入天赋、智慧以及辛勤劳动的同时，无法脱离个人与他人、个人与社会之间的复杂关系而独自创造出有价值的知识。

总结以上分析和论述，可以看出，随着近代以来人类知识的迅速发展，知识的增长方式也发生了巨大的甚至是革命性的变化。原来人们所信奉的“积累的”“理性的”“分科的”“基础主义的”“个体的”知识增长方式逐渐地显示出它们的虚妄、缺陷或不足，越来越阻碍着人类知识的增长；新的更加符合知识增长或科学发展实际状况的知识增长方式——“批判的”“整体的”“综合的”“反基础主义的”“社会的”“合作的”增长方式正在得到越来越清晰的阐述，得到越来越多的人的认同，并在当代知识发展或科学进步过程中逐渐发挥积极的作用。随着这种知识增长方式的转变，从事知识创新所需要的个体素质结构也发生了许多重要的变化，富于想象、善于猜测、勇于批判、大胆尝试、有效沟通、真诚合作、积极对话，连同跨学科的知识和方法背景、良好的社会形象和社会关系、较强的社会组织与协调能力等等，正在成为知识分子在新的历史时期从事知识生产必备的一些素质。除此之外，由于新知识对社会生活和生产各个方面的巨大影响，遵循和维护一定形态的知识或科学伦理也成为知识分子从事知识创新工作的基本要求。

## 三、知识增长方式的转变与教育改革

从后现代知识增长方式的理论出发，我们认为，在当前关系到国家知识创新能力、综合国力和社会发展潜力的创新教育改革中要特别注意以下几个方面。

第一，在教育目的方面，不仅要注重学生对基本知识和基本方法的掌握，更要注重学生对所学知识的批判意识、综合意识以及与他人合作的意识的发展。

由于受到现代知识增长观念的影响，我国有不少教师和教育学家认为，要使学生将来适合从事知识创新或科学研究工作，就必须首先使他们掌握一定数量的基本知识、基本方法或技能（所谓“双基”），也就是说要先打好“基础”。他们也运用建筑的隐喻，认为这种基本知识和基本方法掌握得牢固与否，就像盖房子的地基打得牢固与否一样，只有有了坚实和宽厚的基础才能盖起高耸入云的知识大厦。不少人还用中国古代的“厚积薄发”来阐释注重基础知识传递和基本方法训练的认识论意义。又由于当代的知识分类仍是沿袭近代以来的学科分类方式，新的知识分类方式仍没有得到普遍的认同，因此所谓的基本知识和基本方法也是以学科的形式存在的，表现为各个学科基本的事实、问题、概念、范畴、命题、原理、方法等等。

掌握基本知识、基本方法实际上就是掌握各个学科基本的事实、问题、概念、范畴、命题、原理、方法等等。这些东西其实也就是20世纪60年代美国课程改革运动中所提出来的“学科基本结构”。

应该承认，重视学生对各个学科基本知识和基本方法的掌握是现代教育在目的方面的一大进步，这是相对于要求学生事无巨细地掌握所有或至少是大量的学科知识和方法而言的，后一点在现代教育的早期曾经非常流行。例如，英国思想家边沁在19世纪初曾经建议建立一个科学课程的体系，该体系就几乎包括了当时所有的学科知识①。19世纪70年代，斯宾塞的课程体系尽管不像边沁的那么庞杂，但是也包括了生理学、解剖学、营养学、心理学、政治学、经济学、音乐等各种与“完满生活”有关的知识内容。到了20世纪，这种情况尽管有所转变，许多学校只开设了一些学科，如物理学、化学、地理学、营养学，但是每一门学科中仍然存在着知识庞杂的问题，学生需要花费大量的时间与精力来学习和记忆知识。这种情况到了20世纪中叶以后变得更加严峻，这是因为20世纪中叶以后人类知识的增长速度越来越快，人们形象地称其为“知识爆炸”，而学校的课程内容则不可能无限度地增加。因此，为了适应新兴科技革命的形势，为了更好地提高学生的科学素质，为了使学校教育更有效地进行，必须重新对课程知识进行选择和组织。这就是说，仅仅像斯宾塞那样断言“科学知识最有教育价值”是不够的，人们必须思考“什么样的科学知识才最有教育价值”以及“如何学习这些科学知识才最能实现其教育价值”这类问题。这是导致20世纪60年代西方国家课程改革运动的主要因素之一。这一运动重要的结果就是产生了以美国“结构课程”为代表的新的课程模式，强

① 边沁建议设立的课程体系是：在基础阶段，安排学生学习读、写、算的技术；在第一阶段，安排学生学习矿物学、植物学、动物学、地理学、几何、历史、年代学及绘图；在第二阶段，安排学生学习力学、流体静力学、水力学、气体力学、声学、化学、电磁学、电学、弹道学、考古学、统计学、英语；在第三阶段，安排学生学习采矿、地质学、大地测量、建筑学、农学、簿记、物理经济学（将力学和化学应用到国内事业的管理中）；在第四阶段，安排学生学习卫生学，包括生理学、解剖学、病理分类学、营养学、预防学、外科、治疗学、动物卫生学；在第五阶段，安排学生学习几何学、代数学、天文学、技术学或一般意义上的制造原理、速记等等。这真是一个庞大的科学课程体系，但是从教育的角度看，却是极不切实际的。

调学校的整个教学要围绕着“学科基本结构”进行。改革者们认为，学生学习学科的基本结构有助于解决课程内容无限膨胀的问题，有助于减轻学生学习负担，有助于缩小“高级知识”与“低级知识”之间的差距，有助于学生对所学知识的迁移和智力的训练。

但是，这次耗费大量人力、物力和财力开展的课程改革最后基本上失败了。失败的原因是多方面的，认识论方面的原因恐怕就是改革者们没有正确地认识当代知识增长或科学发展的新特征，以至于指望通过使学生掌握学科的基本结构的办法来使其迅速地适应新的知识增长或科学发展的要求。尽管如此，他们的这种思想却对于我国 20 世纪 80 年代以后的教育理论与实践产生了很大的影响，随着布鲁纳（J. S. Bruner）《教育过程》一书中文版大量发行，掌握“双基”似乎也已经成为我国教育教学工作一条“铁的规律”，是丝毫怀疑不得和动摇不得的。看来，关键性的问题是，基本知识、基本方法或学科的基本结构的掌握是不是应对当代知识增长的良策？其是否真的能够成为学生以后进行知识创新的“基础”？

从上述后现代知识增长的方式来看，这种观念和信念是值得反思的。首先，后现代知识的增长方式说明，迄今为止没有任何一种知识是不可置疑的，也没有任何一种知识能够给世界提供终极的解释。因此，没有任何一种知识可以成为今后知识增长的稳固“基础”。其次，人类知识的增长不是一种积累式的新知叠旧知的过程，而是一种对原有知识不断修正乃至全部抛弃的过程。因此，对于个体而言，掌握和理解原有的知识尽管重要，但也只是完成了知识创新前一半的工作，更重要的是要对这些知识进行批判和反驳，并在此基础上提出新的知识假设。没有这种批判和反驳的意识以及与之相关的素质与能力，个体就会陷入原有知识的陷阱中而不能自拔，就会形成盲从或人云亦云的习惯，根本不可能进行知识创新。再次，这种批判和反驳的意识以及与之相关的素质与能力不是天生的，它需要长期的鼓励和培养。如果一个孩子从小学阶段开始就被要求运用他全部理智的力量来掌握那些不容置疑的真理，那么久而久之，他就会失去这种批判和反驳的意识，更不用说形成与之相关的素质与能力了。而现行各级各类学校教育对“双基”的过分强调在很大程度上就有使学生失去这种独立地进行批判和反驳的意识的危险。

不过，这里又有一个很棘手的问题，就是学生有没有对课程知识进行批判和反驳的能力。人们普遍认为，课程知识，不论是自然科学的知识还是社会科学或人文科学的知识，都是经过了一定程度经验的、逻辑的或历史的证实与证明的，别说是青少年，就是要他们的教师去批判和反驳都不是一件容易的事情。因此，提倡培养学生对原有知识进行批判和反驳的意识、素质和能力是不是不切实际？我以为并非如此。事实上，学生不仅有这种意识，甚至也有这种素质与能力。根据在于，呈现在学生面前的知识的难易程度都是与学生的认知能力大体相当的，至少是可以为学生所理解的。而一个人所能够理解的东西同时也是其能够加以批判和反驳的东西。一个一年级的学生不会去批判和反驳二项式定理，但是他会去批判和反驳“1+2=3”①；一个高中生尽管不可能去进行康德那样的哲学批判，但是他完全可以就什么是“客观规律”发表自己的看法。在实际的课堂教学生活中，这些包含着学生自己对课程知识独特理解的问题以及问题背后的批判和反驳的意识原本也是大量存在的，但是在传统的教育教学模式中它们很少受到教师的重视，原因是它们被认为与基础知识和基本方法的“掌握”无关，被认为与标准的考试答案无关，被认为与升学竞争无关。因此，一个令人悲哀的教育现象就出现了：学生所在的学习阶段越高，他们越缺乏批判和反驳的意识。在大学的课堂里，如果你问学生“什么是哲学”，十个学生中有八九个学生会回答“哲学是研究世界观和方法论的学问”。他们以课本上别人的认识代替了自己的认识，他们甚至认为这是一个不需要再问的问题。其结果之一是给教师和教育理论工作者造成了一种假象，以为学生由于年

① 一个孩子问自己的老师：“‘1+2’为什么等于‘3’？”老师问他：“你知道‘1+1’等于几吗？”孩子说：“等于‘2’。”老师说：“这就对了，‘1+1’等于‘2’说明‘2’里有两个‘1’，那么‘1+2’就等于说，一个‘1’又加上两个‘1’，你说一共有几个‘1’？”孩子想了想说：“三个吧！”谁能知道这个孩子的问题是否真的得到了解答？甚至，谁能知道这个孩子真正的问题是什么？在老师看来，“等于3”是没有任何问题的。

龄和知识基础的缘故缺乏这种批判和反驳的能力。殊不知，如果他们真的缺乏的话，也不是他们的年龄和知识基础的缘故，而是我们教育本身的缘故。说得尖刻一点，是我们以往建立在现代知识观特别是知识增长观基础上的教育和教学模式剥夺了他们批判和反驳的机会与权利，最终使得他们成为要么盲目接受课本知识要么轻率地拒绝课本知识的人，而不能成为波普尔所说的那种能够始终保持着开放的思想态度，能够对以往的知识进行批判性检验，从而促进知识进步的人。

后现代教育要培养学生的批判意识，因为知识"通过批判而增长"。不过，有必要说明的是，这里所说的"批判"不是指 20 世纪 60 年代政治斗争所赋予"批判"的"否定"意义，它更多地是一种积极的"理解"，是要对原有知识（事实、问题、概念、范畴、命题、原理、方法）及其视角、证据、表达方式等重新进行"检验""辩护""再思考"。批判的结果也不见得是完全抛弃了原有的知识，甚至反而是证实或证明了原有的知识，这是无关紧要的事。最重要的是，学生在这个过程中学会了质疑、提问、寻找漏洞、检验证据、组织辩护、转换视角等思想方式。这些思想方式才是他们将来从事知识创新最重要的素质与能力。借用爱因斯坦的话说，它们是从事创造性工作的个人的"原创性"或最基本的素质[①]。没有这些"原创性"，一个人就不能形成真正的创造性才能，就不能在科学领域里有所作为，就只能成为前辈科学家或知识分子的"应声虫"，就不能通过生产各种各样的新知识而不断地更新自己工作和生活的知识基础，从而使自己的工作和生活生气勃勃。我认为，只有这种对待知识的批判意识才能真正帮

① 爱因斯坦作为一名伟大的科学家非常反对学校单纯地向学生传递知识，反对学校对学生进行单纯的能力训练。他说："人们将学校看成向正在成长中的一代人传递尽可能多的知识的工具，这是不对的。知识是死的，而学校却为活着的人们服务。学校应该在年轻人身上培养那些对于公共福祉来说有价值的品质和能力。这样说并不是意味着要牺牲个体的个性，要个体成为集体的工具，就像一只蜜蜂或蚂蚁那样。对于一个集体来说，如果它是由那些缺乏个人的原创性和个人目的的标准化的个人所组成的，那么它就会是一个很糟糕的集体，根本没有发展的可能。相反，学校教育的目的一方面应该是使年轻人成为有独立的行动和思考习惯的人，另一方面应该是使他们把为集体服务当成自己最高的生活目标。"参见：FRENCH A P, 1979. Einstein: a centenary volume [M]. London: Heinemann Educational Books Ltd.: 316.

助学生适应“知识爆炸”的时代对人才素质提出的新要求。不仅如此，这种批判意识也是帮助青少年一代鉴别和抵制网络时代各种知识霸权的有力武器。

但是，对于新知识的生产来说，光有批判意识是不够的，还必须同时具有学科知识的综合意识和与不同领域知识分子以及与其他社会机构成员合作的意识。如上所述，后现代知识的增长越来越倾向于采用“综合的”与“合作的”增长模式，越来越冲破学科的知识界限和组织界限，成为一种跨学科乃至跨领域的活动。所以，当代教育如果想切实提高学生的知识创新意识、素质和能力的话，在目的方面除了要强调批判意识的培养以外，还要强调综合意识与合作意识的培养。对这两点，过去的教育重视得很不够。一方面，相互独立的学科课程体系和知识传统将整个的知识世界分割为一个个相互独立的知识体系，从而给学生一种印象，让他们以为人类的知识就是这样分布和发展的；另一方面，传统的班级授课制在强调教师和学生个体之间相互交流的同时忽视了学生之间进行交流的意义，使得学习活动在很大程度上成为教师指导下的个体活动。而且，传统的课程知识也注重陈述科学家或知识分子个人在知识发展中的作用，在很大程度上忽视了他们与学术界同行之间的交流、对话与合作，这也给学生留下一种印象，似乎新知识的发现纯粹是个体主观努力的结果。实际上，正如波普尔、库恩和费耶阿本德所说，人类知识的进步是各种观点、方法之间相互竞争、对话的结果。离开了这种交流、对话、合作或竞争，就没有任何的知识进步。所以，综合意识和合作意识应该是除批判意识之外当代教育改革应着力追求的学生素养，它们构成了个体知识创新的重要条件。

第二，在课程建设方面，不仅要注重课程内容的精简，而且要高度注重课程结构和课程内容呈现方式的改革。在课程结构的改革方面，要切实加强综合课程和艺术课程的建设；在课程内容呈现方式方面，要重视课程内容的故事性或叙事性。

受现代知识增长理论的影响，受着“打基础”的教育目的的影响，现代课程的内容确实非常多，给教师和学生造成了很大的精神压力。一些教师抱怨说，要培养学生的质疑意识和批判意识是需要时间的，没有充分的时间让学生提问、思考和辩论就谈不上质疑意识、批判意识以及与之相关的素质和能力的培养。但是，现在的课程内容真是太多了，教师们就是每堂课都进行灌输也很难完成教学任务，怎么还有时间给学生进行充分的质疑、思考与讨论呢？在许多课堂里，我们也看到，许多有教育价值的问题刚刚提出来，学生们还没有认真思考和讨论，教师就公布了标准答案，以便进行下一个单元的教学。因此可以说，精简课程内容确实有助于减轻教师和学生的精神负担，以便将更多的教学时间留给学生提问、思考、讨论、辩驳等。

但是，就学生知识创新素质的培养而言，只精简课程内容是不够的，还应同时注重课程结构和课程内容呈现方式的改革。众所周知，现代的课程结构基本上是以各门学科课程为主干，以其他一些活动性课程为辅助的一种呈现形式。从认识论上看，这种课程结构与近代知识结构特别是知识增长方式有着密切的关系，在很大程度上是受学科分化和专业训练观念的影响。但是，正如上面的分析所指出的，这种观念是值得质疑的，因为无论是现代科学兴起和发展还是后现代科学的进步都显示出“综合”在知识创新中的重要作用。一个固守在某一学科领域之中，不能发现一种学科知识与另一种学科知识之间相互联系的人，是很难有科学发现的。所以，从后现代知识的增长方式来看，这种分科课程的合理性已经基本丧失，人们确实需要重新考虑学校的课程结构。

其实，早在20世纪初，杜威就指出了分科课程的危害，认为分科课程既没有反映人类知识进步的基本情况，也严重地脱离了学生生活的实际，将学生完整的生活从理智上加以“分割”。杜威所提出的解决方案就是以学生的“生活经验”为中心而不再以学科知识为中心。这可能是一个很好的视角，但是，杜威又没有能够对学生的“生活经验”从形式上进行清晰和充分的分析，并将新的课程体系建立在这种分析之上。众所周知，他在舍弃了学科课程以后在学校中开设的是“金工”“木工”等一类课程，过于妥协于学生的直接兴趣，在很大程度上忽视了科学迅猛发展对学生理智水平所提出的高要求。他的课程结构方案问世不久就遭到了改造主义者、要素主义者等的反对，在20世纪60年代的结构课程改革中，结构主义者对杜威进行了猛烈的批判，认为其和整个进步主义教育运动是美国教育水平落后的罪魁祸首，对美国学校教育质量特别是科学教育质量长期处于很低的水平负有历史责任。这些批判的结果是美国试图重新恢复和加强学科课程体系，实行以学科基本结构为核心的分科课程。但是，有趣的是，这种旨在提高学生科学素质和理智水平的结构课程改革在十几年后又遭到了人们的批判，在教育领域进步主义似乎又有复兴的态势。不过，尽管人们认为进步主义并没有“过时”，但是人们却非常警惕它有可能对学生乃至整个国民科学素质的影响。20世纪80年代中期，美国科学促进协会（American Association for the Advancement of Science）推出了“2061计划”（Project 2061），对美国的科学教育进行了认真的反思，并提出了新的科学教育方案，其中最主要的一点就是加强科学课程的综合性。

其实，不仅科学课程需要加强综合性，其他的课程也需要加强综合性，甚至需要加强科学课程和人文课程的综合性。但是，如何加强综合课程？如何构建以综合课程为主干的学校课程体系？可以或应该将哪些学科综合在一起？这些问题很大很复杂，已经超出了我们的能力和讨论范围，因此不得不将其搁置。我们想要强调的是，综合课程应该是当代整个学校教育课程改革的方向，因为它反映了人类知识增长的趋势，反映了影响人类知识增长因素的复杂性，也反映了知识与社会生活关系的整体性。综合课程建设的基本目的是要使学生对知识生活的统一性有清晰的认识，是要将学生的思想从狭隘的学科视界中解放出来，提高他们从事知识创新的意识、素质和能力。

就后现代知识增长方式而言，在当代的课程改革中，除了要加强综合课程的建设以外，还要加强艺术课程的建设。这是因为，正如爱因斯坦、波兰尼等人所指出的，想象或猜测在科学发现的过程中并不是可有可无的，审美和激情也不仅仅是科学发现的副产品，它们都是科学发现的一些必要条件。这样一来，通过艺术教育培养学生的想象力、审美能力和内心的激情也就必然有助于学生从事知识创新活动。这就是说，艺术教育不仅能提高学生的艺术素养，培养艺术人才，而且具有为学生的知识创新准备心理条件的功能。艺术教育与科学教育实际上是相通的，而不是教育的“两极”。这一点可以在许多大科学家身上看到，他们往往既在科学事业中做出了重要的贡献，又具有很高的艺术造诣。

在以提高学生知识创新意识、素质和能力为核心的当代课程改革中，一个非常重要的内容就是课程知识编排的改革。在以往的课程知识编排中，课程知识是以一些简明扼要的学科概念、范畴、命题、原理以及支持它们的事实、经验、实验、例题和习题构成。这种编排的好处就是容易使学生比较清晰地把握一个又一个知识点以及前后知识点之间的联系。很显然，这种编排也是考虑到突出“双基”的需要。但是，这种编排的不足之处在于，其忽视了不同学科知识之间的联系，忽视了知识与社会文化之间的联系，忽视了在获得知识的过程中种种观念之间的分歧，忽视了所编排知识本身的不充分性以及人们对它们的质疑。这种编排方式的结果就是给教师和学生留下一种印象，好像一切课程知识都是被证明了的、唯一可能的知识。在他们的头脑中，知识便被理解为由一些概念、范畴、事实等所构成的静态的、客观的和绝对的真理。在这种知识面前，在这种知识观的指导下，他们所能做的就是去理解、记忆和掌握它们。这样做的结果当然是不利于鼓励和培养他们的质疑与批判意识。鉴于后现代知识的性质及其增长方式，当代课程知识的编排应该讲述一个个真实的“知识故事”，讲清楚这些故事发生的“时间”（是什么时候发现或提出这些知识的？）、“地点”（在什么样的社会文化背景中发现或提出这些知识的？）、“人物”（由谁发现或提出这些知识的？他的人生经历与这种知识之间有无内在的联系？）、“事件”（这些知识的发现或提出是属于什么性质的事件？是对原有知识观念的重新解释还是对原有知识观念的颠覆？）、“过程”（发现或提出这些知识的过程是怎样的？在与其他理论竞争的过程中，在各种左右它们的学术力量和社会力量中，它们又是如何获胜的？它们的身上有没有遭对手攻击时所留下的“疤痕”[①]？），以及“结果”（这些知识是如何为人们所接受和叙述的？它们是如何引发其他的知识效果或社会效果的产生的？不同的历史时期或不同的社会文化中的人们又对它们有哪些不同的评价？）。我想，在人类的认识史上，从来就没有哪一种知识是从天上掉下来的。每一种知识都有一个属于它自己的故事，每一种知识的故事都非常精彩。这些精彩的故事呈现在学生们的面前时，一定会吸引他们，一定会促使他们全心全意地关注故事中知识的命运，一定会鼓舞他们为知识世界中的公正和美好而不懈奋斗。但是，在现代知识型的支配下，这种知识的故事性被压抑甚至废除了，因为它有损于知识“客观的”“普遍的”“价值中立的”形象，有损于科学家或知识分子的“圣徒”形象，甚至有损于以这些知识为基础的社会集团的形象。于是，教师和学生在课本上所看到的人类知识进步是经过大大“简化”了的甚至是有所“歪曲”的。从这种课本中，他们很难理解人类知识增长的实际过程，更不用说能够为促进人类知识增长做好充分而必要的准备了。

第三，在教学活动方面，应该切实转变教师观和学生观，坚决反对填鸭式教学，重新认识启发式教学，大力提倡反思性与合作性教学，在教学过程中促进各种形式的质疑、交流、对话与合作，实行旨在衡量一个人知识创新意识、素质和能力水平的教学评价。

在现代知识性质及其增长方式的支配下，教师扮演了课程知识的“传递者”“解释者”[②]以及学生学习课程知识的“组织者”、学生掌握课程知识情况的“评价者”与相关评价信息的“反馈者”的角色。除此之外，教师也许还扮演着学生学习动机的“激发者”的角色，但并不是所有的教师

① 即由竞争性的理论所提出来的而某种理论没能很好地予以回答的问题，换句话说，就是该理论自身的理论缺陷。

② 此处是在“解释”一词的日常意义上使用“解释者”一词，而不是在“解释学”中“解释”一词的意义上使用“解释者”一词。也许，用“解说者”一词更为恰当，因为在传统知识观念支配下的教学生活中，教师很少展示自己的观点、感情、立场等，其在很大程度上只是根据某种既定的程序来说明某种课程知识是如何如何。因此，在不同教师所上的同一节课上，可以看到方法或技巧的不同，感受到教学氛围的不同，但是很难看到对知识点理解的不同。

都能做到这一点。在这些角色中，最主要的就是课程知识的“传递者”和“解释者”这两种角色。人们经常用韩愈《师说》中的“师者，所以传道授业解惑也”来概括这两种角色[①]。其他角色都与这两种角色有着密切的关系，或者说是这两种角色的扩大：组织课堂教学是为了保证课程知识的顺利传递；评价学生掌握课程知识的情况是为了帮助教师更好地从学生的实际情况出发传递知识；向学生反馈评价信息也是为了帮助学生更好地了解自己掌握课程知识的情况从而引导他们改进学习方法；激发学生学习动机的主要目的是使他们能够更好地投入到课程知识的学习中去；等等。就“传递者”和“解释者”这两种角色而言，教师又是以课程知识为核心的，“传递”是对课程知识的传递，“解释”也是对课程知识的解释，而且，无论是“传递”还是“解释”，都要力图做到“正确”“准确”，不允许出现任何错误或任何与教学大纲不同的解释。之所以会如此，一方面是因为教师出现错误往往会造成学生理解上的错误，造成错误的流传；另一方面是因为在现代知识观念的支配下，课程知识被认为是“客观知识”的典范，是学生将来从事知识创新工作的“基础”，因此任何与课程知识不一致之处都意味着“错误”的产生，都意味着“基础”的不牢固，学校当然是不能允许这种现象存在的。在这种情况下，教师全部的教学艺术都指向如何能够正确、准确和有效地传递和解释课程知识，那些能够做到这一点的人就会成为最优秀的教师。然而，不论是优秀的还是不优秀的教师（大学教师除外），长年累月地扮演这些角色，基本上都会丧失对自己所教授的学科知识独立的判断力、理解力和知识创新能力，从而成为一名不折不扣的“教书匠”。

在现代知识性质和知识增长方式的支配下，学生则被看成一个“不成熟的”认识主体，被看成“缺乏知识”并因而需要不断地掌握和积累知识的人，甚至被看成缺乏认识能力从而需要接受教师帮助、指导和训练的人。这些认识或假设决定了学生在学校生活中所扮演的所有角色要进行的活动：

---

① 其实，这种概括的准确性很值得怀疑，因为韩愈所说的“道”“传道”恐怕和我们今天所说的“知识”“传递知识”有本质上的差异。

上课、听课、完成作业、接受教师的管理、参加考试等。为了确保他们能够掌握人们期望他们掌握的知识，学校还制定了一系列的学习规章制度，如“不许旷课”“必须认真听讲”“必须按时完成作业”。在学习的过程中，学生和教师一样，在原则上被剥夺了对课程知识进行独特理解、质疑和批判的权利。他们必须接受课本上的内容甚至是教师的观点，他们运用各种学习方法只是为了牢固掌握或熟练应用这些所谓的客观知识。在这种情况下，学生的刻苦或聪明的程度就决定了他们的学业表现的好坏，那些既不刻苦又不聪明的学生只好遭受学业不良或学业失败的困扰。然而，无论是成绩良好还是成绩不良的学生，由于学习上的长期被动和智力生活上的贫乏，他们很容易产生对学习本身的厌倦情绪。如果不是为了高考和今后的职业前途，真不知道还有多少学生愿意待在课堂里听课。

随着后现代知识性质及其增长方式的转变，这种教师观和学生观也应该有所转变。一方面，教师不应该再将学生看作“不成熟的认识主体”，而应该将他们看成一个个有着一定认识能力且在迅速发展的人；不应该再将学生看成“缺乏知识”并因而需要不断掌握和积累知识的人，而应该将他们看成和成人（包括科学家）一样有着自己的知识，但是却需要不断地修正和发展这些知识的人。另一方面，教师不应该将教材知识看成“客观的”“绝对的”“价值中立的”知识，不应该将其看作学生将来从事知识创新的“基础”，而应该认识到教材知识的社会性、猜测性、价值性，应该认识到学生将来从事知识创新的真正基础是他们的好奇心、求知欲、批判意识、合作意识、综合意识等。而且，教师应该认识到以批判和反驳为核心的知识创新从性质上说并不是学生将来才能胜任的任务，而是他们现在就能够从事的活动。事实上，谁说孩子不能对某一个问题的解释或解决提出自己的猜测呢？谁说孩子不能根据新的证据或别人的批判而修正自己的猜测呢？谁说孩子不能根据一定的标准对各种不同的观点进行比较，从而接受自己认为是比较合理的观点呢？在学校之外的世界中，或者更准确地说，在课堂之外的世界中，孩子每天都像一名科学家那样在提出问题、收集证据、提出观点、讨论观点、修正观点、发表见解并根据这种新的见解来指导自己的行为。因此，教师应该重新认识自己的角色，应该重新思考自己教育艺术的方向，以便使整个教学行为服务于学生知识创新意识、素质和能力的提高。

随着这种知识观念、教师观念和学生观念的转变，“填鸭式”教学也必须被彻底抛弃。实事求是地说，尽管很久以前教育界就开始反对“填鸭式”教学，但是“填鸭式”教学却仍然有一定的市场。造成这一现象的原因是复杂的，我想一个主要的原因与现代知识的性质及其增长方式有关。如果知识是“客观的”“普遍的”“价值中立的”，如果这种知识是学生将来进行知识创新的“基础”，那么“填鸭”有什么错？事实上，在现代知识观念的支配下，人们所深恶痛绝的“填鸭式”教学与人们所大力倡导的“启发式”教学之间也没有实质性的区别，不同的只是“填鸭式”教学不讲究方法，让学生被动接受，而“启发式”教学则注重方法的选择，让学生主动接受。因此，在彻底抛弃“填鸭式”教学的同时，也必须认真反思人们通常意义上所理解的“启发式”教学，不能将“启发”或“点拨”仅仅当成一种使学生更好更快地掌握课程知识的条件，而应该真正地将培养学生的问题意识与独立思考和判断的能力作为“启发式”教学的基本目的。

就后现代知识的增长方式而言，近些年发展起来的反思性教学与合作性教学应该是培养学生知识创新意识、素质和能力比较理想的教学模式。一般来说，反思性教学侧重于引导和促进学生对自己原有知识基础、假设和学习背景不断进行检验和发展，这实际上就是一个促使学生个体知识增长的过程，也是一个使学生树立正确的知识增长观念的过程；合作性教学侧重于学习过程中学生之间的合作，从而促使他们就各自的意见或观点进行交流、讨论、对话、反驳、协商以及达成一致的意见等成为他们进行学习的基本要求，成为他们提出某种观点的基本条件。这些基本要求或条件也是他们今后从事任何类型的知识创新所必须达到的要求或具备的条件。

与这两种教学模式相适应，在教学过程中，教师应该应用自己的教学艺术促进各种形式的质疑、交流、对话与合作。在促进学生对观点进行质疑方面，教师应该鼓励学生提出各种形式的问题；在促进学生之间的交流方面，教师应该给予学生更多的时间；在促进学生之间的对话方面，教师应该帮助他们将对话引向深入，不能只停留在观点之间表面的分歧和固守各自的观点这类水平上；在促进学生之间的合作方面，教师应该设计针对学习小组的学习任务，并促进小组成员之间充分地交流意见与分工合作，防止依赖现象的产生。所有这些，对于培养学生的知识创新意识、素质和能力都非常重要。就当前的教学模式而言，最紧迫最重要的莫过于鼓励学生提出各种形式的问题，它是学生之间交流、对话与合作的基础。正如波普尔所说，知识并非源于观察，也非源于理论，而是源于问题。人类知识的发展就是从旧问题经由猜测和反驳到提出新问题的过程。能够提出新的问题才能够有新的知识产生，能够提出深刻的问题才能够有深刻的知识产生。那些连问题都没有或者都不会提的人很难成为有知识创新意识、素质和能力的人才。在实际教学过程中，学生有时提出的问题看起来很“荒谬”，但可以相信的是，这些荒谬的问题中都包含着学生积极的思考。让他们把问题提出来，帮助他们把问题表达清楚，引导他们和同学们一起认真地讨论问题、修正问题、分析问题和解决问题，这样就会促进他们积极地思考问题，就会逐渐地把他们引到真正探索知识的道路上。可以想象，如果有一节课不是以教材知识为线索也不是以教师的问题为线索，而是以学生的问题为线索来进行的话，那么这节课对于学生来说该是多么有意义、多么有吸引力的一节课啊！

第四，在教学评价方面，正如前章所说，应该从注重课程知识的记忆、理解、掌握、综合和简单应用转移到注重学生对课程知识的独特理解、阐释、质疑、批判和创新上来，或者说，应该突出学生对课程知识的独特理解、阐释、质疑、批判和创新。教学评价是整个教学工作的“指挥棒”，只有在教学评价中重视和突出了学生对课程知识的独特理解、阐释、质疑、批判和创新，突出了学生的知识创新意识、素质与能力，才能指望教师在实际教学过程中重视这些品质的培养，才能真正地促进整个教学模式的转变。

# 第六章　显性知识、缄默知识与教育改革

在教育改革中有一种奇怪的现象，那就是，人们的教育观念与教育行为无法完全一致。实际情况往往是，人们虽然在思想上理解了或者树立了某种新的教育观念，在主观意愿上也表现出想努力地按照这种新的教育观念的要求革新自己的教育行为，但是，传统的教育行为模式似乎非常“顽固”，以至于试图按照这种新的教育观念革新自己的教育行为的教师们时常落入传统的教育行为模式的窠臼之中，至少是经常受到它的干扰。这既使得教育革新者非常苦恼，也使得提出新的教育观念的教育理论家非常苦恼，因为他们提出的教育理论似乎总是不能实现价值。这种现象在师范生教育教学实习中也非常明显。一般说来，师范生们进行过系统的教育理论学习，从事教育教学实习应该能够很好地将这些理论应用到教育教学实践中去。但是，实际指导师范生从事教育教学实习的教师的经验却表明，师范生似乎很难将在师范院校中学习的有关理论应用到自己的教育教学工作中去。大多数人在描述自己教育教学行为时也承认自己的行为与所学理论的关系不大，不少人承认自己是在模仿自己以前的教师，这在很大程度上影响了师范教育的声誉。其实，不仅是在教育活动领域存在这样的现象，就是在其他个体和社会活动领域也大量地存在着这种理论与实践脱节的现象，其也在总体上影响着理论和实践目的的达成。

那么，造成这种现象的原因究竟是什么呢？又该如何有效地克服这种广泛存在着的特别是在教育领域广泛存在着的理论与实践脱节的问题呢？

在以往的研究中，人们认为造成这种现象的原因是理论本身存在问题，确切地说，是理论本身不够“科学”。人们的思想逻辑是：真正的科学理论是源于实践并服务于实践的，因此，如果一种理论不能在实践中产生实际效果，那肯定是因为这种理论本身是脱离实践或“不科学”的。在教育思想史上，对教育理论的这种批评声不绝于耳。与这种“诊断”相关，为了解决问题，近代以来，人们一直试图使教育理论“科学化”，以便使教育理论能够像自然科学理论那样产生为世人所认可的实践效果。但是，具有讽刺意味的是，300 多年来，这种努力并没有取得理想的效果。事实上，对教育理论的上述批评在今天仍然存在。看来，需要对这种广泛存在的理论与实践脱节问题的原因进行一些新的思考。

从认识论或知识理论的角度来看，正如本书导言中所指出的，人们所有有目的的实践行为都是受知识支配的，或者说，是由知识所建构的。一种有目的的实践行为背后有一套系统的知识基础的存在，不存在没有任何知识基础的有目的的实践行为。无论是进行教学革新的教师还是师范生的教育教学实习行为，都是这样。因此，尽管他们没有能够很好地按照教育理论的要求去进行教育教学实践活动，但是他们的教育教学实践活动本身却并不缺乏教育知识的基础。只不过，支持他们教育教学实践活动的应该不是或主要不是教育学教科书或大学教育学院课堂里教授的那些教育理论知识，而很可能是另外一些性质和存在方式都与前一种知识不同的教育知识。但是，如果要问他们那些教育知识是什么，从哪里获得的，以什么方式存在和发挥作用，等等，他们又不能清晰地予以反思和回答。然而，尽管他们不能对与这些教育知识有关的问题清晰地予以反思和回答，但是他们的教育教学实践行为却明显地受到了它们的支配。也许，正是因为这种连实践者自己都不能清晰地予以反思和回答的知识阻碍着或排斥着系统理论的指导作用，影响着我们一般意义上所说的理论价值和预期实践目的的实现。在当代知识理论中，人们将这种不能清晰地予以反思和陈述的知识称为“隐性知识”（implicit knowledge）或“缄默知识”（tacit knowledge），将那种能够明确地予以反思和陈述的知识称为“显性知识”（explicit knowledge）。本章就从这两种知识关系的角度，特别是从隐性知识或缄默知识的角度来分析上述问题以及其他与教育改革相关问题的形成，并就解决这些问题提出一般策略性的建议。

## 一、显性知识与缄默知识①

“显性知识”和“缄默知识”这两个概念对于我国教育工作者来说可能还不是很熟悉。从历史上看，尽管很早以前人们就认识到在书本知识或能够用语言清晰地予以表达的知识之外，还存在着一种“只可意会不可言传”的知识。但是，在20世纪中叶之前的人类认识论史上，人们并未对这两种知识进行严格的逻辑分析。而且，在古代知识型和现代知识型的支配下，人们也不可能真正地将那种只可意会不可言传的知识接纳为真正意义上的知识，因为它们既不符合古代知识的标准也不符合现代知识的标准。实际上，这种只可意会不可言传的知识在人类知识的历史上长期处于一种受压迫的境地，可以说是知识王国的“被流放者”，因此，无论是在古代和现代认识论的研究中还是在古代社会和现代社会的知识生活中，都听不到这种知识所发出的声音。这也是我们将其称为“缄默知识”的理由——受到知识霸权的压制而被迫保持沉默。

到了20世纪50年代末，伴随着现代知识型的逐渐解构，英国物理化学家和思想家波兰尼在研究科学知识以及一般知识的性质时，特别是在批判近代以来知识界形成的实证主义知识观时，第一次对这两种不同形式的

① 读者看到这里可能会觉得很别扭，甚至会觉得本章标题也很别扭，因为按照通常的逻辑，这里应该使用“显性知识与隐性知识”，本章标题应该使用“显性知识、隐性知识与教育改革”，因为“显性知识”与“隐性知识”是一对概念，而“缄默知识”尽管与“隐性知识”意思相近，但与“显性知识”一词毕竟并非严格对应。那为什么要这样安排呢？我的考虑是，尽管从词义上说，“tacit knowledge”既可以译为“隐性知识”“不可言说的知识”，也可以译为“缄默知识”，而且译为“隐性知识”可能更为准确，但是，考虑到这种知识在强调客观性、普遍性和价值中立性标准的现代知识型中从根本上被剥夺了成为“知识”的权利，是一种长期以来不被承认也不敢声张自身应该拥有权利的知识，因此我觉得“缄默知识”的译法能够反映这种知识被压迫的历史命运，同时也能够传达出这种知识渴望重新获得知识权利的冲动，是一种比较传神的译法。

知识进行了系统的区分和理论阐述。波兰尼在《人的研究》一书中明确提出以下观点：

> 人类有两种知识。通常所说的知识是以书面文字或图表、数学公式的形式呈现的，这只是知识的一种类型。还有一种知识是不能被系统表述的，例如我们有关自己行为的某种知识。如果我们将前一种知识称为显性知识的话，那么我们就可以将后一种知识称为缄默知识。我们可以说，我们一直隐隐约约地知道我们确实拥有缄默知识。（Polanyi，1957）[12]

波兰尼举例说，我们可以认识一个人的脸，可以在成千上万张脸中辨认出我们所认识的这张脸，但是通常我们说不出我们是如何认出这张脸的。再比如，我们可以认出任何一张脸上的表情，但是我们一般情况下也说不出我们究竟是根据什么符号来认识它们的。如果非说不可的话，那也是含糊其词。不仅在日常生活中存在这种我们经常使用但却不能予以说明的知识，就是在人们一直以为是非常理性化的科学研究中也存在这种知识。波兰尼指出，在科学活动中，科学家总是要使用许多的概念，总是要做出许多的预设，甚至要在科学活动中怀着某种信念。没有这些概念、预设或信念，科学活动根本就不能进行。但是，有趣的是，科学家对于这些东西也并没有非常清晰的认识，而且当他们试图去系统陈述它们的时候，它们又显得那样地令人难以置信。波兰尼由此指出，当科学家接受了一套科学的概念、预设或信念并将这些作为自己科学活动的解释性框架时，可以说他们就生活在它们之中，就像他们生活在自己的身体中一样。它们是科学活动终极的框架，所以既不能被肯定也不能被否定，因为无论是肯定还是否定它们都必须在另外一个确定的框架内进行。这就是说，它们实质上是不可表述的。波兰尼由此指出，无论是在日常生活中还是在科学活动中，不可言说的知识就像可以言说的知识一样是大量存在的，甚至从数量上说，前者比后者要多，因为它们似乎根本就是不可计数的。对于这种认识，波兰尼用一句精炼的话进行了概括，即“我们所认识的多于我们所能告诉的”（Polanyi，1966）[4]。

波兰尼将这句话作为自己整个认识论或知识理论的核心命题。这个命题的含义就是，人类通过认识活动所获得的知识包括了他们通过言语、文字或符号的方式所表达出来的知识，但是却不止这些知识。在这些知识之外，还存在着其他类型的知识。这种其他类型的知识就是“缄默知识”，而那些能够通过语言、文字或符号等方式表达出来的知识就是“显性知识”。

波兰尼非常详细地分析了这两种知识之间的差别，特别是详细地分析了不为人们所熟悉的缄默知识在比较中所呈现出来的特征。波兰尼认为，与显性知识相比，缄默知识有下列特征。第一，个体不能通过语言、文字或符号对其进行逻辑上的说明。在这个意义上，波兰尼又把缄默知识称为“前语言的知识”（pre-verbal knowledge）或“不清晰的知识”（inarticulate knowledge），把显性知识称为“语言的知识”（verbal knowledge）或“清晰的知识”（articulate knowledge）。波兰尼甚至还认为，缄默知识是我们人类和动物共同具有的一种知识类型，是我们人类非语言智力活动的结晶。第二，个体不能以正规的形式对其进行传递。众所周知，那些显性知识可以通过正规的形式，如学校教育、大众媒体等进行传递，能够同时为不同的人所分享，具有一种“公共性”和“主体际性”。但是，由于缄默知识是一种连知识的拥有者和使用者也不能清晰地予以表达的知识，因此大家自然不能在社会中以正规的形式对其进行传递，这类知识明显缺乏显性知识的公共性、主体际性等特征。不过，波兰尼认为，缄默知识并不是不可传递的，只是其作为一种不能言说的知识只能通过“学徒制”的方式进行传递，科学新手只能通过科学实践过程中对导师的自然观察与服从来学习这类知识。第三，个体不能对其进行“批判性反思”。波兰尼认为，显性知识是人们通过明确的“推理”过程获得的，因此也能够通过理性来对其进行反思和批判；而缄默知识则是人们通过身体的感官或理性的直觉获得的，因此是不能够通过理性进行批判和反思的。他打了个比方：“未能通过语言表达的知识就像是一小块有光亮的领域，周围环绕着无限的黑暗”（Polanyi，

1966）[17]。为此，波兰尼将显性知识称为"批判的知识"，将缄默知识称为"非批判的知识"。波兰尼将这个特征看作缄默知识和显性知识的主要逻辑差别。

深入理解波兰尼所说的显性知识与缄默知识的差别，还需要深入了解波兰尼的"附属意识"（subsidiary awareness）与"焦点意识"（focal awareness）理论（Polanyi，1966）[Ⅶ，55–60]（Polanyi，1957）[30–33]。在波兰尼看来，人类的意识总的来说可以划分为焦点意识和附属意识两种类型，它们是人类认识或实践活动中两种既相互区别又相互联系的意识。焦点意识是指认识者或实践者对认识对象或所要解决的问题的意识，可以大概地将其理解为"目标意识"。附属意识则是指认识者或实践者对于所使用的工具（物质的与智力的）以及其他认识或实践基础（如认识的框架、实践的价值期待、形而上学的信念）的意识，可以大概地将其理解为"工具意识"。波兰尼举了个例子说明这两种意识以及它们之间的关系：

> 当我们落下锤子的时候，我们并不去感觉锤子的把手紧贴着我们的手掌，而是去感觉锤头敲击着钉子。……我（们）对于我（们）手掌的感觉有一种附属意识，它被统合到我（们）对于敲击钉子的焦点意识之中。（Polanyi，1966）[55]

如果用现代心理学的观点来说，附属意识和焦点意识反映的是意识或注意力的分配现象，一旦我们将意识或注意力集中于某些事物，那么我们对于其他相关事物的意识或注意力就处于一种"附属"状态，事后回想起来感觉似乎意识到它们又似乎没有意识到它们。不过，波兰尼在这里绝不是要说明这种日常生活中司空见惯的心理现象，他所关注的是两种意识活动的内在联系以及它们的认识论意义。在他看来，这两种意识一方面相互排斥，另一方面又相互关联。就相互排斥而言，如果揳钉子的人将焦点意识放在手掌的感觉上，那么他就根本不能"揳钉子"。他将这种关系比喻成格式塔心理学中"部分"与"整体"的关系。如果观察者将注意力固着在

“部分”上，就不能发现“整体”的意义。但是，就相互关联而言，“整体”的意义也离不开部分。事实上，是“部分”暗示着或指示着“整体”。从这个方面而言，整体又是存在于“部分”之中的。为了理解整体的意义，观察者的注意力必须从“部分”滑到“整体”；为了达到揳进钉子的目的，揳钉子的人必须不断地将注意力从手掌转移到钉子和需要揳进钉子的物体上。波兰尼将这种特征称为理解的“从……到……”（from...to...）结构。正是借助于这种结构，我们的所有认识和实践才有可能。例如，对于解决某一个科学问题而言，科学家们尽管将全部的精力都集中在问题的解决上，但是在其能够控制或意识到的注意力之外，他还必须时刻在“下意识”中保持着对自己所使用的概念、方法、经验、知识等的意识，并不断地将自己的“视线”从这些“工具性”的东西转移到目标问题上。实际上，正是这后一种附属意识或工具意识支配着、指示着或限制着核心意识或目标意识。但是，这种对于工具的附属意识及其对目标整体意义的暗示或指示作用是不可言说或说不清楚的。波兰尼将这种在附属意识中发生的认识活动称为“缄默认识”（tacit knowing）。这种缄默认识的结果就是“缄默知识”，在缄默认识的参与下，个体对目标问题的认识结果就是“显性知识”。因为缄默知识是缄默认识或附属意识的结果，因此缄默知识是非理性、非批判、非意识、非言语、非公共的；因为“显性知识”是焦点意识或焦点认识的结果，因此它具有理性、批判性、意识性、可陈述性、公共性等特征。

根据波兰尼对上述认识结构的分析，尽管比起显性知识来，缄默知识有许多不足之处，但是在波兰尼看来，缄默知识仍然是非常重要的一种知识类型，因为它们事实上支配着人整个的认识活动，包括科学认识活动，为人的认识活动提供了最终的解释性框架乃至知识信念。波兰尼非常肯定地说：

> 即使我们承认，宇宙的精确知识确实是我们最重要的精神财富，我们甚至可以说，人们最杰出的思想行为在于产生这种知识。人类心灵最伟大的状态就是将迄今为止未标明的区域纳入它的控制之

> 下。这种行为更新着既有的显性知识框架，因此，它们不可能在既有的（显性知识）框架中进行。……只有通过运用与老鼠在学习走迷宫过程中所使用的同样缄默的力量，人们才有可能发现基本的新知识。(Polanyi，1966)[18]

波兰尼对此进行了详细的分析和论证。他首先指出，缄默知识或缄默认识在确定科学问题方面具有重要作用。与波普尔一样，波兰尼认为科学活动的起点是问题而不是观察，只有当一个问题是真正的问题时，科学研究才能取得成功，也只有当一个问题是新问题时，科学研究才能有新意。但是，人们如何才能发现一个有新意的、真正的科学问题呢？或者说，如何从众多问题中鉴别出真正有意义的科学问题呢？波兰尼认为，只能通过缄默知识或缄默认识的途径来进行，因为真正有意义的科学问题是那些“暗示”着能够获得某种至今未能理解的实在关系的问题，这种问题的确定当然不可能获得充分的逻辑说明，只能诉诸非逻辑的缄默知识或缄默认识。其次，波兰尼指出，在科学家们尝试分析和解决问题时，缄默知识也是不可缺少的。一般而言，人们容易将科学过程想象成一个严格的理性化的过程。波兰尼通过对“科学技巧”的分析，说明这种想象是不正确的。因为，对于一个科学家而言，一般意义上的科学技巧（显性知识）尽管是有用的，但却是很不充分的。他要想有科学发现，就必须在科学研究的过程中形成许多连他自己也不清楚的科学技巧，或者说必须将那些一般意义上的科学技巧（例如观察、记录、描述、资料分析）个性化、实践化，转变为他自己独特的知识，使之成为他自己科学实践结构不可分割的一部分。这就好像是学习骑自行车，一个学习骑自行车的人尽管可以掌握许多别人告诉他的显性规则，但是这无论如何对他来说都是不充分的，他必须在学习骑自行车的过程中个性化地、真正地理解和应用这些规则，并从中发展出许多只有自己运动着的身体才能够理解的新规则。没有这种个性化的理解、应用及难以说清楚的新规则，一个人就不可能最终学会骑自行车。这就是说，没有对一般研究技巧的个性化的理解、应用及难以说清楚的新规则，一个人就不可能成为科学家，就不可能有科学发现。因此可以说，在科学研究的过程中，显性的规则知识是有用的，但是其发挥作用的方式却有赖于一些缄默的规则知识。再次，波兰尼认为，在科学理论证实的过程中，这种缄默知识也起着重要的作用。因为任何一种科学理论的证实都不可能排斥所有的“反常”现象。因此，科学家们证实一种科学理论的过程实际上就是一种选择将什么样的“反常”现象暂时搁置起来以便中止一项科学研究的过程。而将什么样的“反常”现象加以搁置以及在什么时候中止某项科学研究，在很大程度上取决于个体基于自己的缄默知识所做的判断。正是因为这样，人们在科学史上可以看见许多科学家与重大科学发现失之交臂的现象。最后，某个科学陈述如果想被认可为“客观真理”，也必须要有缄默知识的帮助。因为只有当科学家和普通人相信某种科学陈述是对“实在关系”的某种揭示，是不掺杂科学家个人判断在内的纯粹知识，其所使用的语言也是清楚明白的，等等，这种科学陈述才能称得上是客观真理。没有这些缄默的观念或信念，一种科学陈述就根本不可能被接受为真理，科学家也就不可能有机会在大众媒体上向社会宣布自己的“发现”。总之，在波兰尼看来，正是借助于这种缄默知识的力量，科学家才能够建构科学知识。不仅如此，也正是借助于这种缄默知识的力量，人类所有的显性知识才有可能。缄默知识或缄默认识是人类所有显性知识的“向导”和“主人”。

应该说，波兰尼对显性知识与缄默知识的经典区分与论述，基本上还是处于哲学论述的阶段，是为着建构一种新的知识理论——“个体知识”[①]理论——服务的。但是，不久以后，波兰尼的这些思想就引起了心理学家

---

① 波兰尼所用的“个体知识”（personal knowledge）并不是一种相对独立的知识形式，而只是他对科学知识乃至人类一般知识性质的一种新表述，是其针对经验主义和理性主义纯粹客观的科学知识理念所提出的新的科学知识理念。如果用一个命题来表达的话，那就是“所有的科学知识都是个体参与的结果”。这个命题也可以转换成另外一个命题，即“所有的科学知识都必然包含着个人系数（personal coefficient）”。显然，这种观点和那种不惜一切代价将个体因素从科学活动中加以剔除的观点截然不同，和那种宣称科学知识是超越个体的绝对客观的、普遍的知识立场是针锋相对的。这是一种非常激进乃至非常革命的科学知识观。

和社会管理人员的注意，有关显性知识和缄默知识的研究进入了实验研究和实践研究的新阶段。其情形正如霍瓦特（J. A. Horvath）等人所说的那样：

> 人类所能认识的远远多于他们所能告诉的。个人的知识如此深深地植根于那些不能充分表达的经验之中。在过去的30年中，“缄默知识”一词已经成为这种知识——与产生它们的活动和努力紧密相连的知识——的代表。缄默知识的研究已经扩展到社会科学的若干学科领域，它早期自然哲学的起源已经被扩大了。(Sternberg，Horvath，1999) [IX]

这种“扩大了”的研究[①]表明，缄默知识确实是大量存在的，正如波兰尼所说，人们生活于它们之中就像生活于自己的身体之中。无论是在认识活动中还是在实践活动中，人们都离不开相关的缄默知识。可以肯定地说，缄默知识构成了人们广泛意义上的认识活动和实践行为的必要基础，因此，对缄默知识的理解有助于我们更好地理解人类的认识活动和实践行为。从理论上看，这种扩大了的研究所得出的若干重要结论有如下几点。第一，从性质上说，缄默知识不仅具有前面波兰尼所说的“非逻辑性”“非公共性”“非批判性”等特征，而且具有“情景性”“文化性”“层次性”等特征。所谓缄默知识的“情景性”是指，缄默知识的获得总是与一些特殊的问题或任务情景（situation）联系在一起的，是对这种特殊的问题或任务情景的一种直觉上的综合或把握。因此，缄默知识能发挥作用也是与这种问题情景的“再现”或“类比”分不开的。所谓缄默知识的“文化性”是指，缄默知识比显性知识具有更明显的文化特征，与一定文化传统中人们

① 有关这种扩大了的研究的结果请参见：STERNBERG R J, HORVATH J A, 1999. Tacit knowledge in professional practice: researcher and practitioner perspectives [M]. London: Lawrence Erlbaum Associates; TIROSH D, 1994. Implicit and explicit knowledge: an educational approach [M]. Norwood: Ablex Publishing Corporation; STADLER M A, FRESCH P A, 1998. Handbook of implicit learning [M]. London: Sage Publications; REBER A S, 1993. Implicit learning and tacit knowledge: an essay on the cognitive unconscious [M]. Oxford: Oxford University Press.

所分享的概念、符号、知识体系分不开，或者说，处于不同文化传统中的人们往往分享了不同的缄默知识“体系”，既包括缄默的自然知识“体系”，也包括缄默的社会和人文知识“体系”。因此，人与人之间的交往不仅建立在一些显性的社会规则的基础上，还建立在一些由社会文化传统所赋予的缄默的社会规则的基础上。跨文化交往的障碍不仅源于那些显性的社会规则，更源于那些缄默的社会规则。所谓缄默知识的“层次性”是指，缄默知识也并非只有一种形态，根据其能够被意识和表达的程度可以将其划分为不同的层次。克莱蒙特（J. Clement）在实验的基础上将缄默知识划分为“无意识的知识”（unconscious knowledge）、“能够意识到但不能通过言语表达的知识”（conscious but non-verbal knowledge）以及“能够意识到且能够通过言语表达的知识”（conscious and verbally described knowledge）（Tirosh，1994）[227-242]。通过这种划分，克莱蒙特认为，在缄默知识和显性知识之间存在着一种“连续性”或“谱系”现象，两者不是截然不同的两极。对缄默知识和显性知识之间关系的理解，包括了对它们之间连续性的理解。

第二，就功能而言，缄默知识对于认识与实践的影响是非常复杂的，远不像波兰尼所认为的那样简单和积极。实验和实践表明，在显性知识的获得方面，缄默知识既可以起到一种基础的、辅助的甚至是向导的作用，也可能干扰和阻碍显性知识的获得，给人们造成种种困难。在实践效率方面，缄默知识既可以提高我们实践的判断力，使我们在面临各种复杂因素时克服信息不充分的缺陷迅速地做出正确判断，也可能使我们的判断出错，从而给实践带来损失。正如当代著名心理学家斯滕伯格（R. J. Sternberg）所说：“缄默知识既能成为一种提高行为效率的资源，也能成为导致行为效率低下甚至是失败的根源。缄默知识的功效取决于人们对它们的接受及有效使用。”（Sternberg，Horvath，1999）[236] 为了使缄默知识能够更好地发挥作用，研究者们一致主张使缄默知识“显性化”，这样一来，如果它与认识或实践的目的一致，那么其就会得到利用和保存，如果它与认识或实践的目的不一致，那么其就会被限制和克服。奥尔森（D. R. Olson）提出了使缄默知识显性化的方式——“符号化”（symbolization），意思是通过一种“唤醒”或“回忆”的过程，将支持某种特殊认识或实践的缄默知识放在一定的“语言”或“符号”之中。

第三，就类型而言，人们不仅认识到缄默的“程序性知识”（procedural knowledge）的存在，比如如何骑自行车，如何与人打招呼，而且认识到缄默的“命题性知识”（propositional knowledge）的存在，如“地球是一个坚硬的实体”“打雷是因为雷公发怒了”；不仅认识到存在一些具体的缄默知识，如上面的例子中的缄默知识，而且认识到存在缄默的“认识模式”，如缄默的分类模式与推理模式。这些缄默的认识模式比起具体的缄默知识可能会对个体的认识与实践产生更深刻更全面的影响。因此，认识和理解个体的缄默知识，不仅包括认识与理解个体与某些特定的认识和实践任务相关的具体的缄默知识，而且包括认识与理解个体与某些特定认识和实践任务的完成相关的缄默的认识模式。

第四，就获得途径而言，人们像波兰尼那样强调“经验”和“实践”的途径，特别是那些具有典型意义的“经验”和“实践”的途径。但是，人们同时也指出，缄默知识也可能产生于显性知识及其辩护理由的遗忘或记忆不全。研究者们认为，缄默知识和显性知识的“连续性”说明，在缄默知识和显性知识之间存在一个“中间地带”，通过这个中间地带，显性知识可以转变为缄默知识，缄默知识也可以转变为显性知识。有研究者将这个中间地带看成心理学家维果茨基（Л. С. Выготский）所说的“最近发展区”（zone of potential development）（Tirosh，1994）[132]，意思是说，在这个中间地带的缄默知识在外界的帮助或自己的努力下，可以从“缄默的”状态转变为“显性的”状态。

尽管波兰尼和其他研究者在 40 多年的时间里比较充分地阐述了缄默知识的理论及其对于人们的认识活动和实践行为的重要意义，但迄今为止，人们却经常忽视它们的存在及其作用。这种情况不仅在我国存在，就是在其他一些国家也存在。就教育领域而言，缄默知识的概念与理论还没有引起教育家们和教育学家们的充分关注，有关的研究很少。斯滕伯格从组织行为的角度分析了导致这种现象的五点理由。第一，缄默知识可能会与某种组织现存的或得到公认的显性认识、伦理或行为规则相冲突，甚至可能会与某种社会组织的利益相冲突，因此不被人们承认和重视，至少不被人们公开承认和重视。例如，在科学发现过程中可能存在大量缄默的“非理性”规则，但是由于这种规则与现代科学活动的“理性”理想特别是“客观性”理想相冲突，所以一直没有被科学家群体承认和重视。第二，尽管一个组织内部的缄默知识可以增强成员的自我意识和对于组织环境的敏感性，但是缄默知识也会被人们用来为自己的私利服务，从而偏离组织的目的。例如，一个员工可能在日常工作中懂得如何利用公司来为自己谋利，但是这样做可能会以损害公司的利益为代价，所以他的缄默知识不被公司接纳和鼓励，也不会在公司培训活动中得到传播。第三，缄默知识在性质上是非常情景化的，因此，在某些特殊的情景中，它们有可能会拒绝任何已经为人们所接受的有用的显性知识，从而导致活动效率低下，进而导致人们对于缄默知识的反感，促使人们试图限制或克服它们在日常工作中发挥作用。第四，人们认识不到缄默知识与“技术性知识”（technological knowledge）的区别，经常用技术性知识代替缄默知识，从而忽视缄默知识的独特存在。第五，缄默知识的获得具有很大的偶然性和随意性，因此，一个组织不愿意也不要求员工花费大量的时间掌握这些缄默知识。相比之下，为了提高组织活动的效率，组织更愿意对员工进行显性知识的教育。

斯滕伯格对这些原因的分析不仅适用于组织层面，也适用于个体层面。不过，无论是在组织层面还是在个体层面，除了上述原因外，可能还有其他一些重要的和深刻的原因使人们忽视缄默知识及其作用。首先，以现代知识的标准来衡量，缄默知识根本就不是真正意义上的“知识”，当然也不是有很大价值的“知识”。在这种知识标准的支配下，人们很容易产生一些观念（或许又是“缄默的”），如与其花费时间和精力来获得缄默知识或者使缄默知识“显性化”，不如用这些时间和精力来学习一些真正的、有用的“科学知识”。其次，上述缄默知识的特性决定了缄默知识是一种不易大规模积累、储存和传播的知识，因此是一种不能够获得社会公共机构及公共权力重视和支持的知识。它们更多地与个体的思想和行动过程保持着一种“共生的”关系，用波兰尼的话说，它们是一种内在的思想过程及其结果[①]。最后，与上述两点原因有关，传统的学习理论从根本上忽视了缄默知识的存在及其作用。在传统的学习理论看来，学习就是获得书本知识或显性知识的过程，就是用客观的、普遍的书本知识或显性知识来代替主观的、猜测的、缺乏根据的个体知识的过程。在这个过程中，个体的缄默知识自然也是需要被代替和克服的。

应该看到，长期以来，由上述种种原因所造成的对于缄默知识及其作用的普遍忽视，不仅阻碍了人们完整地和深刻地理解认识现象或知识问题，助长了客观主义知识观的流行和泛滥，而且极大地影响了理论和实践的关系，使人们看不到实践背后缄默的知识基础，并因而将实践看成一种可以任意由“外在理论”加以“裁减”或“规范”的过程，从而极大地影响了实践目的的实现。所幸的是，随着现代知识标准被后现代知识标准所取代，随着人们对实践的知识基础的认识越来越深入和全面，随着认知心理学对于“建构主义”学习理论的阐释，缄默知识及其重要意义也被越来越多的人所认识。正如霍瓦斯所说：“如果在一个组织之中，许多能够增值的知识都是缄默的，那么在知识管理和职业教育中就应当要求人们把这种缄默的知识作为一种心理学的和社会学的现象进行深入的理解。”（Sternberg，Horvath，1999）[x]

## 二、显性知识、缄默知识与教学改革

波兰尼在研究显性知识、缄默知识的时候曾注意到它们与教育的关系。他一方面指出显性知识通过教育传播，另一方面指出缄默知识在教育过程中的作用，认为人们在教育活动中只有以这种“潜在的知识”（latent

① 波兰尼说：“缄默知识是一种内在的行动，我们在很大程度上不能控制它，甚至感觉不到它。”参见：POLANYI M, 1966. The tacit dimension [M]. London: Routledge: 14.

knowledge）为基础，才能意识到自己“理智的力量”（power of intellect）（Polanyi，1958）[103]。对于他的前一点论述，我们是非常熟悉的。因为我们平常所说的“教育是对知识的筛选、传播、分配、积累和发展活动”以及作为教育教学任务的“基础知识”和“基础方法”中的“知识”和“方法”都指的是“显性知识”，只不过由于我们将显性知识当成知识的全部，所以就没有突出它们的“显性”特征。实际上，这也是受到了现代知识型的缄默影响。对于他的后一点论述，我们不太熟悉，因此后一点论述特别值得注意。为什么说只有以缄默知识为基础，我们在教育活动中才能意识到自己“理智的力量”？这不就等于说，如果在教育教学活动中不以缄默知识为基础，我们就不能意识到自己“理智的力量”？而一个人（无论是教师还是学生）如果不能在教育教学活动中意识到自己“理智的力量”，那么结果又会是什么样子呢？对于教育教学目的的实现又会产生哪些影响呢？更进一步说，教师和学生又如何能够在教育教学活动中以缄默知识为基础从而“意识”到并因此能够充分地“应用”和“发展”自己“理智的力量”呢？

从上述有关显性知识和缄默知识的论述来看，可以非常确定地说，在教育教学过程中，不仅存在着大量的显性知识，而且存在着大量的缄默知识。从类型上说，既存在着教师的缄默知识，也存在着学生的缄默知识；既存在着有关具体的教学内容的缄默知识，也存在着有关教学行为和学习行为的缄默知识，还存在着有关师生交往和生生交往的缄默知识；既存在着与语言知识学习有关的缄默知识，也存在着与社会知识学习、自然知识学习等有关的缄默知识；既存在着与教学过程有关的缄默知识，也存在着与教学空间有关的缄默知识；如此等等，不可计数。教育教学过程中这些大量的缄默知识的存在是我们以前没有注意到或者至少没有能够予以充分注意的。

如果说对于这些大量的缄默知识我们以前没有能够予以充分的注意，那么对于它们在教育教学活动中所产生的影响就更没有能够予以充分的认识和研究了。从大的方面来说，这些与教育教学活动相关的缄默知识与其他活动领域的缄默知识一样，对于活动本身既可能产生积极的影响，又可能产生消极的影响。就积极的影响而言，它们可能会提高教学活动的效率；

就消极的影响而言，它们可能会降低教学活动的效率，甚至可能会从根本上阻碍某种显性知识的教学。举例来说，如果一个学生曾经登过泰山，对于登山的艰辛和泰山的雄伟有了一种直观的感受，即使他不能很好地将这种感受用语言描述出来，这种感受对于他理解《雨中登泰山》这篇课文也是有着非常大的帮助的，比如，他可能会非常容易地把作者的描写代入自己曾经有过的经验之中，可能会产生一种莫名的兴奋，并因而能比较轻松地背诵其中的一些段落，准确地理解其中的一些语句。如果他碰巧没有登过泰山，但是却登过其他的山，那么登山时所获得的许多缄默知识也会对他学习这篇课文有帮助。如果他生在平原长在平原，也没有在电视等媒体上看过山，那么他学习这篇课文就会有许多的困难，比如，他可能会在理解“拾级而上”“一览众山小”等一些词语和句子上存在困难，也可能会在理解作者的感情和思路上存在困难，如此等等。再比如，如果学生从日常的生活经验中获得了“运动是由外力的作用产生的并会随着外力的消失而消失”的缄默认识，那么他们就会对辩证唯物论中的“永恒运动”以及“运动是绝对的”等概念和命题感到不解。

不仅这些缄默知识会影响到教学活动的效果，那些缄默的认识模式也会影响到教学活动的效果。提罗什（D. Tirosh）等人的研究表明，如果学生将乘法的含义理解为“几个相同的数相加”，那么他们就会在理解“5 × 0”或“5 × 1”这样的乘法算式的含义时出现困难，因为他们不能说“0 个 5 相加”或“1 个 5 相加”，这些是没有意义的句子。同样，如果教师将乘法的含义理解为“几个相同的数相加”，那么教师也不能够说明“5 × 1.13”的含义，因为他们不能说“1.13 个 5 相加”，这也是一个没有意义的句子。（Tirosh，1994）[111–130] 又比如，英国的一位美术教师泰伯（A. Taber）在反思自己的美术课教学时发现：

我所教的孩子们[①]用一种十分不同于西方孩子们的方式谈论艺

---

① 大都是一些来自非洲加勒比岛屿和南亚国家的儿童。

> 术。他们问我有关主题、颜色和声音一类的问题，听起来就像是文艺复兴前艺术家们的学生向他们的老师所问的问题一样。……很显然，“西方”世界所使用的“艺术”概念以及我在教学中对孩子们的期望对他们来说不仅仅是陌生的，在很多方面还与他们的宗教不一致。“西方”的艺术概念在很多方面与他们的宗教哲学相冲突。……尽管我时常对孩子们作品中的图式、复杂性和丰富的内容感到兴奋，但是我有时还是想知道为什么他们的作品中缺乏观察力和创造性的想象力。大部分孩子似乎并不关心观察一类的事情，而这些在英国学校中是画一幅真正的画所必须做到的。孩子们似乎也并不关心物体的重叠，不关心与人相似的物体的大小，不关心前景与背景尺寸的调整，不关心“正确的”视角。（Lynch，1981）[61]

泰伯发现，与“西方”的艺术风格相反，这些孩子在绘画作品中所关注的不是物体的视觉效果，而是物体的实际功能及其与实际生活的关系。他们会根据物体的功能及其与实际生活的关系来安排画面的布局。例如，他们会将那些自己认为在生活中非常有用的物体放在画面的重要位置，而且画得很大、很认真，而将那些他们认为没有什么用途的物体放在画面的次要位置，画得比较小也比较不认真。泰伯提供的这个例子非常鲜明地说明了学生们从自己的文化中所获得的“缄默的审美模式”对美术教学的影响。如果一个教师不能理解这一点，那么其只能得出这些孩子“缺乏”艺术才能的结论。

忽视教育教学活动中有大量缄默知识存在和发挥作用的结果只能是缄默知识在教育教学活动中自发地产生影响。那些对教育教学活动有益的缄默知识或许没有得到有效的利用，而那些对教育教学活动不利的缄默知识有可能干扰和阻碍教育教学活动的进行。最常出现的情况是，在没有意识到和自觉应用自己缄默知识的情况下，学生在外部力量（如纪律、考试、就业）的强迫下应用纯粹的逻辑力量和刻苦努力掌握了课程知识。结果，在学生的头脑里存在两种没有发生联系的知识：一种是显性的课程知识，另一种是在主题上与之相对的缄默知识。例如，一个孩子可能既掌握了西方的“艺术”概念，又具有源于自己本土文化的“艺术”概念；既掌握了“热是一种能量的传递”，同时又相信“热是一种暖空气”；既掌握了“疟疾”这一概念，同时又使用“打摆子”这一说法；如此等等。

很显然，这种学生头脑中知识“分裂”的现象对于学生真正地掌握和理解显性的课程知识是非常不利的，因为这两种知识并不会在那儿“和平共处”，相反，它们会在学生的思想和行为的各种层次上发生冲突，就像它们会在学生的课堂学习情境中发生冲突一样。冲突的结果就是，那些与缄默知识相一致的显性知识得到了很好的记忆、保存和应用，那些与缄默知识不一致甚至是完全相反的显性知识不断地受到干扰甚至歪曲，以至于如果没有后续教学或考试的反复强化，很快就会被学生忘记或者在学生的记忆里变得模糊。这恐怕就是我们在成人世界里经常听到的“上学时学的（某些）东西都还给老师了”的现象及其成因。如果“上学时学的（某些）东西都还给老师了”，那么在成人思想中“剩下的”仍然只是那些他们从自己的生活环境和生活经历中所获得的各种常识和缄默知识。如果真是这样的话，那么十几年的教育和许多人的辛苦岂不是付诸东流？不仅如此，这对于学生“意识到”自己“理智的力量”也是非常不利的，因为他们只能在实际应用理智或显性知识的过程中才能意识到自己“理智的力量”，但是，由于这种显性知识与缄默知识的“分裂”，以及缄默知识比较起来与行动和信念之间有更大的“亲和性”，他们在日常的学习和生活中应用得最多的是缄默知识而不是显性知识，这怎么能够使他们意识到自己“理智的力量”？怎么能够使他们意识到所学知识的用途？又怎么能够不使他们所学习的“理论”（显性知识）与自己的“实践”（建立在缄默知识基础上的实践）脱节呢？而且，更为严重的是，他们不仅很难意识到自己“理智的力量”，而且更难发展自己“理智的力量”，更难借助于显性知识来不断地修正自己的缄默知识，不断地提高自己缄默知识的水平。结果只能是出现“高分低能”的现象：“高分”说明他们掌握了很多的显性知识，“低能”则说明他们在实践中与那些未受过教育或未受过同等教育的人一样，应用的仍是缄默知识和缄默力量。这样一来，作为教育主要任务的“（显性）知识的选择、分配、传播”岂不是毫无意义？教育者和教育学家所翘首期盼的学生的智慧、德性、情感及健康个性的“发展”岂不是也要变成黄粱美梦了吗？

因此，认识和理解教育教学生活中的缄默知识是整个教育教学目的真正得以实现的一个必要前提，是教师整个教育教学艺术的重要组成部分，也是当前深化教学改革，切实提高教学质量的重要内容或环节。从显性知识和缄默知识的角度来看，当前的教学改革需要特别关注以下几点。

第一，教师必须意识到教学生活中大量缄默知识的存在，必须改变自己只是一个显性知识“传递者”的观念，以及学生只是一个“无知的”人或“不成熟的”认识主体的观念，特别是必须认识到学生来到课堂里时不仅带来了眼睛、耳朵和良好的记忆力，而且带来了不知从生活的什么地方所获得的大量缄默知识，带来了“儿童的数学”“儿童的物理学”“儿童的化学”“儿童的文学”“儿童的经济学”“儿童的哲学”“儿童的历史学”等等[①]。这些缄默知识尽管从显性知识的角度来看是不完善的、不清晰的，但是它们对于儿童的生活及其认识活动却具有基础性的作用。用波兰尼的话说，它们是儿童显性认识的“向导”和“主人”。没有这个“向导”，儿童的思想就会迷失在大量的显性知识的“丛林”之中；缺乏这个“主人”，儿童就无法在自己的精神领域内进行显性知识的管理，他们所获得的显性知识也就会杂乱无章地存在于思想之中，不会形成一种“理智的力量”。为此，教师必须反思自己在这些问题上的缄默观念以及这些缄默观念与自己的教育教学行为之间的内在联系，必须努力认识和理解学生的诸多缄默观念及其对教育教

① “儿童的数学”（mathematics of children）、“儿童的物理学”（physics of children）等区别于“为了儿童的数学”（mathematics for children）、“为了儿童的物理学”（physics for children）或“学校数学”（school mathematics）、“学校物理学”（school physics）等。前者是指儿童从自己的生活经验中所获得的有关数学、物理学等知识和思维方式，后者是指学校教学过程中需要儿童掌握的数学、物理学等知识和思维方式。对“儿童的数学”“儿童的物理学”等的发现是自皮亚杰（J. Piaget）以来知识领域最有意义的发现之一。就知识的性质而言，“儿童的数学”“儿童的物理学”等大都是缄默的或隐性的知识。它们的发现对于重新认识教育教学过程中的知识现象有着非常重要的意义。

学工作可能产生的影响。

在这个意义上，我们需要重新认识古老的直观性教学原则。在以往的教学理论中，我们将直观性教学原则理解为教师借助于直观的教学手段和学生的“直接经验”来帮助他们理解一些比较抽象的、显性的教材知识的原则。由于学生丰富的直接经验中包括了大量的缄默知识，因此对学生直接经验的重视在某种意义上也就包括了对学生缄默知识的重视。但是，在直观性教学原则中，学生直接经验的教学意义在于它们是掌握间接经验即教材知识的“工具”或“梯子”。一旦实现了对教材知识的理解和掌握，这个“工具”或这架“梯子”也就会被“抛弃”或“撤掉”，直接经验本身没能得到充分的关注、反思和发展。这就使得学生在掌握大量间接经验的同时，直接经验仍然处于一个比较低的或原初的水平，没能得到很好的检验、批判与修正，结果就会产生上述的知识“分裂”现象。从上述有关的理论来看，比较正确的教学目的是不仅引导学生借助于直接经验来获得间接经验或显性知识，更要引导学生借助于间接经验或显性知识来检验、批判和修正直接经验，从而使直接经验和间接经验、缄默知识和显性知识、缄默认识与理性认识能够真正地一致起来，从根本上解决学生头脑中知识“分裂”和实际生活中“高分低能”的问题。

第二，认识和理解教育教学生活中的缄默知识关键一步就是要使它们“显性化”，此后才能够对它们加以检讨、修正或应用。实际上，一方面，教学过程可以说是传递、掌握和批判显性知识的过程；另一方面，教学过程也可以说就是一个使缄默知识显性化并使之得到检验、修正和应用的过程。这两个过程是内在统一的，是完整教学过程的两个方面。就性质而言，使缄默知识显性化是一种语言过程，也是一种符号化的过程、一种自我反思的过程。作为一种语言过程，在教学过程中，教师应该坚决地克服那种“满堂灌”或“一言堂”的习惯，使教学过程变成一种师生双方以及学生之间真诚的、自由的对话过程。在这种真诚的和自由的对话过程中，对话双方都不是固守着教材知识，而是努力发掘自己对教材知识或某个问题的理解。因此，正是在对话这种语言形式中，每一个人才能让自己缄默的认识立场、观点或模式伴随着自己具体的见解“显现”出来，从而使其既可以被自己也可以被他人所认识和理解，并在此基础上对其进行检验、修正、批判或利用[①]。在那种缺乏对话的课堂里，师生双方既不可能认识和理解他人的缄默知识，也不可能认识和理解自己的缄默知识。作为一种符号化的过程，在课堂教学中，教师应该努力帮助学生将那些难以说清楚的知识用一些特殊的符号如概念、关系、图形表征出来，从而对它们进行理性分析和检验。起初，这种表征是非常不能令人满意的，学生们总会说：“不，不是这个意思。”但是，在这种不能令人满意的表征的基础上，经过仔细地思考和反复地修正，就能够获得那种比较令人满意的表征，也就能够比较完整或清晰地呈现学生们的缄默知识。作为一种自我反思的过程，教师首先要反思自己的缄默知识，包括自己对于学生、教学、课堂管理以及一些具体学科知识的缄默知识。其次，教师要帮助学生反思他们自己在学习活动中的缄默知识，使他们学会不断地从自己显性的观点和想法中分析自己所使用的缄默知识，特别是那些缄默的认识模式，从而不断地提高他们元认知的水平，提高他们对自己的学习行为进行自我分析和自我管理的能力。

与此相关，在当前的教学改革中，人们提出了使学生“学会学习”（从“学会”到“会学”）的口号。这个口号对于改变我国传统教学注重知识的掌握，而不注重学习能力培养的弊端是很有益处的，对于转变教师的教学观念也起到了不容忽视的积极作用。不过，从缄默知识理论的角度来看，“学会学习”不仅应包括学生掌握一些学习的方法，还应包括学生具有对自己的学习行为进行比较深入的认识和理解的能力，这其中就应该包括对自己的缄默知识在学习过程中的影响进行比较深入的认识和理解的能力。因此，一些教学改革所强调的对学生元认知能力的培养，应该包括学生对自

---

① 在我看来，苏格拉底式对话永远是理想的教学语言形式。尽管在现实的教学活动中，特别是在基础教育阶段的教学活动中，其是很难达到的艺术境界，但是，苏格拉底式对话中所追求的坦诚、自由与理性的精神则是完全可以在现实的教学活动中，包括在基础教育阶段的教学活动中得到体现的。实际上，正是通过这种坦诚、自由和理性的教学活动，一个人的缄默知识才能不断地展现在对话的情景之中。

己的缄默知识的分析、管理能力和缄默的认识能力的培养，而不能只限于对显性知识的分析、管理能力和显性的认识能力的培养。为了达到这个目的，教学实践不仅需要获得心理学特别是认知心理学理论的支持，而且需要获得哲学特别是认识论或知识理论的支持，前者可以给人们提供一些具体的认知与教学策略，后者可以给人们提供比较一般的原理。事实上，在皮亚杰的发生认识论中，这种具体的认知策略与一般的哲学原理是紧密结合在一起的。可以说，他既通过心理学的研究来改造传统的哲学理论，又通过对传统哲学理论的分析与批判来促进认知心理学的发展。

第三，要重新审视“实践教学”的价值。在以往的教学理论和实践中，“实践教学”是与课堂教学相对而言的，它主要是指通过实践的途径使学生对课堂中所学的一些知识有更为深刻的理解和应用。可以说，在以往的教学体系中，实践教学是依附于课堂教学的，是课堂教学的延伸和补充。在当前有关创新教育的改革中，人们也非常强调实践教学的意义，将实践教学作为培养学生创新意识、素质和能力的一个基本途径，希望用它克服我国传统教学模式忽视学生实践能力培养的弊端。但是，到目前为止，人们还没有从理论上对实践教学的意义进行充分说明，尽管人们普遍地相信实践教学具有重要性和必要性。

从波兰尼等人提出的缄默知识理论的角度来看，科学知识的生产乃至所有知识的生产，都不完全是一种客观和理性的过程，其中包括了大量个体缄默知识的参与。没有这种个体缄默知识的参与，就不会有任何科学问题和科学事实的确定，就没有任何科学证据的产生和辩护作用的发挥，也就没有任何科学发现。然而，这些对科学的发展有益的缄默知识，例如科学的理想和信念、科学的经验和技巧、科学的态度和精神，却很难与其他类型的缄默知识一样通过正规的教育渠道加以传递和掌握，在很大程度上只能通过个体在实践中的摸索、顿悟，以及科学家同行之间在科学活动过程中大量随机的相互交流和切磋来形成。因此，波兰尼非常强调传统手工业时代的“学徒制”形式在当代科学教育中的作用。他说：

> 不能加以详细描述的技巧也不能通过规则的方式加以传递，因为它并不存在规则。它只能通过师傅带徒弟的方式加以传递。……当科学的内容在全世界成千上万所大学被教授的时候，科学研究中不可详细描述的技巧却一直未能渗透到大学教学中来。……好的学习就是服从权威。你听从你导师的指导，因为你相信他做事的方式，尽管你并不能分析和解释其实际效果。通过观察自己的导师，通过与他竞争，科研新手就能不知不觉地掌握科研技巧，包括那些连导师也不是非常清楚的技巧。这种缄默的技巧只有通过一个人对另一个人无批判的模仿才能被消化。（Polanyi，1958）[53]

显然，波兰尼在论述有助于传递和掌握缄默知识的“学徒制”时，非常强调科学权威的作用，强调科学新手对科学权威“无批判的模仿”，这些似乎与其对客观性知识理想的批判之间存在着矛盾。因为一般说来，现代科学的权威是建立在客观性知识假设基础之上的，如果像舍勒、波普尔包括波兰尼自己那样放弃了客观性知识的理想，也就应该同时放弃科学权威的信念。舍勒、波普尔等都是这样做的，对科学权威或知识生活中的权威主义进行了坚决的批判，认为其是导致“蒙昧主义”和“知识霸权”的根源。但是，波兰尼不仅给科学权威保留了位置，而且还非常重视科学权威的作用。他说：

> 在现代科学形成和发展的几个世纪里，将对权威的反抗作为斗争的口号：它由培根和笛卡尔喊出，得到了皇家学会建立者的支持。在那个时候这些人所说的是对的，也是重要的。但是，一旦与他们斗争的敌人都被击败，科学对所有权威的拒斥就演变成一个将人们诱入歧途的口号。（Polanyi，1966）[63]

我的体会是，波兰尼这里所强调的绝不是以客观真理占有者自居的那种科学权威，而是强调科学家个体因为拥有丰富的科学经验而具有权威。

对前一种权威的反对不能伴随着对后一种权威的抛弃，否则人们自己就要花很多的时间和精力去摸索，从而无异于在科学的历程中误入“歧途”。波兰尼对科学教育的批评就在于它只关注传递显性的科学知识包括科学方法，不关注那些缄默的科学经验和技巧的传递，其结果是不利于科学新手更快地成长。因此，他试图重新阐述古老的“学徒制”在现代科学教育中的重要作用，重新强调似乎是老生常谈的科学新手对科学家的遵从、观察与模仿，以便前者能够获得大量缄默的、对于知识创新至关重要的知识。

波兰尼的这些论述有着重要的教育意义。它说明，教师如果想培养学生的知识创新意识、素质和能力，只向他们传递已有的和显性的知识成果和方法是不够的，还必须使他们掌握大量缄默的认识信念、概念、框架、方法、技巧等。而这些在课堂教学中是做不到的，因为课堂教学主要是以传递、理解、掌握、批判与反思显性知识为主，而不是以获得新的有价值的缄默知识为主。因此，无论是在高等教育阶段还是在基础教育阶段，以培养知识创新意识、素质和能力为主题的教育改革要想达到预期的目的，就必须在注重改革课堂教学的同时，重视实践教学，重视丰富多彩的科学实践、社会实践、艺术实践等。但是，重视这些实践不仅仅是为了让学生应用显性知识，体现显性知识的价值，克服显性知识与实践的分离，也是为了让学生从中获得在课堂里学习不到或无法理解的相关缄默知识。例如，举行在科学家指导下的小发明、小实验、小制作等活动，可以使学生不但把“科学”看成一系列静态的、重要的命题与原理，而且把“科学”理解为一种动态的、包含着各种琐碎事情的行动过程。在这个过程中，学生会犯各种各样的错误。这种缄默知识的获得对于学生将来从事科学工作是非常有益的，至少可以使他们形成一种踏实、刻苦的科学作风，防止在科学研究过程中急功近利、虎头蛇尾。因此，实践教学的设计必须考虑这种缄默知识的要素，不能够仅考虑显性知识的应用。

第四，就教学工作的各个实际环节来说，特别是从备课和教学评价环节来说，教师都应该考虑到相应的缄默知识。众所周知，备课一般包括“三备”，即“备教材”“备学生”“备教法”。传统意义上的“三备”主要考虑的是熟悉教材、了解学生已有知识基础以及如何围绕着教材知识的掌握组织课堂教学，学生的缄默知识基本上没有被考虑进去。从缄默知识的理论出发，教师在“备教材”时，不但要像以往那样理解教材知识及其结构，而且要考虑学生在相应问题上可能存在的缄默知识；在“备学生”时，不但要关注学生已经掌握的显性知识，而且要关注学生已经掌握的那些缄默知识和缄默认识模式；在“备教法”时，不仅要备那些显性的教材知识的“教法”，而且要备那些缄默知识的教法，不仅要备如何使学生掌握显性的教材知识的教法，而且要备如何使学生的缄默知识和缄默认识模式显现出来，如何检验、批判、修正和利用它们的教法。由于这种缄默知识主要源于个体的生活境遇，因此，在备课过程中，教师应该关注由于生活境遇特别是由于文化背景的差异所带来的缄默知识差异，以及由此造成的学生个体解释或理解教材知识时认识框架和行为的不同。对这种不同的认同、尊重和关注可能是真正地实施因材施教原则的思想前提。

教育评价一般包括平时的诊断性评价和阶段性的总结性评价。以往的教育评价与备课一样或一致，也主要是围绕着显性知识展开的。从缄默知识的理论出发，在诊断性评价中，教师应该通过学生的试卷、作品或其他能够表现学生学习结果的材料来分析学生的缄默知识和缄默认识模式对于他们分析问题、理解问题的影响，而不仅仅是记录下他们在什么地方犯了错误，或者是欠缺哪些知识。因为，认识上的“错误”或知识的“欠缺”背后很可能是一些消极的缄默知识在作怪。在总结性评价中，应该突出“个性化”的标准，因为真正能够衡量和甄别学生认识能力和水平的，不是他们对僵死的教材知识的记忆、再现和简单应用，而是他们从自己的缄默知识出发对教材知识的理解、阐释、批判、综合和超越。而由于种种生活境遇的不同，他们的缄默知识和缄默认识模式总有不同之处。这种不同从根本上决定了他们对于教材知识的理解、阐释、批判、综合和超越有着个性化的色彩。因此，突出总结性评价中的个性化，让每个学生在总结性考试中不但能够说出正确答案，而且还能围绕着问题发表自己独特的见解，这有助于他们认识能力特别是知识创新潜力的发展。显而易见，一个从来没有说出过自己独到见解的人是基本没有创造性可言的，一个从来不尊重、认同和发展学生的认识自主性和独特性的教学体系也是很难发展学生的知识创新潜力的。

## 三、显性知识、缄默知识与师范教育

上面的论述主要是围绕着学生的缄默知识与教育教学活动的关系展开的。实际上，正如上面所提到的那样，在教育教学过程中，不但存在着学生的缄默知识和缄默认识，而且存在着教师的缄默知识和缄默认识，不但学生的缄默知识和缄默认识对教育教学活动产生着复杂影响，而且教师的缄默知识和缄默认识也对教育教学活动产生着种种影响。此外，由于教师在教育教学活动中的特殊作用，在某种意义上，教师的缄默知识和缄默认识比学生的缄默知识和缄默认识对整个教育教学活动产生的影响更大。因此，对于教师来说，认识和理解学生的缄默知识和缄默认识固然是深化教育教学活动、提高教育教学艺术水平的一个重要条件，而认识与理解自己的缄默知识和缄默认识其实更有助于达到上述目的，因为后者有助于教师提高自己对教育教学活动的理性自觉程度和反思水平。

就类型来说，教师的缄默知识也是复杂多样的，如有关于“世界”的缄默知识，有关于“社会”的缄默知识，有关于“自我”的缄默知识，有关于“爱情”的缄默知识，等等，涉及自然、社会与人生的各个主题。就大的方面来说，对于他们的教育教学活动有直接影响的，或者说应该引起研究者或教师自己关注的，主要可以划分为两种类型。一是有关教育教学内容的缄默知识，即教师自己在长期的学习和生活中所获得的有关学科内容或其他活动内容的缄默知识，例如有关“历史”概念的缄默知识，有关“力”等物理学概念的缄默知识，有关“诚实”等道德概念的缄默知识，等等。二是关于教育教学活动本身的缄默知识，例如对于“教育”“教学”“学习”“好学生”“发展”等基本教育教学概念的缄默知识。一般说来，前一种缄默知识影响特殊学科的教学方式，可以将其看成“有关学科的缄默知识”，后一种缄默知识影响一般的教学方式，可以将其看成“有关教育的缄默知识”。这两种缄默知识共同构成一个教师教育教学行为的合法性基础的一部分，尽管这种合法性及其辩护往往只是以“学科常识”、“教育常识”或“教学常识”的形式表现出来，而不是以系统理论的形式表现出来。

像其他缄默知识对于个体行为的影响一样，这两类缄默知识对于教师的教育教学行为的影响也是非常深刻的，可以说在最基本的意义上不知不觉地塑造了教师的教育教学行为。例如，如果一个教师在潜意识或下意识里认为“写作”或“好的写作”就是要像一些文章大家那样，比如像中小学语文课本中所选课文的作者那样去“布局谋篇”“遣词造句”“微言大义”，那么他就会将这些潜在的标准作为学生作文训练的重点，致力于选择在这方面表现优秀的范文，注意引导学生分析和欣赏范文在这些方面的优秀品质，并要求学生在这些方面“下功夫”。在这种作文课教学中，尽管他可能也经常强调“生活的体验”与“情感的表达”，但是他会将这些作为次一级的标准来对待。在很多情况下，他也许只会将这些标准应用于那些在作文方面比较优秀的学生，因为在他的缄默知识中，一般的学生能够达到布局谋篇一类的标准就不错或可以了，只有那些优秀的学生才能够达到后一种标准，就像那些或伟大或有名的作家一样。再比如，如果在教育教学方面，一个教师持有教育就是教学，而教学就是传递和掌握知识的过程这样一种缄默认识，那么他就会将自己整个的工作重点放在对已有教材知识的分析、阐释上，放在帮助和促进学生对已有教材知识的掌握以及检查学生对教材知识的掌握上。他的备课、上课和辅导都是围绕着这个任务展开的，他的讲解、演示、提问、课堂管理等都非常“自然地”受到这种观念的支配。因此，可以说，所有的教学，不论是哪个学段和哪门学科，很大程度上都受着教师缄默的专业知识观念和教育知识观念的制约。不受这种制约的教育教学活动是不存在的，存在的只是对这种制约程度意识水平不同的教师的教育教学活动。在一定意义上说，一个人越能意识到这种制约的存在，他就越能够理性地开展教育教学活动；一个人越不能意识到或否认这种制约的存在，他就越容易陷入教育教学的流俗和惯例之中而不能自拔，他的教育教学活动也就越来越僵化、机械和没有生趣，他本人也就会落入陶行知先生所说的“教死书、死教书和教书死”的境地。

因此，教育教学改革必须关注教师的这些缄默知识，并将对这些丰富复杂的缄默知识的认识、理解、检验与批判作为教育教学改革的一个重要条件。从教育理论与教育实践关系的角度看，教育教学改革特别要关注后一种有关教育的缄默知识，即那些在日常教育生活中深刻影响教师教育教学行为的“教育常识”或“教学常识”。教育教学改革与它们之间的内在联系是：任何一场教育教学改革，其重要的、核心的一个环节就是在不同程度上“改变”或“重塑”教师的教育教学行为。忽视了这一点，任何教育教学改革都不能取得成功。而教师的教育教学行为与他们以及人类的所有其他行为一样，作为人类的一种自觉的行为，总是受相关知识的支配、建构或指引。因此，改变或重塑这种行为的过程就不单单是一种训练、规范或约束教师的外在过程，除此之外还应包含使教师认识、理解与重构自己内在的知识基础和信念的过程。从一定的意义上说，进行革新的教师，其外在行为的真正改变主要是其重构自己内在知识基础与信念的结果，这就必然要触及教师个体在自己长期的教育教学生活中通过各种方式所获得的缄默知识。这一方面是因为教师的缄默知识是他们完整的知识基础的一个组成部分，另一方面是因为他们的缄默知识在整个知识基础中起着一种波兰尼所说的“向导”和“主人”的作用。所以，从特定的意义上说，没有对这种缄默知识及其作用的认识和理解，就不能完整和深刻地认识与理解教师的教育教学行为，而没有对教师日常教育教学行为完整和深刻的理解，就不可能很好地重构教师与教育教学有关的内在知识基础和信念，从而也就不可能真正地重塑教师的教育教学行为，不可能真正地促进教育教学改革。

从这个角度来看，本章开始所提出的问题的症结就在于：在教育改革过程中，一些教师尽管通过一些途径掌握了一些系统的或新的教育理论知识，但是由于教师自己忽视了他们从日常教育生活（不但包括自己的学校教育生活，而且包括自己的家庭教育生活）中所获得的缄默的教育知识的存在及其对于自己日常教育教学行为的深刻影响，因此没能使得那些系统的或新的教育理论知识真正地转化成实际的教育行为。实际上，教师在很大程度上就像那些学生一样，在自己的头脑中形成了两种性质不同的教育知识体系：一种是缄默的教育知识体系，另一种是显性的教育知识体系。前者是在教育实践中通过亲身经验获得的，后者是在师范教育的学科课程中获得的。前一种知识尽管难以得到清晰的陈述，但是其与教育实践有着一种非常密切的关系，甚至其本身就构成了教育实践的一个环节或要素，有一种“不证自明”的真理性、“不言而喻”的合理性以及“日用而不自知”的实效性。后一种教育知识尽管无论是从其逻辑性上还是从其清晰性上都比前一种教育知识要强得多，但是它如果不能与缄默的教育知识达成某种程度的一致，如果不能从根本上促进教师反思自己缄默的教育知识，那么其就很难发挥预期的作用。其结果往往是：教师在思想中掌握了许多新的教育概念与命题，但是在实际的教育教学生活中却非常容易受缄默的教育知识的支配，落入教育教学的陈规陋习之中。例如，当前的教育教学改革中，许多教师一方面接受了“学生主体”的概念，另一方面又坚信“孩子不打不成才”。这样一来，这些教师就很难形成一种自觉的理性指导下的教育教学行为。这就是我们经常在进行革新的教师身上（包括在我们这些既作为教育理论研究人员又作为实际教育工作者身上）所发现的矛盾现象。前面提到的师范生在教育教学实习中出现的那种理论与实践脱节的现象大概也源于此。实际上，他们尽管没有接受教育理论知识的指导，但是他们的教育教学实践也有着自己的教育知识基础，即“缄默的”或“隐性的”教育知识。

因此，教育改革要想真正地取得成功，师范教育要想培养出高质量的教师，仅仅让一线教师和师范生学习或应用一些显性的教育理论是不够的，还必须让他们认真地反思、检验、批判自己缄默的教育知识，必须经由反思的途径使其显现出来，抛弃其中许多与时代精神不一致的陈腐的东西，并将那些有生命力的部分与显性的教育知识的学习结合起来。这首先就要求对这种迄今为止鲜为人知的缄默的教育知识进行深入的研究，克服以往实证主义和客观主义的教育知识理念，将缄默的教育知识看成多样化的“教育知识家族”中的一个重要组成部分，促进教师和教育改革者深入地认识这类教育知识在教育教学实践和改革中的作用。

近几年来，这种缄默的教育知识的研究逐渐引起了世界上许多教育改革者的注意，他们逐渐认识到大量缄默的教育知识的存在及其重要的存在意义。1996 年，曾因参与和领导美国 20 世纪 60 年代的结构课程改革运动而闻名的美国著名心理学家和教育学家布鲁纳首次在《教育的文化》一书中给予这种缄默的、难以表达的教育知识以明确的概念——“民间教育学”(folk pedagogy)，并对其基础进行了系统的分析。他说：

> 我们与其他人之间的相互作用受到了我们日常对于他们的心灵是如何工作的直觉理论的深刻影响。这一点在相当程度上为反对主体性的行为主义者所忽略。这些直觉的理论尽管很少得到清晰的表述，但却是无所不在的。这种直觉的理论直到最近才得到认真的研究。这种非专业的理论最近被专家们赋予了一个谦恭的名称——“民间心理学”。民间心理学不仅反映出某种“根深蒂固”的人类倾向，而且反映出对于“心灵”某种深层的文化信念。民间心理学不仅反映出人类的心灵是如何随时随地工作的，而且可以就儿童的心灵是如何学习的甚至怎样才能使它们得到发展的问题提供一些观念。就像我们在日常的相互作用中受到我们的民间心理学的指引一样，我们在帮助儿童学习有关世界的知识的活动中也受到“民间教育学”的影响。看一看那些与儿童打交道的妈妈、教师甚至是保姆，你就会非常吃惊地发现，她（他）们有那么多的行为受着“儿童的心灵像什么样以及如何才能帮助他们学习”这一类观念的指引，尽管其可能根本不能说出自己的教育学原理。(Bruner，1996)[45-46]

显然，在布鲁纳看来，这种“民间教育学”是以“民间心理学”为基础的，是那些连保姆、妈妈都具有的民间教育知识。尽管她们以及其他所有拥有这种缄默的教育知识的人不可能说出它们的“原理”甚至不可能说出它们自身，但是，这并不妨碍她们熟练地应用这些知识来规范和指导自己的日常教育实践。不难想象，那些从来没有学习过教育学课程的妈妈与保姆也拥有某种类型的教育知识，否则她们就不能在教育孩子的问题上有任何作为。例如，她们可能会对孩子进行“严格的管束”，因为她们认为“从小看大”，如果孩子小的时候养成了坏的毛病和习惯，长大以后就很难改正了；她们可能会告诉孩子“成熟的稻穗是低着头的”，以此来教育孩子在成功和荣誉面前要谦虚谨慎；她们也可能会要求孩子在学习上刻苦努力，因为她们知道民间广为流传的“囊萤映雪”的故事；如此等等。这些谚语、故事中所包含的教育知识可能是零碎的、不系统的甚至是不精确的，但是，它们构成了家庭教育、社会教育乃至学校教育最深厚的知识基础。可以说，凡是缺乏系统的教育理论知识的地方，都是这种民间教育学在发挥作用；凡是没有触及这些缄默知识的地方，显性教育理论所发挥的作用就是有限的。

我曾在有关“教育学文化性格”的分析中注意到了这种缄默的教育知识及其与系统的教育理论之间的关系，称这种缄默的教育知识为“教育民俗”（石中英，1999）或“教育习俗”（石中英，2001）[148–167]，我认为：

> 所谓教育习俗就是指由广大劳动人民在长期的教育活动中所创造、传承和享用的教育方式、手段、制度、谚语、故事、诗歌、仪式等的集合体，是绵延不绝的民间教育智慧，是鲜活的教育文化遗留物。它与一般民俗学上所说的“民俗的教育功能”不同。教育民俗专门涉及民间教育事象，关于如何做人，如何对儿童进行教育等，而“民俗的教育功能”只是指民俗的教育意义——许多意义中的一种。（石中英，2001）[148]

在我的研究中，我认为，从某种意义上说，人们是在“教育习俗之网”上展开教育活动的，而不是在“理论之网”上展开教育活动的。生活世界中的教育习俗尽管看起来很松散，也没有逻辑体系，但是它们却塑造着人们基本的教育信念，告知人们基本的教育方法，使他们的教育活动变得简单。是教育习俗而不是教育理论使得日常的教育生活成为可能。就缄默的教育习俗与显性的教育理论之间的关系而言，我认为两者之间存在着一种“历史性关联”。所谓历史性关联是指，它们之间并不是水火不容或势不两立的，而是存在着一种非常复杂的不断变化的历史性关系。一方面，可以说历史上的教育习俗是各个时期教育理论的“伟大施主”，为教育理论的发展提供了深厚的动力和基础；另一方面，可以说一个时代新的教育理论总是包含着对传统教育习俗特别是一些教育陋俗的批判。两者之间理想的关系是一种“支持关系”。在这种支持关系中，教育习俗

> 需要教育学理论的指导，需要把教育学者们的研究融入新的习俗中去，成为它们的一部分。同时，教育学理论要想走出纯粹的思辨性知识的迷宫，产生社会的教育作用，也必须关注当前的教育习俗，研究目前的人们究竟是怎样教育他们的孩子的，从中吸取积极的反映时代变迁特征的东西，批判旧的不符合时代要求的东西。哲学的、科学的基础固然还要加强，但生活的基础应被重新寻找回来，在与科学对话的同时与日常的教育生活，与千百年来传承不绝的教育习俗对话。（石中英，2001）[165]

从上述缄默知识与显性知识关系的角度看，提倡“教育习俗”与“教育理论”、“民间教育学”与“专业教育学”对话的意义就在于，通过对话，可以使缄默的“教育习俗”或“民间教育学”“显性化”，从而使其能够得到检验、分析、批判和改造，能够真正地使教育理论知识成为教育者教育知识结构中的一个组成部分，发挥它们在教育实践中应该发挥的指导作用，而不是使它们停留在教育者的头脑或观念中，成为一种好听而无用的“无活力的知识”。我们以往的教育改革特别是与教育改革相配套的师范类教育（包括师范生培养和在职教师培训）中一个重要的缺陷就在于忽略了这种大量日用而不自知的缄默的教育知识的存在。因此，21 世纪的教育改革特别

是师范类教育改革应该考虑到这种缄默的教育知识的存在，考虑到缄默的教育知识与显性的教育知识之间的关系，发展出一种基于缄默的教育知识的新型师范类教育模式。个人以为，这种新型师范类教育模式的轮廓如下。

第一，在师范类教育的目标上，不但要“给予”和培养未来教师或在职教师所缺乏的一定教育理论知识、技能、态度或信念，而且更要揭示、分析和发展他们已有的缄默的教育知识、技能、态度或信念。这两个方面应该是内在统一的，因为从缄默知识与显性知识之间的内在关系看，如果没有对系统的教育理论知识的学习和掌握，就没有缄默的教育知识的发展，反过来说，如果没有对缄默的教育知识的揭示、分析和批判，系统的教育理论或显性的教育知识也就不能转变为教师真正的思想财富，其就不能在教育教学实践中发挥应有的指导作用。这就是说，师范类教育的目标要从一种外在的知识、技能、态度和信念的“灌输”或“训练”转变为一种内在的知识、技能、态度和信念的“发展”。有学者认为，师范教育“需要促进未来教师认识论的发展”（Sternberg, Horvath, 1999）[206]。只有做到这一点，才有可能克服教师所拥有的教育理论与他们所采取的实际教育教学行为之间的不一致问题，才能真正地培养出适合社会发展特别是教育发展要求的新型教师。同时，也只有这种教师才能真正担负和完成教育教学改革的重任。而要真正地达成这个目标，师范类教育就必须变革自己传统上缄默的“对象观”，即不应将师范生或在职教师看成一些没有或缺乏教育知识的人，而应该将他们看成已经拥有大量缄默的教育知识但同时需要不断显现、反思、批判和发展这种知识的人。在性质上，这种师范类教育对象观的转变与上述日常教育教学过程中学生观念的转变是一致的。

第二，在师范类教育课程的教学方法上，要重视对一切由教育理论家们所提出和阐释的教育基本“概念”“命题”“原理”的讲授和分析，更要重视对作为师范类教育对象的未来教师和在职教师思想中一些与之相关的“教育习俗”或“民间教育学”的挖掘和分析，在此基础上注重引导未来教师和在职教师对相应的教育理论与教育习俗之间的异同进行比较和鉴别，引导他们在积极主动的质疑、讨论和对话中显现和检验自己缄默的教育知识，自主地发展自己的教育认识能力，不断建构和优化自己的教育知识结构。这方面也正如国外研究者所说：

> 从民间教育学框架的视野出发，师范教育的目的之一就是使教师们认识到他们自己有关教育的直觉概念。师范教育尤其需要使未来教师们（a）遭遇、反思、批判和评估民间教育学；（b）始终意识到民间教育学是进行教育决策的背景。后一点即使是专家型教师也不例外。（Sternberg，Horvath，1999）[207]

为了达到这个目的，对教师本人或其他人的教育教学实践进行“活动分析”和“产品分析”是非常必要的。所谓活动分析是指先将教师本人或其他人的教育教学活动情景用录像的方式记录下来，然后对他们的行为进行分析，找出他们行为背后缄默的教育教学假设，并与教师本人或其他人对教育教学设计的明确假设进行对比，如此就能看出该教育教学情景在多大程度上受到显性的教育理论的支配，在多大程度上受到缄默的教育知识的支配，两者之间存在不存在矛盾，如果存在矛盾的话，缄默的教育知识又在多大程度上影响着显性的教育理论的实践效用。通过活动分析，可以帮助教师反思自己教育教学设计所依赖的缄默的教育知识，理解缄默的教育知识与显性的教育理论在实际教育教学情景中的关系，从而学会更好地利用这两类教育知识来提高自己教育教学的理性化水平。所谓产品分析是指对教育教学的结果进行分析。一般而言，教师都会感觉到有些课程知识不太好教，或者说对于学生们来说比较难学。原来人们认为造成这种现象的原因是课程知识本身难度很大。现在从缄默知识的角度来看，造成这种现象的原因也有可能是一些与课程知识不一致的缄默知识对教学的干扰。起干扰作用的缄默知识既包括有关学科的缄默知识，又包括有关一般教育教学过程的缄默知识。因此，对那些始终存在问题的教育教学“产品”，如作业、实验结果以及其他形式的教育教学“产品”进行深入分析，就有可能发现相应的缄默知识及其作用。这有助于教师反思、批判和重构这种缄默知识，进而最终解决问题，改进有关部分的教育和教学。

第三，在师范类教育课程的教学组织形式上，要高度重视师范生和在职教师的教育教学实习与实践。如上所述，缄默知识作为一类“不可言说”或至少“说不清楚”的知识是很难在以“客观知识”为主要内容的现代教育体系中直接加以传递的，这样一来，学习大量缄默知识就变得很困难。不过，理论家们已经阐明，尽管这种缄默知识不可以通过“正规的”“直接的”方式加以传递，但是人们可以通过实践和直接经验的方式，通过“学徒制”形式加以传递和获得。这就意味着，对于师范生和在职教师而言，可以通过大量的教育实习和实践来获得缄默的教育知识，来认识和体会缄默的教育知识对于教育教学工作的意义。从这种观点来看，师范类教育中教育实习和实践的意义不但在于“应用”和“检验”从课堂上所学到的已有的显性的教育理论，而且更重要的是，通过教育教学实践中熟练型教师和专家型教师对新手型教师的言传身教，使后者理解和掌握大量在课堂上所学不到的缄默的教育知识。从这个意义上说，在师范类教育课程的教学组织形式上，加强和改善教育教学实习和实践指导工作是非常有必要的，因为它构成了完整的教师培养和培训的一个重要环节，其意义也是一般的教育理论学习所不具有的。教育教学实习和实践过程中的指导不但应注重对一些显性的教育理论知识的应用或检验，而且应注重指导未来教师和在职教师充分地利用这一途径学习，理解和反思指导教师身上一些宝贵的缄默的教育知识。因此，实习者应该在实习期间“始终”跟随指导教师工作，与他们随时随地讨论教育教学中的问题；指导教师也应该允许实习者始终全面地观察自己的教育教学工作，而不能仅仅局限于审阅实习者教育教学计划（或教案）、听听实习者的课或观摩他们组织的教育活动，然后再提些简单的意见，最后给出实习成绩。虽然后一类指导方式能够帮助实习者了解教育教学工作的一般“程序”，但是很难帮助他们对教育教学“艺术”（其主体部分可能就是以个体形式存在的、不可言传或说不清楚的缄默的教育知识）有起码的认识和理解，更谈不上能让实习者去主动地掌握和积极地应用它们。

这一理论也为近年来教育界兴起的“拜师热”提供了依据。为了尽快提高年轻教师的教育教学水平，缩短他们从新手型教师成长为熟练型教师甚至专家型教师的时间，近年来一些地区和学校提倡年轻教师在校内和校外“拜师”，让一些年轻教师跟随一些教师特别是优秀的专家型教师学习，其形式类似于波兰尼所说的“师徒制”。这些年轻教师一般和指导教师一起工作，有的干脆担任指导教师的助手。他们一方面从熟练型教师和专家型教师那里获得一定的教育理论知识，另一方面则从他们那里获得大量连他们自己也说不清楚的缄默的教育知识。实践证明，这种形式确实非常有利于年轻教师的成长。从缄默知识理论的角度来说，这种“民间的”或“非机构化的”教师培训方式满足了教育教学工作对于大量缄默的教育教学知识的需求，对于解决因退休而导致的优秀教师大量缄默的教育知识的失传问题也具有非常重要的意义，甚至可以说是唯一有效的形式[①]，有助于教育教学总体实践智慧的不断提高。此外，这种“拜师热”的兴起也从一个侧面反映出传统的以显性的和理论的教育知识传递为主的师范类教育模式的“危机”，值得师范类教育工作者深思。

第四，在师范教育机构与中小学的关系上，要大力提倡师范教育机构与中小学进行合作，促进多种形式的教育理论工作者与教育实践工作者之间的对话。在历史上，出于多种复杂的原因，师范类教育机构与中小学关系“疏远”，教育理论工作者与教育实践工作者之间对话中断。一方面，师范类教育机构受传统的高等教育学科设置的“限制”或“诱惑”，主要致力

① 近年来，不少地方开始整理出版一些优秀教师的“教育学”，即对一些优秀教师的教育教学思想进行系统的整理，并努力将其上升到理论的高度，以便它们能够得到更广泛的传播，为更多的人所学习。应该说，一方面，这种做法是无可厚非的，甚至可以说是必要的、有益的。但是，另一方面，其中不少概括和总结是牵强附会的，而且在一定程度上没有呈现出那些优秀教师原本教育教学艺术的丰富个性和神韵，变得有些呆板和雷同。从缄默知识的角度来看，这不完全是概括者本身素质的问题，因为一个教师高超的教育教学艺术在很大程度上原本就属于不可言说或说不清楚的缄默的教育教学知识，如果人们包括这些教师自己硬要对其进行整理、概括或总结的话，其结果很可能就是上面所描述的那样。窃以为，学习这些教师最好的方法就是“师徒制”的方法，通过实践中优秀教师的言传身教和新手型教师的耳濡目染将大量有用的缄默的教育知识一代代地传递下来，并使其在新手型教师的教育教学实践中得到检验、修正和发展。

于教育学科的建设，致力于使某一学科的教育知识系统化、理论化和抽象化，在很大程度忽视了对在中小学实际起作用的缄默的教育知识的分析和批判，从而使得整个师范教育活动给人以“坐而论道”的“玄学印象”；另一方面，由于这种“坐而论道”的“玄学印象”，中小学的教育工作者在很大程度上对教育理论知识的实践价值也持一种“怀疑”甚至是一种后天形成的“排斥”态度。他们习惯于认为，教育理论工作者和教育学家对于解决实际教育问题是无所作为的，师范教育唯一的功能是使一个人获得从事教育工作的正式资格，至于其教育教学工作的效率则依赖于其从事教育工作的“天赋”或在不断尝试错误的过程中积累起来的“经验”。在教师们中间，甚至流传着“一个好的（中小学）教师抵得过一打教育学家”的说法。这种师范类教育机构与中小学之间疏远带来的最直接的后果是教育理论工作者和教育实践工作者之间对话的中断或阻隔，以及长期以来教育理论工作者不了解实际的教育教学情况与教育实践工作者不了解教育理论的最新进展的局面。其带来的间接的也是最为严重的后果是降低了师范类教育机构在教师专业化方面所应该起到的作用，同时使得教育实践长期得不到教育理论的支持和批判性反思，在相当大的程度上停留在一种“习俗化”的水平。

近些年来，迫于教育改革的强烈呼吁，教育学家们开始关注中小学实际教育教学工作，开始走进中小学的实际教育教学生活。但是，由于他们受制于传统的显性的知识观念，不能意识到缄默的教育知识的存在及其作用，往往以一种“先知”的口吻“传播”着自己“新”的教育观念，又造成了一种对中小学教育实践工作者明显的“知识压迫”，使得中小学教育实践工作者在教育理论和教育理论工作者面前“自惭形秽”，丧失“发言”的信心和能力，唯一能做的就是“复述”师范类教育机构的“教育学家”们某些带有煽情意味的口号式教育“命题”，继而根据这些教育命题进行教育实验，然后从教育实践工作者的角度再对这些命题的合理性和合法性进行论证。这种情景在一些由教育理论工作者和教育实践工作者共同参加的会议上表现得最为突出。在这些会议上，教育实践工作者的发言时间和其发言后所获得的回应都是很少的。在这种情景中，两者之间的“对话”实际上也是不存在的，存在的仍然只是教育理论工作者与教育实践工作者之间的“生产—消费”“传递—接受”的单向关系。这种关系实际上是传统的师范类教育教学过程中知识依附关系在师范教育机构与中小学关系上的扩展。从这个角度来看，目前的这种合作与交往方式尽管与过去相比有所进步，但是对于其建设性意义的评估特别是对于其在真正优化教师们的教育知识结构和提高他们教育教学效率方面作用的评估仍需要谨慎。

从缄默知识视角来看，未来的教育改革所需要的是一种真正意义上的“合作”与“对话”。完成这种合作与对话的思想条件在于，教育理论工作者必须认识到，与之合作和对话的对象并不是“缺乏”教育知识的人，而只是需要不断根据新的教育问题改组或改造自己原有教育知识结构的人；必须认识到，与之合作和对话的对象并不只是理论家们教育实验的“工具”，而是现实教育实践活动的主体，他们的一切教育实践活动是由自己已经获得的教育知识建构的。因此，与他们的合作与对话就不可能也不应该忽视他们所拥有的教育知识，尤其是那些不可言说或说不清楚的缄默的教育知识。或者说，与他们的合作与对话是围绕着他们缄默的教育知识的显现、检验、批判和反思进行的。模仿叶圣陶先生“教是为了达到不需要教”的名句来说，教育理论工作者在中小学进行的“教育实验是为了达到不需要教育实验”，是为了使教育实践工作者在教育实验过程中自身有所提高和发展，而不是使其沦为教育理论工作者进行教育实验的工具，在一项教育实验结束之后又可悲地回到了“习俗化”的教育教学水平。此外，从教育实践工作者的角度而言，实现这种合作与对话的思想条件还在于，他们必须认识到自己从合作或对话中所期望获得的不仅仅是教育理论工作者新的教育教学理论、策略或方法，更应该是一种理解、检验和批判性反思自己缄默的教育知识的“契机”和“动力”，从而为自己将来成为一名“自主的”“成熟的”教育家打下坚实的知识基础。

# 第七章 人文世界、人文知识与人文教育[①]

当前，中国社会人文精神的缺失或萎靡已经在家庭生活、社会生活和各个工作领域——学校、医院、工厂、商场、机关等——表现了出来：信念遭到嘲讽、理想受到冷落、道德濒临危机、情操蜕化为欲望、责任与金钱捆绑在一起。所有这些已严重影响到个体幸福和社会发展。然而，比这些更让人揪心的是，无论是在知识界还是在社会其他领域，有相当一部分人认为这些问题是任何一个社会在工业化、现代化过程中都不可避免会遇到的问题，中国也不例外。其潜台词就是，为解决此类问题而付出的一切努力都将是徒劳无益的。这是一种彻头彻尾的历史宿命论，其本身正是当代人文精神危机的反映。回溯历史，中华民族是最反对宿命论，最讲究向历史学习、防微杜渐、推陈出新的。作为一个后发工业化、现代化国家，中国完全有可能也有必要吸取自己以及发达国家曾经有过的惨痛教训，唾弃历史宿命论，充分地利用得天独厚的文化资源，采取一切手段防止和消除这种危机，重建中国社会的人文精神，从而为 20 世纪 80 年代以来的改

① 本章原来打算研究的问题是有关知识分类、知识结构与教育改革之间的关系，因为随着后现代知识的转型，特别是随着现代知识客观性被解构，许多原来被剥夺了合法的知识地位的人类认识经验进入了知识行列，在很大程度上改变了知识类型的划分和结构形态，这必然会影响到教育过程中的知识选择、组织和传播，影响到教育的组织形式和价值取向。但是，考虑到人文知识在现代知识型中一直处于一种被压迫的地位，特别是考虑到在信奉客观性的科学知识型的支配下，人们对于人文知识的独特性质和实践价值的忽视，本章将研究的重点集中在对人文知识的性质及其社会意义和教育意义的探讨上。有关整个知识类型和结构的变迁及这种变迁对于教育活动的影响，我今后有机会将展开系统研究。

革开放事业提供更加强大也更加健康的精神动力和思想条件。这自然是一项很艰难的“文化工程”，涉及许多复杂的问题，需要动员全社会的力量，需要政府、学者和公众的一致努力和艰苦奋斗。本章侧重于从知识转型的角度考察人文知识作为一种知识类型的独特性，试图在知识转型的语境下将人文知识从现代客观性知识标准中解放出来，初步建构一种人文知识理论，分析人文知识匮乏所导致的严重后果，从而为探讨人文精神的培育或教化提供一个可资借鉴与批判的认识论基础，在当前有关人文教育的理论探索中提供自己的一点浅见。作为这项研究的一个必要组成部分，本章将首先探讨“人文世界”与“自然世界”和“社会世界”的划分问题，并勾画人类世界的总体结构，阐释“人文世界”在人类总体世界中的独特地位和存在意义。

## 一、自然世界、社会世界与人文世界

不难理解，我们生活在一个非常复杂的世界中，其复杂程度远远超出人类至今所能给出的最详细的描述。但是，无论这个世界多么复杂，我们头脑中所具有的这个复杂世界的图像却完全依赖我们对它“已有的认识”。脱离了这种已有的认识，我们对于这个世界就缺乏最起码的想象和认知能力。因此，我们所谈论和能够谈论的“世界”其实就是“我们的”世界，是在历史所赋予我们的认识视野和能力之内的世界。我们“不能”否认存在着另外一些更赏心悦目或更枯燥乏味的世界，因为我们没有证据来证明那些未知的世界不存在。从这个意义上说，我们是“我们的”世界的立法者，是衡量这个世界真与假、美与丑、善与恶的标尺。其实，这早已不是什么新鲜的观点，古代的、现代的和后现代的哲学家们如赫拉克利特(Heraclitus)、黑格尔、马克思、尼采、福柯等人都做过精辟而清晰的论述。从他们的论述中，我们能够合乎逻辑地得出下列结论：我们所谈论、所栖居、所体验、所改造、所恨或所爱的世界本身只能是“人的”或“人文”的世界。

然而，这种“人的”或“人文的”世界还不是一般意义上人们所理解的“人文世界”。这种“人的”或“人文的”世界只是对我们这个世界的“统称”。人们所理解的“人文世界”只是这个总体世界的一个组成部分，或者更准确地说只是它的一个侧面，是与“自然世界”“社会世界”相对而言的一个世界。毫无疑问，有关这“三个世界”的划分，也并不是一种新的观点。事实上，无论是在日常的教学活动中还是在一些学术论著中，人们都经常自觉不自觉地应用这种“三分法”，或者是将其作为论述问题的框架，或者是偶尔地谈论它们。但是，就研究者目力所及之处，在这些日常用法和大量的学术论著中，人们并没有就这种对世界结构进行划分的“三分法”进行逻辑上的说明，阐述其逻辑依据。在相当程度上，这就使得“三个世界”的划分非常模糊，缺乏波普尔“三个世界”（世界 1、世界 2 和世界 3）那样的明晰性和逻辑上的自洽性。比如，“社会世界”和“人文世界”在逻辑上究竟有什么不同？又存在着什么样的关系？有的人认为“社会世界”就是“人的”或“人文的”世界，两者之间没有什么实质的差异，因此对两者进行区分意义不大；有的人认为“人文世界”和“社会世界”是两个不同的世界，各自遵循着不同的“规律”，因此非常有必要对两者进行区分，但对于两者到底有何不同又语焉不详；有的人持一种折中的观点，认为“人文世界”和“社会世界”既有不同的地方，又有相同的地方，两者相互交叉，但是也说不清楚两者究竟在什么地方交叉，又在什么地方分离。事实上，不能在逻辑上说明这“三个世界”，就不能使人们更好地认识和理解这“三个世界”，就不能使建立在这“三个世界”划分基础上的有关论述有一个比较坚实和可以辩护的理论基础。结合我们所研究的知识问题而言，若不能比较充分地说明这“三个世界”的逻辑界限，就很难比较清晰地阐述自然知识、社会知识和人文知识作为三类不同类型的知识的特征以及彼此之间的关系。因此，在讨论知识问题特别是人文知识问题之前，我们必须首先分析这三个世界的构成以及彼此之间的逻辑[①]关系和现实关系。

从思想史上看，对于我们所生活于其中的总体世界进行某种程度的分

① 在上面的论述中，我们之所以反复地使用“逻辑”一词，是因为建立在经验基础上的现实“世界”本身并没有分为界限分明的“自然世界”“社会世界”“人文世界”，（转下页）

析自古就有。这恐怕是因为只有经过分析，我们才能对自己生活于其中的总体世界有更加清晰的认识和了解，从而也才能更好地生活于其中并驾驭这个世界。众所周知，中国古代有“天”“人”之分，并由此产生了许多有关探究天人关系的学说，如“天人合一”“天人交相胜”“天人感应”“天人相分”等等。古代有学者甚至认为，“学不际天人，不足以谓之学”（《皇极经世·观物外篇》），现代也有学者认为，对“天”“人”关系的探究构成了中国古代思想史上的本体论，其他的一些理论如“人性论”“道德论”“知识论”等都是建立在这种本体论基础上的。这里，我们不去具体分析和评论这些天人关系学说，我们想要指出的是，无论如何，这种早期的探索实际上已经将“天”和“人”作为两种不同的存在现象加以认识，尽管这样并不影响对它们之间的相互关系或内在关系的探究。例如，《易·贲》中就明确地说，“观乎天文，以察时变；观乎人文，以化成天下”，将“天文”和“人文”加以对照。不过，就中国古代思想史而言，尽管有此“天”和“人”的区分，但是思想家们在谈“天”的时候并不完全是在“自然”实体的意义上使用这个词，甚至可以说，除了道家、农家等，以儒家思想为主的中国传统文化主要不是在“自然”实体的意义上使用这个词，而是在“道德”意义上使用这个词，“天人关系”由此也主要是指一种伦理和道德关系，而不是一种自然关系（石中英，2001）[271-276]。与此同时，中国古代思想家们在谈“人”的时候，尽管也区分了“己”与“群”，但是对于这两者的界限的认识也模糊得很，甚至可以说根本就不关注这两者的界限，以至于一方面用社会的需求代替个体的需求，另一方面又将个体的需求放大为社会的需求，最终形成“群”“己”不分、“国”“家”一体的文化格局。可以粗略地说，在中国传统文化中，人们已经注意到或直觉到“自然”与“人文”（包括“社会”）现象的存在，但是却因为各种复杂的社会原因没有能够应用逻辑分析的办法对它们进行界定和区分，甚至将自然

（接上页）有关“自然世界”“社会世界”“人文世界”的确立完全是逻辑构造的产物。这种逻辑的构造对于我们理解自己生活于其中的混沌世界的意义在于为我们提供了从不同角度分析和理解总体世界的概念类型，也为后面有关知识类型的划分提供了一个概念框架。

“人文化”。这种世界观既妨碍了自然知识的进步，也妨碍了社会知识的积累和发展，甚至还妨碍了对人文知识独特性质的认识与理解。

这种古代世界观直到近代以后才得以改变，这主要是受来自西方分析思维和学科知识体系的影响。这种改变的具体表现有两个方面：一是祛除传统文化中“自然”范畴的“人文性”或“道德性”，促使自然“自然化”或“实体化”，开始逐渐地将“自然”理解为不以人的主观意志为转移的物质实在；二是受西方社会科学的影响，开始将中国传统文化中比较模糊的“群”转换为与个体相对应的“社会”，后者既包括政治、经济、人口等现象，又包括道德、宗教、习俗等现象。个体只是作为社会的构成要素而存在，个体存在的价值是看他对于社会发展所做出的贡献。在这种情况下，“人文”现象也被看成“社会”现象的一个组成部分，或者说，就包括在“社会”现象之中。并且，随着 20 世纪 60 年代至 70 年代的历次思想运动和“文化大革命”中对“人道主义”“个人主义”以及以“个人主义”为核心的资产阶级生活方式的批判，社会现象中的“人文”成分越来越少，以至于几乎到了“无”的地步。这对于 20 世纪最后 20 年中国社会的发展产生了很大的影响。可以说，在社会高速发展过程中出现的种种人文精神危机都与此相关。20 世纪 80 年代以后，随着改革开放的逐渐深入，人们日益认识到人的主体性、呼唤人的主体性，在这种背景下，“人的形象”开始逐渐地从“社会”背景中凸现出来，人文现象也开始作为一种不同于自然现象和社会现象的存在受到学者和大众的关注。有的学者开始明确提出“人文世界”的概念，并对这个概念进行了初步的界定，以期为人文科学的合法性提供一个合适的本体论或世界观前提[①]，从而逐步形成了“自然”（“自然世界”）、“社会”（“社会世界”）和“人文”（“人文世界”）“三足鼎立”

---

① 例如，朱红文在《人文精神与人文科学：人文科学方法论导论》（中共中央党校出版社 1995 年版）一书中对“人文世界”下了明确的定义，他认为，“作为人文科学对象的人文世界，是一个以个人的独创性为基础、以文化传统为载体所组成的意义世界”（见该书前言部分第 10 页）；“人文世界并不是一个实在的世界，而是一种主观精神与客观精神、个性与传统所构成的教化与创造相统一的精神过程”（见该书第 196 页）；“作为人文科学对象的人文世界是一个以人（转下页）

的格局。但是，就人们对这“三个世界”特别是对“人文世界”认识而言，仍然有不少模糊的地方。比如，有的学者将“人文世界”简单地说成“人的世界”“人的内在世界”等，这样一来就很难回答下列问题：“社会世界”是不是“人的世界”？与“人的世界”“人的内在世界”相对应的“非人的世界”“人的外在世界”究竟是什么样的“世界”？“人文世界”有没有独立于个体的“外在”的构成要素？抑或仅仅只是一种纯粹主观的“精神活动”？

在西方，有关“自然世界”“社会世界”“人文世界”的认识，同样经历了一个非常漫长和复杂的过程，这里只能进行概要的分析和叙述。众所周知，在西方文明的第一个“轴心时期”，出现了一批自然哲学家。他们最早确立了实体意义上的“自然”概念，并致力于对自然现象和宇宙本源进行“哲学的”沉思。与此同时或稍微晚一些，也出现了像苏格拉底、柏拉图、亚里士多德等重视“人”“理性”“德性”等非自然现象的哲学家，致力于对社会现象和人生问题进行哲学沉思，试图回答什么是“正义”“勇敢”“幸福”等一类问题。这些早期的认识都在随后到来的中世纪受到了冲击。在中世纪，一切都被“神圣化”了，“自然”是如此，“社会”和“人”的存在也是如此。或者说，当时根本就没有什么“自然”“社会”“人”的区分，它们都属于“上帝”，都是上帝的“作品”。因此，人们在它们之中所见所闻的并不是它们自身的什么特征，而是上帝的旨意和圣迹。因此，西方一千多年的中世纪，既妨碍了人们对“自然”的认识，又妨碍了人们对“社会”的认识和“人”本身的认识。

这种现象直到“文艺复兴”时期才得以改变。文艺复兴是西方文化史上一个伟大的时代。这个时代诞生了在西方文化史上影响深远的两种思潮：一是自然主义，二是人文主义。这是两种既相互影响又各有侧重的思

---

（接上页）的内在精神为基础、以文化传统为负载的意义世界和价值世界”（见该书第 213 页）。这些有着共同的要素但仔细分析起来又不尽相同的定义虽然还需要进一步加以分析和论证，但是在我看来，它们毕竟比较系统地对“人文世界”进行了逻辑分析，试图说明“人文世界”的若干特征和不可替代性，这恐怕是该书在 20 世纪 90 年代后期有关人文科学与人文教育研究中占有重要位置的原因。

潮。自然主义反对将“自然”看成上帝的作品，反对将“自然”看成依附于人类，强调“自然”的“独立性”“物质性”“客观性”“自在性”。这种自然主义思潮的出现实际上开始了当代思想家们所说的“自然”的“祛魅”（disenchantment）或“去神圣化”过程，要求人们以“自然”的眼光来看待“自然”，致力于发现“自然”本身不可变更的规律。其结果就是将一个独立于人的、纯粹外在的“自然世界”从中世纪混沌的宗教世界中分离出来，呈现在人们的面前，这为近代科学事业的发展提供了哲学基础。事实上，这种自然主义的要求不限于自然现象，还扩展到社会现象和人文现象，人们试图探究“社会的自然”和“人性的自然”，从而也为社会现象和人文现象的“祛魅”奠定了思想基础，具有很强烈的人文主义色彩和革命倾向。与自然主义相比，人文主义是文艺复兴时期最响亮的乐章。人文主义发展的最直接后果是带来了“人的发现”。人们不再像过去那样贬低人、厌弃人，以悲观失望的态度对待人，而是以一种非常饱满的热情歌颂人、赞扬人，对人的前途充满信心。如果说文艺复兴时期的自然主义“催生”了一个自在自为的“自然世界”的话，那么，文艺复兴时期的人文主义就“唤醒”了一个生气勃勃的“人文世界”①，两者共同从总体的宗教世界中独立出来，成为比肩而立、相映生辉的两个“新世界”。

伴随着“自然”的发现和15—16世纪新航路的开辟，伴随着文艺复兴时期人的欲望、能力和价值得到肯定，同时也伴随着孔德所说的“公众的成长”（the growth of the Common）②，16世纪以后的200年间，一部分西方人开始从“传统”中解放出来，希望按照自己的欲望、理性和理想来大规

---

① 此时的“人文世界”应该说包括了我们今天所说的“社会世界”，但是主要不是指我们今天所说的“社会世界”，因为当时的“社会”作为一种相对独立的存在形式尚未能引起人们足够的关注，一切还都受制于古老的习俗和制度。

② 孔德在研究近代工业社会形成的过程这个问题时曾注意到“公众的成长”，并认为这种“公众的成长”既是工业社会形成的一个结果，也是工业社会进一步发展的条件。同时，这种“公众的成长”也是导致科学知识被接受为合法性知识的一个社会基础。参见：FLETCHER R, 1974. The crisis of industrial civilization: the early essays of Auguste Comte [M]. London: Heinemann Educational Books Ltd.: 84−85。在我们看来，这种“公众的成长”也是现代社会形成的一个标志和动力，它逐渐地将“社会”从一个“历时性”的概念转换为一个“共时性”的概念，使得现代意义上的“社会世界”有了可能。

模改造社会，结果就出现了“宗教”“民族”“国家”“阶级”“党派”之间错综复杂的斗争，出现了与人文主义理想相反的连续不断的战争和政治颠覆。正如孔德所指出的那样，在18世纪，

> 人们已经看到了他们自相矛盾的性格。他们一方面做出承诺，另一方面又给人们带来了威胁：他们承诺将所有的人，特别是人民大众，从自古以来贫困和权力的专制中解放出来，但是在这个过程中，他们又可能使人们丧失人性——使人们屈服于比以往更加巨大、更加广泛、更加厉害的专制和权力。（Fletcher，1974）[3]

残酷的现实使人文主义者、乌托邦主义者以及启蒙思想家们的道德之梦破碎。原因何在？是人文主义的理想错了吗？经过痛苦的反思，他们日益认识到，对于社会改造而言，光有人文主义的理想是不够的，因为在“自然世界”和“人文世界”之外或之间，还存在着一个他们尚未认识的相对独立的和不容置疑的存在——“社会世界”。他们深刻认识到，“社会世界”既不是一种虚幻的存在，也不是一种简单的“精神产品”或“观念现实”，而是一种“真实的”存在，是一种和“自然世界”一样有着自己独特内容和运动规律的存在。这些独特内容和运动规律超越了个体想象和思辨的范围，具有一种和自然界的万事万物一样的“实在性”与“客观性”。任何人，不管他是谁，如果不能很好地认识这种社会存在的实在性和规律性，就不能了解这个社会，更不能很好地变革这个社会，就会在社会变革中遭遇种种抵制和失败。于是，在18世纪，西方人在早先发现的“自然世界”与“人文世界”之外或之间，又发现了“社会世界”。

在思想领域，最早表述这种发现的是一些社会学家。孔德在19世纪初就提出了重要的“社会事实”概念，他认为“社会事实”独立于人的观念和判断，有着自己的运动规律。“社会事实”不仅仅应该是“尊重”和“批判”的对象，而且应该是“观察”的对象。在“社会事实”面前，人们应该“搁置”所有善恶判断，认识到它永远相对于一定的社会状态存在并随

着社会状态的改变而改变。应该说，“社会”或“社会世界”的发现无论对于知识的进步（特别是社会学的诞生和发展）还是对于社会的变革都具有非常重要的意义，就是原来的“自然世界”和“人文世界”也由于这个发现而得到了新的理解：“自然”不再被看成纯粹的物质，“人文”也不再包罗万象，涵盖一切与人有关的观念、制度、活动或产品。不过，需要注意的是，这个时候人们对于“社会”的认识更多地采取了自然主义的立场，尚没有真正地从“社会”的角度来认识“社会”，在很多情况下将“社会”看成另一类“自然”，看成“物”或“机器”。

19 世纪中叶以后，这种情况得到了明显改变。导致这种改变的主要原因是：随着 18 世纪以来工业的迅速发展和人类理性的增强，人们越来越认识到世界的复杂性和多样性，认识到用“自然世界”的规律和方法论来看待与理解“社会世界”和“人文世界”的理论局限性和现实危害性，因此，有必要对由不同“质料”和“形式”构成的不同世界进行分门别类的认识。狄尔泰、李凯尔特（H. Richert）、迪尔凯姆（E. Durkheim）等人在这方面分别做出了重要贡献。

狄尔泰被称为“历史认识领域中的康德”，他为了捍卫人类精神生活的尊严和独立性，反对实证主义方法论对于人类精神生活领域的入侵，一生致力于对“自然现象”和“精神现象”进行区分，标举“精神科学”在内容和方法论上的独立性。在狄尔泰看来，“自然现象”和“精神现象”是两种有着质的不同的现象。建立在这种世界的“二分法”的基础上，狄尔泰认为，适用于自然现象研究的方法不适用于精神现象或历史现象的研究，为此他提出了以“移情”“理解”为主要特征的精神科学方法论，为人文科学在科学主义一统天下的局面中争得一席之地做出了开创性的贡献。不过，从狄尔泰的比较分析中可以发现，他只是试图区分“自然现象”（“自然世界”）与“精神现象”（广义的“人文世界”），并没有区分“社会世界”与“人文世界”，这恐怕与他当时所面临的斗争形势有关。在狄尔泰之后，新康德主义的代表人物李凯尔特又区分了“自然世界”与“文化世界”。李凯尔特认为，“自然”与“文化”是两种不同的东西，他将“自然”看成自生自灭的东西的总和，将“文化”看成按照预定目的由人类所生产并由于其固有的价值而为人们所特意保存的东西。李凯尔特的重要贡献在于将“价值性”看成区分“自然世界”与“文化世界”的基本标准，这一标准直到今天也仍然被知识分子们广泛接受。

与狄尔泰和李凯尔特不同，迪尔凯姆在19世纪末则进一步阐释了孔德的“社会事实”概念，认为“社会事实”既不同于“心理事实”又不同于“个体事实”。与“心理事实”比起来，“社会事实”有其客观实在性，可以从外部加以观察和测量；与“个体事实”比起来，“社会事实”以社会而非以个体为基础，其源于人与人之间的“公共生活”。因此，对于这类事实，只能以“社会的”一词来称呼它们[①]。迪尔凯姆的这些论述勾画了社会存在的基本特征，为将“社会世界”从更加注重心理－精神过程和个体特性的“人文世界”中分离出来奠定了重要的理论基础。

然而，非常有趣的是，在迪尔凯姆之后，随着“社会世界”从“人文世界”中独立出来，“人文世界”自身的规定性又成了问题，继而变得比“社会世界”更加难以把握。特别是当历史上长期存在的抽象的“人性论”（如宗教人性论、自然主义人性论、理性主义人性论等）在19世纪中叶被马克思等人批判以后，传统意义上的“人文世界”就失去了其最基本的概念支持，从而逐渐萎缩以至于蜷缩在“社会世界”的某一个偏僻的角落里。在整个20世纪，尽管有众多的西方思想家慑于人类历史上最惨烈的两次世界大战所带来的灾难，惊呼以“科学”和“工业”为两大支柱的“西方文明”陷入了危机以及造成了对人本身的遗忘，并提出了各种各样的解决措

① 迪尔凯姆说：“这类事实由存在于个人之身外，但又具有使个人不能不服从的强制力的行为方式、思维方式和感觉方式构成。因此，不能把它们与有机体现象混为一谈，因为有机体现象由表象和动作构成；也不能把它们与仅仅存在于个人意识之中并依靠个人意识而存在的心理现象混为一谈。这样，它们就构成为一个新种，只能用‘社会的’一词来修饰它，即可名之为社会事实。这样称呼它最合适，因为十分清楚，它既然没有个人作为基础，那就只能以社会为基础：要么以整体的政治社会为基础，要么以社会内部的个别团体，诸如教派、政治派别、文学流派或同业公会等为基础。另外，也只有这样称呼才合适，因为‘社会的’一词只是在专指那些不列入任何已经形成的和已经具有名称的事实范畴的现象时才具有明确的意义。”参见：迪尔凯姆，2017. 社会学方法的准则 [M]. 北京：商务印书馆：25.

施或补救办法，但是，似乎并没有多少人真正地关注到几近被遗忘的“人文世界”，致力于通过对人文世界的“重新定义”来合法地确立人文世界在总体现代世界中的位置。

从上述对“自然世界”“社会世界”“人文世界”划界的历史回顾中可以看出，到目前为止，有关这“三个世界”的逻辑划界仍然没有完成。就这“三个世界”本身而言，“自然世界”是最容易被确认和接纳的，其一旦从西方中世纪的总体宗教世界或我国古代社会的总体人文世界中凸显出来就会获得比较一致的认可。尽管在近代以后，人们对于自然属性的认识有所变化，注意到了“自然世界”与“人文世界”或“社会世界”之间的关系，修正了早期有关“自然世界”的绝对实在性，将“自然”从一种“实体”范畴转换为一种“关系”范畴，然而，说“自然世界”是一个相对独立的世界无论是从逻辑上还是从经验上都是没有什么问题的。有问题的是“社会世界”和“人文世界”，而且在这两者的关系上，最有问题的不是对“社会世界”的界定而是对“人文世界”的界定。于是，“三个世界”的划界问题实质上主要就是要回答“什么是人文世界”的问题，尽管对这一问题的回答要在对“三个世界”关系的总体把握中展开。

以前人的论述为基础，在我们看来，我们生活于其中的这个总体世界由三种基本要素构成，即“事实”（fact）、“价值”（value）和“意义”（meaning）。“事实”既包括我们可以观察和感觉到的各种各样的“物质实在”，如山川河泽、日月星辰、地震海啸、物质产品等等，也包括这些物质实在之间的相互关系和相互作用，即“事件”。这就是说，“事实”既包括“‘自然的’事实和事件”，又包括“‘社会的’事实和事件”。这些事实和事件具有迪尔凯姆所说的那些共同特征——“客观实在性”“强制性”“整体性”。“价值”则是人类根据自身的需要所设计的对这些事实和事件的有用性进行评价的规范系统，具有“文化性”“主体间性”“规范性”。所谓价值的文化性是指，在不同的文化背景和文化传统中，有着不同的价值规范系统和价值实践方式，价值体系本身是多样的和多元的。所谓价值的“主体间性”是指，价值要素尽管不像事实要素那样具有客观实在性，但是价值要素相对于具体社会历史条件下的人来说也并不是主观的或私人的。价值存在于历史传统和现实社会中人与人之间的交往实践之中。如果一种规范只对某个特殊的个体起作用，那么它就不能被称为“价值”。只有当它从个体走向社会和历史，并得到他人和后人接纳与认可并因此具有一种规范作用时才能被称为某种“价值”。所谓价值的规范性是指，价值对于人们的思想和行为具有真切的约束和指导作用，一旦人们违反了某种价值规范，就会受到不同形式的惩罚，反之，如果人们体现了某种大家所认可的价值，或者是捍卫了这种价值，那么就会受到相应的褒扬。在一定的社会环境中，对这种规范系统的应用构成了“价值判断”，对这种规范系统的追求则构成了“价值实践”。“意义”则是我们作为个体对于这些价值规范系统及其指导下的日常实践活动的总体反思和内心体验，对意义的追问就是对一个人或整个社会实践的价值规范系统及其指导下的日常实践活动的“合理性”寻根究底的追问。从这方面来说，可以将“意义”看作个体对“价值”的监督和“反思”，看作对个体“生活世界”合理性的深层次体验。因此，“意义”尽管与“价值”之间存在着必然的逻辑关联，但是“意义”不等于“价值”。有价值的未必有意义，有较大价值的也未必就有较大的意义，有共同价值观念的人也未必有着同样的意义体验。“意义”具有鲜明的不同于“价值”的“个体性”“主观性”“历史性”，因而很难从外面进行观察或运用模型（或“理想类型”）的方法进行类比和概括，而只能在内部通过对话、移情等方式进行“理解”。

这三种要素不同形式的组合就构成了三类不同的世界：“自然世界”“社会世界”“人文世界”。“自然世界”由纯粹的自然事实和事件所构成，在人的因素介入之前由“盲目的”自然力量所支配。在人的因素介入之后，“自然世界”事实上成了马克思所说的“人化的自然”。在自然界中可以随处发现人类价值实践的痕迹，但是人类的主体性实践在这里所能达到的程度和范围同样受着自然规律的制约。“社会世界”是在“自然世界”基础上建立起来的一个新世界，是由各种各样的社会事实或事件所构成的整体，包括各种各样的社会躯体、语言、规范、组织、机构、活动等等。在这些要素中，是社会价值规范而不是其他那些社会事实或事件构成了“社会世界”的核心，社会价值规范在“社会世界”的形成中发挥了自然规律在“自然世界”的形成中所发挥的作用。尽管任何一种社会事实和事件都具有像自然事实和事件那样可观察的外部特征，但是区别各种不同类型社会事实和事件的“标准”不是这种外在的可观察的特征，如参加人数的多少、工作时间的长短、生产产品的流程等等，而是贯穿于其中的活动主体的价值要求。因此，如果说“社会世界”是按照人的意志来运行的话，那么这个意志的实质不是一些人所说的“求真意志”（will to truth）、“求权意志”（will to power）、“求爱意志”（will to love），而是“求价意志”（will to value），即追求“价值”的意志。其他的意志都是这种意志的具体表现形式。因此可以说，“价值”要素是“自然世界”和“社会世界”的分水岭，“自然世界”本身是没有什么价值意愿可言的。“社会的”事实或事件在性质上与“自然的”事实或事件有着根本的不同，即“社会的”事实或事件是由价值“建构”的，是“价值的”事实或事件，而不是“纯粹的自然”事实或事件。不理解这种使“社会的”事实或事件得以可能的“价值”，就不能真正地理解“社会的”事实或事件本身。“人文世界”是在“社会世界”基础上建立起来的一个世界，或者说是在“社会世界”之中建立起来的一个世界。这个世界是由一系列对社会价值规范及其实践的总体性反思和内心体验以及产品、组织、制度、符号等所构成。简言之，人文世界是由社会“价值”以及对这种价值进行总体反思和体验后形成的“意义”所构成的。但是，在“人文世界”里，“意义”取代“价值”成为新的核心要素。“价值”和价值实践在“人文世界”里只不过是主体用来进行总体反思和体验的材料。因此，“意义”是“社会世界”和“人文世界”的分水岭。“人文世界”究其根源而言是一个意义的世界，具有强烈的“历史性”“个体性”“主观性”[①]。这样一来，就不能在一般意义上将“人文世界”理解为“人的世界”或“属人的世界”。因为一方面如前所述，“自然世界”在某种意义上也是

---

① 因此，本研究尽管在许多方面接受朱红文对于“人文世界”的界定，但是不能同意他（转下页）

“人的”世界，“社会世界”则更是“人的”或“属人的”世界。比较准确的说法应该是：“人文世界”是人的“意义世界”，而不是人的“价值世界”或人的“自然世界”。“人的问题”也不能被笼统地说成“人文世界”的问题，因为“人的问题”既可能是一个有关人的“事实性问题”，如“人的肌肉组织是如何构成的”，也可能是一个有关人的“价值性问题”，如“我应该怎样做一个好公民”。真正与人文世界相关的问题是人生的“意义性问题”，如“我整天忙忙碌碌到底是为了什么”“人生短暂，我该如何度过”。

上述“自然世界”和“社会世界”的划分相信不会引起什么太大的反对意见，但对于“社会世界”和“人文世界”的划分相信人们会提许多问题。事实上，也确实值得质疑。什么叫“总体性反思”？什么叫“总体性体验”？什么又叫“对社会价值规范及其实践的总体性反思和体验”？人文世界的产品、组织、制度等又是些什么东西？对于这些问题，我的解释如下。先看“反思”这个词。“反思”在汉语里的意思就是“反过来思考”“重新思考”，用俗话说就是“回过头来想想”。例如，“文化大革命”结束后，出于某种当下和未来的需要，好多人表示要对那段历史及自己在那段历史中的表现认真“反思”。意思是说，为了某种现实的或未来的目的，将以前的想法暂时搁置，重新思考某个问题，对自己当时所思所想和所作所为多问几个为什么。英语里的“反思”（rethink，reflect，introspect）和汉语里的意思差不多，也具有“重新”（re-）思考、“反过来”（re-）思考、“向内”（intro-）思考的意思。可见，中英文语境中的“反思”一词在用法上的关键特征如下。第一，适用于历史事件。第二，对原有结论的怀疑。第三，重新思考。建立在这样的关键特征之上，“总体性反思”便是指对一系列历史事件的“整个”过程以及相关因素之间的关系进行反思，区别于对某些“孤立的”个别事件的反思。举例来说，在日常生活中，一个人可能会不断

---

（接上页）将“人文世界”既定义为“意义世界”又定义为“价值世界”，因为这样一来就模糊了“人文世界”与“社会世界”之间的逻辑界限，并且有可能导致人们将社会生活中的“价值问题”误以为是人文世界里的“意义问题”，将由价值多元和冲突所造成的“价值危机”当成“意义危机”。事实上，这种误解也正普遍地存在于现实的社会生活中，其也是本研究力图要澄清的东西。

地反问自己这件事做得对不对，那件事做得好不好。像这样的反思就属于对具体生活事件的反思。除此之外，在日常生活中，我们还会遭遇另一类反思。这类反思尽管是建立在对具体生活事件进行反思的基础上，但是又在主观上试图超越这种个别事件的局限，达到一种更为综合、广泛和深刻的认识，例如问自己“人活着是为了什么”。如果说，对个别具体生活事件的反思是为了改进个别具体行为的话，那么这种对整个生活方式的反思就是为了重新检讨和确定人生的方向，是为了赋予日常生活中任务不同、性质不同、方式不同、时空不同的个别行为以一种整体性或总体性意义，使人们的内心真正地有一种“归属感”。与这种“总体性反思”相联系，“总体性体验”就是指反思者对这种反思结果的“总体性感受”，如“充实”或“空虚”，“真实”或“荒谬”，“宁静”或“躁动”，“和谐”或“冲突”，“亲密”或“孤独”等等，并最终产生“有意义”或“无意义”、“值得”或“不值得”这样的总体性评价。这样一来，“意义”与“人文世界”定义中最关键的要素——“社会价值规范及其实践的总体性反思与体验”就是指对历史上我们所“亲历的”日常实践背后的价值规范的合理性重新进行系统的、深入的和真诚的思考，检验其合理性程度，评价其实践效果，并对这种评价进行主观的存在意义上的体验，以建构更加合理的价值规范体系，重新确定生活的“坐标”。简言之，对这种价值合理性问题的总体性追问就是对“意义问题”的追问，对这种问题的总体性思考就是对意义问题的思考，鼓励、支持、表达、确证这种总体性思考的组织、制度、符号、产品就是意义世界里的组织、制度、符号和产品，这种总体性思考的结果就是我们所实际体验到的人生“意义”。

让我来进一步加以阐述。对于“意义”问题，每个人都非常熟悉，如人活着是为了什么？为什么要去挣钱？为什么要关心他人？对于这些问题的思考很难有一个确定的和公认的答案，这是因为每个提问者和回答者都处于不同的社会背景之中，拥有不同的个人经验，从而导致每个人进行总体性反思的背景和内容不同。尽管如此，人们对于这些问题必须要进行思考，其对这些问题的思考深度与其在生活中的清醒程度、坚定程度和深刻程度是成正比的。这种思考的一个结果就是产生了许多的“精神产品”，如表达相应主题的哲学、戏剧、诗歌、绘画、音乐、文学、雕塑等等。在这些产品中，可能会出现许多“自然的”与“社会的”的符号与场景，但它们并不是这些作品生产的目的。之所以要出现这些东西，完全是为了说明或揭示活动于其中的人的处境、遭遇、命运以及人们对于这些东西总的感受与思考，即为了说明或表达人们对于意义的追寻、体验、理解和表达。这是一切伟大的作品，不仅包括文学作品，也包括哲学作品、音乐作品、绘画作品、建筑作品等之所以诞生的“秘密”。正如昆德拉在解释近400年欧洲小说发展史时所说：

> 以自己的方式，通过自身的逻辑，小说一个接一个地发现了存在的各个方面：经由塞万提斯和他的同代人，它深入探求了冒险的天性；经由理查森，它开始省察“内心事件”，以揭示情感的隐秘状态；经由巴尔扎克，它发现了人在历史中的根基；经由福楼拜，它研究了过去未曾探明的日常生活的未知领域；经由托尔斯泰，它全神贯注于人类行为和决定中的非理性的侵入。它探索时间：普鲁斯特处理了难以捉摸的过去，乔伊斯处理了难以捉摸的现在。而通过托马斯·曼，它又考察了控制我们当下行为的遥远过去的神话规则。等等，等等。
>
> 从现代纪元初始，小说就不间断地、忠实地陪伴着人。……它仔细考察人类的具体生活，抵御“存在的遗忘”，将“生活世界”置于不灭的光照之下。（昆德拉，1992）[3-4]

由于意义问题是自古以来人类一直在反复思考的问题，因此一些具有引导性的组织也就应运而生。宗教就是这样一种非常重要的组织。从起源和本质上说，宗教原本是为了满足人们对意义问题的追问而由一些已经很好地了悟了此类问题的人所建立的，其致力于回答“你是谁？你从哪里来？你又将去向何方？”及与之相关的问题。信徒们决不会为了明确自己具体的行为策略而去教堂、寺庙或其他的宗教场所，而是为了人生的总体意义去祈祷、忏悔或寻求帮助。但是，这类组织一旦从一种民间机构跃升为拥有巨大权力的统治机构，就在很大程度上失去了其“人文性质”，蜕化为追名逐利的“社会”工具。西方历史上的宗教腐败和后来的宗教改革恐怕都是源于此。除了宗教以外，学校也是许多社会组织之中具有意义追问、阐释、讨论和反思性质的机构。这可以从“教育”一词的起源看出来。无论是中文的“教育”还是英文、法文和德文的“教育”（education、éducation、Erziehung or Bildung）在起源上都关涉人精神世界的内在“生成”（中文的“教育”）或“转向”（英文、法文、德文的“教育”）。从性质上说，这种内在精神世界的“生成”或“转向”所关注的都不是外在的社会价值的获得，而是内在的人生意义的获得。孔子曾说过，“古之学者为已，今之学者为人”。“为已”的学习主要就是要通过学习更好地理解人生的意义，“为人”的学习则主要是为了满足外在社会政治、经济和文化的需求，从他人或社会那里获得自已所需要的东西。孔子的这句话其实在今天看来也是非常中肯的。与宗教的历史境遇类似，学校在文明进化中也很快被个人和国家当成追逐利益的工具，学校的一些组织、制度、活动都是按照某种价值体系的要求设计的，意义追问和反思的空间和时间越来越少，以至于其在许多学校荡然无存。如果我们今天问一个小学生上学是为了什么，他十有八九会回答“上学为了考大学”。如果再问上大学是为了什么，大学生的回答就更实际了。显而易见，在工业化和现代化过程中，学校也已经被严重地“功利化”了。此外，其他一些原本也可以进行意义追问和反思的社会场所与仪式如日常祭祀、庆祝、葬礼、宣誓等或者被取消，或者越来越失去其“人文性”，成为种种例行公事。缺乏这些有助于意义追问和反思的机构、组织、制度和活动，意义问题就逐渐成为现代人最难以回答的问题，意义的困惑因此也代替了事实的困惑或价值的困惑，成为现代人内心最大的困惑。20 世纪人们不断惊呼的“人文精神危机”实质上也就是这种生活意义无所着落的危机。鉴于“事实”“价值”“意义”三者之间的逻辑关联，当人们的“意义世界”发生危机时，其必然导致人们的“价值世界”的分崩离析和混乱（即“内心的分裂”），必然导致人们陷于无限多样的自然和社会事实之中而不能超然于外（即“物化”和“科层化”）。就人类世界的总体结构而言，以“意义”为核心的“人文世界”处于人类总体世界最核心和最高的位置，它支配着以“价值”为核心的“社会世界”，并通过“社会世界”支配着以“事实”为核心的“自然世界”。因此，如果说“自然世界”“社会世界”“人文世界”“三位一体”，构成人类总体世界的话，那么“人文世界”就是这总体世界的“灵魂”。由“意义问题”和“意义危机”所导致的“人文世界”的破碎与萎缩必然导致整个人类总体世界的分裂和塌陷，导致色情、暴力、谎言、邪教、婚外恋、腐败、自杀、心理疾病乃至一切不正义的战争。意义的失落乃是个体和整个现代人类社会种种“病态”和“荒谬”的总根源。从感觉经验来说，在这种“荒谬”和“病态”的时代，虽然人们所经历的社会是一个比较富裕的社会，但是无论如何都不能算作一个幸福的社会，人们所过的是一种整天忙碌但却不知道为何忙碌的生活，人们所获得的是越来越大的自主性和越来越多的权利，但却在内心懒于应用它们，人们所体验的是一种越来越孤独、越来越寂寞却也又越来越冒险甚至疯狂的感觉。

## 二、自然知识、社会知识与人文知识

意义问题不可能转化为价值问题，意义需要的匮乏不可能由价值需要来弥补，“人文世界”的危机也不可能通过“社会世界”的重建来解决。我们别无出路，必须重建“人文世界”。然而，正如本章一开始所说，重建“人文世界”是一个非常艰难的任务和使命，绝非几句口号、几场运动可以做到，否则发达国家“人文世界”的危机早就被克服了。在我看来，与重建“社会世界”一样，重建“人文世界”既需要热情、责任与真诚，也需要知识、理性和智慧。在一定意义上说，还需要所有社会成员的共识和觉悟。在所有这些要素之中，我觉得当前最需要的是人文知识，理由如下。第一，热情和理性需要知识来启蒙，理性和智慧需要知识来培育，甚至一定程度的共识和觉悟也需要知识作基础。第二，正如我在本书的导言中所说，人类社会的实践活动是由知识建构的，任何实践都是知识参与下的实践，人类实践的程度和范围也是受人类知识状况制约的。人类社会的实践之所以能与动物的活动相区别，原因之一也就在于人类拥有丰富、系统、完整、符号化的知识，而动物则没有知识，最多也只有短暂的、感性的、零散的、镶嵌于行为之中的知识。因此，要重建“人文世界”，没有或缺乏人文知识是根本不可能实现的。而当前对于“人文世界”的重建来说，恰恰存在着严重的人文知识匮乏的现象。

然而，什么是人文知识？它在人类知识的总体世界中占有什么样的位置？为什么如今会出现人文知识匮乏的现象？人文知识的匮乏对于“人文世界”的重建会产生怎样的影响？如何才能加快人文知识的生产从而改变这种匮乏现象？要回答这些问题，就要涉及人类知识总体的分类、结构及其历史演化问题。这也是一个很大的问题领域，这里只能就其与本研究相关的一些内容做一点初步研究。

人类知识总体的分类由于标准不同可以有多种不同的分类法。例如，从人类知识是否可以通过语言符号的方式加以表述这一角度，可以将其划分为上一章所说的“显性知识”与“缄默知识”（波兰尼）；从人类知识的地域特征来看，可以将其划分为“东方知识”（oriental knowledge）与“西方知识”（occidental knowledge）；从人类知识的发展阶段来看，可以将其划分为“宗教知识”（religious knowledge）、“形而上学知识”（metaphysical knowledge）与“实证知识”（positive knowledge）（孔德）；从知识组织形式和社会性质的角度，可以将其划分为“拯救的知识”（knowledge of salvation or of redemption）、“文化的知识”（knowledge of culture）与“实践的知识”（practical knowledge）（舍勒）；等等。在各种各样的知识分类法中，有一类分类法是当代知识界广泛认同并体现在大学系科设置、图书馆资料分类等知识制度中的。这种分类法将人类知识划分为“自然知识”（natural knowledge）、“社会知识”（social knowledge）和“人文知识”（humane knowledge）。根据这种分类，大学设置了“自然科学”“社会科学”“人文科学”，知识分子也相应地被划分为“自然科学家”“社会科学家”“人文科学家”。这种分类还反映在国家的科研管理上。例如，很多国家在科研经费的管理和分配上都按照“自然科学基金”“社会科学基金”“人文科学基金”来分类。但是，对于知识的这种分类，也正像对于“自然世界”“社会世界”“人文世界”的划分一样，到目前为止在逻辑上缺乏比较充分的阐述，从而使得人们不能很好地认识这三种知识的特殊性，特别是不能很好地认识人文知识的特殊性，以至于人们经常有意无意地忽视人文知识的特殊性质和价值，忽视人文科学家在推动人文知识和社会进步方面的积极作用。

在我看来，这种知识分类既考虑到了知识对象的不同（所谓“质料”的标准），又考虑到了获取知识方法的不同（所谓“形式”的标准），因而是一种比较全面与合理的分类形式，能够比较合理地反映人类知识的总体结构。就知识的对象而言，不言而喻，自然知识主要反映的是人们对自然世界的认识，社会知识主要反映的是人们对“社会世界”的认识，人文知识主要反映的是人们对于“人文世界”的认识。鉴于上述三种世界构成要素的不同，对这三种世界的认识自然就需要不同的方法：自然知识的获得主要是通过对纯粹物质事实与事件的“观察”（既包括“自然观察”，也包括“科学观察”）与“实验”的方法；社会知识的获得主要是通过对渗透着价值的社会事实与事件的“观察”、“模型化”（包括个案研究）与“价值分析”的方法；人文知识的获得主要是通过对各种具体价值规范及其历史实践的“总体批判”与“反思”。也正是这种对象与方法上的不同，在相当程度上决定了三种知识在性质上的基本差别。

第一，就知识与对象的关系而言，自然知识是一种“描述性知识”（descriptive knowledge），旨在通过一定的概念、符号和数量关系反映不同层次的自然界所存在的一些“事实”和“事件”。在反映的过程中，认识者尽量地遵循已有的研究范式，以便使自己的研究能够为某一知识共同体所接纳，成为一种“主体间性知识”（intersubjective knowledge）。社会知识是一种“规范性知识”（normative knowledge）或“规定性知识”（prescriptive knowledge），旨在借助一定的理论传统和价值立场，对“社会事实”或

“社会事件”与社会发展趋势进行系统化、类型化或模型化的分析，并提出或暗示有关的实践建议或策略。由于社会科学所要处理的是由价值所建构的事实和事件，因此在社会科学研究过程中，无论是就问题的确定还是就问题的分析和结论的得出来说，都难免受到研究人员价值背景、政治立场等的制约，因此社会科学知识很难做到真正的“主体间性”。对于一种社会知识，拥有不同“社会身份”的人往往会有不同的理解。但是，尽管如此，社会知识还不至于成为一种完全个性化的知识，因为在某一个特殊的社会群体中，不同的个体之间还往往分享着同样的社会知识。反过来说，也正是由于他们彼此之间分享了同样的社会知识，所以他们才能突破个人的界限，形成一个相对独立的群体，有着若干共同的社会行为倾向和价值评价尺度。与自然知识或社会知识比较起来，人文知识是一种“反思性知识”(reflective knowledge)，强调认识者个人对于历史上“所亲历”的价值实践的总体性反思和认识者个人对于人生意义的体验。作为一种反思性知识，人文知识具有非常明显的“个体性”“隐喻性”“多质性”。人文知识的“个体性”是指，我们今天所说的所有人文知识都是作者个人独特的人生遭遇和内心经历的结果，具有非常鲜明的个性色彩。这种鲜明的个性色彩说明：一方面，对这些知识的理解只有深入到作者的整个生活史和内心世界之中才能达到相当的深度；另一方面，这些知识是不可复制和代替的，也是不可由别人的经验来证实或证伪的。人文知识的“隐喻性”是指，对于人生意义的体验与表达经常不是通过逻辑的或实证的方式来进行的，而是通过既非逻辑的也非实证的“隐喻”[①]的方式来进行的。缺少了隐喻，人文知识就会变成不可言说的知识。对隐喻的理解和创造是人文学者的一项基本功。人文知识的“多质性”是指，对于同样的意义问题，会出现多种多样的体验和回答，而且会永远向着多种多样的体验和回答开放，不会有终结的那一刻。“证实”或“证伪”，“类型化”或“模型化”，在这里都是既无必要

---

① 关于什么是“隐喻”和“隐喻思维”相对于逻辑思维的独特性，请参见1990年北岳文艺出版社出版的《隐喻》一书［作者是霍克斯（T. Hawkes）］，也可以参见我的《教育学的文化性格》一书第二章第五节的内容。

也无可能的。

第二，与上述差别相关，就知识的发展方式来说，自然知识的发展是直线式的，社会知识的发展是“阶段式”的，“人文知识”的发展则是“螺旋式”的。

自然知识是对“自然世界”的“描述”或“说明”，这种描述或说明尽管会因为认识者所持的理论传统或方法论的影响而出现错误，但是从人类已有的自然认识史来看，这些错误是可以在一定的理论传统内不断得到修正或摒弃的，人类对于自然的描述或说明总体上还是呈现出一种越来越清晰、越来越准确的趋势。自然知识经历了原始社会和古代社会的漫长积累以后，在近代以来获得了迅速的、持续的、直线式的增长，在 20 世纪中叶以后更是呈现出一种“激增”或“爆炸”的态势。事实上，目前从事自然科学研究的科学家在大多数情况下根本无须考虑过去已经被证伪或修正的理论，他们只需要检索和追踪最近的研究进展，阅读最新的研究文献就够了。社会知识的增长则与此不同。社会知识是从一定的价值立场出发，对由一定的价值所建构的社会事实和事件的分析与解释。人们自 19 世纪中期以来采用了自然科学的方法与技术来进行这种分析与解释，但是也受到了研究对象的限制。从根本上说，这种分析与解释受制于一定社会形态中占主导地位的价值观念（包括意识形态）。社会科学问题的提出、理论的建构、策略的形成等无不受制于这种占主导地位的价值观念，它们构成了社会科学研究范式的核心。因此，只有当一种主导性的价值观念被另一种新的主导性的价值观念代替时，也就是只有当社会发生重大的价值革命或社会变革时，社会科学家们才可能提出真正“新”的问题、理论和策略，社会知识也才能呈现出“发展”的态势。因此，如果说自然知识的发展具有一种持续性的“线性”特征，社会知识的发展则明显具有一种“三十年河东三十年河西”的“阶段性”特征。一种占主导地位的社会理论或社会改革方案在一段时间内极具说服力，但是过了一段时间以后它们就会被新的社会理论或社会改革方案代替，这两者之间可能具有一种内在的思想联系，但是却很难说后者是对前者的“修正”。经常出现的情况是，后者是一种完全不同的理论和价值体系，这种被选中的理论和价值体系很可能是在原来传统的理论与主导价值观念下被压抑的理论与价值体系。例如，资本主义社会在形成和发展过程中所选中的新教伦理、个人主义、市民社会和科层制度等在传统的封建制度下都是被压抑和禁止的，资本主义社会所关注的问题与封建社会所关注的问题从性质和类型上说都是完全不同的。这一点，也正是马克思、舍勒、曼海姆等人在知识社会学研究中所力图阐释的知识原理。人文知识的增长又与社会知识的增长不同。由于人文知识的“个体性”“隐喻性”“多质性”，“人文知识”的增长在很大程度上不会呈现出一种随着时间的绵延而“绝对增长”——在逻辑上可以鉴别的新知取代旧知——的趋势，反而呈现出一种不断地“回溯”与“重新”解读、体验与阐释传统知识的螺旋态势，完全超越了时空的、语言的和价值的限制。正是因为这样，在人文知识领域，人们经常能够听到“回到古代”“回到中世纪”的声音，而这在社会知识和自然知识领域都是不可能的也是没必要的。例如，亚里士多德的物理学理论已经过时了，政治学理论也沦为当代政治学理论的“注脚”，但是谁能说亚里士多德的德性理论过时了呢?

第三，与第一种差别相关，就知识的适用范围而言，“自然知识”具有一定程度的“普遍性”，“社会知识”具有鲜明的“文化性”，“人文知识”则具有超越文化限制的“个体性”。

“自然知识”是一种具有“主体间性”的知识，因而具有一定程度的“普遍性”。无论是谁，也无论他处于一个什么样的社会背景中，只要他接受了一定的自然科学范式，他都应该能够理解某种科学知识，应该有可能对某种科学知识的真伪进行逻辑上或经验上的检验。这种逻辑上或经验上的检验也是可以同时被其他人进一步证明或验证的。作为一种“规范性的”或“策略性的”知识，社会知识往往与认识者所处的时代或社会的特殊状况与问题相关联，而且受认识者所处社会位置的制约。因此，尽管社会知识在形式上具有某种普遍性，例如可以为其他社会的人们所阅读和理解，但是社会知识在实质上却具有相当程度的文化性，与建构它们的社会主流价值观念有着内在的不可分割的联系。不理解这种主流价值观念，就不能理解社会科学的具体内容，甚至也不能理解社会科学的问题。因此，对他国社会知识的学习应伴随着对其中所隐含的文化价值观念的深刻批判，否则就会陷入在理论上和实践上“被殖民”的境地。从这个意义上说，照搬照抄国外的社会科学理论并试图用它们来指导本土社会的变革是根本行不通的。学习国外社会科学过程中的“本土化”要求不仅是出于利害关系的考虑，而且是由社会知识本身的性质所决定的。作为一种反思性知识，人文知识尽管以一定社会和历史时期的价值规范为基础，但是它却从认识者个人背景出发力图超越这种文化价值的限制，达到对一种独特的内心世界的体验和表达。因此，人文知识既不像自然知识那样遵循普遍的范式，也不像社会知识那样受制于一定的价值观念和社会立场。人文知识具有一种鲜明的个人“风格”。对人文知识的阅读不是和一个科学范式的对话，也不是和一个时代的对话，而是和一个心灵的对话。人文知识没有固定的适用对象，但是人文知识又是适用于每一个对人生的意义问题进行追问的人。它不仅适用于富贵之人，而且适用于贫穷之人；不仅适用于男人，而且适用于女人。从这个意义上说，人文知识中时代的局限和阶级的偏见最少，具有真正意义的“普遍性”，构成了全人类的精神财富。

第四，与第一种差别相关，就知识的检验或辩护而言，“自然知识”诉诸“经验”和“逻辑”的“证实”、“证伪”或“证明”，“社会知识”诉诸某一具体社会实践效果的“证实”，“人文知识”则诉诸个人生活世界的“证实”。

作为一种描述性知识，自然知识的真理性在于它们在一定的理论传统中比较精确或准确地描述了某一自然现象，解释了某一自然事件。如果存在着某一自然知识没有描述的“反常”现象或没有预测到的“因果联系”，那么此自然知识就是需要“修正”的，人们需要在新的经验和逻辑基础上提出新的理论假设。社会知识作为一种规范性或规定性知识，其真理性就在于它们所指导的社会实践能够获得满意的结果，这就是所谓的“实践是检验真理的唯一标准”。如果一种社会理论所指导下的社会变革取得了令人满意的结果，那么它就是比较准确地反映了那个时代主流的价值观念并受到了实践者的拥护；相反，如果一种社会理论在社会变革中根本行不通，或者说不能使社会某一方面的发展呈现出良性态势，那么这一理论的真理性就是值得怀疑的，决策者们会考虑选择另外的理论和建议。人文知识作为一种反思性知识，其主要目的不在于形成大规模的社会行动，而在于促使和帮助个体反思自己的历史生活，反思自己在历史生活中所信奉和实践的价值观念的合理性，并由此形成新的生活态度，确定新的生活方向。因此，人文知识的真理性就在于它们能帮助个体从日常生活的“习惯”“常识”“程式”中摆脱出来，以一种新的眼光重新打量自己的生存状态和生存理由，找到新的、可供选择的生活方向。因此，对于某一人文知识，既不可能进行“逻辑的”证明，也不可能进行经验的“证实”或“证伪”，亦不可能通过促使社会采取集体行动的方式来对其进行认可，而只能通过个体的内心世界来加以鉴别、欣赏和认同。如果个体用打量自然知识和社会知识的眼光来打量人文知识，那么其永远也不会真正地认识到人文知识的真理性。

通过前面的粗略分析，我们试图说明自然知识、社会知识与人文知识是建基于“自然世界”、“社会世界”和“人文世界”的区别的基础上的三种不同类型的知识，它们在许多重要的知识特征方面都有着不容忽视的差别。正是这些差别的存在，构成了人类知识的“多样性”和“丰富性”。正确地认识和理解这些差别，是正确地认识和理解三种不同类型的知识，使它们更好地服务人类的思想前提，也是更好地从事三种不同类型的知识活动的前提。

但是，在人类的认识史上，出于非常复杂的原因，人们并没有能够对这种差别形成明确的认识，或者说人们并没有赋予这种差别以合法性。经常出现的情况是，人们试图以一种知识的性质来代替其他知识的性质，试图用“知识的统一性”来取代“知识的多样性”，试图将不同类型的知识按照一个统一的标准排列成一个严格的等级。其中，有的知识由于符合某一标准而高高在上，占领着知识的“帝王”宝座，统治、压抑着其他类型的知识；其他类型的知识则成为“知识帝国”中的“下等知识”，不能平等地拥有知识的权力，处于一种边缘的位置，在很大程度上被剥夺了发展的空间。因此，尽管从逻辑上说，人类知识总体上是由“自然知识”、“社会知识”和“人文知识”这三类知识构成的，但是这三类知识在人类总体知识结构中的地位在历史上一直是不平等的，存在着一个比较复杂的历史转换过程。

正如第二章所指出的，在原始社会起支配作用的是“神话知识型”，“巫”是当时真正的知识分子，所有知识的合法性都源于神秘力量的启示，“神秘知识”和“仪式性知识”是当时最主要的知识类型。一些日常生产、生活和战争的经验（原始人在这些方面的经验应该是非常丰富的）只有被整合到神秘知识之中才能获得“知识”的称呼，才能进入由仪式和神话所构成的公共传播渠道，否则只能在日常生产和生活中自生自灭。不过，尽管如此，从上古神话故事和一些民族的史诗来看，原始社会的神秘知识既包括了一些今天我们所谓的“自然知识”，也包括了我们今天所谓的“社会知识”和“人文知识”，构成了一个比较丰富的知识世界。例如，就神话故事而言，今天我们所能见到的故事中，既有一些反映远古人类与大自然斗争的神话故事，也有一些反映人类社会早期社会结构和生活制度的神话故事，还有人类破解自身秘密、创造历史文化的神话故事。但是，在所有这些知识中，真正能够称得上“知识”的主要还是神秘的“人文知识”，以解决人类初民所遭遇的精神困惑或意义问题。这种知识主要通过人对“人”与“自然”、“人”与“社会”、“人”与“历史”、“人”与“自我”、“人”与超越现象界的“神秘力量”之间的关系的探索与回答而形成。因此，就原始社会的知识结构来说，“人文知识”是原始社会最主要的知识类型，处于整个知识世界的顶端和霸权地位，处于它下面的分别是“社会知识”和“自然知识”，其中自然知识的发展最不受重视，处于一种“自然的”或“民间的”状态。这也是原始社会生产力发展比较缓慢的一个重要原因。

伴随着人类第一次知识转型，原始社会的“神秘知识”逐渐被古代社会的“形而上学知识”（西方）和“道德知识”（中国）所取代，其情形就相当于原始社会的氏族首领被罢黜，遭到流放，而新的封建君主登上宝座，统治天下。尽管“形而上学知识”和“道德知识”与原始的“神秘知识”无论在知识的主体、来源、标准还是辩护上都有很大的区别，但就其性质而言，其也基本上属于“人文知识”的范畴。这是因为，从中西方认识论史上形而上学和道德理论的起源来看，形而上学家和道德理论家所关注的主要问题是世界的“本源问题”“本体问题”和“人性”“人生”问题。这些问题之所以被提出并被赋予认识的价值，主要原因就是人类想从根本上克服人类世界和人类生活的表面性、易逝性、不确定性，从而为人类个体的存在找到一个最终的依据和依托，进行具有终极性质的意义辩护。正是由于这种对形而上学问题和道德问题的大量探究，从公元前 6 世纪到公元前 4 世纪左右，在中西方同时出现了一个文明的“轴心时期”，一个“人文知识”的迅速发展时期，其主要标志就是对“人文世界”和人生“意义问题”的大量探究。因此，可以将这一时期看成人类在进入文明时代以后的第一次觉醒时期，看成人类思想史上人文主义的萌芽时期。我们今天对人文问题的思考在许多情况下都要回到这一时期，与这一时期的思想家们进行心灵的对话。

然而，好景不长。在西方，随着罗马帝国的建立，特别是随着基督教被定为国教，这种对人生意义问题的自由沉思就以对“神”的皈依而结束，这终结了那个时期的，人们在内心深处进行意义反思的可能，因为人生的意义已经从外面被“给定”了。学者们对“人”与“神”、“人”与“人”、“人”与“自然”等关系的探索也不再是为了解决人生意义问题，而是为了论证神的存在和捍卫宗教教义的权威。在中国，随着汉王朝的建立和“独尊儒术”政策的实施，先秦儒学开始从一种民间知识体系转变为一种官方意识形态，在很大程度上也已经失去了其人文的意蕴，蜕化为一套套不容置疑的繁文缛节和社会规范。对古典文献的学习基本上也不再是为了思考人生问题，提升人生的境界，而是为了博取外在的功名。总之，在西方的中世纪和中国古代的封建社会，尽管人们的知识生活仍然是以人文知识为主，尽管这时的人文知识仍然处于知识霸主的地位，排斥着、压抑着社会知识和自然认识（特别是自然知识），但是实际上它们已经失去了人文的性质，变成一种外在于人生问题的理智的“训练术”、追名逐利的“敲门砖”。在这种情况下，在社会生活中人们表面上是在到处谈论人生的意义，谈论人应该怎样活着，谈论着先贤圣哲的格言警句，实际上却根本不对自己的人生经验进行反省，也根本不能领会古典人文知识的人文内涵。可以说，在西方中世纪和中国古代封建社会，人生问题已经让位于外在世界（宗教世界或世俗世界）的秩序问题，世界实际上也已经不再是一个人文的世界，而变成压抑人性、摧残人性的世界。

西方的“文艺复兴”时期是人类自觉的一个时期，是对中世纪的一次彻底反叛。如上所述，在这个时期，西方世界处于一种“祛魅”状态，1000多年来被神化的一切东西都开始逐渐地恢复它们本来的面貌。人们在发现了“自然世界”的同时也发现了“人的世界”，在开始按照“自然”本来的样子认识“自然”的同时也开始按照“人”本来的样子来认识“人”。这种状况正如西方著名文化史学者布克哈特所说：

> 在中世纪，人类意识的两方面——内心自省和外界观察都一样——一直是在一层共同的纱幕之下，处于睡眠或者半醒状态。这层纱幕是由信仰、幻想和幼稚的偏见织成的，透过它向外看，世界和历史都罩上了一层奇怪的色彩。人类只是作为一个种族、民族、党派、家族或社团的一员——只是通过某些一般的范畴，而意识到自己。在意大利，这层纱幕最先烟消云散；对于国家和这个世界上的一切事物做客观的处理和考虑成为可能的了。同时，主观方面也相应地强调表现了它自己；人成了精神的个体，并且也这样来认识自己。（布克哈特，1979）[125]

随着这种转变，从文艺复兴时期开始，自然知识开始逐渐地进入知识领域①，人文知识也同时有了新的发展，非常明显地出现了“人文主义”的复兴，出现了今天我们所使用的“人文学科”（studiahumanitatis or

① 这一过程是曲折的，大致经过了“自然哲学”和“自然科学”两大阶段。在自然哲学阶段，人们是为了研究哲学问题而提出研究自然的任务的，在自然科学阶段，人们才真正地产生了认识自然本身的兴趣。

humanities)① 一词和许多的“人文主义者”(humanista or humanist)②。当时的“人文学科”主要是作为一种新的教育内容出现的，与中世纪中等教育中的“七艺”(文法、修辞、逻辑、天文、几何、算术、音乐) 和大学“四学科”(文学、医学、法学、神学) 相对立，也与当时各种各样的神学学科相区别，人们甚至直接称这些学科为“世俗性学科”(secular disciplines)。这些学科的具体门类包括：道德哲学、诗歌、历史、演讲术等。从时间上来说，这些学科主要选择了奥古斯丁 (S. Augustine) 之前的一些作家和作品。从写作的语言来说，这些学科中的内容都是用所谓的“古典的”希腊语和拉丁语写成的，而不是用当时的神学家们所用的“现代的”希腊语和拉丁语写成的。从选择的材料来说，其也都是1000多年前古典作家的“原著”，而不是神学家们根据自己的喜好所编撰的“教材”。在漫长的中世纪后，人文主义者们选择这些学科作为教育内容，目的在于培养“纯粹的人”。正如布鲁尼在给一个贵族后裔的信中所表达的那样：

> 您应该学习两方面的内容，一方面是写作的技巧，另一方面是与生活和道德性格相关的知识。关于写作的技巧，我不是指时下粗俗的那种，而是指言简意赅的那种。要掌握这种写作的技巧，不勤奋和刻苦是不行的。我非常希望您能擅长这方面的写作。我将这两方面的内容称为“人文学科”，因为它们能使一个人变得更加完美和纯粹。(Proctor，1998)[3]

---

① 该词最早是出现在古罗马作家西塞罗 (M. T. Cicero) 的一篇演讲稿里，文艺复兴时期的人文主义者萨卢塔蒂 (C. Salutati) 在1369年发现了这个词，并将其应用到自己的著作中。但是，真正赋予这个词以明确含义的是萨卢塔蒂的学生——15世纪上半叶著名的人文主义者和政治家布鲁尼 (L. Bruni)。

② Humanista (humanist) 并不是一个古老的拉丁词，而是15世纪的大学生们创造出来指称那些教授人文学科如古典希腊语、古典拉丁语、道德哲学、诗歌、历史等的教师。这个词在构词上参考了“Cannoista”(教授神学的教师) 与“Legista”(教授法学的教师) 两个词的构词法。文艺复兴后期一直到19世纪，这个词的词义受到了进一步的限定，主要指那些教授古典希腊语和古典拉丁语的教师与学者。

促使人文主义者从当时的文化转向1000多年前的古希腊和古罗马文化的主要原因如下。

第一，文艺复兴前后是西方社会比较动荡的时期，黑死病、宗教战争、政治颠覆等自然灾难和社会动乱不断。根据中世纪的教条，这些都被看作是由人的“原罪”造成的，只要人笃信上帝，就能最终获得拯救。但是，社会现实并没有让人们看到获得拯救的希望，一部分比较敏感的人不得不重新思考造成人生苦难的原因，不得不将注意力从外在的神灵转向内在的自我。在这方面，著名的人文主义者彼特拉克（F. Petrarca）就是一个典型的例子。彼特拉克和当时的许多人一样，经历了无数的苦难和悲伤。从1348年到1350年，无情的命运夺走了他许多至亲好友的生命。在经历了一次又一次的精神打击之后，彼特拉克在内心中强烈地呼喊：

> 上帝呀，这是为什么？我究竟从您那里听到了什么？您给予我们的希望是骗人的，您给予我们的关心是不必要的，人类的生命也不是永恒的！对于人来说，没有什么是安静的，没有什么是稳固的，也没有什么是安全的。有的只是命运的暴力，有的只是死亡的陷阱，有的只是转瞬即逝的世界的蛊惑。我们无时无刻不沉浸在悲伤之中。(Proctor，1998)[30]

可以说，在文艺复兴前后，人生的意义问题已经非常突出了，人文主义的兴起正是为了帮助人们重新寻找生活的意义和方向，摆脱自然的和社会的灾难，获得真正宁静和幸福的内心生活。

第二，当时人的精神和心灵上的疾病需要救治，但是从中世纪传承下来的文化已经丧失了人文的意蕴，不能提供这种救治。在这种背景下，人文主义者很自然地将目光转向遥远的古代，转向那些古希腊和古罗马的作家的作品。中世纪的一些学科对这些作家的作品也有所涉及，但大都是断章取义和只重形式不重内容。因此，人文主义者就要求彻底地回到古代，认真地阅读和学习古代作家的作品，向古代的英雄人物学习，用自己的实际行动来医治自己和人类的心灵疾病，以便使自己和人类真正从内心深处坚强起来，抗击命运的残酷。他们认为，当时最有价值的学科就是人文学科，传统的学科如数学、几何、修辞、天文学乃至神学对于解决这种人生的意义问题都是无益的，因此也是可学可不学的。而要学习古典人文学科，必须掌握古代的“语言”。因此，古希腊语和古拉丁语就成为当时所有人文学科的入门学科。

15 世纪至 16 世纪，在人文主义学者的努力下，“人文学科”获得了成功，开始“制度化”（institutionalized），不仅进入古典中学的课程表中，还进入大学的课程表中，成为大学里的主干课程或核心课程。与此同时，人文知识在社会上得到了认同，无论是从事法律、政治工作的人还是从事宗教活动的人，都要求掌握古典语言和熟悉古典文献。但是，也就是从这个时期起，文艺复兴时期所诞生的人文学科也逐渐地失去其人文的意蕴，变得僵化起来。普罗克特（R. E. Proctor）比较详细地分析了人文学科在近代以来衰落的原因。他认为主要有两个方面的原因，一是内在的原因，二是外在的原因。

就内在的原因来说，其主要包括以下几个方面。第一，“学问的胜利”。如前所述，文艺复兴时期的人文主义者之所以要寻找、阅读和研究古典文献，是因为想通过阅读和研究这些文献来明了人生的意义，过上美好的生活。这就是说，他们不仅想从古典文献中寻找“知识”，更想从古典文献中获得“德性”“智慧”“幸福”。文献在他们那里只是工具，不是目的。但是，为了能够达到这些目的，他们要做许多其他的工作，如寻找文献、复制文献、校订文献，有时还需要改变一些他们自己无法理解或解释的词语。这样，在一般的人文主义者中间很快就发展起来了一种“文本批评”（textual criticism）的技术，并进一步形成了“文献学”（philology）和专门研究古典著作的学问（antiquarianism）。对古典文献的学习和研究本身也相应地从一种手段转变为目的，产生了一大批的“学究”。第二，古典知识在教育系统里的“制度化”。普罗克特指出，一方面，古典知识在教育系统里的制度化有助于古典知识的传播，但是另一方面，这种制度化也带来了不幸的后果，那就是不管什么样的人，只要他受过某种程度的训练，就都可以被雇来从事人文学科的教学；不管是什么样的人，只要他来到学校，都必须跟随一些非常糟糕的教师学习这些古典的语言和文献。人文学科的教学变成了不借助纪律就无法完成的活动，人文的意义丧失殆尽。第三，在教育思想领域，一种“形式教育理论”开始发展，人们将古典人文学科的学习当成训练“心理官能”的重要途径。第四，现代语言和现代文学开始兴起，并逐渐代替古典语言和古典文化，获得优势地位。从 18 世纪开始，在近代民族国家形成的过程中，人们越来越认识到民族语言和古典文化在构造民族国家中的重要作用，开始强调它们在教育系统中的地位。在这种背景下，古典语言和古典文化的学习逐渐地失去了其在教育系统中的统治地位。①

就外在的原因来说，其主要包括以下几个方面。第一，现代科学知识的兴起。如第二章所述，科学知识最初作为一种研究自然的知识，在古代知识型中是被排斥和压抑的。但是，从 16 世纪开始，在一系列政治、经济和文化条件的刺激下，科学知识开始逐渐摆脱这种局面，显示了自己独特的力量。17 世纪现代认识论的发展，更是为科学知识的突飞猛进奠定了思想基础。17 世纪到 19 世纪，科学知识不仅在数量上迅速增加，而且逐渐制定出新的适合自己发展需要的知识标准，现代知识型形成。现代知识型的形成从根本上剥夺了古典人文知识的合法性，因为它们基本上不符合科学知识的标准。不仅如此，现代知识型的形成，也从根本上将人生意义问题逐出科学问题的领域，因为这种问题不是可以通过观察和做实验而得到解答的问题，其在相当程度上只是一种“形而上学”或“个人偏好”的问题。第二，新型管理模式的出现。在古代社会，管理主要是管理者的个人行为，个人的德性、智慧与管理经验对于一个管理者是非常重要的。所以，当人文主义者提出旨在促使个人完美发展的人文学科教育计划时，其受到了许

① 19 世纪西方各国对有关古典语言和现代语言的学习问题都有过激烈的辩论，辩论的结果是主张学习现代语言的人获胜。有关研究可以参见：SAFFIN N W, 1973. Science, religion and education [M]. London: Lowden Publishing Co.

多社会管理者包括一些社会统治者的热烈欢迎。事实上，至今所能发现的所有材料都表明，早期人文主义者的人文学科教育计划基本上都是为一些富家子弟和权贵子弟所拟定的，都是为了使他们将来成为优秀的社会管理人才，如律师、神职人员。但是，工业革命以后，这种情况发生了变化。工业革命导致社会管理部门现代“科层制”的建立，而现代科层制的建立对领导者提出的其中一项素质要求是具备“专业知识”和一般“社会知识”，而不是理解和掌握古典人文知识。这就从根本上导致了人文学科发展基础的削弱甚至丧失。人文学科逐渐从社会生活中退到大学校园里，而且随着科学课程进入大学，人文学科在大学里也逐渐成为不受欢迎和重视的学科。

与人文学科的这种复兴、发展与衰落相比，自文艺复兴时期以来，特别是自17世纪以来，自然科学一路高歌猛进，取得了一个又一个辉煌的成就，在推动工业社会的发展和现代社会变革方面起到了根本性的作用。与此同时，社会科学也逐渐发展起来，开始“蚕食”原来属于人文科学一部分的知识领域，并运用自然科学的方法来改造这些知识领域。19世纪初，孔德提出了自己的“实证主义”社会学，明确地界定了社会科学的研究对象，奠定了现代社会科学的主要方法论基础。19世纪末，迪尔凯姆又创建了《社会学年鉴》，进一步地阐述了社会科学的基本原理，并亲自应用这些原理从事社会科学研究。与此同时，韦伯也阐明了自己对于“社会科学”方法论的卓越见解，提出了社会科学研究“价值无涉”与“理想类型”两个重要的概念。这些有关社会科学方法论的研究对于最终确立社会科学独特的学科地位起到了关键的作用，最终使社会科学在20世纪上半叶成为一个区别于人文科学和自然科学的独立的学科领域。正如华勒斯坦（I. Wallerstein）所观察的那样：

> 在1850至1945年期间，人们对一系列的学科进行了界定，这些学科共同构成了一个可以“社会科学”名之的知识领域。实现这一点的步骤是，首先在主要大学里设立一些首席讲座职位，然后再

建立一些系来开设有关的课程，学生在完成课业后可以取得该学科的学位。训练的制度化伴随着研究的制度化——创办各学科的专业期刊，按学科建立各种学会（先是全国性的，然后是国际性的），建立按学科分类的图书收藏制度。（华勒斯坦 等，1997）[31-32]

到 1945 年，社会科学一方面与研究非人类系统的自然科学，另一方面也与研究人类“文明”社会的文化、思想和精神产品的人文科学有了明确的区分。（华勒斯坦 等，1997）[34]

然而，实际的情形却并不是自然科学、社会科学与人文科学在知识领域“三足鼎立”，而是自然科学霸权地位的确立、社会科学地位的提升和人文科学的进一步衰落。伴随着现代知识型的确立和社会研究的“科学化”，人文科学的处境越来越糟糕。一方面，它不能像自然科学那样为人类带来新的财富，明显地改变与人类生存相关的外在物质环境，它的实用价值越来越遭到人们的怀疑①。另一方面，它又不能像社会科学那样用“不容置疑”的数据来说服管理人员，为他们的社会决策服务，从而也就失去了从政府和商业部门获得大量研究经费的机会。而且，那些作为“人文科学”（严格地说是“现代人文科学”）的知识领域本身缺乏统一性和内在的凝聚力，致使该领域的学者们无法为其所在的学科领域的重要性进行辩护，人文知识分子在大学这样的知识生产机构中也明显遭到了排斥，从事人文科学研究的研究人员锐减，提供给这些人员的高级学术职位也越来越少。实际上，至 20 世纪中叶，人文科学已经从知识世界之巅跌落至知识世界的底层，已经从文艺复兴时期的“显学”变成无人问津的“冷门”。当代的知识总体世界中各个组成部分按其重要性程度形成了“自然科学”“社会科学”“人文科学”的新秩序。这种新秩序的形成，极大地影响了人文知识的生产与传播，影响了人文知识分子们从事人文研究的积极性和创造性，这也是当代

① 为了增强本国的科技力量和经济竞争实力，2000 年，美国、德国、日本等国相继颁布了从世界各地引进高科技人才的政策，给这些人员特别的“绿卡”。但是，有谁听说这些国家为了解决本国所面临的精神危机问题而从别的国家引进人文学者？

人文知识匮乏的主要原因。

人文知识的匮乏对重建“人文世界”的影响是巨大的，首要的一点就是导致人们对“人文世界”独特性认识不足。如前所述，“人文世界”是一个意义世界，是一个与人生息息相关的世界。但是，在当前这样一个功利主义、消费主义和个人主义甚嚣尘上的时代，人们却不能发现“人文世界”及其独特性，更不能够理解其独立的存在价值。可以说，在现代知识型的塑造下，人们的头脑中对于世界的理解变得固化：要么是将其理解为外在的、客观的“自然世界”，要么是将其理解为相对于个体的精神生活来说同样是外在的、具有强制性意味的“社会世界”，或者是将其理解为这两个世界某种形式的“组合”。至于“人文世界”，它在人们的思想中是非常模糊的，因而也是似有似无、可有可无的。既然不能认识到“人文世界”的独特性，就更不能认清“人文世界”在世界总体构成中不可或缺的作用，不能认清“人文世界”在整个总体世界中的核心地位，自然也不能认清“人文世界”问题与“自然世界”和“社会世界”问题之间的内在关联。当社会面临日益严重的生态问题，政府采取的对策只是建立“生态保护区”，而不愿去降低经济发展的速度，不愿去抑制过于膨胀的消费欲望，不愿去用一种新的哲学眼光来重新打量“人”与“自然”之间的关系。面对日益严重的社会腐败，人们所想到的只是如何加大对腐败的打击力度，如何建立健全法律制度以防止和严惩腐败，而不去思考腐败的人性根源，不去思考腐败与人生意义失落之间的必然联系。可以预言，如果人们不能正确地认识“人文世界”与“自然世界”和“社会世界”之间的关系，人们就永远不能彻底克服自然环境危机和道德、社会及经济危机。

其次，人文知识的匮乏导致现代人不能正确和完整地理解自己。人对自己的理解是人生的一项重要任务，决定着人对自己与他人、自己与社会、自己与自然、自己与大千世界关系的理解。人对自己的理解越正确和越全面，就越能够建立起自己与他人、社会、自然及整个宇宙之间的和谐关系。相反，人对自己的理解如果是片面的甚至是错误的，则必然导致自己各种人生关系的扭曲，导致自己的内在世界与外在世界之间的冲突。在古代文化中，无论是西方文化还是中国文化，人对自己的理解都是教育的重要任务。古希腊哲学家提出“认识你自己”，中国古代的思想家提出“知人者智，自知者明”的命题，并时刻要求人要有“自知之明”，要不断地“内省”。无论是西方古代社会的“宗教人”假设还是中国古代社会的“道德人”假设，都试图要回答“人是谁”“人的使命是什么”“人的一生该怎样度过”这样的根本性问题。然而，近代以来，随着古典语言被抛弃，古代思想家有关人的思考也同时被抛弃了，人们只是在一个现代科学充斥的世界里用科学的眼光来打量自己。在科学看来，人是一个生物，是自然进化链条上的一个环节；人是社会的一个构成要素，有着各种各样的社会需求；人是他自己，人的权利（个体的权利）是不可让渡的。在这种文化氛围中，人的精神、人的气质、人的尊严、人的局限性、人与人之间不可割舍的亲密关系都被淹没了。人不仅被“物化”了，而且被“原子化”“平面化”了。一方面，人的物质欲望在无限地膨胀，个体被自己或他人作为一个“消费”的单位加以计量；另一方面，人越来越自私，将“自己”看成世界的中心，人与人之间的精神联系越来越弱。但是，人作为一个生物，其生命总是有限的，总是无时无刻不受到“死亡”的威胁，这并不会因为现代人比古代人占有了更多的物质财富所以整体寿命变长而有所改变。不管是富贵也好贫贱也罢，每个人都要面对死亡。死亡的不可避免性给现代人整个的生活留下了“悲观”和“虚无”的影子，给现代社会似乎无所不能的科学以最大的嘲讽。同时，人作为一个社会的存在，无时无刻不受到社会上各种相互冲突的力量的影响，无时无刻不面临着抉择。抉择意味着一个人必须放弃一些价值目标以追求其他的价值目标。但是，又没有一种理性的过程可以确保人的每一次抉择都是合理的或正确的。实际情况是，人们往往在事后发现自己做出了错误的选择，但是，时过境迁，自己再也没有办法重新开始，只能在已有的基础上去筹划未来。如果人们都能清醒地反思自己的一生，真不知道有多少人会说：“如果有来生，我一定选择另一种生活。”可是，“往者不可谏”，这怎么不让现代人苦恼和悲戚呢？如何来解决这些深刻的人生矛盾呢？如何面对“有限”与“无限”、“物质”与

“精神”、“价值”与“意义”、“自我”与“他人”、“瞬间”与“永恒”、“理性”与“非理性”等这些基本的人生悖论呢？自然科学不能回答这类问题，社会科学也不能回答这类问题，而人文科学的现状则是要么被“边缘化”要么被“科学化”（将人文知识当成如同自然科学和社会科学那样的“科学”知识）。人们找不到能帮助他们正确地和完整地认识自我的知识，只能生活在无尽的孤独、无聊、寂寞之中，只能任凭自己的欲望将生命领向未知的将来。这是现代人产生意义危机的根源。

再次，更为严重的是，由于人文知识的匮乏，人们不仅不能“解决”自身所面临着的意义危机，甚至还不能“意识”到意义危机的性质。在实际生活中，人们经常用“物质”的需要来代替“精神”的需要，用“价值”的需要来代替“意义”的需要，用“自我（私我）”的需要来代替“归属”的需要。人们倾向于认为，一个人只要占有足够多的物质财富和享有足够多的社会服务，只要在社会生活中功成名就，只要最大限度地满足自我的欲望、行使自己的权力，一个人的生活就会有意义，就能摆脱意义的困惑与危机。但是，实际上，意义的困惑与危机是不可能通过物质财富的占有、社会服务的享有、自我价值的实现、个人欲望的满足等来得到解决的，甚至可以说也不是以这几者为前提的。意义的困惑与危机必须通过人自身的严肃反思来加以解决。在一个人的一生中，“我是谁”“我究竟要干什么”“我为什么要这样生活”“我这样生活有意义吗”等是他不断要遭遇也是他永远不能放弃追问的问题。正确的态度不是去回避问题或偷换问题，而是要动用自己所有的心智力量和人生经验来不断地思考这些问题。那些试图回避问题或偷换问题的人并不能躲过意义危机，恰恰相反，他们将来注定要遭遇更大的意义危机。在现代社会中，自杀的人越来越多。具体的诱因多种多样，但是一个共同的原因就是所有自杀者都觉得人生失去了意义，人生已经不值得过了。实际上，这些人中，很少有人是因为穷困潦倒才自杀的，更多的人是因为面临着严重的意义危机不能自拔而自杀的。意义危机不仅最终剥夺了一个人过去生活的合法性，而且从根本上动摇了一个人迈向新生活的信心与勇气。当一个人面向历史和未来都同样觉得无意义的时候，他也就最终失去了生活的信心和勇气，唯一的“最好”的途径就是结束自己的生命。如果一个人不能正确地思考意义问题，他还有可能接受一些邪教的影响甚至为它们所俘获。邪教是 20 世纪末人类面临的一大精神威胁。邪教的教义荒诞不经，但是，令人惊讶的是，邪教竟然能够有生存和发展的空间，竟然能够用自己荒诞不经的教义来欺世盗名，敛取钱财，甚至教人自杀。邪教之所以能够生存和发展，主要的原因就是现代人所面临的意义危机不能得到正面的和积极的解释，以致一部分人最终接受了宣扬“末世”“自杀”等观念的邪教的教义。应该说，邪教的存在为整个人类敲响了意义危机的警钟，为政府、学者和学校教育敲响了警钟。

## 三、科学教育、社会教育与人文教育

如本书的导言以及前面各章的研究中所指出的，知识与教育有着非常密切的关系，知识观在很大程度上影响着教育观从而影响着教育实践。因此，既然自然知识、社会知识和人文知识属于三种不同的知识类型，各自有着不同的知识特征，以这三种知识为主要内容的“科学教育”（本章指“自然科学”教育）、“社会教育”和“人文教育”也应该有着各自不同的特征。探讨和区分这些不同的教育特征，是深入理解这三类不同形式的教育，提高每一种教育有效性的基本前提。下面的研究着重于在比较的背景中讨论人文知识的性质及其对人文教育的影响，讨论当前我国人文教育中存在的相关问题以及未来人文教育改革的主要方向。

从一般意义上说，教育是通过知识提高人们特别是青少年一代认识世界和改造世界的能力的实践活动。但是，作为人们认识和改造的对象的世界却是丰富多彩的，包含着一些构成要素和性质根本不同的组成部分。根据前面的观点，这个世界大致可以划分为“自然世界”、“社会世界”和“人文世界”。这样一来，教育的任务就不仅包括帮助人们特别是青少年一代认识和改造“自然世界”，而且还应该包括帮助人们特别是青少年一代认识和改造“社会世界”与“人文世界”。由于要认识和改造的世界类型不同，因此自然需要不同的知识和在其基础上培养和发展起来的态度与技能。认识和改造“自然世界”，就需要掌握有关自然的知识及相应的态度和技能；认识和改造“社会世界”，就需要掌握有关社会观念、制度和行为的知识及相应的态度和技能；认识和改造“人文世界”，就需要掌握有关“人文世界”的知识及相应的态度和技能。这就需要三种不同类型的教育：科学教育、社会教育和人文教育。这三种不同类型的教育的特征是由三类不同世界和三类不同知识的性质所规定的。

首先来看科学教育。众所周知，科学教育的历史并不是很长，从 19 世纪 30 年代零星的科学课程（讲座）进入中小学开始，到今天也不过约 190 年的时间。其实，就是在 19 世纪中叶，有关科学教育的必要性还处于辩论之中。科学课程在西方真正合法地进入大中小学的课程体系中已经是 19 世纪 80 年代的事情，在中国则是 1904 年癸卯学制颁布以后的事。但是，由于科学在现代社会发展中的革命性作用，科学教育进入教育机构，成为现代教育的一个组成部分以后，就迅速地占据了现代教育的核心位置，排斥了古代的人文教育，构成了现代教育的一项核心内容。

从目的上看，科学教育的基本目的包括两个方面：一方面是传播现代科学研究的成果，增加人们有关自然的知识，从而提高人们认识、理解、控制和改造自然的能力；另一方面是对人们进行科学方法的训练，从而提高人们从事科学知识生产的能力，培养新的科学人才。从前一个方面来说，科学教育的目的是“功利”的——满足现代工业发展和经济增长的需要；从后一个方面来说，科学教育的目的则有非功利的一面。在当代，随着科学教育的发展，特别是伴随着对科学与社会关系的深入研究，科学教育的目的又扩展到对科学与社会关系及科学共同体的正确理解。总之，科学教育的目的可以简略地概括为：传播科学知识，训练科学方法，培养科学态度，理解科学活动，以便使人们更好地认识自然、理解自然、利用自然、保护自然，以期与自然建立一种良性的、和谐的关系。

从课程内容来看，科学教育的内容主要是一个个科学研究的成果，包括若干基本的科学事实以及从这些科学事实中所概括和提炼出来的概念、命题、原理和公式等。不过，需要引起高度重视的是，科学概念的两个特征非常突出，即“普遍性”和“指示性”。科学概念的“普遍性”是指科学概念作为科学思维的起点或中介，是由科学界“约定”的，具有非常明显的“人工语言”的性质，因而与科学研究人员所处的文化传统之间缺乏必然的内在联系，在相当程度上可以为全世界的科学家和各种类型的研究人员所理解和应用。科学概念的“指示性”是指所有的科学概念都具有“表征功能”，都代表着或指示着某种自然实体或其某种属性。科学概念的这两种性质就决定了科学命题是一种“陈述性命题”。这种陈述性命题的真伪是可以通过经验证据或逻辑得到进一步检验和修正的。就是一些不具有命题性质的科学假说一般也都采用这种陈述性的形式。这种概念和命题的表述方式往往是“绝对的”“客观的”“价值中立的”，从形式上掩盖了科学知识的假设性质和未完成性质，掩盖了科学家个人的理论和方法偏好对科学结论的影响。关于这一点对于教育活动的影响，我们已经在第四章中做了分析。这里之所以要提出来，主要是为了引起读者注意，以便和下面所要阐述的社会知识和人文知识的概念与命题形式进行比较。就科学课程内容的编排方式而言，教育者一方面要尊重这些科学知识自身的逻辑关系和结构，运用一些专门的科学语言由古到今、由浅入深地加以排列，另一方面要采取学习者能够接受的叙述方式，要符合学习者的知识水平与心理发展特征。这就是我们一般所说的“知识（学科）逻辑”与“（认知）心理逻辑”的统一，也是美国20世纪60年代结构课程改革运动中的编排原则。就课程类型而言，科学教育也经历了一个从分科课程向综合课程发展的过程，综合课程是当前和今后科学课程的主要模式。但是，关于综合课程的理论研究和实践探究当前也还是不够成熟，在不少国家和地区，科学课程也仍然是以分科课程为主，不仅在中等教育阶段是这样，就是在高等教育阶段也是这样。

就科学教学的模式而言，早期教育者一般采用科学知识“教授”加“演示”或“证明”的模式，后期则倾向于采用20世纪60年代所提出来的“发现模式”与“合作学习模式”。在19世纪中叶，当科学课程刚开始进入中小学课程体系中时，没有任何科学教育或科学教学的理论可言。科学教学主要就是教师通过讲授的方式向学生传播一些科学知识或原理。为了使学生能够理解那些超出他们生活经验范围的科学知识或原理，教师往往会采用实验演示或逻辑证明的方式来帮助学生理解自己要传递的知识。缺乏实验材料及科学教师素质低下因此也成为制约那个时期科学教学的两个主要因素。到了20世纪后半叶，随着科学知识生产突飞猛进，以及科学技术进步在解决经济危机、加强国家安全等方面的作用日益突出，人们开始考虑科学教学的改革问题。课程改革只是一个方面，教学模式的改革是另一个方面。其结果就是诞生了现在广为人知的“发现模式”和“合作学习模式”。发现模式将科学教学的重点从教师对既有科学知识的讲授、演示或证明转变为学生对科学发现整个过程的“模拟”。教师在课堂里的任务不再是讲解、演示或证明科学知识，而是提出问题，然后充当学生的“助手”，向学生提供分析和解决问题所需要的各种材料、设备及其他服务，帮助学生通过自己的自主探究解决问题。当然，教师同时还扮演着“激励者”“引导者”“组织者”等角色，在学生碰到依靠自身的力量不能加以解决的问题时或在学生懈怠时给他们必要的指导和帮助。“合作学习模式”是更近一些时候出现的科学教学模式，其主要的理论依据源于科学社会学对科学活动社会性质的揭示，主要宗旨是促进学生学习过程中的相互交流、合作与竞争。但是，不管是旧的模式还是新的模式，最后都要求学生不仅要识记和理解一些既有的科学结论，还要求他们能够运用必要的手段对这些结论进行证实、证明、检验或辩护，都要求他们能够使用具有“普遍性”和“指示性”的科学概念，都能够用陈述形式表达“科学发现”的结果。

其次来看社会教育。与科学教育不同，社会教育有很古老的历史。我们在最古老的制度化教育形式——原始社会青春期仪式——中可以体会到明显的社会教育意图。整个古代社会的人文教育实际上也就是为了使青少年一代更好地“社会化”，成为符合社会存在和发展要求的成员。在当代，随着现代民主制度的建立与发展，社会教育的核心就是公民教育，其目的是培养与一个国家特定的政治制度和广泛的社会生活制度相一致的“公民”，以区别于封建时代的“臣民”。就当代社会而言，一个合格的公民必须具备以下素质。第一，必须意识到自己与社会（“公共领域”）的关系，意识到自己在社会公共生活中所享有的权利和所应尽的义务，以及所应承担的责任。第二，必须意识到社会公共利益的存在和社会公共利益的不可侵犯性，必须要能够识别各种旨在破坏社会公共利益的行为，并能够运用社会所允许和鼓励的方式与这种不法行为做斗争。第三，必须具有一些有助于认识、理解、建构和保卫社会公共生活领域的知识，以便能够为自己的权利、义务和责任做辩护，能够和他人一起形成一种为大家所共同具有的群体意识。第四，必须具有参与社会公共生活的意识、积极性和能力，在任何情况下不忘记自己是社会生活中的一员，不灰心丧气和悲观失望，也不放弃做出自己最大努力的承诺。在这些素质之中，最重要的是第四个方面的素质，前面三个方面的素质最终要通过转化为第四个方面的素质体现出来，否则一个人就不能算得上是合格的公民。一个公民，不仅是一个认识主体，更重要的是要成为一个行动主体，尽管这种行动是要以其正确与完整的社会认识为前提的。

从课程内容来看，社会教育的内容主要是一些有关社会生活的理想、结构、制度、生活方式，它们一般通过一些基本范畴、命题、结论或行为规则体现出来，这些也共同构成了我们所说的社会知识。但是，正如我们前面所分析的那样，与自然知识相比，这些社会知识又有自己的特殊性。例如，就概念与命题的类型而言，社会科学与自然科学之间就有着很大的区别。社会科学的概念从实质上来说，不是一种具有“普遍性”和“指示性”的概念，而是一种具有“文化性”和“功能性”的概念。所谓“文化性”是指，社会科学的概念不是约定俗成的，也不是一种人工语言，而是从日常生活语言中选出来的，因而与社会的文化传统和主导价值观念之间有着密切的关系。所谓“功能性”是指，社会科学的概念不是一种价值中立的实在描述，它们本身具有某种或明或暗的价值区分、评价并能引起社会反应的功能。例如，自从 18 世纪出现“阶级”一词以来，人们就“获得”了观察社会利益分配的新视角，这就为“重新认识”社会生活中各种势力的冲突提供了新的概念基础，甚至为各种社会冲突提供了“辩护”的理论。在自然界，我们可以说，“自然事物”是先于“自然概念”而存在的，但是在社会生活中，我们却很难说“社会现象”是先于“社会概念”而存在的。事实上，“社会现象”是由“社会概念”“创造”出来的，或者说两者是同时诞生的。“社会概念”具有明显的社会功能，如“诱导”“凝聚”“离间”“压迫”“麻醉”等。因此，在自然科学中，很难说存在着布尔迪厄（P. Bourdieu）所说的“符号暴力”（symbolic violence），但是在社会科学中，这种“符号暴力”是普遍存在的。正是因为社会概念的这种文化或价值特征，所以社会命题都是“规范性”的而非陈述性的，都包含着一定的行动要求。从这种意义上说，作为教育内容的社会命题需要人们去理解，更需要人们去实践。

由于社会教育目的和社会知识性质的这种特殊性，我们认为，社会教育的教材编写不宜采用自然科学教材的编写形式，即不宜围绕着知识的传递、理解、掌握和探究来进行，更不宜围绕着社会问题研究的方法来进行，而应该围绕着指导学生个体在不同年龄段参与不同范围和性质的实际的社会生活来进行。例如，对于小学生来说，他们所参与的主要社会生活就是家庭生活、班集体生活、学校生活与社区生活。因此，小学阶段的社会教育应该主要围绕着如何指导小学生认识、理解和参与这四种类型的社会生活来进行，教材中所呈现的社会知识也要紧紧地围绕着这四种社会生活中的主题来组织。当然，与科学教育一样，这些社会知识的组织也应该符合小学生的心理发展规律，不能强行要求小学生去理解和掌握一些比较抽象的和宏观的社会现象。就社会教育的课程类型而言，当前我国采用的主要方式也是学科课程，即分门别类地在基础教育阶段讲授有关社会政治、经济、法律和社会发展的知识。这不太符合社会知识的性质，在相当程度上可以说是受了自然科学课程模式的影响。这种课程模式的优点是学生可以掌握一些比较系统的社会知识，包括一些基本的社会概念、命题和原理，缺点是不能够指导学生形成实际参与适宜的社会生活的意识、素质和能力。在我们看来，比较合适的课程类型应该是具有综合性质的“活动课程”，即围绕着学生实际参与的社会生活来组织课程内容。这种课程不仅可以帮助他们去理解和掌握社会知识，而且还可以创造条件使他们去感受和应用社会知识，使他们真正地懂得为什么要学习那些知识，真正地体会到社会知识的学习对于提高自己实际参与社会生活的能力的价值，真正地意识到作为一个“社会人”可以享有的权利与不可推卸的义务和责任。此外，由于社会生活的性质不可避免地受到地域的影响，因此学生对社会生活的理解与参与也同样受到地域的影响。社会课程应该以“地方课程”为主，在知识的选择上也要体现出其“地方性”。

就社会教育的教学模式来说，传统的教学模式由于受到了学科课程模式的影响与制约，主要以教师在课堂上教授有关社会知识为主。不过，为了帮助学生理解，教师在讲授过程中会举一些与需要讲授的社会知识有关的事例，并引导学生讨论。在个别情况下，教师也会安排一些参观活动。但是，在大多数情况下，教师都会将学生的讨论和参观引导到教材中的结论上去，而且期望学生经过讨论和参观以后能够对教材知识掌握得更牢固、理解得更深刻。在教学过程中，师生之间的关系仍然是讲授者与学习者之间的关系，学生在理智上始终处于一种被动的地位。就教学评价而言，这种教学开展总结性评价时一般是通过两种方式，一种是闭卷考试，另一种是开卷考试。闭卷考试主要考查学生对所学社会知识的识记、理解和应用所学知识分析有关社会现象的能力。开卷考试则侧重于考查学生应用所学知识分析有关社会现象的能力。这两种评价方式看起来有很大的差别，但实际上两者都是围绕着教材上的社会知识展开的。学生可以在没有丝毫提高自己参与实际社会生活的意识与能力的情况下通过死记硬背而获得高分。从社会知识的独特性质来看，有关社会知识的教学宜走出课堂，采用“实践教学”的模式。这种教学模式不再将“实践”看成课堂教学的一个“延伸”和“补充”，而是将其作为社会教育的一种基本组织形式。不过，这里的“实践”不等于我们一般意义上所说的“社会实践”，后者主要是对学生进行有关思想政治的态度和立场教育，前者主要是对学生进行广泛的“社会教育”，不仅包括与社会生活密切相关的政治思想态度和立场，而且包括对社会组织、结构及其功能的认知，对社会生活规范的理解和应用，参与社会生活的意识与能力的培养，等等。此外，实践教学模式与社会实践的差别还在于：以培养合格的社会公民为目的的实践教学应该从小学一年级就开始而且应该根据学生参与社会生活实际状况及学生身心发展特征分阶段系统地加以安排，而社会实践在一般情况下则缺乏这种阶段性和系统性。从教学评价上看，实践教学的评价重点不是学生对教材知识的掌握情况，而是学生参与各种类型社会生活的态度和能力。采用这种评价方式的目的就在于将学生学习社会知识的重点从“知识”引导到“行动”上来，从而有利于他们在行动上而不仅仅是在观念上成为一个“公民”。

最后，让我们来重点分析人文教育。人文教育的历史也是非常悠久的，可以说在人类文明的开端就存在了。中西方古代思想家如孔子、苏格拉底等人的许多教育论述就其实质而言不完全是为了培养当时的社会成员，而是包含着人文教育思想。孔子的“仁者爱人”“朝闻道，夕死可矣”“毋意，毋必，毋固，毋我”等，苏格拉底的“认识你自己”和“我自知我一无所知”等，都具有非常鲜明的人文教育色彩，其目的不是帮助个体解决自己和社会之间的冲突或帮助个体“社会化”，而是帮助个体更好地认识自我、理解人生、确立方向。他们的这些论述就是在今天仍然有着积极的人文教化意义，能帮助人们在“烦”“忙”的现代生活中找到人生的意义。在西方的中世纪和我国的封建社会，人文学科在许多方面有了一定程度的发展，但是其主要的方面失去了人文教化的意味，沦为一种“理智的”“职业的”“政治的”训练术，而以这些学科为主要内容的人文教育实际上处于“名存实亡”的状态。西方文艺复兴的早期阶段是人文教育最为发达的时期，人文主义学者不但翻译和介绍了古代的思想家有关人生、人性及人的使命的大量著作，而且自己写了大量有关的著作。“肯定人”“表现人”“歌颂人”“赞扬人”“提升人”成了当时所有文化生活形式——哲学、文学、艺术、历史、教育乃至宗教（“新教”）生活——的主题。不过，文艺复兴晚期，人文教育因为人文学科“制度化”和如前所述的其他原因而变得逐渐“僵化”起来，最终失去了人文教育的意蕴，重新沦为“理智的”“职业的”“政治的”训练术，充满了“保守的”“贵族的”“腐朽的”气息。与此同时，科学教育逐渐登上了历史舞台，于19世纪末在工业社会的支持下代替了人文教育成为学校教育的主要类型。彼时的人文教育进一步衰落。20世纪初，西方思想界首先认识到“科学世界”的局限性以及“科学世界”对于“生活世界”的依赖性，认识到“科学文化”在西方所造成的巨大人性危机，惊呼“（科学）文明已破产”，人文教育呈现出某种复苏的趋势。20世纪上半叶，西方出现了一些旨在反思和解决人生意义问题的教育思想流派，如存在主义教育哲学、托马斯主义教育哲学等等。20世纪下半叶，经受两次世界大战的西方世界一方面更加清醒地认识到科学教育在社会进步中的重大作用，另一方面也痛彻地认识到人文教育在社会发展中具有不可忽视的作用。一些国家先后成立了一些由国家资助的人文教育研究和教学机构，旨在引起公众对人文教育的关注，出版有关人文教育的著作，加强人文教育研究和教学的跨学科、跨地区合作，促进人文教育的发展。美国还将“艺术”课程列为国家的“核心”课程，足见其对人文教育的重视程度。

在中国，整个20世纪可以说是人文教育有史以来最为薄弱的时期。辛亥革命前，清末知识分子中有“中西之辩”，辩论的结果是形成了张之洞主张的“中体西用”的教育政策。不过，此时的“中体”已不再以“人生”为本，而是以“封建王朝”为本，“西用”同样也是为了使封建王朝能够抵御他国的入侵。辛亥革命以后，我国的学校课程体系中就废除了“读经科”，代之以“公民科”，实际上就是用社会教育代替了古典的人文教育，尽管这种古典的人文教育承担了社会教化的功能。20世纪20年代出现了著名的“科玄之辩”。就辩论的内容来说，其与“中西之辩”没有太大的区别，不过就辩论的立场来看，则已有了很大的区别。在“科玄之辩”中，“西学”被一些人尊为“科学”，“科学”不仅可以被应用到自然现象中去，还可以被应用到人生问题上去，以建立“科学的”人生观；“中学”则被一些人贬为“玄学”，主张维护“东方文化”独特性和独特价值的人则被讥为“玄学鬼”。这场辩论似乎从一开始就注定了传统文化和人文教育的进一步破产。不仅如此，由于引进了西方的知识标准、分类制度和学科体系，传统文化失去了知识的合法性，被迫成为各门“科学”的“注脚”，其以“人生”为本的整体性和系统性也被完全肢解。1949 年中华人民共和国成立，结束了百余年来中华民族遭受列强凌辱的历史，结束了频繁的战乱，为系统地整理和发展传统文化和人文教育提供了很好的政治和社会条件。但是，由于一些非常复杂的历史因素，传统文化与人文教育在 20 世纪的下半叶仍然是命运多艰。在 20 世纪下半叶的前 30 年，总的来说，传统文化中只有那些具有“人民性”和“革命性”的内容得到了发掘和保存，其他的许多东西因为被看成为封建统治阶级服务而遭到了彻底的批判和摒弃，从学校课程体系中消失；人文教育的独特性也没有受到重视，成为社会教育特别是社会政治教育的“附庸”，“政治”被当成了一个人的“灵魂”。20 世纪 80 年代以后，传统文化在某种程度上重新得到了发展，或者说具有了一定的发展空间，大量古典著作得到了整理和出版，相关的研究性机构和研究性著作也如雨后春笋般涌现，大学中的传统文化讲座也颇受欢迎。所有这些都表明，在一个日益“商品化”和“市场化”的时代，传统文化及其所蕴含的人文教育价值是不可或缺和不可代替的。20 世纪 90 年代，伴随着社会主义市场经济体制改革的进行，特别是伴随着日益严重的社会道德滑坡、政治腐败、文化领域内“媚俗”取向的盛行，在社会思想领域出现了有关“人文精神”的大讨论。作为这场讨论的一个重要主题，人文教育也得到了教育家、教育学家、一般社会知识分子乃至政府部门的高度重视，终于表现出一种“复兴”的态势。但是，也要看到，理论上的讨论尽管会对实践产生影响，但是从理论到实践还需要走一段很长的路。在实际的学校教育活动中，人文教育仍然是非常薄弱的，人文课程在学校课程体系中仍然处于一种“边缘”位置，不少学校仍然将“音乐”和“美术”课程归到“小三门”之列（另一门为“体育”），人文学科教师的数量不足和素质不高等实际问题也非常严重。在大学，深受学生欢迎的是一些与将来就业有密切关系的电子、工商管理、财会、外语、法律、医学等“热门”专业，至于一些传统的人文学科如哲学、历史、文学、宗教、教育等则成为“冷门”专业。“艺术”

专业尽管比较受欢迎，但是人们重视的也不是其人文教育价值，而是其作为一种能够提供现代大众文化产品的价值。不仅如此，从当前国家的教育改革政策特别是课程改革政策来看，人文课程的建设也缺乏认真的考虑和充分的理论支持。

人文教育的目的是什么？这是建构人文教育理论和进行人文教育实践首先要考虑的问题。当前，回答这一问题的困难主要有以下几点。第一，人文教育在我国的教育体系中并没有像科学教育和社会教育那样成为一个相对独立的教育活动形式，通常的情况是，人文教育被包括在社会教育之中，人生意义问题被包括在人生价值问题之中。第二，人们通常所指的人文教育并不是一个单一的或完整的体系，它是由哲学教育、历史教育、文学教育、道德教育、艺术教育等多种不同内容的教育所组成的，具有多质性，因此人们对于是否存在一个能为各个学科所接受的一般人文教育目的存在疑问。对于前一个困难，我认为是可以克服的，因为人文教育尽管被包括在社会教育之中也是不能由社会教育所替代的，这是因为人生意义问题是不能等同于人生价值问题的。所以，我认为，在我国未来有关的教育政策中，必须明确地将人文教育作为一个独立的教育组成部分，这样既有利于社会教育也有利于人文教育。对于第二个困难，我认为它只是一个观念中的困难或困惑。实际上，之所以将上述学科教育归为人文教育而不归为社会教育，就是因为它们有着共同的教育特征，即都是从不同的方面来追问、认识、理解、表现、体验和反思人生问题特别是人生意义问题。这些学科领域最伟大的作品无一不是关注人生意义问题并对此做出了精辟的回答。如哲学领域中尼采的《权力意志》、历史领域中司马迁的《史记》、文学领域中曹雪芹的《红楼梦》、道德领域中的《论语》、艺术领域中贝多芬的《命运交响曲》等等。因此，追问一般意义上人文教育的目的不仅有着学科的基础，还有利于加强人文类学科教育之间的联系和沟通，凸显它们作为人文教育的特质。

就人文教育的目的而言，它包括以下几个方面。第一，可以肯定的是，与科学教育和社会教育帮助人们特别是青少年一代认识和改造外在的世界（“自然世界”与“社会世界”）不同，人文教育的目的从根本上说是帮助人们特别是青少年一代认识与改造内在的、与自己生存状况密切相关的“人文世界”，以便为个体建构一个和谐完整的“生活世界”打下基础。第二，与科学教育和社会教育的目的相比，人文教育的目的是教人成为一个“人”，而不仅仅是成为一个“公民”（或“劳动者”）。这是两个既有内在联系又有重大区别的教育目标。从联系上说，“人”和“公民”在生理学意义上是不二的，没有一个“公民”不是“人”。但是，从素质或品格上说，这两者又确实不是同一的。有的人被迫放弃了自己所有的内在规定性，完全按照社会的或外在的期待来塑造自己，将自己变成社会这架大机器上的一个小零件。这种人在一些特殊的社会环境中算得上是一个“公民”甚至算得上是一个“好公民”（符合当时统治阶级的要求），但是却不能算得上是一个真正的“人”，因为他失去了人的本质特性，变成了一个单纯的社会行动或计量单位。这两个教育目的之间的区别或张力，已经被历史上的教育学家们注意到。18 世纪的卢梭就强烈地反对“公民”教育，主张“人”的教育，认为教育的任务是培养真正的“人”和“人品”，而不是要培养当时社会所需要的“公民”。同一时期的康德也认为，教育的真正目的是培养“人”，人只有受过教育才能成为人。生活在 18 世纪和 19 世纪的第斯多惠（F. A. W. Diesterweg）则更是明确地指出：“德国的教育学首先要求人的教育，然后才是公民的和民族成员的教育：首先是人，然后才是德国公民和职业上的同行，而不是反之。”（张焕庭，1979）[375] 然而，生活在 19 世纪和 20 世纪的凯兴斯泰纳则相反，他强烈地主张公民教育，反对“人”的教育，认为，“通向真正的人的道路，只有越过那些我们内在素质所能承担的工作领域”（凯兴斯泰纳，1993）[132]，也就是说，一个人只有在自己的社会职业生涯中才能成为人，从来就没有脱离一定社会身份的“人”。这些历史上的论述对于我们认清这两个目的之间的关系非常有意义。今天看来，这两个目的确实都是教育所应该达成的，也是缺一不可的。但是，这两个目的却不是同一的，也不是自然统一的，而是应在完整的教育活动中由不同的教育形式去共同达成的。笼统地说教育应该培养“人”还是培养“公民”都是不正确的，正确的说法是，在完整的教育中，科学教育和社会教育使人成为“公民”，人文教育则有助于人成为“人”。就这两者之间的关系来说，只有先成为一个真正的“人”，然后才能成为一个好的社会“公民”，而不是相反。第三，从素质结构上说，科学教育和社会教育给予学生的或帮助学生形成的是一些认识与改造自然、理解和参与社会的知识、技能、态度及建基于其上的行为模式，人文教育意图帮助学生形成的是从个体的或人类总体的、历史的生活经验出发的对这些知识、技能、态度及相应行为模式进行批判和反思的知识、技能与态度。具体来说，人文教育的目的在于唤醒和引导潜藏在学生身上的“人文需要”，向他们传递一定的“人文知识”，培养他们对于自己、他人及环境的“人文理解”与“人文关怀”的意识和能力，促使他们树立高尚的“人文理想”和“人文信念”。

“人文需要”是人作为人生活时的一种基本需要①，它区别于人的“社会需要”和“物质需要”。“物质需要”是人获得和消费物质产品的需要，“社会需要”是人获得社会接纳、尊重、激励和褒扬的需要，“人文需要”则是人作为一种历史的生命所产生的“体验自我”“认识自我”“表达自我”“理解自我”“反思自我”“筹划自我”的需要。“人文需要”的核心就是回答

① 在此，我不同意素有“人本主义心理学家”之称的马斯洛（A. H. Maslow）的需要层次理论。众所周知，需要层次理论认为，“物质的需要”是人类的基本需要，“社会的需要”（如交往的需要）、“审美的需要”、“自我实现的需要”等属于人类的高级需要。根据这种理论，人只有在自己的“低级需要”得到满足的前提下才会提出和追求“高级需要”的满足，也就是说，那些“高级需要”是可以延迟满足的需要。从马斯洛对于不同层次需要的具体解释来看，“低级需要”就相当于人的“自然需要”或“物质需要”（如衣、食、住、行与性需要），中间阶段的需要就是人的“社会需要”或“价值需要”，而“高级需要”就是“人文需要”或“意义需要”。因此，他的需要层次理论实际上就是建构了一个“需要的个体发生理论”，其顺序是：先是“物质需要”，然后是“社会需要”，再是“人文需要”。这种理论暗示着，在人的一生中，最先需要满足的是“物质需要”，在此基础上才谈得上“社会需要”，最后才是“人文需要”。而且，马斯洛还说，并不是所有人的需要层次都能达到最高层次，这就意味着，有些人一辈子也不会提出和追求“人文需要”的满足。在我看来，这种理论是错误的，其本身是现代工业社会“拜物教”和功利主义价值观的产物，反映着存在根本缺陷的现代总体世界观和人生观。显而易见的事实是，在日常生活中，我们真切地感受到，就是最贫穷的人，也有着“交往的需要”及“认识自我”、“理解自我”、“表现自我”、“自我实现”等“人文需要”。这些需要并不是什么“高级的”的需要，因而也不是什么可以延迟满足的需要。它们在任何一个年龄阶段和任何一个时刻都会出现，它们伴随着人的一生。人们提出和追求这类需要的满足与其提出和追求物质需要的满足之间没有任何必然的因果关系。因此，在我看来，“社会需要”、“人文需要”与“自然需要”或“物质需要”一样，都是人的“基本需要”。

什么样的人生是有意义的人生，因此也可以将“人文需要”直接看成“意义需要”。“人文知识”就是历史上所形成的那些旨在追问和回答那些意义问题的知识，就其类型而言，其传统上主要包括哲学知识、历史知识、道德知识、艺术知识、宗教知识等。如今，当代的人类学知识、教育学知识、文化学知识及一部分心理学知识也可以位列其中。“人文理解”不同于“科学理解”，科学理解是“向外的”和“分析的”，人文理解是“向内的”和“综合的”。“人文关怀”也不同于“价值关怀”，“价值关怀”侧重于关怀对象对于关怀者的具体“有用性”，“人文关怀”则侧重于关怀对象与关怀者之间的总体存在关系。“人文理想”是指人对于自己所持的“理想的形象”和对于自己的一生所做的总体设计。“人文信念”是指人对于自身存在的意义和基本生活方式坚定的态度。这些东西共同构成了一个人所具有或应当具有的“人文素质”。对这些素质的培养不是要给人具体的生存本领或能力，而是要唤醒、保存和发展人的“共同人性”或“类特性”。这种“共同人性”不是局限于某一种时代背景下的“社会性”，更不是一个人的“个体性”，而是深藏在各种各样的自然差别和社会差别之后的人与人之间共同分享或渴望实现的特性。如果说“社会教育”将一个人的“个体性”扩展为“社会性”的话，那么“人文教育”就是将一个人的“社会性”引向“共同人性”或“类特性”，使之作为人类的一员真正地体会到人的尊严、价值、局限，在社会生活中肩负并实现人的使命。这是一种自由教育的理想，是一种自古以来伟大的教育家们就执着追求的教育理想。毋庸置疑的是，一个人如果只活在自己的“个体性”里，那么他是活得比较自私和狭隘的；一个人如果只活在自己的“社会性”里，那么他活得是比较俗气和压抑的；一个人只有活在“类特性”里，他才能活出人的趣味，才能有真正坚定的生活态度，才能找到明确的生活方向，才能克服生命的异化状态和分裂状态，真正找到“家”的感觉。这就是说，人文教育的最终目的不是要增加人的所有物，而是要提升人的境界。这是人文教育与科学教育和社会教育的根本区别。

基于人文教育目的的特殊性，人文教育的内容也是并且也应当是比较独特的。一般而言，人文教育的主要内容是人文知识，而不是科学知识和社会知识。科学知识和社会知识尽管有时也能够启发人的人文思考，如一些物理学的知识能使人产生“和谐”和“优美”的观念，一些社会学的知识也能使人意识到个体生命的“无根性”，但是这些思考只是学习自然知识和社会知识时产生的“副产品”，不能满足人系统地和深入地思考人生意义问题的需要。与之相比，人文知识则是历史上思想家们直接对有关人生意义问题的论述、反思和实践探索，能够直接帮助人认识与理解人生意义问题。

需要引起注意的是，如上所述，作为人文教育内容的人文知识是一种不同于严格意义上的科学知识和社会知识的特殊类型的知识，这种特殊性体现在知识对象、认识方法、知识陈述方式、知识增长方式、适用范围及辩护程序等许多方面。由于这些特征，就人文教育内容的选择来说，应该突出“典型化”“个性化”“生活化”等标准。所谓典型化是指，人文教育的内容应该是非常“典型”的问题、故事、文学和艺术形象、生活经验等等。之所以提出这个标准是因为人文知识由于受自身性质的限定，它发挥作用的方式既不是通过一定的方法或程序将自己“证明”或“证实”给人看，也不是要用不容置疑的口吻来约束和规范人的行为，而是要启迪人的相关思考。因此，越是“典型的”问题、故事、文学和艺术形象及生活经验，越是能达到这一目的。“个性化”是指，人文教育内容的选择应该反映知识生产者独特的个人经历及其所处的社会背景。之所以提出这个标准是因为知识生产者的人文知识和其试图探索与回答的人文问题都是蕴含在他的生活经历和社会背景之中的，具有很明显的个性特征。因此，如果读者不理解知识生产者的生活经历和社会背景，就不能理解他提出问题和探索问题的心路历程，不能理解他所提出的观点、所创作的作品和所做出的人生选择，从而也就不能由人及己，展开自己的内心思考。“生活化”是指，人文教育的内容应该是源于生活和贴近生活的，不能选择那种只有少数学究才使用的与理论建构有关的知识，而应该选择那些每一个人都可以使用与促进自身进行意义反思的知识。

鉴于人文知识的特殊性，人文教材的编写（主要指基础教育阶段人文教材和高等教育阶段非专业性的人文教材的编写）既不应该像科学教材那样围绕着“知识”展开，也不应像社会教材那样围绕着“实践”展开，而应该围绕着对人生意义问题的“反思”或“内省”展开，或者说，围绕着日常生活实践中价值规范的合理性问题展开。例如，小学高年级的学生就会超越具体的生理特征（身高、体重、血型、肤色、长相等）和社会角色（学生、儿子 / 女儿、少先队员等）提出“我是谁”这样的问题。这种问题的提出就表明，他们作为人类大家族中的一员，已经不满足用科学的眼光或社会的眼光来打量自己，开始从人文的视角来认真思考人一辈子都要思考的问题。对于这样的问题，从教育学的角度来看，促进思考比给出答案更为重要。事实上，正如我们在前面所分析的，这样的问题不可能有一个“标准”答案。因此，在教材编写中也不可能指望给出一个“标准”答案就万事大吉。前人有关这个问题的思考和论述是有价值的，但是对于学生的问题来说，都是十分不充分的。没有任何一个人在这类问题上可以拿别人现成的论述来搪塞自己，每个人都需要在多种不同的人文知识体系中通过各种不同的形式来亲自探索。教育唯一可以期待的是学生自己可以利用前人不同形式的思考（哲学的、历史的、艺术的、宗教的、道德的思考等等）来不断地深化和表达自己的思考。因此，人文教材应该给学生的反思留下足够的时间和空间，以便他们感受自己的问题并在此问题上与前人“对话”。

就人文课程的类型来说，人文课程宜于采用讨论课（国外称其为“seminar”）的形式。讨论课是当前在西方国家大学教育中特别是本科以后教育中广泛采用的一种课程类型，它以灵活多样的主题、开放的组织形式和自由交流的精神氛围为主要特征，深受学生欢迎。之所以将这种形式作为人文课程的基本形式，原因在于这种课程比较契合人文知识的性质。如前所述，人文知识从陈述形式上说是一种反思性知识，带有很强的个性与隐喻性。这种性质的知识与其说是就某一问题给人一个“结论”，不如说是要“激起”人更多的“反省”；与其说作者是要表明“立场”，不如说是渴望与他人“对话”；与其说是要达成一个“共识”，不如说是要开发新的“歧见”或促成新的“理解”。比如苏格拉底说：“我自知我一无所知。”这句箴言既不是要陈述一种“事实”，也不是要传达一种“规范”，更不是要让人以这种眼光来看待苏格拉底，从而将他当成一个“白痴”。这句箴言与“苏格拉底是天下最有学问的人”的神谕及相关的故事结合在一起，就给人无限的思想空间，引起并召唤人进行深刻的自我反省，从而不断地改变自己的视界，为筹划新的生活做好准备。如果没有这种开放的思想空间和个人经验的积极参与，仅仅从逻辑上来阐释这句箴言的认识论意义，那么就会在根本上忽略了它丰富的人文意蕴，最多只能得出“苏格拉底是一个谦虚的人”的结论。而正是由于缺乏这种开放的思想空间和个体经验的参与，哲学、历史、文学、艺术、宗教、道德等许多人文学科的课程失去了人文教育的意义。这恐怕就是文艺复兴后期人文学科在“制度化”以后失去人文教育性的根本原因。因此，在现有的课程类型中，只有“讨论课”能够最大限度地保证这种自由思考的空间和个体经验的参与、反思和表达，使人文教育真正地“人文化”。

由于人文世界、人文知识和人文教育的上述特征，人文教学也有或者应该有自己的特征。首先，人文教学最忌“灌输”或“绝对化”，因为灌输或绝对化阻碍了自由思考和个体经验的参与，使与存在经验密切相关的人文知识变成一个个僵化的“结论”、“命题”或“教条”，最终彻底地毁灭了人文教育。其次，人文教学需要“真诚”“自由”“开放”的教学氛围。这种教学氛围对于科学教育和社会教育来说也是非常必要的，但是它们对于人文教学尤其必要，因为这种氛围是促使个体进行反省所必需的。只有在这种氛围中，学生才能卸下一些生活的伪装直面自己的存在经验，才能毫无恐惧地呈现、表达和反省自己的存在经验。任何的虚伪、强制和权威在人文教学中都是应该被摒除的。教师在人文教学中也应该和学生一样诚恳地直面自己的存在经验，呈现、表达和反省它们，没有任何“权威”可言。这一点与科学教学及社会科学教学很不一样。因为在科学教学中，教师无论是在科学知识还是在科学方法的掌握上都比学生要好，自然地拥有一种“指导者”的权威；在社会科学的教学过程中，教师的社会生活阅历自然使得教师处于一种权威的地位，在许多方面能够给予学生一定的指导。但是，在人文教学中，情况就有所不同了。尽管教师的人生体验可能比学生要丰富，对于意义问题的思考也可能比学生要多得多。但是，一方面，教师不能将自己的思考和体验强加给学生，代替学生的思考和体验；另一方面，教师本人在许多人文问题上并非已经获得了最终的答案，因为人文问题大都是不存在最终答案的，而是随着人生存背景的不断变换而不断被提出来的，所以教师本人也不可能给予学生明确的“指导”。教师所能做的就是在一种真诚、自由和开放的教学氛围中作为一个有经验的学习者和学生共同反思。再次，人文教学的基本环节应该包括“体验”“移情”“理解”“对话”“反思”。人文教学中的“体验”既指对某种人文知识得以产生的“人文需要”或“人文危机”的体验，又指对与之相关的自身生活世界的一种精神感受。在一定意义上，可以将“体验”看成人文教学的起点。“移情”是在体验的基础上消除人文知识或作品与自己之间的时间、空间、社会和文化“距离”，使自己与人文知识或作品之间产生一种息息相关的“同一感”。“移情”既不是要人放弃自我经验的独特性，也不是让人将自我经验投射到人文知识或人文作品之中代替它们说话，而是想让人在自我经验与人文知识或作品之间建立一种关联，以消除人文知识或作品相对于自己的“外在性”，为“理解”开辟道路。人文教学中的“理解”是在“体验”和“移情”的基础上对人文知识或作品及其与自身存在状况之间关联方式和程度的进一步“认识”和“把握”。因此，“理解”具有很强的“个性”和“主观性”。也正是这种“理解”的“个性”和“主观性”提出了“对话”的要求。通过不同理解者之间的“对话”，一方面可以达到“补充”“限制”“修正”这种“个性化”“主观化”的理解的目的，另一方面也有利于达到“视界”的融合，开辟新的意义空间。在“对话”的基础上，“反思”指向人文教学的教育性的最终实现，促使师生双方展开对自我存在方式和意义的批判性检验。最后，人文教学对教师的素质提出了很高的要求，这里所说的素质不仅包括他们的专业素质，还包括他们本身的人文素质。一个既有很高的专业素质又有很好的人文素质的教师，本身就具有很大的人文教育意义，就是取之不尽用之不竭的人文教育资源。

总之，源于“自然世界”、“社会世界”和“人文世界”的不同以及与之相关的自然知识、社会知识和人文知识的不同，科学教育、社会教育和人文教育也各有特质。认识和理解这些特质，对于深化各种不同形式的教育改革，提高它们的实际教育效果和整体教育质量是非常重要的。在当前，特别是要认识到人文世界、人文知识与人文教育的独特性，从而将人文教育从大量事实、概念、原理及技术的重负中解放出来，唤醒青少年一代真正内在的人文需要，提高他们的基本人文素质，帮助和鼓励他们理解历史上高尚的人文理想和人文精神，切实增强他们对消费主义、功利主义、享乐主义、虚无主义等堕落的人文意识的批判力和抵抗力，使他们真正地感受和体验到人性的美好和不可让渡的尊严。这无论是对于他们自身的幸福还是对于中国社会的未来发展都是非常重要的。如果说缺乏人文世界的世界不是一个完整的世界，缺乏人文素质的人是一个不完整的人，那么缺乏人文教育的教育也是不完整的教育。不完整的教育就会造成不完整的人，就会造成不完整的社会和世界，就会给我们和我们共同栖息的世界带来无法预测和消除的灾难。

# 第八章　本土知识与教育改革

如我们在第二章中所分析的那样，随着以自然科学知识为典范的现代知识型被解构，一大批原来被压迫或被剥夺了合法性的知识进入新的知识世界中，成为新的知识世界合法的成员。这在很大程度上改变了人们的知识观念，改变了知识世界的基本格局，使得知识形态的“多样性”（multiplicity）特征日益明显。我们在第六章中所介绍的“缄默知识”就是一种新近获得合法性的知识。在一定意义上，我们在第七章中所分析的“人文知识”也从现代知识型中解放出来，重新获得了近代以来其曾被剥夺了的或受到根本怀疑的合法性。我们在本章中所要介绍和分析的“本土知识”（indigenous knowledge）也是这样一种需要重新被合法化或者说在最近几十年中正在逐渐重新被合法化的知识。

自 20 世纪 70 年代末 80 年代初以来，出于一些非常复杂的原因，“本土知识”逐渐引起人们的重视，许多国际性和地区性的学术组织与教学组织陆续成立，召开了一些国际性、区域性或地区性的会议，专门讨论和研究本土知识的定义、性质、作用、类型，以及与之相关的一系列问题，出版了数量可观的研究成果。例如，1987 年，美国爱荷华州立大学（Iowa State University）成立了农业和农村发展本土知识中心（Center for Indigenous Knowledge for Agriculture and Rural Development，CIKARD）。该中心致力于对本土知识进行跨学科的研究、开发本土知识课程、培训有关人员及从事一些发展项目。该中心特别注意记录和保存全球范围内农民及其他农村居民的本土知识，并将这些知识提供给研究发展问题的专家和科学家[①]。1995年，美国宾夕法尼亚州立大学成立了一个本土知识国际协会（International Consortium for Indigenous Knowledge，ICIK）。这个协会提供多方面有关本土知识的服务，如“致力于使本土知识合法化”“寻找适合本土知识的研究方法”“为学生和教师提供有效记录和使用本土知识的方法论”“通过尊重不同文化中特有的认识方式来促进文化多样性”“促进本土社区和学术机构之间跨学科的、参与式的研究，并就一些问题的解决进行合作”“帮助教师和学生找到国际本土知识资源中心网站”“通过广泛的辩论使教师们增强本土知识意识”“鼓励本土认识论与西方认识论之间的互动，以便找到生产知识的新方法”。(Semali，Kincheloe，1999)[5] 除了美国以外，澳大利亚、新西兰、菲律宾及一些非洲国家，都成立了类似的学术与教学组织。

20世纪90年代以来，本土知识不仅引起了学术组织和民间组织的浓厚兴趣，也引起了联合国有关部门的高度重视。1994年和1995年，受联合国开发计划署（United Nations Development Programme，UNDP）资助，三个地区（玻利维亚、马来西亚、斐济）先后召开了有关本土知识保存和保护的会议。会上，来自不同地区的代表就本土知识的保存和保护问题达成了一些共识，发表了共同声明，并就一些有关本土知识近期和中期的保护与保存工作进行了专门讨论，极大地促进了国际范围内对本土知识的认同、研究、传播和利用。(Semali，Kincheloe，1999)[344-359] 可以说，在20世纪末，“本土知识”不仅已经成为一种新的、独特的知识类型，也已经成为国际、国家及本土社会在制定和实施各种发展规划、培训从事发展工作的人员的一种重要的知识基础，对于本土人民重新认识本土社会发展动力、重新设计知识生产体系、深化教育改革等各项社会事业都具有非

---

① 该中心成立的目的是：第一，记录、收集和传播具有地方性的农业和农村发展知识；第二，发展更为先进的证明这些知识的方法；第三，指导建立在本土知识基础上的训练课程；第四，支持针对本土知识的跨学科研究；第五，促进建立地方性的和全国性的本土知识资源中心。参见：WARREN D M, SLIKKERVEER L J, BROKENSHA D., 1995. The cultural dimension of development: indigenous knowledge systems [M]. London: Intermediate Technology Publications Ltd.:427.

常重要的指导意义。从认识论上说，本土知识不仅是后现代知识转型的产物，其也推动了后现代知识的转型，促进了人们对于“知识”与“文化”关系的深入反思，最终确立了“知识境域化”（contextualization of knowledge）的观念。

遗憾的是，从已有资料来看，直到20世纪90年代末，我国没有成立任何一个旨在专门研究和整理本土知识的学术组织或教学单位，没有加入任何一个有关本土知识的国际性或地区性组织，也没有举办或承办过有关本土知识的国际性或地区性会议。这在很大程度上影响了我国有关本土知识的研究、教学和利用。从对国际范围内的文献的检索来看，我国学者在这方面的贡献也是非常有限的。但是，这并不是说我国学者没有开展这方面的研究。事实上，有关各种各样本土知识的研究在我国还是很多的，例如，有关“传统医学”“藏医药”“民俗学”“民间社会”等研究基本上都属于这种类型的研究。近些年来，有关社会科学本土化的讨论也涉及有关问题。但是，这些研究一方面大都局限于学科视野的范围之内，比较封闭，不同学科彼此之间交流不多，致使“局外人”们（outsiders）很难了解这些研究，更谈不上影响公众和政府的相关政策了。另一方面，这些研究所涉及的学科领域还是太少，且又大都采用“科学的”方法，由“学科专家”操控，将研究对象当成完全被动的、孤立的观察和分析对象，因此所获得的本土知识总是零碎的、“化石式的”，除了有利于学科建设以外，对于本土人民和本土社会的发展总的来说益处不多，本土知识的价值包括其教育价值还没有能够真正地显示出来。为了促进国内有关方面的研究，特别是为了促进国内教育界对本土知识教育价值的重视，本章力图在知识转型的理论框架中简要阐释本土知识的基本含义和特征，分析本土知识研究在20世纪80年代勃兴的原因及本土知识对于本土社会发展的重要价值，最后从本土知识和内在发展的理论视野出发，就我国21世纪教育改革中的相关问题提出一些值得进一步讨论的策略性建议。

## 一、什么是本土知识

实事求是地说，尽管过去几十年来人们对本土知识的兴趣日益浓厚，出现了大量有关本土知识研究的文献，但是到目前为止，对于“什么是本土知识”这一问题，学者们并没有能够达成一个真正的共识。经常出现的情况是，每一个学者或研究机构根据自己所论述或研究的问题对“本土知识”下一个规范性的定义，不同的定义之间既有相同的地方，也有不相同的地方；既可能在这个地方相同或不相同，又可能在另一个地方相同或不相同；一个定义中所包含的内容在另一个定义中又被删除。这种情形真是印证了维特根斯坦后期有关定义的“家族相似”学说：所有的定义看起来都属于一个“家族”，彼此之间有着这样或那样的相似性，但是又都不完全相同。如果旁观者有足够的耐心和时间，可以在不同的定义之间发现这样或那样的渊源关系。

康克林（H. C. Conklin）在他的《火努努的农业：关于菲律宾整体轮耕系统的报告》一文中，将“本土知识”界定为“民族科学”（ethnoscience），即一个民族在自己的生存、延续和发展过程中所形成的、具有自己独特内容与形式的知识体系，其对应近代以来形成和得到广泛传播的“西方的科学”（western sciences）或“欧洲的科学”（European sciences）。这一定义试图将“本土知识”与“西方知识”对应起来，对后来所有本土知识的定义都产生了很大的影响。布罗肯夏（D. Brokensha）将“本土知识”定义为“本土人民所共同分享的知识”，强调本土知识是“本土人民的智力财富”，这实际上是宣布了本土知识的政治属性，启发了人们后来从社会学角度来认识“本土知识”和“本土知识的反抗”。伊利奇（I. Illich）则更是明确将本土知识看成“人民的科学”（science of/by people），类似于康克林的“民族科学”。所谓“人民的科学”是与“为了人民的科学”（science for people）相对应的。“为了人民的科学”是指第二次世界大战以来某种被称为“研究与发展”的东西，它们通常由一些大型的机构来组织，如政府、工业组织、大学、医疗中心、军队、基金会等。这种研究所需费用较多，但都假定是为了人民的利益。“人民的科学”则是指那种没有获得或获得很少的经费支持，没有发起和赞助单位，其研究成果也不可能在那些重要杂志上发表的科学。从研究主体来说，这种科学研究大都是由人民自己在日常生产和生活中进行的。他们对于“专利”没有兴趣，研究的目的是直接改善自己的生活。显然，这些早期的定义侧重于强调本土知识的本土性质或人民性质，以反抗西方现代科学在本土社会所构成的知识霸权。在某种意义上可以将这样的定义看成前殖民地国家和人民为挑战西方知识霸权而做出的抗争。

比起这些早期具有很明显的政治倾向的定义来说，最近的定义则更加学术化。莫里亚尔（M. Maurial）认为：“本土知识是本土人民在某一地区与自然的相互作用过程中所形成的认识和智慧结晶。本土人民，有着共同的被西方文化殖民化的历史，不断地再生产着这种知识。”（Semali，Kincheloe，1999）[62] 她还提出了本土知识的三个特征：“地方性”、“整体性”和“口头性”。沃伦（D. M. Warren）和迈基尔南（G. McKiernan）则认为：“本土知识是地方性知识——某一文化或社会所独享的一种知识。本土知识与通过大学和研究机构所产生的国际知识体系相区别。”（Warren，Slikkerveer，Brokensha，1995）[426] 值得注意的是，沃伦和迈基尔南在这里不再将“本土知识”与“西方知识”相对应，而是将其与“学校知识”（school knowledge）或“学院知识”（academic knowledge）相对应。这一细微的修正为认识第三世界之外的西方社会本身所存在的大量本土知识预留了空间，也挑战了传统的本土 / 西方二元分析模式。维格维尔（M. Viegever）则从知识生产的角度将本土知识定义为：第一，它“是某种动力系统的产品（依赖每一个本土居民的创造性才能）”；第二，它“是任何一个社区的自然和社会环境不可缺少的一部分”；第三，它“是一种集体的产品”。（Semali，Kincheloe，1999）[337] 这个定义基本上可以看成对上面两个定义的重新叙述，但是却明确地提出了看待本土知识的“角度”问题。受维格维尔的启发，基罗斯（C. Quiroz）从知识保存形式的角度定义“地方性知识”或“本土知识”。“概括地说，地方性知识体系就是保存在非正式部门的一系列信息，通常采用非书写的和口述的形式，而不是采用书面文本的形式。与之相反，正式的知识是保存在书面文本中，采用合法的符号因而具有一定权威的知识。”（Semali，Kincheloe，1999）[306]

有关“本土知识”人们还有许多其他的称谓，奥莱德里（F. K. Oladele）对此做了比较详细的收集工作，如“传统知识”（traditional knowledge）、“以文化为基础的知识”（culture-based knowledge）、“社区环境的知识”（community enviromental knowledge）、“农民的知识”（rural people's knowledge）、“本土技术知识”（indigenous technical knowledge）、“民间科学”（folk science）、“村庄的科学”（village science）（Warren，Egunjobi，Wahab，1996）[151-152]。就我个人目前接触到的称呼而言，还有“民俗知识”（folk knowledge）、“前现代的知识”（pre-modern knowledge）、“原始的知识”（primitive knowledge）、“被压迫的知识”（subjugated knowledge）、“殖民地的知识”（colonial knowledge）、“土著的知识”（aboriginal knowledge）、“非正式的知识”（informal knowledge）等等。

总结上述的各种定义和称谓，我个人将“本土知识”定义为：本土人民在自己长期的生活和发展过程中自主生产、享用和传递的知识体系，与本土人民的生存和发展环境（既包括自然环境也包括社会和人文环境）及其历史密不可分，是本土人民共同的精神财富，是一度被忽略或压迫的本土人民实现独立自主和可持续发展的智力基础和力量源泉。

该定义试图凸显本土知识是具有下列关键特征的知识：第一，本土知识是一种“地方性知识”（local knowledge）；第二，本土知识是一种“整体性知识”（holistic knowledge）；第三，本土知识是一种“被压迫的知识”（subjugated knowledge）；第四，本土知识是一种“授权的知识”（empowering knowledge）。

本土知识作为一种“地方性知识”主要是指，在知识的生产方面，本土知识是由生活于一定文化时空中的本土人民根据自己所处的独特的自然环境和社会环境的要求所生产的知识，处于不同文化时空中的本土人民往往生产不同的本土知识以满足自己的需要；在知识的传播方面，本土知识也主要是在这一特定的文化时空中传播的，对本土知识真理性的理解依赖于这种特定的文化时空；在知识的享用方面，本土知识也主要是供这一特定文化时空中的人民享用，其有助于本土人民建立自己与自然和社会的和谐关系；在知识的合法性证明方面，本土知识只有在这种特定的文化时空中才能获得人们的认可，一些特殊的证明方式也才能被人们接受。

一般而言，将本土知识又称为地方性知识现在已经没有人表示反对，但是对于“地方性”的含义不同的人在理解上还是有不小的差异。有的人认为，“地方性”主要是指“前殖民地地区”或一些原始部落，像非洲、亚洲、大洋洲的一些曾经遭受过殖民主义统治的地区及至今人迹罕至的原始部落等。因此，“地方性知识”或“本土知识”是与“西方知识”或“殖民者的知识”相对应的，是早先被殖民者贬为“原始的”“非理性的”那些知识。持这种观点的人大都来自前殖民地国家。他们之所以用这样一种“地方性”概念来界定“本土知识”，其目的就是要借助“本土知识”的研究和教学重建500多年来被殖民者所破坏的本土知识传统。因此，从他们的角度来看，这种界定或理解是有着特殊意义的，也是无可非议的。但是，从一般认识论或知识理论的角度来看，正像沃伦等人所指出的那样，这种简单的二元对立的思维方式有很大的局限性。一方面，这种简单的二分对立的思维方式否认了在西方国家内部存在着“地方性知识”或“本土知识”的可能，将“本土知识”研究的适用对象局限于前殖民地国家或一些原始部落；另一方面，它又否认了在一种相对来说比较大的本土知识传统内部还存在着相对来说比较小的或局部的本土知识传统的可能。而且，将以现代科学技术形态表现出来的“西方知识”笼统地排除在“本土知识”之外，本身就没有正确地理解由后现代思想家所揭示的“知识的境域性”，没有准确地理解所谓的“西方知识”本身的“地方性”。事实上，正如塞玛力（L. M. Semali）指出的那样：

> 西方生产知识和建构实在的现代主义方式只是多种多样的地方性认识方式中的一种——它以一种拒绝承认自己地方性的地方性知识体系试图生产那种超越地方性的知识的方式。如果忽略了生产这

> 种知识的境域，这种知识就会变成“真理”，就会变成众所周知的笛卡尔还原论的产物。如果忽略了生产这种知识的境域，人们就会把问题肢解为孤立的要素，分门别类地对其加以检验和概括，最后宣布自己发现了“真理”。这种合法化就会提供一种高级的知识，用来支配那些没有机会获得这种知识的人民。当这种过程存在的时候，西方科学促进了知识生产的一种等级制或线性形式，这种制度或形式对于为知识提供意义和可能的应用前景的境域置若罔闻。在这个过程中，与知识生产和应用中所隐含的文化假设相关的问题被认为是无关紧要的。(Semali，Kincheloe，1999)[29]

这样一来，“地方性”不仅是“本土知识”的特征，也是人类所有知识包括“西方（科学）知识”的特征。将“地方性”作为前殖民地国家或原始部落“本土知识”的特征并与“西方知识”相对应就不妥了。因此，比较适宜的理解应该是将“地方性”理解成与“全国性”和“国际性”相对应，而不是与“西方性”相对应。这样，作为“地方性知识”的“本土知识”就像“地方粮票”一样只能在地方上制造、流通和使用，而不能在全国范围或在其他国家及地区流通和使用。如果它想突破自身的地方性局限，那么就必须遵循全国的或世界上公认的知识标准。如果全国和世界上公认的知识标准就是西方现代科学知识的标准，那么“地方性知识”（“本土知识”）才是与西方现代科学知识相对而言的。按照这种理解，“本土知识”的边界就比较灵活：相对于“国际性”而言，“全国性”也就是“地方性”；相对于“地方性”而言，“全国性”就不再是“地方性”；在西方国家内部，如美国的阿巴拉齐亚山脉和老城区，也存在着地方性知识或本土知识；在一些人口或民族构成比较多样和复杂的地方，可能还有更小范围的“地方性知识”或“本土知识”。此外，作为一种地方性知识，本土知识在存在或传播方式方面也不一定都像莫里亚尔或其他许多人所说的那样仅限于“口头”。事实上，在世界上许多地区，地方性知识也以文字符号的方式被记录和传播。

与本土知识的“地方性”比起来，本土知识的“整体性”几乎是没有任何争议的。本土知识的整体性大致包含以下几层含义。第一，本土知识与本土生活方式是密切结合在一起的，以至于“局外人”很难分得清哪儿是生活，哪儿是知识，对本土知识的理解也必须深入到本土生活中去才有可能。第二，本土社会的认识方式是以整体思维为主，而不是以分析思维为主，其倾向于将某一问题纳入一个更大的问题领域中认识，而不是倾向于将其孤立出来单独分析和研究。第三，本土知识本身尽管多种多样，涵盖了现代西方科学所有的科学门类，但它们不是像西方现代科学那样分门别类，彼此之间有着严格的学科界限。与之相反，本土知识的不同部分之间往往是相互渗透的，彼此分享着一些共同的宇宙论、本体论、人性论等，形而上学的成分甚至神秘主义的成分比较大。第四，本土知识的保存和保护不能采用孤立或分离的方式，正如列那珥（R. Reynar）所警告的那样：

> 一旦将本土知识从它们所赖以存在的自然环境和人文环境中抽离出来，它们就不能再得到发展。因此，要想使它们继续得到发展，只有使它们（继续）参与自然生活和社区生活。所以，谁要是想将本土知识从支持它们的自然环境和人文环境中抽离出来，谁就等于预判了本土知识的死刑，就等于要彻底斩断它们的命脉。当本土知识从它们所赖以存在的自然环境和人文环境中抽离出来以后，本土知识也就不再是本土的了，其将孑然而立。（Semali，Kincheloe，1999）[290]

基罗斯也指出：

> 地方性知识必须在地方人民的文化框架内才能得到理解。将它与它的文化背景相分离就会忽视它在社区存在和团结中所发挥的作用。所以，地方性知识不能通过将其收藏在图书馆或记录在纸上或电子产品上而得到充分的保存。就像保存生活的多样性一样，地方性知识只有在不断被使用的过程中才能得到保存，充满生气。

（Semali，Kincheloe，1999）[306]

在大多数情况下，本土知识的生产者、传播者和消费者之间基本上是没有严格的界限的，每一个人既是本土知识的消费者，同时又是本土知识的生产者和传播者。因此，在本土社会中，尽管会存在一些知识的权威，如有经验的农民在村庄中拥有权威，但是，基本上不会产生“知识阶级”和“无知阶级”的分化与对立。

作为一种地方性知识和整体性知识，本土知识在近代以来成为一种福柯所说的“受压迫的知识”，也即一种长期被剥夺合法性的知识。实施这种知识霸权的有两方面的因素：一方面是认识论的因素，另一方面是政治的因素，这两方面是紧密联系在一起的，准确地说，前者是为后者服务的。就认识论的因素而言，正如我们在第二章中所指出的，任何一个时代都存在着事实上的知识多样性，但是并不是任何一种知识在任何一个时代都可以具备或被赋予“知识”资格，这是因为它们受着当时流行的或占主导地位的知识型的控制。无论是在原始社会、古代社会还是现代社会，只有符合一定知识型所制定的知识标准的知识或经验，才能成为合法的知识，才能享有知识的权力。否则，就会受到知识政体的排斥和压制，成为知识王国的“奴隶”，位于知识王国的底层。在原始社会，除了神秘知识，其他所有人类经验都被剥夺了知识的合法性；在古代社会，除了形而上学和神学知识，其他所有知识也都遭到了古代知识型的压迫；在现代社会，自然科学知识及建立在自然科学知识基础上的现代知识型占据了统治地位，因此，与自然科学知识理想或知识标准不一致的知识都受到了不同程度的排斥、压抑和压迫。而自然科学的知识理想或知识标准无非就是“客观性”“中立性”“普遍性”，这些恰恰是本土知识所不具备的。在这种情况下，本土知识最终被剥夺了知识的合法性。事实上，在一些早期进入欧洲以外的地区的殖民者眼里，那里的人民因为缺乏西方社会所生产的所谓的现代知识就被看作“未开化的”“原始的”“野蛮的”。“本土的”一词一开始也是和这些蔑称紧密地联系在一起的。在这种假设和判断下，向本土社会输入“科学的”或“西方的”知识就是一项道德的事业，甚至是一项神圣的事业。殖民地教育体系的建立使得这种知识的压迫进一步合法化了，一代又一代的本土青少年从学校中学习的不仅有西方“先进的”科学知识，还有对自己所在地区的本土知识及其所建构的整个本土文化的蔑视。伴随着这种本土知识被压迫的过程的，就是本土人民“心灵的殖民化”（colonization of mind）过程。这种心灵的殖民化加剧了政治上的和经济上的殖民化，以至于前殖民地国家在独立后仍有难以愈合的文化创伤。因此，“本土知识”的“重新合法化”（re-legitimatization）在相当程度上就是要解除这种心灵的殖民化，重建本土知识传统。

在研究本土知识的人看来，与外来的知识主要是西方科学知识不同，本土知识是一种“授权的知识”或者说是一种能够使本土人民产生真实的“力量感”的知识。这种知识的获得与增长能够切实帮助本土人民更好地认识自己所面临的问题，更好地解决这些问题，增强自力更生的能力，降低对外来发展专家或机构的依赖性。对于本土人民来说，他们之所以需要本土知识的“授权”（empowerment），一方面是因为长期以来西方知识对本土知识的压制已经导致他们在生活和实践中形成了严重的精神危机和依赖心理，导致他们在关系到自己生活和命运的问题上“失声”（voiceless）。另一方面是因为本土人民越来越发现，那些主要来自西方社会的所谓科学知识在解决一些严重的本土问题上是没有效果的，甚至产生了许多难以消除的负面影响：“工业化”或“现代化”的过程破坏了“人”与“环境”之间的和谐关系，“个人主义”破坏了传统社会的亲密感，“功利主义”使得人们放弃了精神的追求，“西方中心主义”又使得本土社会成为“被人遗忘的角落”。在这种状况下，本土社会的历史无人问津，大量的本土文化遗产在不断消失。外来的学者要么是将一些现成的西方科学理论应用于本土社会，使本土社会成为西方理论的“试验田”；要么是将一些本土材料从本土社会“拿走”，作为他们发表论文评点本土社会的证据。这些人实际上并不关心本土社会，他们关心的只是他们的理论及其市场价值。本土人民认为，他们自己而且只有他们自己才与本土社会有着“休戚与共”的关系，因此他们自己应当在本土社会的发展方向和发展前景上具有优先的发言权。而要真正地获得和使用这种发言权，本土知识就是必不可少的思想资源。因为本土知识作为一种地方性知识和整体性知识，恰恰是在本土人民的生活和发展过程中所形成的智慧结晶。本土知识尽管在形式上不符合西方乃至当前全世界流行的知识标准，但是本土知识的合法性已经得到了本土社会历史的独特证明。本土知识对于解决本土问题来说，是一种真正有效的知识。数千年来形成的本土知识传统中包含着真正的生存智慧，这种智慧是西方的科学知识或拒绝承认自己本土性的西方的科学知识所不可能给予的。在现实的条件下，尽管本土知识不可能真正地代替西方的科学知识，但是本土知识至少为本土人民提供一种他们自己所熟悉的界定问题、观察问题、分析问题和解决问题的视角。本土知识传统的重建是本土社会实现可持续发展和独立自主发展的重要条件。

与本土知识在近代以来受压迫的原因类似，本土知识在近几十年的兴起也主要是由于认识论和实践的原因。从认识论上说，20 世纪 60 年代以来，人类的知识形态发生了一次重要的转型，即从现代知识型转向后现代知识型，也即从科学知识型转向文化知识型。这种知识转型产生了重大的认识论后果：一方面，它挑战了近代以来借助于工业力量和政治力量所形成的西方知识霸权和认识论霸权，使得当代的人们有可能真正地解除对西方知识“客观性”“中立性”“普遍性”的迷信，更加深刻地认识西方知识的文化性和权力性质，认清西方知识的境域性，从而为从根本上遏制西方知识的全球扩张提供了思想前提。另一方面，它使得人们有可能以公允的眼光来看待本土知识及其与“西方知识”或其他霸权知识之间的权力关系。没有这种知识转型，西方知识的境域化与本土知识的合法化诉求几乎都是不可能的。事实上就后者而言，早在 19 世纪的人类学研究中，一些人类学家如泰勒（E. B. Tylor）等人就已经发现那些本土社会并不是处于一种文化荒漠状态，而是有着它们自己的知识体系。但是，受制于现代知识型的约束，它们不可能承认这种本土知识与所谓的科学知识拥有同样的合法性，典型的做法就是用达尔文的进化论所提供的线性逻辑将自己的本土知识视为“原始的”或“前现代的知识”，也就是“过时的”“需要淘汰的”或最多是“没有充分发展的”知识。人类学家对这种知识的研究或者是出于一种学者的好奇心，或者是为了增加殖民者对本土社会的了解与控制。20世纪60年代以来，随着后现代思想家们对西方近代以来所建立的科学知识型的深入批判，特别是福柯等人对知识与权力关系的明确揭示，人们才注意到知识的文化性、境域性问题，才真正在知识多样性的视角下来看待本土知识，从而导致20世纪80年代本土知识研究在本土社会的勃兴。

从实践方面来说，本土知识研究的兴起与上述本土社会对于社会发展的重新思考有关，我们在下面一节中要详细分析这个问题。除此之外，本土知识在西方社会受到一定程度的重视还与商业或经济利益密切相关，这是因为全世界各个地区不同的本土知识传统中保存了大量对于西方社会来说有商业价值的东西。这种价值体现在两个方面：一方面，本土知识可以使西方社会更好地了解作为西方商品市场的本土社会，从而为他们制订更为有效的商业生产和营销战略提供前提。著名的可口可乐公司的本土化经营和管理方式就是经典的例子。另一方面，本土知识中包含了大量可以进行商业开发和利用的东西。如上所述，本土知识作为一种地方性和整体性知识，是本土人民在长期的生存和发展过程中的智慧结晶，反映了本土人民在生活的各个方面积累的卓越智慧。这些智慧一旦被从本土知识体系中“分离”出来，开发成标准化的易于在全球市场销售的产品或服务形式，就可以带来大量的商业利润。举例来说，在世界各地的本土医药知识中，有许多东西是非常珍贵的，是广大本土人民在长期的健康保健中摸索和总结出来的。但是，在本土知识体系中，它们无法得到明确的解释，或者说，本土人民根本不追求明确的解释，只要它们能够在本土社会中被有效地应用就行了，这也是由本土知识的整体性特征所决定的。而一旦西方的医药公司通过西方的科学方法或本土的医学家运用西方的科学方法发现了其中的原理，那么西方的医药公司就会建立庞大的生产线，继而占领原来属于本土传统医药产品的市场，在损害本土经济利益的前提下牟取大量的利润。下面这些数字能够比较形象地说明问题：

> 对本土人民所栽培的多种多样农作物基因的采集——有时是偶然的，有时是系统化的——已经为工业化国家带来了相当可观的经济利益。从发展中国家所采集的15种主要农作物的基因平均每年单为美国就带来了超过500亿美元的巨额收入。有人粗略地估计，美国医药收入的1/4直接或间接地得益于本土栽培或生长的药用植物。（Semali，Kincheloe，1999）[338]

鉴于这种本土知识可能带来的巨额经济利益，我想美国之所以成立那么多国际性的本土知识研究机构，恐怕不仅是为了向所谓的发展问题专家和科学家提供服务，更重要的也许是为了向美国各种各样的公司和企业提供服务。这恐怕也是这些研究机构能够源源不断地获得经济资助的根本原因。在这种情况下，本土知识的知识产权保护问题就成为国际知识产权斗争的一个重要组成部分，理应引起广大发展中国家或本土社会及本土人民的高度重视。

## 二、本土知识与内在发展

随着知识经济时代的来临，有关知识问题的斗争越来越成为国际和国内政治斗争的一个重要组成部分。本土知识概念的提出在相当程度上就反映了本土社会特别是前殖民地社会维护和保护自己独特的知识权益的要求。但是，正如许多研究本土知识的专家——主要是来自发展中国家和不发达国家的专家——所指出的那样，尽管本土知识这个概念的提出已经有几十年了，但是本土知识权益的维护和保护问题仍然没有得到本土社会及广大发展中国家和不发达国家的高度重视。这一点在我国是非常明显的。这里的原因是多方面的，其中主要的原因之一就是一些国家在西方科学主义的迷惑下没有认识到本土知识的价值，没有认识到本土知识作为一种知识资源在本土社会或国家发展过程中所具有的不可替代的作用。因此，系统地阐明本土知识的发展价值，就成为宣传本土知识观念，解构西方知识霸权，促进本土知识的研究特别是本土社会的本土知识研究，充分而积极地利用本土知识修正和实现社会发展目标的重要步骤。

18 世纪中叶以来，“发展”（development）成为西方社会有关文化斗争的核心概念和重要隐喻。当时，“发展”意味着“人性”的自我实现，意味着社会系统由低级向高级形态的进化，意味着整个人类一种绝对的成长过程。对“发展”的这种理解侧重于“发展”的文化意义。19 世纪中叶，随着工业的迅速发展，特别是随着达尔文的生物进化论的问世，“发展”具有了更多的经济和政治意义。在一定程度上，“发展”就意味着“生存”，“不发展”就意味着“灭亡”。有人甚至直接将莎士比亚的名言“生存还是毁灭，这是一个问题”（to be or not to be，that is a question）改成了“发展还是不发展，这是一个问题”（to develop or not to develop，that is a question）。19 世纪末，西方主要资本主义国家从政治、经济、文化、军事等各个方面完成了自己的现代化进程，成为众所周知的发达国家。此时，“发展”就成了那些广大的殖民地和半殖民地地区或国家用来表达自己社会理想的专有术语。形形色色的“发展理论”也是针对这些国家或地区提出来的。20 世纪的两次世界大战并没有改变近代以来所形成的基本世界格局，“南北问题”和“东西问题”依然非常突出。第二次世界大战以后，随着世界殖民体系的瓦解，新独立的国家加入了后发现代化的行列，开始关注自己的“发展”。而此时，所谓的“发展”或“现代化”就被理解成了“工业化”或“西方化”，“科学”或“西方科学”被看成促进经济发展和社会变革的重要工具，本土知识或本土文化则被看成阻碍发展目标实现的主要因素。作为实现本土社会发展的一个重要条件，各种各样的“文化革命”不仅发生在我国，也发生在亚洲、美洲、非洲和大洋洲的广大地区。“发展”成为一个穿越意识形态和文化时空的观念，成为许多本土社会的福音。在“发展”观念的支配下，西方的生产模式、政治制度、价值观念和知识体系迅速在全球扩展，形成了今天人们所谓的“全球资本主义体系”。

然而，20 世纪 70 年代，人们终于发现了一个惊人的事实：“发展”“工业化”“现代化”并没有帮助大多数前殖民地和半殖民地国家或地区摆脱贫困的命运，发达国家与发展中国家及不发达国家之间的差距不仅没有缩小反而在扩大。与此同时，发展中国家及不发达国家或地区不仅在经济上、政治上严重地依附于发达国家，而且已经形成了文化上的严重依附性。成百上千年传承和积淀下来的本土文化价值观念和知识体系在西方“文化工业”的冲击下变得千疮百孔、面目全非，其造成的一个严重后果是本土人民从事社会建设事业的“自信心”丧失。此时，“发展”已经不再是充满热情的自我实现，而是无可奈何的“异化”过程。“第三世界”的发展事业遭遇了严重的危机。20 世纪 80 年代，联合国教科文组织在对复杂的和多边的发展过程进行认真的反思之后，提出了新的发展模式——“内在发展”(endogenous development) ——以区别于传统上过分依赖于外在因素和力量的发展模式。所谓“内在发展”是指，如果发展是为了实现本土人民的期望，那么它就不可能模仿任何一个外部的模式，必须采用本土人民自主选择的目标和方法。任何外部的因素都只能是帮助这种内在发展目标的实现，而不能阻碍或干扰它的实现。换句话说就是：

> 发展越来越被看成一个唤醒的过程，一个激发社会大多数成员创造性力量的过程，一个发挥社会大多数成员个体作用的过程，而不是被看成一个由计划者和学者从外部解决问题的过程。( The UNESCO Press，1981 )[65]

这种发展模式所力图强调的是：

> 人民不能被发展，他们只能自己发展自己。……一个人,( 只能 ) 通过他的所作所为，……通过自己做出决定，通过增进对自己正在做的事情及为什么做这些事情的理解，通过增加自己的知识和提升自己的能力，通过自己全方位地参与建设自己生活于其中的社区来获得发展。( The UNESCO Press，1981 )[73]

概括地说，“内在发展”的理念如下所述。第一，发展是一种“综合性的过程”（comprehensive process），而不可能是单方面的经济行为或政治行为。特别重要的是，“发展”目标只有在良性社会文化生态的基础上才有可能实现。在一个社会价值观念混乱、道德败坏的地区，是不可能实现社会发展目标的，即便是单纯的经济目标也不可能实现。西方的现代化也不仅仅是建立在“科学”和“工业”的基础上，其还建立在韦伯所说的“新教”伦理的基础上。第二，发展是一种“自主的过程”（self-reliant process）。在发展的过程中，外在的帮助是必要的，但是这种帮助不能演变为对本土政治、经济、文化和人民心灵的控制，否则发展就会因为缺乏内在的强大动力而没有实现的可能，本土人民也就不会成为发展的“主体”，而只会成为西方国家实现自己发展目标的“工具”。唤醒本土人民自身的意识、责任感和创造力，成为实现本土社会内在发展的关键。第三，发展是一种“可持续的过程”（sustainable process）。人类赖以生存的生态系统对于人类是极其慷慨的，但也是十分脆弱的，其一旦遭到根本性的破坏就很难恢复。对于绝大多数的本土人民而言，他们所栖息的土地是他们的祖先世世代代开垦、耕耘和遗留给他们的，他们及其子孙的未来都依赖于他们与环境的关系。他们有责任将一个良好的生态环境纳入本土社会的发展总体目标中去，而不能为了眼前的利益就牺牲掉整个的未来。第四，发展是一种“自下而上的过程”。在实现发展目标的过程中，国家的意志和行为是非常重要的，但是这种意志和行为不能仅仅体现在组织发展目标咨询活动、制订发展规划、进行基础项目投资和兴建一些骨干性的大中型企业上，还必须同时体现在关注本土人民的发展意识和能力上，体现在动员基层人民真正参与发展事业上。只有这样，发展才不仅仅体现为国民生产总值的增长，还体现为整个社会结构的日趋合理与社会秩序的日趋稳定，从而才能抵御或消除任何内部与外部的危机，降低发展的政治和社会风险。

而要实现上述理念，必须运用到本土知识，本土知识的作用是不可替代的。

首先，知识是文化的核心要素之一，本土知识传统构成了本土社会文化传统的核心，在本土社会各个方面的建设中都起着基础性的作用，担负着使本土社会生活合法化的重要任务，也担负着对本土人民进行广泛意义上的教化的任务。本土知识的不断丧失或边缘化必然导致本土社会主流文化价值体系的崩溃和传统生活方式的解体，从而为西方文化产品的趁势而入和本土人民“心灵的殖民化”提供空间。这就从根本上破坏了综合性发展的条件，使得本土社会的发展成为一种最终不可能实现的单纯经济或政治过程。

其次，本土人民若要实现自主性的发展，首先必须清晰地了解本土社会所遭遇的问题，认识这些问题产生的根源，寻找解决问题的可能方案，之后根据本土社会的实际情况实施这些方案，再根据不断获得的反馈信息修正这些方案。这个过程非常类似于波普尔在讨论知识增长问题时所提出的“猜测—反驳”的过程，其核心是对问题的理解和尝试解决。而要做到这些，仅有来自外部的知识如西方的知识或本土的专家知识是不够的。这些至今标榜着“客观性”“中立性”“普遍性”的知识一方面不可避免地带有它们价值的甚至是意识形态的偏见，另一方面容易形成一种压迫性的力量，最终将本土人民置于一种被动接受的地位。对于本土人民来说，重要的是不仅要以批评的眼光来看待这些外来的知识，更要能够习惯于利用和发展本土知识。从某种意义上说，只有本土知识真正被利用和发展起来，本土人民才有可能成为自己发展的主人，才能够在涉及发展方向、道路、方法等问题时真正地拥有发言能力。这就好比一个人，如果他对于自己生活于其中的社会一无所知，他不仅对此不以为然，反而时时处处异想天开地想着拿外部的知识来改造这个社会。可以肯定地说，除了碰壁和失望之外，他不会有别的收获。当然，这并不是说本土知识对于本土社会的发展来说已经足够了，不需要甚至反对外来知识，而只是想强调本土知识及其发展对于最终确立本土人民发展的自主性的重要作用。

再次，要实现可持续发展，就必须要认识到，造成当前各种生态灾难的不但有技术方面的原因，而且有深刻的观念或文化方面的原因。粗略地说，近代以来西方现代知识型所确立的机械的宇宙观、“人”与“自然”的对立、“主体”与“客体”二分的认识论、个人主义的人生观、功利主义的价值观、消费主义的生活态度，以及由此所造成的对自然资源无节制的掠夺是导致生态灾难的根本性原因。因此，重建人与环境之间的和谐关系，实现可持续发展，也就不仅仅是技术或资金问题，如大力发展环保技术，投入更多的用于生态保护的资金，等等，它更是一个转变世界观、价值观等的问题。值得庆幸的是，许多本土知识之中蕴藏着可以用来克服上述种种文化缺陷的积极因素。例如，中国传统文化中“天人合一”的观念，有强调人与自然和谐性的一面，其往往将自然灾难如火山、地震、洪水等看成对“人”特别是统治者本身过错的惩罚。这种观点在以前被看作谶纬之说，在今天看来，也有值得思考与借鉴的地方。在中国传统文化中，还有非常明显的“重义轻利”的价值观或人生观，其将提升人的“道德境界”（如从“小人”到“君子”以至于“圣人”等）而不是赤裸裸地占有尽可能多的物质财富作为人生的根本目的，这对于克服今天奢靡无度的社会风气，提倡过一种“清贫的”或至少是“有节制的”生活是有重要意义的。

又比如，在非洲许多地区存在着一种普遍的“自然”崇拜，将“自然”看成养育了包括动物、植物、人类在内的一切生命的“母亲”。“母亲”养育了所有的生命，也应该受到所有生命的尊重和爱护。阿桑特人的一首歌谣反映了当地人民的这种心理：

> 地球母亲，您出生于星期四，为您的诞辰干杯！
> 善良的母亲，您从不让自己的孩子挨饿受冻，为您的仁慈干杯！
> 无论是奔腾的大河，还是涓涓的细流，
> 无论是莽莽的森林，还是肥沃的原野，
> 都是您疼爱的孩子，为您的慷慨干杯！
> 您用那有力的手呵护着我们的生命，为您的爱心干杯！
> 不知疲倦的太阳每天清晨使我们精力充沛，为您的智慧干杯！
> 请接受我们的祝福，地球母亲，
> 愿我们永远相依为命。（Semali，Kincheloe，1999）[202]

另外一首民间歌谣更直接地反映了非洲人民对于保护地球环境的认识。

没有地球，我们会有我们的国王吗？不！
没有地球，我们会有我们的妻子吗？不！
没有地球，我们会有我们的丈夫吗？不！
没有地球，我们会有我们的孩子吗？不！
没有地球，我们会有我们的家庭吗？不！
没有地球，我们会有我们的生命吗？不！
没有地球，我们会有我们的农场吗？不！
没有地球，我们什么也不是。
千万不要使她愤怒，
她的愤怒会殃及每个家庭。（Semali，Kincheloe，1999）[202-203]

无论是对于本土社会而言还是对于西方社会而言，这些本土的观念或文化对于解决生态危机、实现可持续发展都不是可有可无的，而是必不可少的。没有这些东西，即使是国际组织或主权国家投入再多的资金，环境专家拿出再好的方案，也不可能从根本上解决本土乃至全球生态问题。因此，在一定程度上，本土环境知识，不但对于推动本土社会的可持续发展，而且对于解决全球社会的可持续发展问题都可以发挥相当独特的作用。

最后，没有本土知识的开发和利用，就没有“自下而上”的发展。“自下而上”的发展不同于“自上而下”的发展，后者只是一种纯粹的政府行为或专家行为，在很多情况下没有得到本土社会的理解和支持，而且这种发展模式在国际多边发展进程中已经被证明是失败的。“自下而上”的发展强调的是人民的觉悟、理解和积极参与，强调的是政府、专家与本土人民的密切合作，而不是以一种“恩赐”的态度去对待本土人民。而要真正地做到这一点，就必须改变传统上有关本土人民的知识假设。实事求是地说，传统上，我们由于顽固坚持西方科学知识的标准，过于将本土人民看成“无知之人”，看成根本缺乏发展能力。这本身是在实践一种知识霸权，是在剥夺本土人民知识的合法性。也许，他们对于“我们”所说的“科学知识”真的知道得很少，甚至根本不能理解我们的科学语言。但是，他们却不是“一无所知”的，更不是“文盲”(这个称呼有轻蔑意味)。他们对于自己生活的环境、遇到的问题、应该和可能采取的方案知道得比我们多得多。在城市里，是我们看他们的“洋相”，可是在村庄里，却是他们看我们的“洋相”。他们不但了解自己祖祖辈辈生活于其中的自然和社会环境，而且对于自然和社会环境的变革比我们有着更深的关切，因为那是和他们的利益密切相关的。道理是很浅显的，一个不适宜的发展方案不会给发展专家带来什么损失，甚至还会给他们带来修正方案和发表论文的机会。但是，这样的方案会直接影响本土人民的日常生活。仅从这个意义上说，他们对于本土社会的发展所做的发言在某种意义上比我们的发言更有分量、更有价值。他们才是真正意义上有关本土社会的“发展专家”。非常明显的例子，是安徽省凤阳县小岗村地地道道的农民为 20 世纪 80 年代中国农村改革找到了或创造了“联产承包”的方式，而不是名牌大学里的经济学家或农业部门的官员。因此，帮助本土人民重建本土知识的合法性，以理性批判的精神发展本土知识，最终有助于他们成为名副其实的发展主体，更好地认识自己的处境，找到更好的发展方式，真正实现“自下而上的”“自主的”“综合的”“可持续的”发展。

总之，如果说对于那些后发现代化国家或地区而言，理想的发展模式只能是“内在发展”的话，那么丰富的“本土知识”就是帮助本土人民实现内在发展的一种独特而宝贵的“资源”或“文化资本”，应该得到积极的保存、保护、发展和利用，而不能像扔包袱或扔垃圾一样地把它们扔掉。塞玛力明确地将“本土知识”在促进本土社会发展中所发挥的力量称为“转变的力量”(the transformative power)，意思是借助于本土知识，可以激发本土文化环境下人们的潜在力量，转变国际社会对于本土知识、本土人民和本土社会的刻板印象，促进本土社会的内在发展，真正改变近代以来资本主义全球扩张所形成的“核心－边缘”体系，建立一个真正多元和多样的人类发展生态。本土知识的发展价值也正如长期研究本土知识和本土发展问题的沃伦所指出的那样：

> 发展活动要想取得成功，本土知识是非常重要的。如果本土知识没有得到证明，它对于那些致力于寻找地方性问题解决办法的发展规划人员而言在很大程度上是不可理喻的。如果不能与地方性的知识体系相吻合，一种发展规划所提出的解决问题的办法就有可能失灵。发展规划的成功通常依赖于地方的参与。熟悉本土知识可以帮助发展机构工作人员更好地理解地方人民，同他们进行更为有效的合作，提高他们参与发展的可能性和可持续性。这样会使得发展项目成员与本地人民之间建立一种伙伴关系，在制订发展规划和开展活动方面进行更密切的合作。（Warren，Slikkerveer，Brokensha，1995）[426]

不过，无论是塞玛力还是沃伦，都主要是以一种“局外人”的眼光看待本土知识。这些“局外人”，强调本土知识的“工具价值”。实际上，对于作为“局内人”（insider）的本土人民来说，本土知识不仅仅具有“工具价值”，还具有“本体价值”或“内在价值”。这就是说，本土知识之所以重要，之所以要得到保存、保护和发展，不仅仅是因为它们对于国际组织实施发展规划或他们自己实现发展理想“有用”，更重要的是因为本土知识本身便是有价值的：它们蕴含着千百年来本土人民世代积累的智慧；它们的存在是人类知识多样性的确证；它们是本土人民日常生活合法化的基础；它们是凝聚本土社会的力量源泉。因此，本土知识的丧失或被压迫，所导致的也不仅仅是国际社会某些本土发展规划的失败或本土社会发展目标的落空，更重要的是本土社会的解体、人类知识多样性和认识方式多样性的消失。后一点将直接威胁到人类的知识交流，威胁到人类未来的知识创新。显而易见的是，从人类知识增长的历史来看，没有不同形态知识和认识方式的交流，就没有某种知识传统的改变，就没有新知识的产生。就是目前许多本土知识研究人员研究的作为本土知识对立面的“西方科学知识”也不纯粹是西方本土的产物，而是源于 11 世纪左右东方阿拉伯人和中国人的“世俗科学”，当时仅从中国传入的就有“定量制图法”（quantitative cartography）、“磁学”（magnetics）、“铸铁技术”（cast iron technology）、“机械钟”（mechanical clock）、“马具”（harness）等等（Semali，Kincheloe，1999）[25]。因此，本土知识从地球上的不断消失对于人类未来的知识创新从而对于人类未来的命运来说，都不是什么福音。从这个意义上说，保存、保护和发展本土知识，有助于抵制西方科学知识霸权，预防和解构人类知识的“同质性”（homogeneity），从而为人类未来的知识交流和知识创新预留空间。

毫无疑问的是，强调本土知识在本土社会乃至国际社会发展中的重要意义，并不是要贬低、拒绝或敌视任何外来知识特别是西方科学知识在本土社会和国际社会发展中的积极作用。正如一些本土知识研究人员所指出的，对于本土知识的“重新发现”及其社会意义不能抱有任何罗曼蒂克式的幻想，以为有了本土知识就可以解决所有的发展问题，从而再也不需要花力气学习任何外来的知识了。这种态度和那种自以为有了西方科学知识就可以解决一切问题的态度同样是形而上学的、错误的和有害的。本土知识这个概念的提出主要是要让人们认识到知识和认识方式的多样性，发现本土社会中所蕴含的发展潜能和智慧，以克服本土人民在发展能力方面的自卑；同时也是要让人们认识到西方或任何外来知识的“本土性”或“境域性”，以克服本土人民在发展过程中对外部世界的过分迷信和依赖。总之，本土知识这个概念的提出是为了从认识论方面帮助本土人民真正成为独立自主和自力更生的发展主体，而不是要使他们成为“封闭”“自大”“目空一切”的人。要达到这个目的，一方面需要在保存、保护本土知识的前提下以批判性的眼光看待本土知识①，另一方面也要以批判性的

① 瓦迪姆（R. K. N. Mwadime）从心理需要和社会文化传统需要两个维度将本土知识划分为绝对必要的本土知识、必要的本土知识、可要可不要的本土知识与无用的本土知识等四种类型。所谓“绝对必要的本土知识”是指，那些既能满足本土人民心理需要又能满足本土社会文化传承需要的本土知识；所谓“必要的本土知识”是指，那些虽然不能满足本土社会文化传承需要，但是能满足本土人民心理需要的本土知识；所谓“可要可不要的本土知识”是指，那些虽然能够满足本土社会文化传承需要，但不能够满足本土人民心理需要的本土知识；所谓“无用的本土知识”是指，那些在目前状况下不能满足本土社会文化传承需要和本土人民心理需要的本土知识。参见：SEMALI L M，KINCHELOE J L, 1999. What is indigenous knowledge? Voices from the academy[M]. New York: Falmer Press: 252–253. 他的这种划分对于我们如何批判地看待本土知识甚至是西方知识是很有启发性的。

态度来努力学习西方科学知识，促使两种或多种知识之间的交流和对话。在我看来，对于本土人民来说，在目前的知识与权力关系的状况下，这两方面的努力都应该加强，具体的措施主要有四点。第一，加强认识论研究，揭示和宣传近代以后西方认识论的文化特征，从而促使本土社会的知识转型，建立知识和认识方式多样性的理念。这一任务主要由本土社会的哲学家们来完成。第二，加强对本土知识的收集、整理、分析和研究，发展出适宜本土知识特征的研究方法，使本土人民更加深切地认识和理解本土知识在本土社会生存与发展中的重要意义。在这方面，国家、企业、大学等社会力量应该联合起来，发挥积极的作用，提供充分的政策、资金和智力支持。第三，促进本土知识与西方科学知识之间及本土专家与西方科学家之间的自由交流，促进本土专家、西方科学家和本土人民之间的真诚合作，使得各种力量都积极地参与到以尊重、维护和增加本土社会利益为前提的内在发展事业中去。第四，学校教育应该在其中发挥积极的作用，预防和克服本土人民在工业化或现代化过程中对于本土知识的“集体性遗忘”（collective amnesia），特别要使广大的青少年不仅成为了解西方或任何外部世界知识的一代，还要使他们成为熟知自己本土智慧的一代，成为能够综合各种知识与智慧，创造性地建设本土社会美好未来的一代。

不得不再次指出的是，尽管本土知识概念的提出已经有几十年，但是，对于本土知识重要性的认识却仍然主要局限于极小极小的一部分知识分子和负责本土社会发展项目的官员中间，本土知识还远远没有能够被联合国或国际组织、国家及地方政府决策部门、一般的知识分子、社会舆论、本土普通民众（包括青少年）等所接纳和认同。与此同时，在相当程度上，由于经济的全球化、本土社会“发展”任务的紧迫性[①]、西方现代知识型所产生的强大知识霸权以及以西方文化为核心的文化全球化等复杂因

① 这种紧迫性主要体现在经济发展的紧迫性上，因此，如何增加国民生产总值进而解决本土人民的基本生活保障问题就成了广大第三世界国家所面临的首要问题。

素，本土知识的生存环境承受了比以前更大的压力，近代以来发生的本土知识危机不是有所减轻而是更加严重。做一个不一定恰当的比较，本土知识从地球上消失的速度也许要比珍稀的动植物从地球上消失的速度还快。以我个人 20 年农村生活的经验[①]为例，1967—1987 年，我生活在丰富的本土知识之中，它们不但给予我道德的教化、生产的知识，而且伴我度过了美好的青少年时光，尽管那时没有电灯、没有电视、没有游戏机，甚至也没有收音机和少儿图书。如今再回到家乡，幼时的歌谣听不到了，幼时的游戏看不到了，幼时的谜语没人猜了，幼时的故事连同我所学会的那点可怜的生产知识一起失传了。“化肥”代替了“农家肥”，人们已经逐渐忘记了如何“积肥”[②]；农药代替了“田间管理”，很少有人知道一代又一代“田把式们”[③]摸索出来的利用水、土、阳光、上一年大气变化等综合知识来预防和解决威胁庄稼生长的病虫害问题的智慧。如果不及时收集、整理、分析和再生产、再利用这些知识，相信再过几十年，这些并非一无是处的知识恐怕就要真正永远地消失在人类的知识视野之中。

---

① 我于 1967 年出生于安徽省寿县石集镇（当时称“安丰人民公社”）松棵村（当时称“松棵大队”），我的父亲是名乡村小学的教师，我的妈妈是位农民。我在松棵村生活了 15 年。1982 年，我考上了寿县师范学校。当时这所学校就在石集镇上，离我家只有 20 分钟的路程，因此我在师范学校读书期间，也算是生活在农村。1985 年至 1987 年，我从寿县师范学校毕业后又被分配到石集镇三关村小学工作，同样没有离开农村。1987 年，我考上安徽师范大学（在芜湖市），此后我才算真正离开了 20 年来生我养我的农村，来到了“城市”。20 年的农村生活，我从父亲母亲及乡亲们那里学到了很多很多，但是我回报他们的却是极少极少。每念及此，我的内心总有一种深深的负罪感，常常潸然泪下。

② “积肥”需要很多很复杂的知识，如用什么东西做原料、在什么地方堆积、在什么时候添加人畜的粪便、如何翻晒、到什么程度才能够使用、使用时又该注意些什么（如使用的量、适用的作物等）。

③ “田把式们”是指大家所公认的那些“种田能手”。他们在村里德高望重。他们不是村里的“干部”，但是在我的记忆中，村里的农事安排一般都是听他们的，如什么时候下稻种、什么时候育秧、什么时候插秧、什么时候除草、什么时候收割庄稼、村里几个池塘的水应该如何根据季节的变化调用等等。村里其他人在种田这件事情上对他们都是言听计从的。小时候我只是觉得很奇怪，他们怎么知道那么多呢？例如，他们怎么知道晚了两天（48 个小时）下稻种，稻种就发不齐芽了呢？今天回过头思量，他们不仅仅用自己的方式掌握了祖祖辈辈传下来的复杂知识，还用自己的经验将其“酿造”成了真正的（本土）农业智慧！在“科技兴农”的今天，不知道还能不能寻找到这样的“田把式”？

## 三、本土知识与教育改革

对于本土社会而言，要想克服目前这种普遍存在的本土知识危机，没有国家参与，单靠几个研究本土知识的知识分子是不可能的，甚至单靠本土人民也是不可能的。因为，如上所述，压迫本土知识或导致本土知识被“集体性遗忘”的不是哪一个人、哪一个组织，而是整个现代西方文明。事实上，对本土知识的压迫或边缘化已经构成了西方资本主义全球扩张战略的一部分，其中包含着非常明显的权力诉求。对此，主权国家应该有高度的警惕或敏感，应该通过知识或科技政策、资金投入、人才培养、学科规划等各种渠道来积极地保存、保护、研究和发展本土知识，以防止自觉不自觉地滑入片面维护西方知识与文化霸权的行列中。在各种各样可能的国家行为中，最应该引起重视的就是国家教育改革行为。这是因为，诚如本书导言中所指出的，知识与教育之间存在着密切的内在关系，教育是知识筛选、传播、分配、积累和发展的重要途径，知识又是教育的重要内容与载体，离开了知识，教育就会成为无米之炊，各种各样的教育目标也就无法达成。因此，教育自然应该承担保存、传递和发展本土知识的重任，同时，教育的目的、内容、方法乃至教师的素质也都应该从本土知识的视角加以重新认识或阐述。

### 1. 对“学校”与“社会”关系的再反思

对“学校”与“社会”关系的再反思与教育目的有着比较密切的关系，可以放在对教育目的的重新检视中来讨论。但是，鉴于对该关系的再反思与本土知识的观念有着非常直接和重要的渊源关系，因此也有必要加以专门讨论。而且，有关这两者关系的再反思还涉及教育的社会功能，其意义不完全局限于教育目的的范畴，所以更有单独讨论的必要。

一般而言，任何社会都是“本土社会”，都有着自己形成和发展的独特历史。因此，任何的“学校”与“社会”的关系也只能是指“学校”与某一具体的“本土社会”的关系，而不可能是与一个抽象的“一般社会”的关系。任何社会建立学校都是为了保证那个“本土社会”能够延续，而不是为了保证某一个抽象的“一般社会”能够延续。从这个意义上说，学校教育的基本职能也就是要传递某一个“本土社会”经年累月所积累起来的知识，以便使青少年一代能够熟练地掌握和应用这种知识，理解本土社会生产和生活的过程，并在此基础上形成更高、更圆满的生产和生活智慧。这不应该成为什么问题。但是，自从人类进入有史可考的时代以来，“本土社会”从来就不是孤立存在的，总是要与另外的“本土社会”发生种种的联系。联系的性质多种多样，有平等的交流和交换，也有严重的对峙和战争。所以，为了保证在多样化的和竞争的环境中本土社会能延续下去，本土的学校还必须向本土的青少年一代传递“外来的知识”。通过这些“外来的知识”的学习，青少年一代一方面可以在与其他的本土社会发生联系时做到知己知彼，另一方面也可以利用这些“外来的知识”来弥补本土知识创新的不足，或促进本土知识的创新。在理想的状况下，学校可以同时传递两种知识或多种知识，使它们为本土社会的发展做出各自的贡献。

但是，正如我们在前面各章所分析的那样，尽管在人类历史上一直存在着多样化的本土知识，但是这些多样化的本土知识从来都不是和平共处、友好交流的。它们中间的一些总是要借助于军事的、政治的、宗教的、经济的或其他的什么力量来使自己合法化，将自己从本土文化中所发展起来的知识标准宣布为“普遍的”知识标准，从而掩盖自己的“地方性”，在向外扩张的过程中剥夺其他本土知识从本土文化传统中所获得的天然合法性，并引起其他本土知识的种种反抗。这就是人类历史上始终在政治的、军事的、宗教的、经济的斗争之后的知识斗争或认识论斗争，它构成了人类社会历史斗争的一个不可或缺的组成部分[①]。迫害“异端”型知识分子，禁毁某些书籍或文献，摧毁传递“异端”知识的学校，将某些知识排斥在公共

① 我们以为，有关这种知识的斗争，非常值得进行系统研究。在如今这个“知识经济”或“知识社会”的时代，尤其有进行系统研究的必要。实际上，它们不但是政治斗争、经济斗争或其他社会斗争的一部分，而且构成了种种社会斗争的核心。也许，我们可以将这种研究称为“知识政治学”，它应该是当前时髦的“文化政治学”（politics of culture）的一部分，或许还是一个关键的部分。

传播渠道之外，等等，都是那些在斗争中获胜的本土知识为了巩固自己的知识霸权所惯用的伎俩。如果学校为这种外来的打着“普遍性”旗号的某种本土知识所控制，成为它推行自己的知识霸权、灌输自己特殊的认识论、解构其他本土知识的合法性与压迫其他本土认识论的工具，那么，学校尽管仍然“位于”本土社会之中，但是却已经不是“本土的学校”，已经被某种外来的知识权力“异化”了，不再能够承担起传承本土社会知识与文化传统的使命，相反却蜕化为压迫本土知识与文化传统的“文化机器”，并由此蜕化为压迫本土人民、解构本土社会的工具。青少年进入这样的学校，既不能学习到系统的本土知识，又会对自己的本土知识传统感到自卑，因为它们不符合学校里所传递和崇尚的知识标准，不是“真正的知识”。事实上，他们在这样的学校里只能学习外来的知识，他们学得越多、越好，他们就越会感到对本土知识乃至整个本土社会的自卑，就越不愿意从精神上甚至从肉体上“回归”本土社会，更谈不上承担起发展本土知识、建设本土社会的重任。这恐怕是造成我们通常意义上所批评的“学校与（本土）社会相脱离”的根本原因，其实质就是不能满足本土社会延续和发展的知识需要，不能培养从感情上和理智上认同、接纳、思考和献身于本土社会发展的人才。对于学校教育与本土社会关系的这种“异化”，费耶阿本德在《告别理性》一书中也给予了高度关注。他敏锐地观察到，与本土社会的背景和问题无关的“强制入学”“读写能力”“‘客观’知识”，使得地方性认识论变得毫无意义，几无立锥之地。正是它们使得本土学校与实际生活相脱离，并使实际生活委身于学科知识的标准（Feyerabend，1987）[3-4]，亦即委身于某种特殊的地方性知识和文化。通过这样的学校，本土社会不是获得了发展的新机遇，而是完全丧失了内在发展的可能性。

从世界范围内看，这种学校与本土社会关系的“异化”现象是伴随着近代以来欧洲列强在全球实行殖民统治开始的。在实施殖民统治阶段，一方面，殖民者坚信自己的知识是真正客观和普遍的知识，将所有的本土知识都看成“原始的”“前现代的”知识，甚至根本拒绝承认在殖民地人民中间存在着知识；另一方面，为了巩固自己的殖民统治，他们急需削弱本土传统对于他们的殖民统治的反抗意识，特别是要削弱本土青少年对本土社会传统的认同感，削弱他们从本土社会中获得用于反抗的任何知识的可能性。带着这种认识论的傲慢和对殖民利益的贪婪，他们在本土社会建立“（西方式的）学校”。学校中所使用的语言完全是西方式的语言，学校中所教授的内容也完全是西方的知识，甚至连学校中的教师都是欧洲直接派遣过去的教师。这种学校在本土社会最早是受到抵制的，本土人民将它们看作“摄取本土青少年魂魄的地狱”[①]。但是，殖民者很快就消解了这种抵制。他们首先吸引本土社会上层家庭的青少年入学，然后通过他们影响那些比较富裕的家庭的青少年入学，继而吸引整个本土社会的青少年入学。在这样的学校中，“最优秀的学生”的标准不是那些谙熟本土知识的学生，而是那些在语言、情感和知识上最“酷似”殖民者的学生；最有前途的学生也不是那些能够或愿意重建本土社会的学生，而是那些能够或愿意为殖民者的利益奔走效劳的学生。本土学校传递本土知识、满足本土社会延续和发展知识的基本职能落空了，转而成为控制和压制本土知识，剥削本土社会并使这种剥削合法化、永久化的工具。

让我们通过塞玛力对自己接受殖民地教育经验的反思来进一步理解这种学校教育与本土社会的“异化”之间的关系及本土学校所扮演的上述角色。

> 我的家乡在坦桑尼亚的乞力马扎罗山附近。……我成长在一个大的农民家庭里，家里有我的父亲、母亲和10个兄弟姐妹。……我清楚地记得那些伴随着父母一起在玉米地里劳动的日子。我听他们说他们年轻时的故事和他们遭遇的种种挑战。我的母亲一有机会就

---

① 这其中夹杂着天真的想象，但今天看来，其也未尝没有以隐喻的方式道出几分真理。粗粗想来，“被摄取魂魄的人”大致就是那些用本土常识的眼光看来整天“胡言乱语”“行为怪异”的人。而本土青少年一旦进入这样的学校就会变成这样的人，成天说着一些父母听不懂的话（英文句子），发表着一些有悖于常识的见解（“科学”），甚至做出一些不可理喻的事情。这样的孩子不是被“鬼魅”摄取了魂魄吗？学校不是盘踞着这些“鬼魅”的“地狱”难道还是让“天使”欢聚的“天堂”吗？

提醒我注意那些不同形状的植物，告诉我哪些能够用来处理被蛇咬伤的伤口，哪些能用来对付毒蜘蛛，哪些又可以治疗头痛、肚子痛等疾病。我的父亲则时常警告我要记住哪些树和灌木不能砍来喂牲畜。……作为原始而贫瘠的地区的一种生活之道，所有这些知识我不费吹灰之力就学会和记住了。接下来，我上学了。我上的是一所殖民地的学校。在学校里，这种和谐被打破了。教育内容所使用的语言不再是我所属的文化的语言。……我从上小学就开始挣扎，试图在我的母文化中发现与教师在课堂中所教授的内容相同的东西。在学校里，我们跟着英国人学习殖民者所规定的教学内容。我所念的书一直是由一位布莱斯夫人写的，有的直接采用英语课本，有的则是从英语课本中翻译过来的。我们所读的故事和所唱的歌都是有关在英国人的花园中喝茶、坐火车旅行、在公海上航行及在城镇的街道上散步一类的事。非常不幸，这些故事都远离我的生活经验。老师们希望我们能够记住它们，即使它们毫无意义。……特别需要引起注意的是，英语受到高度的重视。英语成了衡量一个学生在古典人文学科、科学及所有其他知识领域智力和成就的标准。英语成为决定一个学生进步的主要因素，成为决定一个学生能够沿着正轨教育的梯子往上爬的主要标准。……一种欧洲中心的知识体系开始代替地方性的实践、历史、语言和文化价值。有人声称，这种代替是必要的，因为许多本土社会都没有书面语言。然而，时常被忽略的是，书籍和其他文字材料的传播过去和将来都不是出于纯粹的利他主义动机，而是有着深刻的经济和政治原因，那就是殖民者试图抹去和压迫本土知识体系。（Semali，Kincheloe，1999）[10]

显然，塞玛力的教育经验对于绝大多数殖民地人民来说都是他们曾经也有过的经验。也正是由于对这种经验的深刻认识，自殖民地时代以来，就有许多的本土思想家和教育家呼吁改造殖民地学校，使之“本土化”

(indigenization)、“地方化”(localization)，从而真正地为本土人民的福祉服务。第二次世界大战以后，随着前殖民地国家纷纷独立，这种要求就更加迫切了。非洲当代著名历史学家基－泽博（J. Ki-Zerbo）在其主编的《教育还是死亡》一书中向非洲的教育家们呼吁立即着手设计“属于非洲并为了非洲的教育”(education of Africa and for Africa)。他一针见血地指出，对于非洲社会来说，学校教育已经失去了其功能性作用；对于非洲人民来说，重要的是要回到他们的“根”，储存并重新培植非洲人民对非洲文化的信念（Teasdale，Rhea，2000）[140-140]。他引用了一句在非洲地区流传很广的谚语来说明自己的态度：“当你迷路的时候，最好回到你熟悉的起点，然后再往前走。”20 世纪 80 年代以后，与西方发达国家教育改革的“全球化”(globalization）或“国际化”(internationalization）相映衬，“本土化”和“地方化”已经成为广大发展中国家和不发达国家教育改革的方向：许多国家或地区成立了“本土教育委员会”，制订了针对各级各类学校的本土教育计划，改革了殖民地时代遗留下来的课程体系、教学体系和师资培训制度，等等。“重建本土社会”和“促进内在发展”也已经成为这些国家教育改革的重要使命。

**2．本土知识与教育目的**

在“本土化”或“地方化”的教育改革中，首先引起关注的就是教育目的，即本土教育到底应该培养什么样的人，或者说，本土教育应该在青少年一代身上培养哪些满足本土社会发展要求的素质。对这个“应然”问题的追问是与对“本土教育已经培养出什么样的人或已经培养出人的什么样的素质”这个“实然”问题的反思紧密联系在一起的。对于后一个问题，让我们来看看甘地（M. K. Gandhi）的分析：

> 现代的教育不能使年轻人学会任何在生活中发挥作用的东西。那些将自己的孩子送到现代学校里去的人绝大多数都是农业专家。……然而，毫无疑问的是，当年轻人从学校回到生养自己的地方以后，对农业却一无所知。不仅如此，他们还在心底里蔑视自己父亲的职业。……现代学校的一切事情，从教科书到毕业典礼，从来不会使一

> 个学生对自己的生活环境感到自豪。一个人受教育层次越高，就越远离自己的故乡。教育的整个目的就是使他和他的生活环境格格不入，就是使他不断地疏远这种环境。对于故乡的生活，他一点儿也不感到有诗意。村庄的一切对他来说都是那样的陌生。他的祖祖辈辈所创造的文明被他看成愚蠢的、原始的和毫无用途的。他自己所受的教育就是要使他与他的传统文化决裂。（Prakash，1993）

这就是“现代教育”的“实然目的”，其要旨就是培养疏远乡土社会或我们所说的“本土社会”的人，而不是培养热爱和有志于本土社会重建的人。不过，这里所说的“本土社会”不仅仅是相对于西方社会而言的，还是相对于一个国家内部那些发达地区而言的。相对于西方社会而言，“本土社会”是指“印度社会”；相对于印度的发达地区而言，“本土社会”是指那些不发达或贫穷落后的地区，特别是“农村社会”。

实际上，甘地所揭示的这种“实然目的”不但存在于印度的教育体系之中，而且同样存在于我国的教育体系之中。可以说，甘地的每一句话都适合描述我国的教育现状。不是吗？“当年轻人从学校回到生养自己的地方以后，对农业却一无所知。”用我们自己的话说，当学生们升学无望回到农村以后，“种田不如老子，养猪不如嫂子”。为了生计，他们不得不跟随“老子”和“嫂子”重新学习，或者干脆离开农村去城市“打工”。他们中的绝大多数在城市忍辱含羞地谋生之后，带回农村的却不是重建家园的豪情壮志，而是几年城市的“边缘”生活所给予他们的几分矫饰、几分浅薄与几分蛮横。不是吗？“他们还从心底蔑视自己父亲的职业”，将父亲诚实的劳动和节俭的生活看得一文不值，甚至羞于与自己的父亲为伍。这是他们发誓要借助于学校的台阶离开故乡的主要原因。若干年后，身居国外或国内大都市的他们对于故乡只剩下一点点时隐时现的留恋。就是这点留恋可能还是因为他们父母和其他亲属健在，否则，这一点点的留恋也变得似有似无了。不是吗？“现代学校的一切事情，……从来不会使一个学生对自己的生活环境感到自豪。他受教育程度越深，就越远离自己的故乡。”学校使青少年们从小就懂得，最豪华最富有最时髦最现代化从而也是最值得追求的地方是城市（尤其是大城市），是国外，而不是生养自己的故乡。故乡特别是乡村总是与“贫穷”“落后”“愚昧”“单调”“原始”等联系在一起。在他们之中，最没有“出息”的留在农村，好一点的进入小城镇，再好一点的进入中小城市，进入像北京、上海这样的大城市是多少人梦寐以求的事情。如果再有机会出国，特别是去“发达”“现代”“开放”“自由”“富裕”的欧美国家，并在那里谋到一份工作，则是天大的愿望了，简直是整个家庭（家族）的荣耀。能够沿着这种教育的台阶“往上”或“往外”走的人自然是越来越少，文凭自然是越来越高，离家乡的距离（空间的与心理的）自然也是越来越远。如果对甘地的思想稍做一点发挥，就可以得出结论：某种意义上，乡村中最优秀的人才、比较优秀的人才和还算是有能力的人才都通过学校教育的渠道“流失”了，剩下的人无论是在“智力上”还是在“意志品质上”都相对较弱。这些人就是学校教育体系为乡村社会留下的唯一的“教育产品”。他们对自身的“失败”充满着愤懑、失望、不满、自怜。等他们在那里结婚生子以后，他们又像他们的父母那样含辛茹苦地供养自己的孩子，希望他们不再重蹈自己命运的覆辙。如此的循环往复，学校教育系统为发达国家和发达地区输送了大量掌握现代西方科学技术知识的人才，促进了那些国家和地区的繁荣，然而却将本土社会彻底遗忘了。

20 世纪 60 年代以来印度高等教育的“大众化”或我国 20 世纪 90 年代末以来高校的“扩大招生”只是增加了允许从本土社会经由考试的途径合法离开的青年人数，不能从根本上改变现代教育的这一“实然目的”，克服学校教育对本土社会的疏离、遗忘乃至某种程度的压迫，培养起能够热爱和重建本土社会的大批人才，提高社会全体公民促进本土社会内在发展的素质。其严重的社会政治后果就是：随着本土知识的不断消失和本土人才的不断流失，不发达或落后的本土社会（地区或国家）对发达或先进的外部社会（地区或国家）的智力与人才依赖，以及建立在这种依赖基础上的政治、经济、文化依赖关系日益扩大与巩固，国际与国内范围内的“南北”“东西”“城乡”的二元对立更加严重，公平、公正与合理的国内与国际社会政治、经济及文化新秩序也不可能建立起来，“内在发展”只会成为20世纪最后20年又一个新的本土社会“乌托邦”。单就我国而言，如果学校教育培养出来的一批批“精英”都是羡慕西方社会和大城市生活的人，如果学校教育使得数以亿计的农民“自卑”和“自弃”，如果学校教育使得所有“成材的”与“未成材的”人对于本土社会和本土知识一无所知或知之甚少，我们国家的未来发展目标如何能有保障？中华民族的“复兴大业”如何能够实现？难道仅靠引进几个外资项目、建设几个“高新技术开发区”及孵化几个“高新技术产业”就行了吗？①

因此，我们必须学习和借鉴其他第三世界国家的经验，在21世纪的教育改革中，重新考虑我们的教育目的，重新考虑培养人才的规格和素质要求。从“本土知识”和“内在发展”的角度出发，我想未来的教育目的应该突出或强调以下几点。第一，在培养人才的总体规格上，学校教育所培养的人才应该是热爱本土社会、理解本土社会和愿意为本土社会的发展贡献自己聪明才智的人才，而不是厌弃本土社会、对本土知识一无所知、纷纷远离本土社会避之唯恐不及的人。具体来说，我们所培养的“少数”精英人物尽管会远离本土社会，但是他们愿意和能够通过自己的力量促进本土社会的健康发展；我们所培养的一般公民，尽管没有能力走出本土社会，但是他们也绝不因为自己生活在那里而自卑和自弃，他们会在先辈们所创造的本土知识的基础上，再利用各种各样的智力资源，不断地重构本土社会的知识基础，不断发现本土社会的问题并利用多种多样的知识资源来观察、分析和解决这些问题，从而真正实现“自主的”“自下而上的”“可持

① 这里，我绝不是要否认这些具有战略意义的政策的价值。借助这种反问的句式，我所要强调的是，对于像中国这样一个有着数亿农民的农业大国而言，不注重农村社会的建设，不注重改变农民的精神状态，不注重使用他们自己从生活中所获得的智慧，使他们真正成为本土社会发展的“主人”，积极主动和充满热情地参与农村建设与发展事业，那么毫无疑问，这样的状态会从总体上影响中国社会的发展目标，影响中华民族“复兴大业”的实现。事实上，这也不是我的独到见解，这已是整个国家的共识。我所要补充说明的就是，在农村改革与发展的过程中，外来的科学技术知识是必要的，但却是不充分的。从事农村工作和农业发展的人必须学会挖掘、保存、发展和利用农村社会中的本土知识。这是国际上众多第三世界国家近几十年发展经验所给予我们的宝贵教训。

续的”发展目标。第二，在未来人才的素质结构中，学校教育应该在重视培养青少年一代“国际意识”或“全球意识”的同时，注重培养他们的“本土意识”或“乡土意识”[①]；在重视对“西方知识”或“科学知识”的传递、掌握与批判的同时，注重对“本土知识”或“民间知识”的传递、掌握与批判，使他们树立“知识多样性”和“认识论多样性”的观念；在提高他们“面向世界”的能力的同时，也注重提高他们与本土社会的历史与传统进行沟通和对话的能力；在培养他们参与各种各样国际事务的信心和勇气的同时，也要注重培养他们敢于面对本土社会落后的事实，以更加积极的姿态不断重建本土社会；在培养他们作为现代人所应该具有的个性与自主性的同时，也要注重培养他们作为本土社会一员所应该具有的对本土社会的认同、接纳和归属感，强化他们与本土社会之间难以割断的文化和心理联系。

行文至此，不由得回想起“伟大的人民教育家”陶行知先生所身体力行的“生活教育”，感觉到上述内容与生活教育精神的内在关联。众所周知，“生活教育”的要义就是教育要和生活“联姻”，学校要和“（本土）社会”合作，打破传统的学科界限，实行“教学做合一”，以不断地培植和提高（本土）人民的“生活力”。陶先生之所以要提出这种“源于生活、通过生活和复归于生活”的生活教育，主要原因是他发现当时中国的教育“走错了路”：它只教人由乡下往城里跑，它教人吃饭不种田、穿衣不种棉，它使富人更富、穷人更穷，它只是富人家的少爷和小姐的“金手杖”“金戒指”，却不是穷人家的孩子的“破棉袄”和“窝窝头”。简而言之，传统的学校教育遗忘了“本土社会”或“乡村社会”。因此，他提倡“生活即教育”“社会即学校”的乡村教育，提出要建立一百万个乡村学校、改造一百万个乡村的崇高理想。一位当代教育学者认为，陶先生的这种教育理论和实践是小农经济的产物，只反映了小生产者或者干脆说“农民”的要求，因而不能说是“现代教育”。此论我原来很是服膺，甚至也

---

① 当代有一句很时髦的口号，即“全球化思考，本土化行动”（thinking globally, acting locally），大致体现了这种意识。

曾在人前如此“盖棺定论”，但是如今看来未必公允，这就要看站在什么角度或立场上去说了。如果要站在发展民族工业、培养大批科技人才、迅速提高国力以与西方强国相抗衡的角度来看，陶先生的主张真的是“落伍”得很，因为几乎可以肯定的是，照他的法子，就是几十年也传递不了多少（西方）“科学知识”，培养不出几个（西式）“科技人才”。严重一点说，那可真是要“误国误民”。但是，站在解决学校教育与乡村社会脱离的问题，促使“本土社会”或“乡村社会”内在发展的角度来看，陶先生的主张又真是精辟和深邃得很。学校教育对乡村生活的遗忘过去是这样，今天不也差不多是这样吗？从他提出这个主张开始，90 多年过去了。90 多年间，中国的学校培养出了多少人才！中国社会也确实发生了翻天覆地的变化，经济实力、科技创新能力、综合国力及国际政治地位都得到了非常大的提高。但是，我们的农村如何呢？孕育我们生命的乡土社会究竟如何呢？它是否和城市一起迈着同样的步伐前进？是否像城市那样充满了勃勃生机和活力，那样地令年轻人向往呢？或者说学生们至少不会因为待在那里而感到厌倦或即将从学校回到那里而感到失望或自卑呢？那么多像我这样拼命考上大学从而有了“光明”前途的“农家子弟”在离开生养他们的农村以后，可曾有过些许“回报”？他们又在多大程度上能够或事实上主宰着自己的命运？在多大程度上积极、主动和有效地参与农村社会的改革与发展？在多大程度上不断地“重建”着乡村社会？在多大程度上享受着现代学校文明的恩泽？如果中国的学校，至少是农村学校，从 21 世纪 20 年代中期开始真正地担负起培养乡村社会生活力的使命，从乡村社会已有的知识传统出发，不断地检验它们、应用它们、改造它们、发展它们，而不是抛弃它们、忽视它们、压抑它们、嘲笑它们，那么就能培养出一代又一代热爱乡村、理解乡村、建设乡村的劳动者，不断地提高乡村社会的发展能力和发展水平，为中华民族的腾飞打下更为坚实的基础。从这个角度看，乡村教育的理论与实践不正可以“利国利民”吗？它与当前国际上第三世界国家的学校的“本土化”“地方化”的吁求不是有着异曲同工之妙吗？它所主张的“生力”而不“减力”的教育不正是弗莱雷所主张的“授权的教育”

(empowering education) 吗？因此，其精神值得从本土知识与内在发展关系角度加以重新阐发。

3．本土知识与课程改革

课程改革是一切教育改革的核心环节。要从本土知识与内在发展的角度重建学校与本土社会的关系，培养具有本土意识、知识、态度、信念及生活能力的新型人才，促进本土社会的内在发展，就必须对原有的课程内容和结构进行重新分析与检视，以适当的方式将本土知识纳入课程体系之中，建设一种研究本土知识的专家们所说的“包含本土知识的课程”(indigenously-informed curriculum)。

不用说，这种课程观念与我们的“现代”课程观念相冲突。我们的“现代”课程观念一直将课程看成“科学知识”的体系，因此，在现代课程体系中是不可能包含这种具有“地方性”“整体性”“被压迫性”的“本土知识”的。事实上，在“现代”知识观看来，它们也根本就不是什么“知识”，因此也根本就没有资格在学校课程体系中出现。因此，要真正开发这种“包含本土知识的课程”，首先就必须明确反对源于西方的现代课程理念中的知识霸权主义，更新我们的课程哲学，以一种知识多样性和认识论多样性的眼光来重新认识课程、理解课程和设计课程。

基罗斯认为，这种“包含本土知识的课程”有助于比较彻底地解决本土社会辍学率一直居高不下这个问题。他说：

> 普通学校，特别是职业学校中的辍学率一直居高不下，是由很多因素引起的。在这些因素中有一个因素，或许还是最重要的因素，就是学校中所教授的东西彼此之间及它们与实际生活之间没有任何关联。因此，学校急需加强学生的（本土）经验与其兴趣、能力、认知发展之间的联系，……学校所教授的学科应该更密切地与学生的社会或文化环境联系在一起，以便尽量减少它们彼此之间可能产生的冲突。(Semali, Kincheloe, 1999)[307]

基罗斯的这个观点特别值得重视，它给我以深刻的启发：学校所教授的内容与本土社会的文化或知识体系之间的“冲突”恐怕与我国农村地区每年大量学生“辍学”也有重要关联。以前，农村地区的辍学问题一直被假定是由辍学生家庭“贫困”导致的。由于贫困，一则家里供养他们读书在经济上面临非常大的困难，二则家里希望孩子们回来当个“帮手”或出去“打工”挣点“活钱”。因此，解决辍学问题的关键措施就包括三个方面：一是发展农村经济，提高农民家庭的教育负担能力；二是对贫困家庭的学生实行费用减免；三是加强《中华人民共和国义务教育法》的执法力度，禁止雇用童工。这些经济的或法律的措施在实施后，对于辍学问题的解决确实起到了一定的作用。但是，随着人们对辍学问题的进一步研究，人们发现这些措施似乎无助于从根本上解决问题，因为那些辍学的学生有相当一部分并不是因为家里负担不起自己的教育费用，而是因为他们自己已经“厌倦”了学校生活，他们的父母也觉得自己的孩子升学无望。“要么升学，要么退学”，这似乎已经成为学生和家长的某种共识。在他们看来，“上学”如果不能“升学”，还有什么意义呢？具体点说，如果升学无望，学知识乃至学习本身还有什么“用处”呢？因此，还不如早日退学回家，帮帮父母的忙，再跟随一些民间的“手艺人”① 学点一技之长。这就是说，在他们看来，“学校知识”（school knowledge）与农村生活没有太大的关联，因而学与不学，学多与学少，和将来的生活没有什么必然联系。如此想来，“辍学”在“我们”这些人看来是“自毁前程”，在“他们”看来，“退学”却正是为了“寻找前程”。因此，重建本土学校的课程体系，使学校的课程体系通过对本土知识的应用及其与本土生活发生内在的关联，可能有助于从另一个角度来预防和解决“辍学”问题。

与基罗斯侧重于从某一特定角度分析本土课程建设对于基础教育的价值不同，奥莱德里则从高等教育的角度分析了将本土知识整合到课程体系

---

① 在安徽省寿县地区，“手艺人”是对那些除了“会种田”（这是“庄稼人”的本分）以外还会一点其他本事的人的称呼，其包括做木工活的“木匠”、盖房子的“瓦匠”、理发的“剃头匠”、缝补鞋子的“鞋匠”、修理电器的“电匠”等等。

中的若干好处。第一，能够使高等教育机构更加敏锐地意识到本土知识的价值，并提供集中学习它们的机会。第二，鼓励和促进学生们生产更多的本土知识并更加尊重这些知识。第三，为建立实验室并开展进一步的行动研究提供机会。第四，缩小科学家和本土专家之间的距离，摈除只有科学家才能生产合法的或有价值的知识的偏见。第五，提供发现最佳方案的方法，因为现代科学为本土问题所提供的方案可能会失败，然而本土知识体系则能够提供更好的选择。第六，为本土人民提供有效参与社会重建的工具。第七，增强第三世界农村地区人民自力更生的能力，促进该地区的可持续发展。第八，保存文化遗产。第九，使大量的农业国家开始重新评价它们的文化和民族的科学资源。第十，降低这些地区对于西方或发达国家的依赖性。第十一，可能会重整我们糟糕的经济，因为它会在很大程度上降低物质的重要性。(Warren，Egunjobi，Wahab，1996)[158] 显然，奥莱德里的分析比较全面地阐述了本土课程、本土知识与本土发展之间的内在联系，说明了立即着手建设“包含着本土知识的课程”的重要性、必要性和紧迫性。

但是，究竟如何建设“包含着本土知识的课程”仍然是一个探索中的课题。总结近几十年来各个地区本土课程建设的经验和致力于本土教育的专家们的论述，参照我国当前课程改革的架构，建设这种“包含本土知识的课程”主要有下列几种思路。

第一，改革原有的以西方科学知识为核心的学科课程，在内容编排上凸显生产它们的历史背景与文化境域，消解它们的“客观性”“普遍性”“中立性”，使学生认识和理解它们的“本土性”特征与内在的权力诉求，从思想上摆脱对它们的盲目崇拜，以一种批判的态度学习它们，而不仅仅是掌握、记忆、论证和应用它们；在学科课程内容编排上突出知识的多样性和认识论的多样性，特别是要突出本土知识和本土认识论对相关问题的思考与回答，以便给学生一个比较宽广的视野和对各种知识体系或认识论进行比较、鉴别的机会，增强他们对于每一种知识体系在分析和解决问题时所能发挥的独特价值和固有缺陷的认识，特别是要增强他们对于本土知识和认识论解决本土问题时所能发挥的独特价值与固有缺陷的认识，既不要自卑自弃，也不要盲目乐观。

例如，20世纪90年代汤加地区的“生物学”课程改革就很注重将本土的生物学知识纳入进去，力图改革殖民地时代以来生物学课程内容及其结构。像太平洋和非洲许多其他地区一样，自殖民地时代以来，汤加地区的学校的生物学课程的内容就是西方的生物学知识体系，从生物的概念范畴到生物的分类一直到生物的观察、解剖、利用的技术与方法等都是照抄照搬西方的生物学教科书的内容。这样就造成了很多的麻烦，如课程中涉及的一些生物种类汤加本土社会没有，而汤加本土社会中有的且十分重要的生物种类课程中又没有。有时，同样的一种物种，生物课程和本土生活却赋予其不同的名称。更麻烦的是，课程中生物的分类标准和方法与汤加本土实际使用的分类标准和方法根本不一致，课程中的生物分类是按照动物、植物及更小的纲目来划分的，而本土生活是按照动物、植物之间的关系及它们与人们生活之间的关系的密切程度来划分的。比如，在西方的生物学教科书中，“鱼”与“水草”根本不是一类，但是在本土知识体系中，它们却被视为一类，因为“鱼靠水草生活”，对鱼的认识与对水草的认识是分不开的。显然，照抄西方的课程知识体系，根本无助于汤加的青少年提高在本土生活的能力，而只能削弱他们在本土生活的能力。汤加的新的课程改革方案试图将这两种不同的生物学知识体系（西方的生物学与汤加的生物学）并行排列，以便使学生在掌握西方生物学知识的同时也了解和认识汤加本土的生物学知识。

第二，发展独立的以本土知识学习和研究为主的“地方性课程”（local curriculum），区别于以“西方的”或“外部的”知识学习和研究为主的“国家课程”（national curriculum）。这种思路不再将本土知识“纳入”现代学科课程体系中去，而是将其开发为单独的课程系列。这样做的理由是：鉴于本土知识的特殊性质，如果硬要将其纳入现代学科课程体系，可能会破坏本土知识与本土社会之间的那种整体性，会造成本土知识生命力的丧失。与其冒着这样的危险，不如按照本土知识的特殊性质单独开发一个与学生生活需要相关联的本土课程体系。例如，为了满足学生的社会生活需要，可以教他们学习本土的社会学知识；为了满足学生的审美需要，可以教他们学习本土的艺术知识；为了满足学生了解家乡的需要，可以教他们学习本土的地理知识、植物知识、动物知识、天气知识等；为了满足学生帮助家长做一些力所能及的事情的劳动需要，可以教他们学习一些本土的生产知识；等等。这些知识不是由课程专家和一般意义上的科学家提供的，而是由本土人民提供的。因此，这些知识的编排也不单纯是由课程专家和心理学家来决定的，而是由学生、学生家长及本土专家共同参与完成的。就课程类型而言，这些课程主要是以活动课程为主，围绕着一些实际的生活和生产而展开，在做中教，在做中学，在教与学的基础上不断地提高教师和学生做的水平。在课程管理方面，这些课程的管理也不是由国家统一进行的，而是以地方教育部门的管理为主，并鼓励本土专家、学生家长和其他人员的参与。

就大学的课程建设而言，此类以本土知识为主的地方性课程建设则可以结合本地区实际情况，从学科建设和发展需要出发，开设一些以收集、整理、研究和传播本土知识为主的课程或研讨班。例如，菲律宾中吕宋国立大学（Central Luzon State University）农学院曾经请一位有经验的农民到大学校园里进行一种叫作“水产—蔬菜—水果—水稻—鸭子”一条龙的农业生态系统实验。这项实验的基础其实就是这位农民在自己多年的种植、养殖经验基础上摸索出来的一套生态农业模式。该模式包含或体现了丰富的本土知识与智慧，因此农学院请他来负责这项实验。该学校还围绕实验组织了研讨班，目的是使研究农业问题的教师们对本土知识产生敏感性并向他们提供一个就近学习和研究的机会，也使学生们了解和尊重本土知识并学会从农村环境里获得更多的本土知识，同时使这位农民本人更加坚信本土知识对于解决本土农业问题的价值，并对它们保持一种清醒的和批判的态度，不断地利用现代科学技术来发展和完善它们。实践证明，这项实验非常成功，使得参与实验和研讨班的每个人都对“民族科学”（ethnoscience）有了更直观和更生动的认识。

第三，发展一些与本土知识有关的“特殊课程”或“课外活动”，使学生在丰富多彩的学校生活中通过多种形式了解本土知识的性质与用途。由于这种课程开发可以由学校乃至教师个人来完成，所以适合以“校本课程”的形式出现，并将其纳入学校的整个课程计划之中，以便加强学校与本土社会的联系。例如，美国佐治亚州曾经实施的一项针对高中学生的“狐火计划”（foxfire project），就是这种性质的校本课程。以下是对该计划的简要介绍：

> 在这项计划中，高中生们被激励起来充当活跃的记者，负责记录他们爷爷奶奶辈的人所获得的本土知识，并在学校的10种报纸杂志上进行介绍。这种本土知识涉及很多主题或学科领域，如农业、医药、木工、食品储藏、家庭副业等等。通过这项计划的实施，不仅这种本土知识得到了记录和保存，可以造福后代，本地区甚至是整个国家的人们也有机会分享这些知识。特别重要的是，当年轻人开始去理解他们的长辈们所拥有的那些知识和技能并由此更加尊重长辈们和自己的文化之源时，他们之间的代沟慢慢消失了。（Brokensha，Warren，Werner，1989）[27]

在我国，由于本土知识尚未被正式纳入任何一种类型的课程的建设中，因此也不知道会产生一些什么样的效果或反应。在世界上其他地区，有人担心，这种“包含本土知识的课程”会遭到学生和家长的抵制，会降低教育质量。其实，在我看来，这种担心是多余的。因为，尽管由于缺乏充分的经验和理论支持，开发这类课程会有不小的难度，但是这类旨在促使学生了解、热爱和建设本土社会的课程有助于消除教育与生活、学校与社会、学生与家长、知识与实践之间的隔阂或对立，有助于提高学生的实际生活能力，有利于培养他们的自信心和独立自主的精神，怎么会遭到他们及其家长的反对呢？又怎么会降低教育质量呢？如果这样的课程会降低教育质量，那么人们头脑中的教育质量的标准又是什么呢？如果在我国实施这样的课程改革，可能有人会担心影响学生“升学”。但是，我想，如果一个学生能够理解这种知识的多样性，打通“本土知识”与“科学知识”之间的界限，以一种批判的眼光不断从本土知识和科学知识中汲取精神营养，不断地提高自己的生活能力，他怎么会是一个不热爱学习的人呢？怎么会升学无望呢？当然，这只是推测，其是否正确要由课程改革实验来验证。

**4．本土知识与教学改革**

从本土知识的角度来看待教学，那么教学的主要任务首先就不能局限于对西方知识或其他外部知识的传递，而应该是利用本土知识，创造一个多样化的知识和认识论环境，使学生“认识”“理解”“尊重”这种知识和认识论的多样性，并利用这种多样化的知识和认识论来不断地提高自己的认识能力。这一点，正是我国的中小学教学亟待加强的。一种非常明显的现象就是，学生容易对教材或教师传递的知识进行“非批判性”的接受，一旦学生自己的观点与父母的知识相冲突，他们通常就会为自己辩护说：“这是书上说的！”或“这是我们老师说的！”意思是说，“书上说的”或“老师说的”就是唯一正确的真理，“书上说的”方式或“老师说的”方式就是唯一正确的方式，除此之外所有的说法或认识方式都是错误的。事实上，这也不能怪学生，是现代学校中的知识霸权及其对本土知识的压迫导致了他们在认识上的这种“盲从”或“偏见”，不懂得认识方式的多样性和由此产生的知识的多样性，不懂得从自己的本土社会中学习更多的东西。

与这种教学任务相联系，教师应该抛弃自己对学生的“白板假设”，不再将学生看作“一无所知”或“知之甚少”的人，而应该将其看作掌握了大量本土知识并不断地运用这种知识的人。不仅如此，教师还应该认识到，学生所掌握的这种本土知识，尽管与书本上的所谓的科学知识不同，但是它们同样是合法的，只不过它们获得合法性的途径不同于书本上的科学知识罢了。因此，教师应该尊重学生从本土社会中所获得的这些知识，不但将其看作可以促进学生学习教材知识的材料，而且将其看作可以促使学生对教材知识进行反思的基础或源泉。教师应该注意到这两种知识之间的差别或冲突并不能说明学生自己的本土知识是“错误的”“不完善的”，必须弃之而后快，而是说明不同认识论和知识体系的差别或冲突。这种差别或冲突的存在不是“制造”了教学的“难点”，而是“创造”了教学的“机遇”。教师可以利用这个机遇引导学生深入比较两种知识体系和认识论，理解它们与各自所赖以存在的本土社会之间的内在关联，进而成为一个独立自主的、有批判精神的学习者，成为一个能够将各种知识或认识论融为一体从而创造出新的认识方式和知识体系的人。

要想在教学过程中做到这些，教师必须坚决放弃灌输式的教学方法。从本土知识的角度来看，灌输式的教学方法不但是一种拙劣的教学方法，而且是帮助霸权知识运用知识权力，压迫学生所掌握的本土知识，对学生进行“洗脑”或“思想殖民”的一种途径。也正如前面各章所分析的，灌输式教学与主张“客观性”“普遍性”“中立性”的现代知识观之间有着密切联系，与西方知识和认识论的全球扩张有着密切联系，与对本土知识及其认识论价值的无知有着密切联系。既然认识到现代客观性知识理想是虚妄的，认识到知识与文化之间有着不可分割的关系，认识到所有知识的本土性格，那么教师就应该坚决反对灌输式教学，将其看作所有教学方法中最邪恶的一种。代替这种教学方法的应该是这样一种教学环境：一种“开放”“宽松”“平等”“多样化”的教学环境，各种知识都可以用不同的方式进入这个环境中，并被鼓励进入这个环境中，彼此之间相互交流、对话或竞争，以便学生和教师最终通过比较的途径确定每一种知识的真理性和价值性的范围或限度，养成一种对待任何知识的理性态度。

在从本土知识出发进行的教学改革中，教师所能够发挥的作用是很大的。即使是在上述课程改革没有启动或完成的情况下，教师仍然能够在现代课程体系架构内使学生认识、尊重和获得更多的本土知识。美国佐治亚州的“狐火计划”完全可能是一位教师的“杰作”，类似于菲律宾中吕宋国立大学的生态农业实验也可以由一位教师来推动。在日常的教学活动中，引入或唤醒学生所掌握的本土知识也并非不可能。但是，所有这些都必须有一个前提，那就是教师本人认识到了本土知识和本土认识论的价值，认识到了它们对于学生身心发展和本土社会延续与变迁的价值，否则，就像任何其他的教育教学改革一样，最终只能是不了了之，不会取得什么实质性的效果。

因此，从本土知识角度出发进行的教育教学改革必然会对师范教育制度提出新的要求。从师范生培养或教师培训的目标来看，师范教育除了要使未来的教师或在职的教师成为一般意义上的“学科专家”（精通自己所教授的学科）与“教育专家”（了解和掌握一定的教育理论、方法、技术）之外，还应该使他们成为“本土知识的专家”。他们应该能够比其他人更敏锐地感觉到本土知识的存在，更重视保存、保护和发展本土知识，并且懂得如何去研究和分析学校所处地区的本土知识。为此，他们还必须成为认识论专家，能够从认识论的角度来理解任何一种知识体系的本土性或相对性，抛弃西方知识或科学知识所宣称的“客观性”“普遍性”“中立性”，为将本土知识引入整个教育过程扫清障碍。从师范教育的课程设置来说，师范教育机构应该将“民族科学”与“民间教育学”的内容整合到原来的“专业课程”与“教育学课程”中去，从而使师范生或接受培训的在职教师首先树立一种知识和认识论多样性的观念与信念。从教学方法来说，无论是专业课的学习还是教育课程的学习，也都应该提倡一种批判性的反思态度，坚决地反对死记硬背；从教育教学实习来说，应该将对本土知识包括本土教育知识的发现和利用作为一个重要组成部分，以切实提高未来的教师或在职教师在这方面的能力。总而言之，从本土知识出发对普通教育教学改革所提出的所有要求，在师范教育改革中都是适用的。本土知识也应该成为 21 世纪师范教育改革的一个重要视角。

# 参考文献


巴伯，1991. 科学与社会秩序［M］. 北京：生活 · 读书 · 新知三联书店 .

布尔斯廷，1993. 美国人开拓历程［M］. 北京：生活 · 读书 · 新知三联书店 .

布克哈特，1979. 意大利文艺复兴时期的文化［M］. 北京：商务印书馆 .

杜威，1958. 哲学的改造［M］. 修订本 . 北京：商务印书馆 .

华勒斯坦，等，1997. 开放社会科学：重建社会科学报告书［M］. 北京：生活 · 读书 · 新知三联书店 .

凯兴斯泰纳，1993. 凯兴斯泰纳教育论著选［M］. 北京：人民教育出版社 .

昆德拉，1992. 小说的艺术［M］. 北京：作家出版社 .

联合国教科文组织，2017. 反思教育：向“全球共同利益”的理念转变？［M］. 北京：教育科学出版社 .

石中英，1999. 教育民俗：概念、特征与功能［J］. 教育理论与实践（5）：19–22.

石中英，2001. 教育学的文化性格［M］. 太原：山西教育出版社 .

詹姆士，1979. 实用主义：一些旧思想方法的新名称［M］. 北京：商务印书馆 .

张焕庭，1979. 西方资产阶级教育论著选［M］. 2 版 . 北京：人民教育出版社 .

ANSCOMBE E, GEACH P, 1966. Descartes philosophical writings［M］. London: Thomas Nelson and Sons Ltd.

BACON F, 1960. The new organon and related writings［M］. New York: The Bobbs-Merrill Company.

BORN M, 1943. Natural philosophy of cause and chance［M］. Oxford: Oxford

University Press.

BOYD W, KING E J, 1972. The history of western education [M]. London: Adam & Charles Black.

BROKENSHA D, WARREN D M, WERNER O, 1989. Indigenous knowledge systems and development [M]. Ames, Iwoa: Iowa State University.

BROWHILL R J, 1983. Education and the nature of knowledge [M]. London: Croom Helin.

BRUNER J, 1996. The culture of education [M]. Cambridge, Mass.: Harvard University Press.

FEYERABEND P K, 1975. Against method: outline of an anarchistic theory of knowledge [M]. London: Redwood Burn.

FEYERABEND P K, 1987. Farewell to reason [M]. London: Verso Books.

FIELD G L, 1976. Plato and his contemporaries [M]. London: Methuen & Co. Ltd.

FLETCHER R, 1974. The crisis of industrial civilization: the early essays of Auguste Comte [M]. London: Heinemann Educational Books Ltd.

FOUCAULT M, 1972. The archaeology of knowledge [M]. London: Tavistock Publications.

FREIRE F, 1970. Pedagogy of the oppressed [M]. London: Penguin Books Ltd.

GORDON C, 1980. Power/knowledge: selected interviews and other writings 1972—1977 [M]. Brighton: The Harvester Press.

HARE R M, RUSSELL D A, 1963. The dialogue of Plato [M]. London: Sphere Books Ltd.

JACOB F, 1982. The possible and the actual [M]. Seattle: University of Washington Press.

KUHN T S, 1962. The structure of scientific revolution [M]. Chicago: University of Chicago Press.

LOCKE J, 1974a. An essay concerning human understanding: I [M]. London: Dent & Sons Ltd.

LOCKE J, 1974b. An essay concerning human understanding: II [M]. London: Dent & Sons Ltd.

LYNCH J, 1981. Teaching in the multicultural school [M]. [S.l.]: Biddles of Guildford.

LYOTARD J F, 1984. The postmodern condition: a report on knowledge [M]. Manchester: Manchester University Press.

MANNHEIM K, 1963. Ideology and utopia: an introduction to the sociology of knowledge [M]. London: Routledge.

MOORE T W, 1974. Educational theory: an introduction [M]. London: Routledge .

POLANYI M, 1957. The study of man [M]. London: Routledge .

POLANYI M, 1958. Personal knowledge: toward a post-critical philosophy [M]. London: Routledge .

POLANYI M, 1966. The tacit dimension [M]. London: Routledge .

POPPER K, 1959. The logic of scientific discovery [M]. London: Hutchinson & Co.

POPPER K, 1963. Conjectures and refutations [M]. London: Routledge.

POPPER K, 1972. Objective knowledge: an evolutionary approach [M]. Oxford: Oxford University Press.

PRAKASH M S, 1993. Gandhi's postmodern education: ecology, peace and multiculturalism relinked [J]. Journal of Wholistic Education(6): 8—17.

PROCTOR R E, 1998. Defining the humanities: how rediscovering a tradition can improve our schools: with a curriculum for today's students [M]. 2nd ed. Bloomington: Indiana University Press.

RUSSELL B, 1979. A history of western philosophy [M]. London: Unwin Paperbacks.

SAFFIN N W, 1973. Science, religion and education [M]. London: Lowden Publishing Co.

SCHEFFLER I, 1965. Conditions of knowledge: an introduction to epistemology and education [M]. Glenview: Scott, Foresman & Company.

SEMALI L M, KINCHELOE J L, 1999. What is indigenous knowledge? Voices from the academy [M]. New York: Falmer Press.

STERNBERG R J, HORVATH J A, 1999. Tacit knowledge in professional practice: researcher and practitioner perspectives [M]. London: Lawrence Erlbaum Associates.

TEASDALE G R, RHEA Z M, 2000. Local knowledge and wisdom in high education [M]. Oxford: Elsevier Science Ltd.

The UNESCO Press, 1981. Domination or sharing? Endogenous development and the transfer of knowledge [M]. Pairs: The UNESCO Press.

TIROSH D, 1994. Implicit and explicit knowledge: an educational approach [M]. Norwood: Ablex Publishing Corporation.

WARREN D M, EGUNJOBI L, WAHAB B, 1996. Indigenous knowledge in education [M]. Ibadan: University of Ibadan.

WARREN D M, SLIKKERVEER L J, BROKENSHA D, 1995. The cultural dimension of development: indigenous knowledge systems [M]. London: Intermediate Technology Publications Ltd.

# 索　引

出 版 人　李　东
责任编辑　张玉荣
版式设计　孙欢欢
责任校对　贾静芳
责任印制　叶小峰

**图书在版编目（CIP）数据**

知识转型与教育改革 / 石中英著 . —2 版 . — 北京：教育科学出版社，2020.12（2022.9 重印）
（中国教育思想文库）
ISBN 978-7-5191-2369-7

Ⅰ . ① 知…　Ⅱ . ① 石…　Ⅲ . ① 教育改革—研究　Ⅳ . ① G511

中国版本图书馆 CIP 数据核字（2020）第 224241 号

中国教育思想文库
**知识转型与教育改革**
ZHISHI ZHUANXING YU JIAOYU GAIGE

| | | | |
|---|---|---|---|
| **出版发行** | 教育科学出版社 | | |
| **社　　址** | 北京·朝阳区安慧北里安园甲 9 号 | **邮　　编** | 100101 |
| **总编室电话** | 010-64981290 | **编辑部电话** | 010-64989421 |
| **出版部电话** | 010-64989487 | **市场部电话** | 010-64989009 |
| **传　　真** | 010-64891796 | **网　　址** | http：//www.esph.com.cn |
| **经　　销** | 各地新华书店 | | |
| **制　　作** | 北京大有艺彩图文设计有限公司 | | |
| **印　　刷** | 保定市中画美凯印刷有限公司 | **版　　次** | 2001 年 5 月第 1 版 |
| **开　　本** | 720 毫米 ×1020 毫米　1/16 | | 2020 年 12 月第 2 版 |
| **印　　张** | 22 | **印　　次** | 2022 年 9 月第 3 次印刷 |
| **字　　数** | 304 千 | **定　　价** | 55.00 元 |

图书出现印装质量问题，本社负责调换。